Legitimierung staatlicher Herrschaft in Demokratien und Diktaturen

Archiv der sozialen Demokratie der Friedrich-Ebert-Stiftung
Reihe: Politik- und Gesellschaftsgeschichte, Band 110

Herausgegeben von Anja Kruke und Ursula Bitzegeio

Stefanie Coché • Hedwig Richter (Hg.)

Legitimierung staatlicher Herrschaft in Demokratien und Diktaturen

Festschrift für Ralph Jessen

Bibliografische Information der Deutschen Nationalbibliothek

Die Deutsche Nationalbibliothek verzeichnet
diese Publikation in der Deutschen Nationalbibliografie;
detaillierte bibliografische Daten sind im Internet
über *http://dnb.dnb.de* abrufbar.

ISBN 978-3-8012-4273-2
ISSN 0941-7621

© 2020 by
Verlag J. H. W. Dietz Nachf. GmbH
Dreizehnmorgenweg 24, 53175 Bonn

Reihengestaltung:
Just in Print, Bonn · Kempken DTP-Service, Marburg

Umschlagfoto:
Bundesarchiv, Bild Nr. 183-PO402-003 (Fotograf: Heinz Junge)

Umschlag:
Kempken DTP-Service | Satztechnik · Druckvorstufe · Mediengestaltung, Marburg

Satz:
Kempken DTP-Service | Satztechnik · Druckvorstufe · Mediengestaltung, Marburg

Druck und Verarbeitung:
CPI books, Leck

Besuchen Sie uns im Internet: *www.dietz-verlag.de*

Inhaltsverzeichnis

Legitimation staatlicher Herrschaft in Demokratien und Diktaturen
Festschrift für Ralph Jessen

Einleitung

Verfahren

Erzählen

Effizienz

Delegitimierung

Einleitung

Stefanie Coché · Hedwig Richter

Die Präzision von Legitimation.

Legitimation staatlicher Herrschaft in Demokratien und Diktaturen

Legitimationsfragen sind heikel. Sie bedürfen der besonderen Sorgfalt, oft eines zweiten Blicks und der Überprüfung. Als 1957 der neue Präsident des Bundesrechnungshofs, Guido Hertel, den Anspruch erhob, neben der Exekutive, Legislative und Judikative seine Behörde zur vierten Gewalt zu erheben, legte ein ministerielles Gutachten die Irrigkeit dieser Auffassung im Detail dar, in der es um Begrifflichkeiten, um Strukturen und Hierarchien im exekutiven Apparat und um die Rechtsstellung der Person ging.

So sehr Legitimationsfragen oft im Klein-Klein der Detailarbeit zu klären sind, so groß sind doch ihre Bedeutungen. In dem Beitrag von Hans-Peter Ullmann über den Bundesrechnungshof geht es um Prioritäten in der Bundesrepublik und um die Funktionsweise der Demokratie. An anderer Stelle in diesem Band zeigt Jakob Vogel, wie über bürokratische Wissensordnungen Legitimation geschaffen und damit Staatlichkeit überhaupt begründet wird. Dass Wissenschaft ohnehin gezielt zur Legitimation der Regierenden genutzt wird, wird bei Susanne Schregel deutlich, die im Kleinen zeigen kann, wie Intelligenztests und die Forschung über diese Tests gezielt genutzt wurden, um vermeintlich westliche Wissenschaft zu diffamieren, um dadurch das eigene Wissen zu legitimieren und in die Nähe der staatlichen Ideologie zu rücken.

Der Jubilar Ralph Jessen hat eine Vielzahl an Forschungsfeldern, und seine Studien umfassen weit über hundert Jahre und verschiedene Epochen: von der preußischen Polizeigeschichte bis zu methodologischen und theoretischen Überlegungen, von Fragen nach der Staatlichkeit der ostdeutschen Diktatur bis hin zu wissenschaftshistorischen Interventionen. Aber bei aller Vielfalt der Zeiten und Themen taucht doch immer wieder die Frage nach der Legitimation von Herrschaft auf. Und das erscheint nur folgerichtig, wenn man bedenkt, welche Sorgfalt und Genauigkeit für diese Überlegungen notwendig sind. Ralph Jessens Arbeiten zeichnen sich tatsächlich dadurch aus, dass sie eine Reflexionsstufe mehr haben: Alltägliche Administrationskorrespondenz und Verwaltungsschreiben der DDR, die voller amtssozialistischer Phrasen sind, sieht er nicht nur als eine brachiale Bestätigung von Herrschaft, die in der Wiederholung und Unentrinnbarkeit die Legitimation des Faktischen schaffen. Vielmehr wird in seiner Arbeit deutlich, wie die ideologischen Formeln und Lippenbekenntnisse eine Eigendynamik entwickeln und so auf merkwürdig hintersinnige Weise Herrschaft im

Alltag verankerten. Diese mehrdimensionale Herangehensweise spiegelt sich auch in Ralph Jessens Interesse an Konkurrenzkulturen in den letzten Jahren wider. Hier regt er an, Konkurrenz als soziale Praxis in ihrer ganzen Vielfältigkeit ins Auge zu fassen und nicht bei einem zeitgenössischen Interesse an Marktkonkurrenz stehen zu bleiben.[1]

Da Ralph Jessen moderne Herrschaft analysiert, gerät ihm die Vielfalt der Staatsformen in den Blick. Nach dem Ersten Weltkrieg erwies sich Demokratie als die Herausforderung, der sich staatliche Herrschaft zu stellen hatten. Daran konnten Diktaturen nicht vorbei. Sie mussten das Problem lösen, autoritäre oder totale Herrschaft zu exekutieren, die es zugleich als irgendeine Art Volksherrschaft zu legitimieren galt. Sven Reichardt verdeutlicht in seinem Text für diesen Band, dass die faschistischen Diktaturen den Liberalismus vehement abgelehnt haben, jedoch auf demokratische Praktiken und Verfahren aufbauten. Auch bei den späteren staatssozialistischen Diktaturen ergab sich aus der Systemkonkurrenz zu Demokratien westlicher Art das Postulat der Volkssouveränität. Ralph Jessen hat in seiner Forschung über Wahlen in Diktaturen gezeigt, wie entscheidend für diese Legitimationsfragen die Verfahren waren. Anders als in liberalen Demokratien war der Ausgang der Wahlen nicht offen – aber doch immer risikoreich. Sie waren schon deswegen ein Risiko, weil sie in ihrer unfreien Variante mit fixierten Ergebnissen wie eine Karikatur der liberal-demokratischen Wahlen wirkten.

Neben Verfahren dienen auch Narrationen als Legitimationsspender, wobei Legitimierungsprozesse immer – wortwörtlich – mediale Prozesse sind. Zu den Legitimationserzählungen gehören Traditionen, Planungsutopien, *imagined communities* von der Nation bis zur Volksgemeinschaft oder dem *manifest destiny*. Das Konzept »Nation« dient seit dem 19. Jahrhundert als einer der wichtigsten Legitimationsspender für staatliche Herrschaft. Ralph Jessens Forschung drehte sich immer wieder um das Narrativ der Nation. Seit der ersten Hälfte des 20. Jahrhunderts entwickeln sowohl nationalistische als auch sozialistische und kommunistische Ideologien ein besonderes Legitimierungs –, zunehmend aber auch Delegitimierungspotenzial, wie Martin Sabrow in seinem Beitrag über die Wahrheit und die Kraft der Ideologien darlegt. Eine eigene Kraft entfaltete in der Zeit des Kalten Krieges der Begriff der »Menschenrechte«. Sie konnten sich in die unterschiedlichsten Narrationen einordnen lassen, erläutert Jost Dülffer in seinem Beitrag: als Legitimation von Forderungen der Vertriebenen in der jungen Bundesrepublik, als Legitimierung vorgezeigter westlicher oder eben auch sozialistischer Werte.

Ralph Jessens Forschung zeichnet sich nicht zuletzt durch methodologische Vielfalt aus. So fragt er zwar nach der Legitimation durch Verfahren und nach Narrativen, aber meistens hat seiner Forschung eine klare sozialhistorische Grundierung. So wird auch in seinen Arbeiten deutlich, wie die Idee eines effizienten Staates zunehmend an legitimatorischer Bedeutung gewann. Sozialstaatliche Programme und Institutionen

---

1   Ralph Jessen, Konkurrenz in der Geschichte – Einleitung, in: ders., Konkurrenz in der Geschichte. Praktiken – Werte – Institutionalisierungen, Frankfurt a. M. 2014, S. 7-33; hier: S. 10.

dienten immer auch Legitimierungszwecken. Richard Bessel verdeutlicht daher, wie entscheidend es für den jungen SED-Staat war, eine funktionstüchtige Polizei auf die Beine zu stellen, die scheinbar apolitisch war – und dann doch zur Sicherung des Systems vermehrt politisch aktiv werden musste. Legitimation durch Effizienz hatte zudem besondere Relevanz für den sozialistischen oder auch den marktwirtschaftlichen Wohlfahrtsstaat. Gerade für den westdeutschen Wohlfahrtsstaat blieb dieses Erfolgsnarrativ lange unhinterfragt. In diesem Kontext hat nicht zuletzt Ralph Jessen als aufmerksamer Zeithistoriker auf ein fundamentales Problem dieser Legitimierungserzählung aufmerksam gemacht: Sie beißt sich mit zeitgenössischen Krisenwahrnehmungen der letzten Jahre. Diese Feststellung verband er mit der viel rezipierten Forderung einer Kombination einer retrospektiven – vom Untergang des »Dritten Reiches« ausgehenden – und einer prospektiven Geschichtsschreibung, die stärker die gegenwärtigen Krisendiagnosen erklären kann.[2]

Wie entscheidend für die Legitimierung der DDR gegenüber Wissenschaftlern und Wissenschaftlerinnen die Effizienz von Wissenschaft war, wird in Ralph Jessens Arbeiten über akademische Eliten in der DDR offenbar – wobei die Funktionstüchtigkeit des Wissenschaftssystems zunehmend fragwürdig wurde und delegitimierend wirkte. Staatliche Legitimation kann angegriffen, verschoben oder zerstört werden. Im Kalten Krieg gründete die eigene Legitimation wesentlich auf der Delegitimierung des anderen Systems. Wie komplex diese Delegitimierung in der Praxis ausgehandelt werden musste, zeichnet der Beitrag von Stefanie Coché und Daniel Brewing am Beispiel der vielfältigen Zuschreibung, Deutung und Funktionalisierung des Begriffs *Brainwashing* im Zuge US-amerikanischer Militärprozesse gegen Kollaborateure im Koreakrieg nach. Hierbei wird unter anderem herausgearbeitet, dass Strategien zur Delegitimierung der anderen Seite unbeabsichtigt auch Zweifel am eigenen System in der amerikanischen Bevölkerung nährten. Moderne Staaten gründen darüber hinaus ihre Legitimationserzählungen häufig auf Narrationen von Legitimationszerstörungen überkommener Herrschaft: etwa Erzählungen von Neuanfängen nach Revolution oder Krieg. Beispielhaft zeigt Sven Reichardts Beitrag die Bedenken und dunklen Narrationen, die heute den Blick auf Demokratie prägen. Viele meinen zu sehen, wie neue Narrationen entstehen, populistische oder autoritäre oder antiliberale, die jene mittlerweile doch recht alte liberal-demokratische Herrschaftsform infrage stellen.

Ralph Jessen, der nach den Details fragt und in der Geschichte nach den Spuren von Legitimation und ihrer Plausibilität sucht, hält sich als Zeitdiagnostiker zurück. Nur selten zieht er umsichtige Vergleiche zur Gegenwart – etwa wenn er Ähnlichkeiten in den Protestmustern der Montagsdemonstrationen 1989 und den PEGIDA-Aufmärschen

---

2   Ralph Jessen, Bewältigte Vergangenheit – blockierte Zukunft? Ein prospektiver Blick auf die bundesrepublikanische Gesellschaft am Ende der Nachkriegszeit, in: Konrad H. Jarausch (Hg.), Das Ende der Zuversicht? Die siebziger Jahre als Geschichte, Göttingen 2008, S. 177-196; hier: S. 181.

diskutiert.[3] Er ist ein Historiker durch und durch. Doch in Zeiten, in denen so vieles im Aufbruch und Umbruch ist, bedarf es dieser gründlichen Arbeit. Ralph Jessen hat nicht nur in Archiven nach den Spuren und nach Evidenz gesucht, er ist nicht nur ein begnadeter Lehrer – so haben wir es erfahren und so berichten es die Studierenden heute. Ralph Jessen arbeitet in vielen Wissenschaftsbeiräten mit und sticht dort heraus mit klugem Rat und mit seinem Fleiß. Kaum ein Beirat und ein Gremium, in dem er aktiv ist, das sich nicht wesentlich auf seine Erfahrung und Zuverlässigkeit stützt. Er nimmt die Dinge ernst, nicht nur, aber gerade auch, wenn es um Legitimationsfragen geht. Brauchen wir nicht genau diese Persönlichkeiten, wenn es um die Legitimation von liberaler Demokratie geht?

---

3   Ralph Jessen, Immer wieder montags. Warum wir über eine populistische »Volks«-Erinnerung reden müssen, in: INDES Zeitschrift für Politik und Gesellschaft, 1 (2019), S. 55-60.

Verfahren

Hans-Peter Ullmann

I   Eine »vierte Gewalt«? Legitimationsstrategien des Bundesrechnungshofs in der frühen Bundesrepublik

Dem Bundesrechnungshof oblag seit seiner Gründung im Jahr 1950 die Kontrolle der »gesamte[n] Haushalts- und Wirtschaftsführung der Bundesorgane und Bundesverwaltungen«.[1] Diese Aufgabe hatte er unter seinem ersten Präsidenten Josef Mayer mit Zurückhaltung, aber auch mit einer begrenzten Wirksamkeit und nicht zuletzt mit geringer Resonanz in der Presse wahrgenommen. Insofern markierte die Ernennung von Guido Hertel im Mai 1957 einen klaren Einschnitt. Denn der neue Präsident hegte ungleich höhere Ambitionen. Er wollte nicht nur die Stellung des Rechnungshofs gegenüber den obersten Bundesbehörden aufwerten, sondern ihm auch zu mehr Kompetenzen, größerer Wirksamkeit sowie besserer Aufmerksamkeit in der Öffentlichkeit verhelfen. Dazu bedurfte es – das sah Hertel klar – einer zugkräftigen Legitimationsstrategie. Eine solche entwarf er ausgehend von dem Gedanken, die im Bundesrechnungshof institutionalisierte Finanzkontrolle bilde neben Exekutive, Legislative und Judikatur eine selbstständige »vierte Gewalt« im politischen System der Bundesrepublik. Zu fragen ist erstens, woher Hertel diese Deutung nahm und mit welchen Legitimationsstrategien sie konkurrierte (1.), zweitens, ob sich diese Interpretation in der zeitgenössischen wissenschaftlichen Debatte behaupten konnte (2.), drittens, wie der Rechnungshofpräsident versuchte, seine Sehweise in den späten fünfziger und frühen sechziger Jahren umzusetzen (3.), und viertens, warum er mit seinen Bemühungen scheiterte (4.).

1   Hertels Deutung des Bundesrechnungshofs als »vierte Gewalt«

Im November 1953 wurde das neue Amtsgebäude des Bundesrechnungshofs in Frankfurt am Main feierlich eingeweiht. Zur Schlüsselübergabe waren Bundespräsident Theodor Heuss und Bundesfinanzminister Fritz Schäffer angereist. Beide verknüpften in ihren Reden drei Gesichtspunkte miteinander: Sie lobten zum einen das neue Gebäude als

---

1   Gesetz über Errichtung und Aufgaben des Bundesrechnungshofs vom 27.11.1950, BGBl. I. S. 765, § 4 Abs. 1. Die folgenden Überlegungen stehen im Kontext der vom Bundesrechnungshof finanzierten Studie des Verfassers über »Kontrolle und Beratung. Der deutsche Rechnungshof im Wechsel der politischen Systeme des 20. Jahrhunderts«, die im Jahr 2021 erscheinen wird.

Repräsentationsbau der jungen Bundesrepublik, hoben zum anderen die Bedeutung der Finanzkontrolle und des Rechnungshofs als Garanten von Sparsamkeit und Wirtschaftlichkeit in den öffentlichen Finanzen hervor und sprachen schließlich über ihre Vorstellungen vom Staat und dessen Aufgaben.[2] Das geschah freilich auf recht unterschiedlich Weise.[3]

Für Schäffer verkörperte der Bundesrechnungshof als Institution »ein Stück des rechtsstaatlichen Denkens«. Indem die Behörde 1950 wiedereingerichtet worden war, hatte sich die Bundesrepublik für ihn als Rechtsstaat erwiesen und zugleich klar vom »Dritten Reich« abgegrenzt. Denn dem »Hitler-Staat« sei der »Gedanke einer Einschränkung der eigenen Macht, der Kontrolle der eigenen persönlichen Macht, der Gedanke der Gewaltenteilung von Natur aus fremd« und der Rechnungshof ihm deshalb auch stets »etwas Fremdes« gewesen. Damit setzte Schäffer die Bundesrepublik als Rechtsstaat nicht nur von »allen autoritären Staaten« ab und verankerte sie in der westlichen Staatengemeinschaft, sondern sprach zugleich die Prüfungsbehörde und ihre Beamten von aller Mitwirkung im NS-Regime frei. Der Bundesfinanzminister ging aber noch einen Schritt weiter. Im Rahmen der rechtsstaatlichen Ordnung, hob er hervor, trete der Bundesrechnungshof als »vierte Gewalt nach der Gewaltenteilung im Staate neben die Gewalt der Gesetzgebung, neben die Gewalt der Exekutive und neben die Richter«. Ihnen gegenüber übe er eine »beratende und überwachende Tätigkeit« aus, die allein dem »allgemeinen Ganzen« verpflichtet sei. Deshalb sah Schäffer den Bundesrechnungshof mit dazu berufen, »für den Gedanken der res publica« einzustehen und sich gegen die Gefahr zu stellen, »daß die partikularen Ideen, Interessen und Gedanken den Gedanken der res publica überwuchern«.[4] Dahinter war unschwer die klassische Vorstellung von einem Staat zu erkennen, der beanspruchte, das allgemeine Wohl gegenüber den in der Gesellschaft vorherrschenden Einzelinteressen zu vertreten.

---

2 Dazu im einzelnen Dorothea Steffen, Tradierte Institutionen, moderne Gebäude. Verwaltung und Verwaltungsbauten der Bundesrepublik in den frühen 1950er-Jahren, Bielefeld 2019, S. 170 ff. Vgl. auch Elisabeth Plessen, Bauten des Bundes 1949–1989. Zwischen Architekturkritik und zeitgenössischer Wahrnehmung, Berlin 2019, S. 232 f., und Martin Bredenbeck, »Wie baut man Sparsamkeit?«. Gedanken zu einer Kunstgeschichte der externen Finanzkontrolle, in: Bundesrechnungshof (Hg.), 300 Jahre externe Finanzkontrolle, Bonn 2014, S. 116-147; hier: S. 126 ff.

3 Ansprachen des Herrn Bundesministers der Finanzen, des Herrn Präsidenten des Bundesrechnungshofs, des Herrn Bundespräsidenten anlässlich der Feier zur Einweihung des neuen Dienstgebäudes des Bundesrechnungshofs am 19.11.1953 in Frankfurt a. M., Bundesarchiv Koblenz [BArch] B 126/14904. Die Reden wurden in der Hauszeitschrift des Bundesrechnungshofs »Der öffentliche Haushalt«, 1 (1954), S. 6 ff. bzw. 9 ff. veröffentlicht. Die Rede von Heuss druckte außerdem unter dem Titel »Die vierte Gewalt« das »Bulletin des Presse- und Informationsamts der Bundesregierung«, 224 (1953), S. 1857 f. ab. Vgl. auch Einweihung des Bundesrechnungshofes, in: Frankfurter Allgemeine Zeitung [FAZ], 20.11.1953; Treuhänder der Steuerzahler, in: ebd., 2.12.1953; Sparsamkeit, in: Die Zeit, 26.11.1953.

4 Ansprachen, Rede Schäffer, S. 2 ff. Zu Schäffer (auch als Redner) vgl. Christoph Henzler, Fritz Schäffer 1945–1967. Eine biographische Studie zum ersten bayerischen Nachkriegs-Ministerpräsidenten und ersten Finanzminister der Bundesrepublik Deutschland, München 1994, S. 452 f.

Bundespräsident Heuss gelangte, wie es seine Art war, vom Anekdotischen und Persönlichen her zum Kern der Dinge.[5] Für ihn stand der Rechnungshof für einen »breiteren Vorgang«, nämlich für die »Rationalisierung des Staates« und die »Selbstkontrolle des Fiskalischen«, also die Tatsache, dass der »modern werdende, vom Dynastischen und Feudalen in das rein Sachlich-Zweckmäßige sich wandelnde Staat« damit begann, sich selbst zu überprüfen. Das brachte Heuss zu Montesquieu und seiner Lehre von der Teilung der Gewalten. Wenn der Gelehrte, hob der Präsident hervor, nicht nur nach England, sondern auch »ein bißchen mehr nach Osten« geblickt hätte, wäre er auf »die vierte Gewalt, das vierte Element im rechtsstaatlichen Organisationsaufbau« gestoßen. Auch Heuss sah im Rechnungshof ein »neutrales Element, in dem sich die Dauer des Objektiven konstituiert«, doch brach er diese Feststellung, indem er hinzufügte, »oder doch konstituieren soll«. Dahinter stand eine Staatsvorstellung, die das Gemeinwohl nicht per se in der Hand der Exekutive, sondern aus einer Interaktion mit der Gesellschaft hervorgehen sah. Dabei kam dem Rechnungshof die Aufgabe zu, einerseits »gesellschaftliche Entwicklungen zu begreifen, ihnen zu dienen«, sie andererseits aber »aus dem staatlichen Raum, aus der staatlichen Schau wieder zu regulieren«.[6]

Von den durchaus tiefschürfenden Überlegungen, die Schäffer und Heuss anstellten, blieb vor allem ihre Einordnung des Rechnungshofs als »vierte Gewalt« in Erinnerung. Was die beiden Redner dazu angeregt haben mag und woher sie die Idee nahmen, lässt sich nicht mehr ermitteln. Eventuell stand die Bezeichnung der Presse als »vierte Gewalt« Pate. Vielleicht griffen sie auch auf das alte chinesische Staatsrecht zurück, das die Existenz einer eigenen Kontrollgewalt, des Kontroll-Yuan, als eine von fünf staatlichen Gewalten kennt.[7] Sicher und auffällig ist dagegen, dass die Führungsspitze des Bundesrechnungshofs die Steilvorlage nicht annahm, die Heuss und Schäffer mit ihrer Einordnung der Prüfungsbehörde in das Staatsgefüge anboten. Stattdessen griff Präsident Mayer in seiner Rede auf die traditionelle Legitimationsstrategie zurück, mit der schon der Rechnungshof des Deutschen Reichs vor 1945 seine Tätigkeit gerechtfertigt hatte: der »grosse[n]« preußischen Tradition »einer peinlich genauen, unbestechlichen und ohne Ansehen der Person geübten Kontrolle der öffentlichen Finanzen«.[8] Diese ließ sich bis auf die General-Rechen-Kammer zurückführen, die

---

5   Dazu Ernst Wolfgang Becker, Theodor Heuss. Bürger im Zeitalter der Extreme, Stuttgart 2011, S. 132 ff.

6   Rede Heuss, in: Der öffentliche Haushalt, 1 (1954), S. 12 ff.

7   So die Überlegung von Referat VI C/1 Bundesfinanzministerium (gez. Belau), Vermerk über den Status des Bundesrechnungshofs vom 31.10.1967, BArch B 126/16457, mit Verweis auf Kurt Heinig, Das Budget [= Die Budgetkontrolle, Bd. 1], Tübingen 1949, S. 9, 141. Ähnlich auch Burkhard Tiemann, Susanne Tiemann, Zum staatsrechtlichen Standort der Finanzkontrolle in rechtsvergleichender Sicht, in: Der Staat, 13 (1974), S. 497-526; hier: S. 519 ff., und Philipp Bergel, Rechnungshöfe als vierte Staatsgewalt? Verfassungsvergleich der Rechnungshöfe Deutschlands, Frankreichs, Österreichs, Spaniens, des Vereinigten Königreichs und des Europäischen Rechnungshofs im Gefüge der Gewaltenteilung, Göttingen 2010, S. 77.

8   Rede Mayer, in: Der öffentliche Haushalt, 1 (1954), S. 5 ff.

König Friedrich Wilhelm I. im Jahr 1714 ins Leben gerufen hatte. So war es nur folge-richtig, dass Mayer vor allem das Sgraffito von Eberhard Schlotter in der Eingangshalle des neuen Dienstgebäudes missfiel. Dessen »verspielte Darstellung« der Stadt Potsdam, kritisierte der Präsident, erfasse mitnichten die »Härte der preußischen Staatsauffas-sung« und damit »Geist und Arbeit der Potsdamer Kontrollbehörden«.[9] Da Mayer das Kunstwerk nicht, wie er es gerne getan hätte, hinter einem Vorhang verstecken durfte, sorgte er wenigstens dafür, dass ein Wandteppich mit dem preußischen Adler und einem Ausspruch Friedrichs II. – »Man wird sagen, die Rechnungen langweilen mich. Ich erwidere: das Wohl des Staates erfordert, daß ich sie nachsehe und in diesem Falle darf mich keine Mühe verdrießen.« – angeschafft und im Sitzungssaal aufgehängt wurde. Damit stellte der Präsident wie schon in seiner Rede nicht nur einen unmittel-baren Zusammenhang zwischen der Rechnungsprüfung und dem preußischen Staat her, sondern sah den Bundesrechnungshof auch in einer direkten Kontinuität zu den Potsdamer Kontrollbehörden, der preußischen Oberrechnungskammer wie dem aus ihr hervorgegangenen Rechnungshof des Deutschen Reichs. »Die Begriffe Potsdam und Rechnungshof«, hob er hervor, seien »untrennbar miteinander verbunden«, wes-halb sich dieser »gerade in der heutigen Zeit des Wiederaufbaus nach dem beispiellosen Zusammenbruch im Jahre 1945« von dem »Geist von Potsdam«, im »guten Sinn ver-standen«, leiten lassen müsse.[10]

Indem Mayer den Bundesrechnungshof in die preußische Tradition stellte und auf diese Weise die Jahre des Dritten Reiches argumentativ überbrückte, entsprach er zweifellos auch dem Selbstverständnis seiner Beamtenschaft. Doch war seine Legitimationsstrategie angesichts der Auflösung Preußens durch die Alliierten und der öffentlichen Kritik an Preußen als Hort von Militarismus und Reaktion höchst problematisch und daher umstritten.[11] Einer Rezeption der alternativen Legitima-tionsstrategie von der »vierten Gewalt« stand aber nicht nur das Festhalten an der preußischen Tradition entgegen. Die Führungsspitze des Bundesrechnungshofs wollte sich auch auf eine »Exkursion« in ein juristisch wie politisch vermintes Feld nicht einlassen. Es müsse, stellte Direktor Franz Haaser fest, »der Wissenschaft und der künftigen Gesetzgebung« überlassen bleiben, die Frage der »vierten Gewalt« zu klären.[12] Denn einerseits hatte Finanzminister Schäffer angekündigt, die noch immer

---

9   Dazu Bundesministerium für Verkehr, Bau und Stadtentwicklung (Hg.), Geschichte der Kunst am Bau in Deutschland, Berlin 2011, S. 64 ff. (dort S. 66 auch eine Abbildung des Sgraffito). Außerdem Doris Schmidt, Der Bundesrechnungshof. Sein neues Haus in Frankfurt, in: FAZ, 19.11.1953.

10   Rede Mayer, in: Der öffentliche Haushalt, 1 (1954), S. 5 ff.

11   Jürgen Mirow, Das alte Preussen im deutschen Geschichtsbild seit der Reichsgründung, Berlin 1981, S. 255 ff.; Andreas Thier, Preußen in der deutschen Rechtsgeschichte nach 1945, in: Hans-Christof Kraus (Hg.), Das Thema »Preußen« in Wissenschaft und Wissenschaftspolitik vor und nach 1945, Berlin 2013, S. 293-317.

12   Franz Haaser, Die Rechnungshöfe und ihre Beziehungen zu Exekutive und Legislative, in: Der öffentliche Haushalt, 1 (1954), S. 115-130; hier: S. 117. Vgl. auch Herbert Weichmann, Die Stellung der Rechnungshöfe im organischen Aufbau der Staatsgewalt, in: ebd., S. 22-26.

gültige Reichshaushaltsordnung aus dem Jahr 1922 in naher Zukunft durch eine Bundeshaushaltsordnung zu ersetzen, die dem demokratischen System des jungen Staates entsprach, und in diesem Zusammenhang auch die Stellung des Bundesrechnungshofs zu regeln.[13] Andererseits wusste Haaser nur zu genau, dass in der Rechtswissenschaft die Meinungen über die Einordnung der Prüfungsbehörde weit auseinandergingen und die Deutung von der »vierten Gewalt« in der akademischen Auseinandersetzung nicht die stärksten Bataillone auf ihrer Seite hatte.

2   Der Bundesrechnungshof in der deutschen Verfassung

Wie der Bundesrechnungshof in das bundesdeutsche Verfassungsgefüge einzuordnen sei, war in den fünfziger und frühen sechziger Jahren die »wohl am meisten umstrittene verfassungstheoretische Frage«.[14] Denn abgesehen von der Bestimmung im Grundgesetz, dass die Mitglieder des Rechnungshofs richterliche Unabhängigkeit besäßen,[15] schwieg dieses sich darüber aus, welcher Status dem Bundesrechnungshof im System der Verfassung zukam, wie seine Position gegenüber den einzelnen Gewalten im Staat aussah und welchen Rang er in der Behördenhierarchie einnahm. In den Debatten der Staatsrechtler, die zunächst in den einschlägigen wissenschaftlichen Zeitschriften, in Kommentaren oder auf Konferenzen geführt wurden, bevor sie sich seit Anfang der sechziger Jahre in monografischen Darstellungen verdichteten, konkurrierten vier Positionen miteinander.[16]

---

13 20. Sitzung des Bundesrats am 12.5.1950, in: Verhandlungen des Bundesrats, Bonn 1950, S. 332 ff.; Bundeskanzler (gez. Blücher) an den Präsidenten des Bundestags vom 10.7.1950, BArch B 136/4858.

14 Friedrich Klein, Die institutionelle Verfassungsgarantie der Rechnungsprüfung, in: Bundesrechnungshof (Hg.), 250 Jahre Rechnungsprüfung. Zur zweihundertfünfzigsten Wiederkehr der Errichtung der Preußischen Generalrechenkammer, Frankfurt a. M. 1964, S. 133-156; hier: S. 136.

15 Art. 114 Abs. 2 Satz 1 GG.

16 Zum Folgenden als erste Überblicke über die Debatte mit den einschlägigen zeitgenössischen Beiträgen Herbert Peucker, Grundfragen neuzeitlicher Finanzkontrolle, Göttingen 1952, S. 24 ff.; Referat VI C/1 Bundesfinanzministerium (gez. Belau), Vermerk über den Status des Bundesrechnungshofs vom 31.10.1960, BArch B 126/16457; Friedrich Wilhelm Beckensträter, Die Stellung der Rechnungshöfe im System der Dreiteilung der Staatsgewalt, Frankfurt a. M. 1961; Klein, Verfassungsgarantie, in: Bundesrechnungshof, 1964, S. 133-156. Aus späterer zeitlicher Perspektive mit weiteren Belegstellen Klaus Grupp, Die Stellung der Rechnungshöfe in der Bundesrepublik Deutschland unter besonderer Berücksichtigung der historischen Entwicklung der Rechnungsprüfung, Berlin 1972, S. 138 ff.; Susanne Tiemann, Die staatsrechtliche Stellung der Finanzkontrolle des Bundes, Berlin 1974, S. 298 ff.; Klaus Stern, Das Staatsrecht der Bundesrepublik Deutschland, [= Staatsorgane, Staatsfunktionen, Finanz- und Haushaltsverfassung, Notstandsverfassung, Bd. 2], München 1980, S. 407 ff.; ders., Die staatsrechtliche Stellung des Bundesrechnungshofs und seine Bedeutung im System der Finanzkontrolle, in: Heinz Günter Zavelberg (Hg.), Die Kontrolle der Staatsfinanzen. Geschichte und Gegenwart, Berlin 1989, S. 11-42; Herbert Rischer, Finanzkontrolle staatlichen Handelns. Wirtschaftlichkeit und Sparsamkeit als Prüfungsmaßstäbe, Heidelberg 1995, S. 122 ff.; Bergel, Rechnungshöfe, 2010, S. 43 ff.

Eine erste Gruppe von Juristen ordnete den Bundesrechnungshof der Exekutive zu. Sie argumentierte entweder, dass die Verwaltung den Gegenstand der Finanzkontrolle bilde, griff auf die negativ abgrenzende Subtraktionsmethode zurück, nach der sämtliche Staatsfunktionen, die sich nicht der Legislative oder Judikative zuordnen lassen, als Exekutivfunktionen zu gelten hätten, oder verwies auf die organisatorische Nähe des Rechnungshofs zu den Organen der vollziehenden Gewalt. Für sie war der Rechnungshof eine Verwaltungsbehörde, die entweder, wenn auch weisungsunabhängig, im Bereich der Bundesfinanzverwaltung ihren Platz fand oder sich im ministerialfreien Raum bewegte. Dagegen vertrat eine zweite Gruppe die Ansicht, der Bundesrechnungshof sei der Legislative zuzurechnen. Sie konnte dafür ins Feld führen, dass die Behörde und ihre Tätigkeit eng an Bundestag und Bundesrat gebunden waren. Denn dem Rechnungshof oblag eine wichtige Rolle im Rahmen der parlamentarischen Finanzkontrolle. Er legte Bundestag und Bundesrat jedes Jahr mit den Bemerkungen zur Bundeshaushaltsrechnung die Ergebnisse seiner Prüfungen vor, und der Präsident fasste darüber hinaus wichtige Kritikpunkte am Finanzgebaren des Bundes in der von ihm verantworteten Denkschrift zusammen. Auf der Grundlage der Bemerkungen entlastete das Parlament auf Empfehlung des Rechnungsprüfungs- und des Haushaltsausschusses die Regierung für ihre Haushaltsführung. Von einer dritten Gruppe wurde die Prüfungsbehörde der Judikative zugewiesen. Dafür sprachen nicht nur ihr gerichtsähnlicher Aufbau mit der Aufteilung in einzelne Senate, die richterliche Unabhängigkeit der Mitglieder und das kollegiale Entscheidungsverfahren, sondern auch die Tätigkeit des Rechnungshofs, der die Rechtmäßigkeit staatlichen Handelns überprüfte und dessen Entscheidungen materiell als Akte der Rechtsprechung gesehen werden konnten. Schließlich argumentierte eine vierte Gruppe mit Blick auf die Unabhängigkeit der Behörde und ihrer organisatorischen Selbstständigkeit, aber auch angesichts der Schwierigkeiten, diese einer der drei Gewalten zuzuordnen, sie müsse als eine Einrichtung sui generis, als zwischen den Gewalten stehendes neutrales Element oder aber als »vierte Gewalt« klassifiziert werden. Die Juristen, welche letztere Interpretation vertraten, bezogen sich dabei explizit auf die Reden von Heuss und Schäffer.

Auch wenn der Meinungsstreit der Staatsrechtler in den späten fünfziger und frühen sechziger Jahren noch hin und her wogte, zeichnete sich bereits ab, dass die Einordnung des Bundesrechnungshofs als »vierte Gewalt« keine Chance haben würde, zur herrschenden Lehre aufzusteigen. Denn es ließ sich kaum begründen, ob und inwieweit der Rechnungshof hoheitliche Gewalt ausübte und er überhaupt als ein Verfassungsorgan anzusehen sei. So formulierte Friedrich Karl Vialon, Ministerialdirektor im Bundesfinanzministerium, später im Bundeskanzleramt und einflussreicher Kommentator des Bundeshaushaltsrechts,[17] die »anspruchsvolle Kennzeichnung« als

---

17 Zu Vialons Tätigkeit im Reichskommissariat Ostland während des »Dritten Reichs« vgl. In Gettos gesammelt, in: Der Spiegel, 9.10.1963; Am Stehpult, in: ebd., 21.5.1965; Gewinn des Ostlands, in: ebd., 6.11.1967.

»vierte Gewalt« tauge allenfalls, »wenn man mit ihr die Selbständigkeit und Unabhängigkeit der Prüfung und der Prüfungseinrichtung« umschreiben wolle, nicht aber dazu die Tätigkeit des Rechnungshofs in ein »gleichberechtigtes Verhältnis zu Legislative, Rechtsprechung Judikative und Exekutive« zu bringen.[18]

3   Bemühungen um Anerkennung als »vierte Gewalt«

Im Unterschied zur älteren Führungsgruppe um Präsident Mayer und Direktor Haaser, die sich aus dem Richtungsstreit der Staatsrechtler bewusst herausgehalten hatte, sah Präsident Hertel in dem Meinungsstreit mehr als nur eine innerwissenschaftliche Debatte. Für ihn kamen vielmehr bei der Frage der rechtlichen Einordnung des Bundesrechnungshofs handfeste Machtfragen ins Spiel, ließ sich doch das Argument von der »vierten Gewalt« trefflich nutzen, um die Stellung der Behörde im politischen System der Bundesrepublik aufzuwerten, ihre Zuständigkeiten auszuweiten und Ebenbürtigkeit mit den Ministerien zu erlangen. Kurz: Hertel sah die Brisanz sowie die Chancen der neuen Legitimationsstrategie und begann, diese zunehmend offensiver einzusetzen.

Seit seiner Ernennung betrieb der Präsident eine Politik des dosierten Konflikts, die ihn rasch in Auseinandersetzungen mit verschiedenen obersten Bundesbehörden verstrickte. So geriet Hertel mit Richard Stücklen, dem Bundesminister für das Post- und Fernmeldewesen aneinander, weil er die Investitionen in das Fernmeldenetz als zu hoch und die Finanzen der Post als unsolide kritisierte. Stücklen warf ihm daraufhin vor, er überschreite seine Zuständigkeiten, wenn er die »politischen Zielsetzungen eines Ministers« beanstande, zumal ihm alle Voraussetzungen fehlten, um die »aufgeworfenen Fragen sachkundig zu beurteilen«. Auch vertrete Hertel, schob der Minister nach, seine Meinung in einer Weise, die »seinem hohen Amte nicht immer angemessen« sei.[19] Mit Bundesfinanzminister Franz Etzel lag Hertel ebenfalls bald über Kreuz, da er bei den Haushaltsgesprächen die Stellenvermehrung im Ministerium nicht mittragen wollte, gegen den Willen des Ministers auf eine Umorganisation der Ständigen Vertretung bei der NATO drängte oder geheime Gespräche mit Vertretern des Bundesnachrichtendienstes über deren Haushaltsvoranschläge führte. Wie Stücklen verbat sich Etzel gegenüber Bundeskanzler Konrad Adenauer jedwede Einmischung in seine Zuständigkeiten als Fachminister, da er sonst die »Verantwortung« für die »an-

---

18   Friedrich Karl Vialon, Haushaltsrecht. Kommentar zur Haushaltsordnung [2. Aufl.], Berlin 1959, S. 1072 (im Original z. T. fett).

19   Bundesminister für das Post- und Fernmeldewesen an den Bundeskanzler vom 24.11.1957, BArch B 136/4858; Besprechung mit dem Bundesbeauftragten für Wirtschaftlichkeit in der Verwaltung am 15.11.1957 [Abschrift], ebd.

fallenden Geschäfte« nicht tragen könne.[20] Bundesverteidigungsminister Franz Josef Strauß schließlich beklagte sich beim Bundeskanzleramt, die strengeren Prüfungen des Bundesrechnungshofs führten dazu, dass die Angehörigen seines Hauses »die Verantwortung für rechtzeitige und schnelle Entschlüsse« zunehmend scheuten. Strauß hoffe, alle Mitglieder der Bundesregierung würden bald von der »Unzweckmäßigkeit dieser Einrichtung« überzeugt sein.[21]

Dass der Rechnungshofpräsident die Pressearbeit seiner Behörde intensivierte und sich selber immer häufiger öffentlich äußerte, heizte die Gegensätze weiter an. Zunächst erhielten die jährlichen Bemerkungen des Bundesrechnungshofs und die Denkschrift des Präsidenten ein anderes Gesicht. Sie wurden klarer um Schwerpunkte herum gegliedert und dadurch übersichtlicher und lesefreundlicher. Auch begann Hertel erstmals im Oktober 1958 damit, die Bemerkungen und die Denkschrift auf einer Pressekonferenz zu erläutern und seine Ausführungen in Form einer Presseerklärung den Journalisten zur Verfügung zu stellen. Auf diese Weise wollte er die Ergebnisse der Prüfungs- und Beratungstätigkeit stärker in die Öffentlichkeit tragen und, indem er auf ihre finanziellen Vorteile für die Staatskasse hinwies, ihren Wert für Staat und Gesellschaft hervorheben sowie nicht zuletzt Existenz und Arbeit seiner Behörde rechtfertigen.[22] Schließlich gab sich Hertel in Rundfunkinterviews,[23] in der Wochenschau und im Fernsehen sowie in zahlreichen Presseartikeln als »Sachwalter des Steuerzahlers«,[24] indem er nicht nur Sparsamkeit und Wirtschaftlichkeit in der Bundesverwaltung anmahnte, sondern auch mit massiver Kritik an einzelnen Ministerien nicht sparte.[25] Die Behördenorganisation, zitierte ihn etwa das *Handelsblatt*, sei nicht »länger als Internum der Verwaltung, sondern als eine Angelegenheit von allgemeinem Interesse« zu betrachten. Doch fehle

---

20 Präsident des Bundesrechnungshofs als Bundesbeauftragter für Wirtschaftlichkeit in der Verwaltung an den Bundesminister der Finanzen vom 30.5.1958, BArch B 136/4858; Bundesminister der Finanzen an den Bundeskanzler vom 26.6.1958, ebd.

21 Vorlage Referat 10 Bundeskanzleramt (gez. Abicht) für Ministerialdirektor Vialon vom 14.1.1959, ebd.

22 Aufstellung der Pressekonferenzen, Historisches Archiv des Bundesrechnungshofs (HA BRH) 1020 IX; Pressenotiz über den Bericht des Präsidenten des Bundesrechnungshofs über seine Tätigkeit vom 24.10.1959, ebd. Vgl. Walter Maloni, Der Ritter ohne Schwert, in: Handelsblatt, 28.1.1960.

23 Interview des Saarländischen Rundfunks mit Präsident Hertel am 26.9.1958 [Wortprotokoll], BArch B 136/4858.

24 Ludwig Zöller, Oberster Wächter der Sparsamkeit, in: Das Neue Journal, 25 (1958), S. 16-19.

25 Harte Kritik am Verwaltungsstil, in: FAZ, 20.10.1958; Der Blick auf das Ganze fehlt, in: Die Welt, 21.10.1958; Treuhänder der Steuerzahler, in: Rheinischer Merkur, 24.10.1958; Faust im Nacken amtlicher Verschwender, in: Die Welt, 27.10.1958; Mißbrauch der Steuergelder, in: Abendpost, 30.10.1958; Bonn ist nicht sparsam genug, in: Wetzlarer Neue Zeitung, 12.11.1958; Der Bundesrechnungshof greift an, in: Stuttgarter Nachrichten, 21.11.1958; Herkules im Stall, in: Der Spiegel, 26.11.1958; Hertel sticht ins Bonner Wespennest, in: Wiesbadener Kurier, 19.12.1958; Maulkorb für Dr. Hertel, in: Osnabrücker Tageszeitung, 19.12.1958; Dieter Schröder, Der gefürchtete »Frankfurter Rotstift«, in: Süddeutsche Zeitung, 30.12.1958; Er sieht Bonn auf die Finger, in: Stadthäger Zeitung, 9.1.1959.

den Behörden das Bewusstsein, »Diener des Staates und des Volkes« zu sein. Not tue deshalb eine »größere Publizität« als bisher, um der »Öffentlichkeit eine wirksame Kontrolle und fruchtbare Kritik« zu ermöglichen.[26]

Präsident Hertel bemühte sich aber nicht nur, den Bundesrechnungshof stärker ins Bewusstsein der Öffentlichkeit zu rücken, sondern versuchte auch, ihn durch Besuche prominenter Persönlichkeiten und Empfänge symbolisch aufzuwerten. So lud er etwa Bundespräsident Theodor Heuss kurz vor dem Ende von dessen Amtszeit ein, Gast des Rechnungshofs zu sein. Geplant hatte Hertel einen Empfang »im engsten Kreis in Verbindung mit einem Abendessen im Frankfurter Hof«. Dazu wollte er »den Herrn Präsidenten des Bundestags und die Mitglieder des Haushaltsausschusses, den Herrn Präsidenten des Bundesrats, den Herrn Bundeskanzler, den Herrn Bundesminister der Finanzen und den Herrn Präsidenten des Bundesverfassungsgerichts« einladen, außerdem als Vertreter des Landes Hessen den Ministerpräsidenten und den Präsidenten des Landtags sowie aus dem Frankfurter Raum den Oberbürgermeister und die Bürgermeister, die Stadtverordneten, den Rektor der Universität, die Präsidenten von Bundesbahn und Bundesbank sowie nicht zuletzt den Bundesdisziplinaranwalt.[27] Heuss winkte ab, da er solche Diners hasse und nicht einsehe, »warum man einer Vielzahl von Herren eine Reise (plus meist Übernachtungskosten) zumuten soll, lediglich wegen einer zwar nett gemeinten, aber doch dekorativen Veranstaltung«. Von den hoch gespannten Plänen Hertels blieb am Ende nur eine »Tee-Stunde« mit Heuss im »Kreise der Herren« des Bundesrechnungshofs übrig.[28]

Seine Vorstöße legitimierte der Präsident des Bundesrechnungshofs stets mit dem Argument, seine Behörde sei die »vierte Gewalt« im politischen System der Bundesrepublik. Selbstbewusst vertrat Hertel diese Position im Mai 1960 gegenüber Bundesfinanzminister Franz Etzel. Auch legte er diesem gegenüber die Folgerungen dar, die seiner Meinung nach aus dieser Legitimationsstrategie zu ziehen wären. Da der Bundesrechnungshof eine »selbständige vierte Gewalt« repräsentiere, sei er erstens ein »unmittelbares Verfassungsorgan«, das der »Aufsicht der Bundesregierung in keiner Richtung« unterstehe. Daraus leitete Hertel zweitens ab, dass die Tätigkeit seiner Behörde nicht auf eine »nachgehende Feststellung und kritische Würdigung von vollzogenen Verwaltungsmaßnahmen« beschränkt bleibe, sondern sich »von Gesetzes wegen auch auf die Mitwirkung in laufenden Verwaltungsangelegenheiten einschließlich gesetzlicher Vorhaben« erstrecke. Die Bundesregierung, spitzte Hertel dieses Argument zu, stehe unter seiner »ständigen Überwachung«. Drittens ging er davon aus, dass der Rechnungshof »jederzeit eine eigene und unmittelbare gesetz-

---

26 Bundesrechnungshof ersparte 350 Mill. DM, in: Handelsblatt, 31.10. und 1.11.1958.

27 Vermerk Staatssekretär Hettlage Bundesfinanzministerium über ein Gespräch zwischen Bundesfinanzminister Etzel und Präsident Hertel am 23.5.1960 vom 24.5.1960, BArch B 126/16457.

28 Präsident des Bundesrechnungshofs an den Stellvertretenden Chef des Bundespräsidialamtes und Persönlichen Referenten des Herrn Bundespräsidenten vom 23.2.1959, BArch B 122/2166.

gebungspolitische Initiative bei den parlamentarischen Körperschaften des Bundes und ihren Ausschüssen« entfalten und kritische Bemerkungen zu Gesetzentwürfen der Bundesregierung direkt an den Bundestag und seine Ausschüsse richten könne.[29] Viertens beanspruchte Hertel nicht nur »als Leiter einer obersten Bundesbehörde die Rechtsstellung eines Ressortchefs und Ministerrang«, sondern verlangte auch, dass seine Ernennungsvorschläge für Mitglieder des Bundesrechnungshofs nicht mehr dem Bundeskabinett vorgelegt, sondern von ihm allein unterschrieben, vom Finanzminister ohne Stellungnahme lediglich gegengezeichnet und durch den Bundesinnenminister ungeprüft dem Bundespräsidenten zur Vollziehung zugeleitet werden sollten.[30] Nach Hertels Interpretation stand dem Bundesrechnungshof als »vierte Gewalt« mithin nichts weniger zu als die Ebenbürtigkeit mit den Bundesministerien, ja, mehr noch: eine ihnen gegenüber herausgehobene, weil die obersten Bundesbehörden kontrollierende Stellung.

4 Keine Anerkennung als »vierte Gewalt«

Das selbstbewusste Auftreten Hertels, der die Zuständigkeiten des Rechnungshofs mit Hinweis auf seine Stellung als »vierte Gewalt« nicht allein ausschöpfen, sondern ausweiten wollte, führte bei den Ressorts, im Bundeskanzleramt und nicht zuletzt im Kabinett zu wachsenden Irritationen. Bereits Ende 1958 hatte das Bundesfinanzministerium, das seine Ressortinteressen massiv tangiert sah, eine Expertise anfertigen lassen, welche die Amtsführung Hertels scharf kritisierte. Dieser inszeniere sich, hieß es dort, zwar als »Treuhänder der Steuerzahler«, doch sei nicht er, sondern das Ministerium dazu berufen, die »Finanzwirtschaft des Bundes und den Aufbau der Bundesverwaltung im Sinne einer sparsamen Mittelbewirtschaftung« zu leiten.[31] Die Ausarbeitung diente dem Finanzminister als Vorlage, um sich bei Hans Globke, dem Staatssekretär des Bundeskanzleramts, bitter über den Rechnungshofpräsidenten zu beklagen.[32] Zwar sei umstritten, ob der Bundesrechnungshof der Legislative oder der Exekutive angehöre beziehungsweise als »besondere vierte Gewalt« zu gelten

---

29 Bundespräsident an den Präsidenten des Bundesrechnungshofs vom 17.3.1959, ebd.; Präsident des Bundesrechnungshofs an den Bundespräsidenten vom 20.3.1959, ebd.

30 Ausführlich hatte Hertel seine Position im Schreiben an den Bundesminister der Finanzen vom 13.1.1960, BArch B 126/16457, begründet. Vgl. dazu Bundesminister des Inneren an den Bundesminister der Finanzen vom 14.3.1960, ebd.

31 Abteilungsleiter I a Bundesfinanzministerium an Abteilungsleiter I vom 20.12.1958 mit Anlage: Inhaltsangabe zum Vermerk betr. Stellung des Herrn Dr. Hertel als Präsident des Bundesrechnungshofs und Bundesbeauftragter für Wirtschaftlichkeit in der Verwaltung und Vermerk betr. Stellung des Herrn Dr. Hertel als Präsident des Bundesrechnungshofs und Bundesbeauftragter für Wirtschaftlichkeit in der Verwaltung, ebd.

32 Zu Globke zuletzt Jürgen Bevers, Der Mann hinter Adenauer. Hans Globkes Aufstieg vom NS-Juristen zur Grauen Eminenz der Bonner Republik, Berlin 2009; Erik Lommatzsch, Hans Globke (1898–1973). Beamter im Dritten Reich und Staatssekretär Adenauers, Frankfurt a. M. 2009.

habe. Den Ausschlag gäbe jedoch, dass Hertel seine Befugnisse verkenne und vor allem durch seine Öffentlichkeitsarbeit »dem Ansehen der Bundesregierung und der gesamten Verwaltung« geschadet und der »Opposition Material für den politischen Tageskampf« geliefert habe. Dadurch sei nämlich der fälschliche Eindruck entstanden, als ob die »Regierung und die Verwaltung leichtfertig mit Steuergeldern umgingen«.[33]

Im Bundeskanzleramt läuteten angesichts der anschwellenden Kritik nicht nur aus dem Finanzministerium, sondern auch aus anderen Ressorts die Alarmglocken. Es bemühte sich in Gesprächen zunächst zwischen Ministerialdirigent Franz Haenlein, dann Staatssekretär Globke und schließlich sogar dem Bundeskanzler auf der einen sowie Präsident Hertel auf der anderen Seite, die Wogen zu glätten.[34] Bereits vorher waren die einschlägigen Referate im Kanzleramt von Adenauer, den das Verhalten Hertels »sehr befremdet« hatte, beauftragt worden, sich zu den Aufgaben und Zuständigkeiten des Bundesrechnungshofs zu äußern.[35] Die Referenten hielten nicht nur die Kompetenzen der Behörde und ihres Präsidenten genau fest, sondern merkten auch an, dass die Wirkungsmöglichkeiten des Bundesrechnungshofs erheblich seien, nähmen doch seine Vertreter regelmäßig an den Beratungen des Haushaltsausschusses des Bundestags teil.

Die Auseinandersetzungen um die Amtsführung des Rechnungshofpräsidenten beschäftigten schließlich auch das Bundeskabinett. Da Hertel wie alle Mitglieder der Prüfungsbehörde nur durch eine Richteranklage oder aufgrund eines Disziplinarverfahrens abgesetzt werden konnte, konzentrierten sich die Überlegungen der Bundesregierung darauf, wenigstens die Ämter des Rechnungshofpräsidenten und des Bundesbeauftragten für Wirtschaftlichkeit in der Verwaltung zu trennen, um Hertels Wirkungsmöglichkeiten zu beschneiden. Als Bundesbeauftragter, zu dem er 1957 qua Amt ernannt worden war, kam Hertel die Aufgabe zu, die Regierung in allen »Fragen der Vereinfachung und Verbilligung der Verwaltung zu beraten«. Dazu hatte er weitreichende Kompetenzen erhalten.[36] Nachdem sich das Kabinett in mehreren

---

33 Bundesminister der Finanzen (gez. Hartmann) an den Staatssekretär des Bundeskanzleramts vom 11.2.1959, BArch B 136/4858.

34 Vermerke Referat 6 Bundeskanzleramt (gez. Hornschuh) vom 9. und 13.6.1958, ebd.; Vorlage für den Herrn Staatssekretär (gez. Hornschu) vom 25.6.1958, ebd.

35 Vermerk Referat 4 Bundeskanzleramt vom 24.5.1958 sowie Vermerke Referat 6 vom 9.6.1958 und Referat 8 vom 30.5.1958, ebd.

36 Bekanntmachung über den Bundesbeauftragten für Wirtschaftlichkeit in der Verwaltung vom 30.6.1952, in: Bundesanzeiger, 5.7.1952. Zum Bundesbeauftragten vgl. Jens-Hermann Treuner, Der Bundesbeauftragte für Wirtschaftlichkeit in der Verwaltung, in: Bundesbeauftragter für Wirtschaftlichkeit in der Verwaltung (Hg.), 50 Jahre Bundesbeauftragte für Wirtschaftlichkeit in der Verwaltung, Stuttgart 2002, S. 1-33; Jens Michael Störring, Die Beratungsfunktion des Bundesrechnungshofes und seines Präsidenten. Historische Entwicklungen, Rechtsgrundlagen und Praxis, Berlin 2013, S. 85 ff.; Friedrich von Pfuhlstein, Über die Institution des Bundesbeauftragten für Wirtschaftlichkeit in der Verwaltung, in: Eckart Schiffer (Hg.), Verfassung, Verwaltung, Finanzkontrolle. Festschrift für Hans Schäfer zum 65. Geburtstag am 26. Januar 1975, Köln 1975, S. 375-426.

Sitzungen, zuletzt Ende April 1960 unter dem Tagesordnungspunkt »Indiskretionen« mit der Causa Hertel beschäftigt hatte,[37] erbat das Finanz- vom Innen- und Justizministerium ein Gutachten zu vier Fragen: Sei der Bundesrechnungshof eine »vierte Gewalt«? Habe dessen Präsident Ministerrang? Unterliege die Bundesregierung der ständigen Überwachung durch die Prüfungsbehörde? Und könne das Bundeskabinett sowie Finanz- und Innenministerium aus dem Ernennungsverfahren der Rechnungshofbeamten ausgeschaltet werden?[38] Mittlerweile waren die Kritik der Ministerialbürokratie an der Amtsführung Hertels und die Überlegungen, die Aufgaben des Rechnungshofpräsidenten und des Bundesbeauftragten zu trennen, zum Gegenstand öffentlicher Diskussion geworden. So mutmaßte etwa die *Frankfurter Allgemeine*, dass »bestimmte Kreise den Bundesbeauftragten abschießen und die Einrichtung überhaupt fallenlassen wollten«, da der Bürokratie dessen »Kandare« offenbar »unbequem und lästig« geworden sei. Erich Dombrowski, der im Blatt seit Jahren intensiv für die Arbeit des Bundesrechnungshofs warb, sorgte sich sogar, dass dem ersten Schritt der Regierung ein zweiter folgen und die allgemeine Finanzkontrolle eingeschränkt werden sollte. Besonders im Innenministerium würden bereits die »Messer gewetzt«, um den »Bundesrechnungshof auf dem Operationstisch zu beschneiden«.[39] Aufmerksam verfolgte auch der Bund der Steuerzahler die Auseinandersetzungen, hegte er doch den Verdacht, wie es in einer Pressemitteilung hieß, »dass hier ein unbequemer Sachkenner und Mahner in seiner Wirksamkeit beschnitten« werden solle.[40]

Die Gutachten der beiden Ministerien, die im Herbst 1960 beziehungsweise Anfang 1961 vorlagen, stimmten der Einschätzung des Finanzressorts in allen vier Fragen zu: Erstens kenne das Grundgesetz lediglich eine Dreiteilung der Staatsgewalt, sodass eine »vierte Staatsgewalt begrifflich ausgeschlossen« sei. Auch der Terminus »Verfassungsorgan« finde sich dort nicht.[41] Zweitens habe der Präsident des Bundesrech-

37 40. Kabinettssitzung (Fortsetzung) am 29.10.1958, in: Hartmut Weber (Hg.), Die Kabinettsprotokolle der Bundesregierung 1958 [Bd. 11], München 2002; 105. Kabinettssitzung vom 22.4.1960, in: Hartmut Weber (Hg.), Die Kabinettsprotokolle der Bundesregierung 1960 [Bd. 13], München 2003; Vermerk Staatssekretär Hettlage Bundesfinanzministerium vom 25.4.1960, BArch B 126/16457.

38 Vorlage Abt. I Bundesfinanzministerium (gez. Puhan) für den Staatssekretär vom 7.7.1960, ebd. Bundesminister der Finanzen (gez. Hettlage) an die Bundesminister des Inneren und der Justiz vom 11.7.1960 [Abschrift], BArch B 126/4858.

39 Erich Dombrowski, Ohne Ansehen der Person, in: FAZ, 23.11.1960. Dazu den Vermerk des Bundesfinanzministeriums zum Leitartikel der Frankfurter Allgemeinen Zeitung vom 23.11.1960 Nr. 274/D 2954 am 24.11.1960 [Abschrift], BArch B 126/16457. Vgl. auch den Artikel Was nicht geschehen darf, in: Die Zeit, 16.12.1960.

40 Präsidium des Bundes der Steuerzahler, Gesetz für Sparkommissar. Bund der Steuerzahler: Hände weg vom Bundesrechnungshof, Presseinformation Nr. 41/1960, BArch B 126/16457.

41 Bundesminister des Inneren (gez. Schröder) an das Bundesministerium der Finanzen vom 29.9.1960, ebd.; Referat VI C/1 Bundesministerium der Finanzen (gez. Belau), Vermerk über den Status des Bundesrechnungshofs vom 31.10.1960, ebd.; Bundesminister der Justiz (gez. Schäffer) an das Bundesministerium der Finanzen vom 10.1.1961, BArch B 136/4858; Vorlage von Abt. I Bundesfinanzministerium für den Minister vom 28.2.1961, BArch B 126/16457.

nungshofs nicht die Rechtsstellung eines Bundesministers. Er leite zwar eine oberste Bundesbehörde, sei jedoch ein Beamter ohne politische Verantwortung sowie nicht zur Gegenzeichnung befugt und gehöre obendrein nicht dem Bundeskabinett an. Drittens dürfe der Rechnungshof weder die laufende Verwaltung kontrollieren, weil er damit in die Zuständigkeit der Exekutive eingreife, noch Gesetzesvorlagen beim Bundestag einbringen. Viertens schließlich müsse es beim bisherigen Ernennungsverfahren bleiben, in dessen Rahmen der Finanzminister den Personalvorschlag prüfe, gegenzeichne und damit die politische Verantwortung übernehme, da der Präsident des Bundesrechnungshofs solches rechtlich nicht könne.

Mit ihren Gutachten hatten die drei Ministerien die Legitimationsstrategie des Rechnungshofpräsidenten in schöner Einmütigkeit zerpflückt und ihn in die Schranken gewiesen. Über das weitere Vorgehen konnten sie sich allerdings nicht einigen. So legte das Justiziariat des Finanzministeriums im März 1961 ein weiteres Gutachten vor, das vor allem die Frage prüfte, ob die Gutachtertätigkeit des Präsidenten des Bundesrechnungshofs mit dem Grundgesetz und hier besonders mit der institutionellen Garantie der unabhängigen Rechnungsprüfung nach Art. 114 GG vereinbar sei. Es kam zu dem Ergebnis, dass sie als »verfassungsrechtlich bedenklich« beurteilt werden müsse, zumal der Auftrag zu sparen, dem parlamentarisch verantwortlichen Finanzministerium obliege.[42] Das Ministerium des Inneren, dem die Ausarbeitung außer dem Justizministerium zur Stellungnahme zugegangen war, teilte die Bedenken des Finanzministeriums überwiegend jedoch nicht, sodass sich die zuständigen Ressorts auf keine einheitliche Rechtsauffassung verständigen konnten.[43] »Wir laufen langsam Gefahr«, klagte Ministerialdirektor Vialon inzwischen im Bundeskanzleramt, »daß wir das Kind mit dem Bade ausschütten; ich bin sehr betrübt darüber, daß Herr Hertel uns diese unangenehme Situation eingebrockt hat«.[44] Angesichts der Uneinigkeit der drei Ressorts fand auch die Bundesregierung zu keiner gemeinsamen Linie.[45] Vielmehr blieb die Frage in der Schwebe, bis Bundeskanzler Adenauer nach der Bundestagswahl

---

42 Abt. I Bundesfinanzministerium an Abt. VI vom 5.12.1960, ebd.; Abt. VI Bundesfinanzministerium an Abt. I vom 22.3.1961 mit Anlage: Abt. VI, Gutachten: Ist die Gutachtertätigkeit des Präsidenten des Bundesrechnungshofs nach § 101 RHO, § 8 BRHG und seine Stellung als BWV mit dem Grundgesetz allgemein und insbesondere mit der institutionellen Garantie der unabhängigen Rechnungsprüfung nach Artikel 114 GG vereinbar?, BArch B 126/58284; Bundesminister der Finanzen an die Bundesminister für Justiz und des Inneren vom 3.5.1961, ebd. Ausführlich dazu auch Störring, Beratungsfunktion, 2013, S. 134 ff.

43 Bundesminister des Inneren an den Bundesminister der Finanzen vom 25.8.1961, BArch B 126/16457. Dazu den wiederum kritischen Vermerk des Bundesfinanzministeriums (gez. Klein) vom 30.9.1961, ebd. Eine ausführliche Stellungnahme des Justizministeriums erfolgte nicht. Vgl. Vermerk Referat I A/2 Bundesfinanzministerium vom Juli 1961, BArch B 126/16457.

44 Ministerialdirektor Vialon Bundeskanzleramt an Ministerialdirigent von Schoenebeck Bundesfinanzministerium vom 30.10.1961, ebd.

45 Vgl. 123. bzw. 143. Kabinettssitzung am 5.10.1960 bzw. 22.3.1961, in: Weber (Hg.), Kabinettsprotokolle 1960, 2004; Hartmut Weber (Hg.), Die Kabinettsprotokolle der Bundesregierung 1961 [Bd. 14], München 2003.

im März 1962 entschied, die Angelegenheit nicht weiter zu verfolgen, da er von Hertel ansonsten noch größere Schwierigkeiten erwarte.[46]

Der Präsident des Rechnungshofs gab indessen seine Vorstellung vom Bundesrechnungshof als »vierte Gewalt« nicht auf. Vielmehr ließ er eine umfangreiche Materialsammlung »Zur Auslegung des Artikels 114 Grundgesetz« erstellen. Ein Exemplar sandte er Ministerialdirektor Vialon und weitere Stücke über diesen an die Professoren Werner Weber in Göttingen und Friedrich Klein in Münster, die sich als Staatsrechtler an der wissenschaftlichen Kontroverse um die Stellung des Bundesrechnungshofs beteiligten.[47] Offenbar wollte Hertel auf diesem Weg für seine Version der Einordnung des Bundesrechnungshofs um Unterstützung werben. Außerdem erhielt Ministerialrat Friedrich von Pfuhlstein von der Prüfungsbehörde die Materialsammlung, die er allerdings als »flüchtig« und fehlerhaft einschätzte. Pfuhlstein erstellte auf der Grundlage eigener Unterlagen den Entwurf eines umfangreichen Rechtsgutachtens zur Auslegung von Art. 114 GG, das aber, wie er selbst festhielt, noch »weiterer Überprüfung« bedurfte.[48]

Doch handelte es sich dabei nur noch um Nachhutgefechte. Auch wenn es am Ende nicht zu Maßnahmen der Bundesregierung gegen den unbequemen Rechnungshofpräsidenten kam, war er mit seinem Versuch, die Stellung der Prüfungsbehörde mit Hilfe der Legitimationsstrategie von der »vierten Gewalt« aufzuwerten, am geschlossenen Widerstand der Bundesregierung gescheitert. Die mehrjährigen Auseinandersetzungen um die Position des Bundesrechnungshofs endete freilich erst mit dem Tod Hertels im Sommer 1963 und der Ernennung von Volkmar Hopf zu seinem Nachfolger, der als früherer Staatssekretär im Bundesverteidigungsministerium nicht nur wegen seiner Rolle in der Spiegel-Affäre heftig umstritten war.[49] Hopf erklärte, dass sich die Behörde unter seiner Leitung um ein »normales Verhältnis« zu Regierung und Parlament bemühen werde, und erteilte damit der Deutung Hertels, die in der Prüfungsbehörde institutionalisierte Finanzkontrolle sei eine »vierte Gewalt«, implizit eine Absage.[50] Stattdessen setzte er wie Präsident Mayer vor ihm wieder stärker auf die preußische Tradition, um die Arbeit des Bundesrechnungshofs zu rechtfertigen. So ließ er den *Spiegel* seinen Wahlspruch zitieren, der auf einen Befehl Friedrich Wilhelm I. an die von ihm 1714 eingerichtete General-Rechen-Kammer zurückging: »Er soll keinen

---

46 Vermerk Bundesfinanzministerium vom 28.3.1962, BArch B 126/51722.

47 Vermerk Ministerialrat von Pfuhlstein Bundesrechnungshof, 1962, HA BRH 1056.

48 Vorlage von Ministerialrat von Pfuhlstein Bundesrechnungshof für den Präsidenten vom 21.3.1962 mit Anlage: Zur Auslegung des Art. 114 GG, ebd.

49 Zuletzt Martin Doerry, Hauke Janssen (Hg.), Die Spiegel-Affäre. Ein Skandal und seine Folgen, München 2013; Strick aus Paragraphen, in: Der Stern, 2.8.1963; Hopf-Vergangenheit, in: Der Spiegel, 1.7.1963; Weiße Flecken im Lebenslauf. Zu seinem eigenen Rechnungsprüfer bestellt: Volkmar Hopf, in: Das Dossier, 9.6.1964, Kabinettssitzung am 10.6.1964, in: Hartmut Weber (Hg.), Die Kabinettsprotokolle der Bundesregierung 1964 [Bd. 17], München 2007.

50 Kein »weicher« Kurs beim Bundesrechnungshof, in: FAZ, 9.2.1965.

schonen, er mack sein wer er will, wen es auch mein Bruder wehre, auf alle Mausereien soll er acht habn.«[51]

---

51 Acht auf Mausereien, in: Der Spiegel, 5.4.1965.

Richard Bessel

II Sicherheit, Polizei und Legitimierung staatlicher Herrschaft in der unmittelbaren Nachkriegszeit (in der SBZ und der frühen DDR)

Als Ralph Jessen und ich den Band *Die Grenzen der Diktatur* herausgaben, war unsere Absicht, mit den Grenzen der Möglichkeiten des SED-Staates, seine Herrschaft zu sichern und damit seine Fähigkeit, sich zu legitimieren, auseinanderzusetzen. Damals, als die von Alf Lüdtke und Jürgen Kocka in die Diskussion gebrachte Formulierung der »durchherrschten Gesellschaft«[1] der DDR große Resonanz fand, schrieben wir:

»Die Reichweite und die Grenzen dieser »Durchherrschung« werden weiterhin das zentrale und auch umstrittene Thema der Geschichte von SBZ und DDR sein. Beides – Ausdehnung und Begrenzung von Herrschaft – gehören zusammen, will man den historischen Ort der zweiten deutschen Diktatur bestimmen.«[2]

Nun, mehr als drei Jahrzehnte nach dem Kollaps der kommunistischen Regime in Ost- und Mitteleuropa, scheint diese Voraussage bestätigt zu sein. Ausdehnung und Begrenzung der Herrschaft des SED-Regimes bleiben Leitthemen der Geschichte der DDR als Nachkriegsstaat und damit auch der Geschichte ihrer Polizei.

1 Die Lage in der SBZ nach dem Krieg: Besatzung, Kriminalität, Polizei

Als das nationalsozialistische Regime im Mai 1945 zusammenbrach, war ihre Legitimität in den Augen der deutschen Bevölkerung fast völlig verschwunden.[3] Ein Regime, das auf die Anwendung von Gewalt und die Eroberung und Ausbeutung fremder Völker gezielt hatte, hatte zum ersten Mal in der Geschichte einen Weltkrieg bedingungslos

---

1 Siehe die Aufsätze von Alf Lüdtke, »Helden der Arbeit« – Mühen beim Arbeiten. Zur mißmutigen Loyalität von Arbeitern in der DDR, in: Hartmut Kaelble, Jürgen Kocka, Hartmut Zwahr (Hg.), Sozialgeschichte der DDR, Stuttgart 1994, S. 188-312 und Jürgen Kocka, Eine durchherrschte Gesellschaft, in: ebd., S. 547-553.

2 Richard Bessel und Ralph Jessen, Einleitung. Die Grenzen der Diktatur, in: ders., Die Grenzen der Diktatur. Staat und Gesellschaft in der DDR, Göttingen 1996, S. 22.

3 Siehe hierzu Richard Bessel, The End of the »Volksgemeinschaft«, in: Martina Steber und Bernhard Gotto (Hg.), Visions of Community in Nazi Germany. Social Engineering and Private Lives, Oxford 2014, S. 281-294.

verloren; ein Regime, das Wohlstand für seine »Volksgenossen« (auf Kosten anderer Völker) versprochen hatte, lieferte letzten Endes Not, Armut, Zerstörung und Tod; und statt die fundamentale Aufgabe eines Staates zu erfüllen, seiner Bevölkerung Sicherheit zu gewährleisten, lies das nationalsozialistische Regime Deutschland unter fremder Besatzung, überflutet mit Millionen von Flüchtlingen, und charakterisiert durch Obdachlosigkeit, Kriminalität und Unsicherheit.

Dieser Zustand, der nach der deutschen Kapitulation alle Besatzungszonen traf, tauchte in der Sowjetischen Besatzungszone in einer besonders extremen Form auf. Nicht nur war am Ende des Krieges die staatliche Ordnung zerstört, soziale Netzwerke lahmgelegt und die Wirtschaft in einem desolaten Zustand; hier machten »Umsiedler« (Flüchtlinge und Vertriebene) etwa ein Viertel der Zivilbevölkerung aus,[4] und das Verhältnis der Deutschen in der SBZ zu der Besatzungsmacht – und zu den deutschen Kommunisten, die die sowjetischen Besatzer unterstützten und die auf dieser Unterstützung abhängig wurden – war besonders belastet. Weit mehr als das Verhältnis der Deutschen zu den westlichen Besatzungsmächten wurde die Einstellung vieler Deutscher gegenüber den sowjetischen Besatzern durch eine Mischung aus Angst und Hass gekennzeichnet. Für die Kräfte, die für Ordnung und Sicherheit in den schwierigen Zuständen der unmittelbaren Nachkriegszeit zu sorgen hatten, bildete ihre Legitimierung unter der Zivilbevölkerung eine große Herausforderung.

Unmittelbar nach Kriegsende wurde die Bevölkerung der Sowjetischen Besatzungszone Deutschlands von einer Welle an Kriminalität, von »Morden, Überfällen, Plünderungen und Diebereien« geplagt.[5] Ein Großteil dieser Kriminalität – wie die einfachen Diebstähle, die »auf die sehr knappe Verpflegungslage der Bevölkerung zurückzuführen« waren[6] – war die Folge der katastrophalen wirtschaftlichen Zustände der unmittelbaren Nachkriegszeit. Ein »Entwicklungsgeschichtlicher Bericht der neuen demokratischen Polizei des Landes Sachsen« für die Periode 1945–1948 resümierte, dass ihre Arbeit durch »eine Steigerung der Kriminalität auf das 4- bis 5-Fache der Vorkriegskriminalität« beeinträchtigt wurde.[7] Die neue »antifaschistische« deutsche

---

4   Vgl. Michael Schwartz, Vertriebene und »Umsiedlerpolitik«. Integrationskonflikte in den deutschen Nachkriegs-Gesellschaften und die Assimilationsstrategien in der SBZ/DDR 1945–1961, München 2004.

5   Bundesarchiv Berlin [BArch], DO-1-7, Nr. 146, Bl. 165-184; hier: Bl. 165: Der Chef der Polizei der Provinz Mark Brandenburg Staimer, »Die Lage der Polizei der Provinz Mark Brandenburg«, Potsdam, 10.6.1947. Hier ging es in erster Linie um Täter, »die ihren Wohnsitz in Berlin haben«.

6   BArch, DO-1-7, Nr. 366, Bl. 12 f.: Landeskriminalpolizei Mecklenburg, Landeskriminalamt, an Dezernat K. – Allgem. – Statistik, »Tätigkeitsbericht der Polizei Mecklenburg Mai 1947«, Schwerin, 7.6.1947.

7   BArch, DO-1-7, Nr. 23, Bl. 33-70; hier: Bl. 34, 49: »Entwicklungsgeschichtlicher Bericht der neuen demokratischen Polizei des Landes Sachsen (1945–1948)«. Sowohl 1946 als auch 1947 fanden die höchsten Zahlen an Kriminalfällen im dritten Quartal des Jahres – also während der Erntezeit – statt.

Polizei in der SBZ stand also vor einer riesigen Herausforderung, die Sehnsucht der Zivilbevölkerung nach Sicherheit und Ordnung zu befriedigen.

Zur gleichen Zeit war die Haltung der Zivilbevölkerung zu der sowjetischen Besatzungsmacht weitgehend negativ. Das Vermächtnis des Vernichtungskriegs im Osten, die Wirkung langjähriger antisowjetischer Propaganda, weitverbreitete Vorurteile gegen »slawische Untermenschen«, das oft gewaltsame Verhalten von Rotarmisten und nicht zuletzt die Vergewaltigungswelle, die sowjetische Soldaten in Berlin und anderswo gegen Ende des Krieges entfesselten, hatten Angst und Hass nicht nur gegen die sowjetischen Besatzer erzeugt. Auch die deutschen Kommunisten, die die UdSSR unterstützten und die ihre Positionen in der SBZ der sowjetischen Besatzungsmacht zu verdanken hatten, wurden oft als »Russenknechte« verachtet. So ein Bericht, der Anfang 1947 am Schreibtisch von Erich Mielke landete:

> »In der Bevölkerung, in der Straßenbahn, beim Essen in den Lokalen und sonst, wo Menschen zusammenkommen, hörte ich stets und ständig nur ein einzigstes Gesprächsthema: Übergriffe der Russen, Vergewaltigung von Frauen, Plünderung und Morde. Die Darstellenden und überhaupt die ganze Bevölkerung sprechen mit einem so tiefen Haß gegen alle Russen, dass man sich fragen muß, wohin das führen soll. Alle Gegenargumente wurden einfach niedergeschrien mit dem Bemerken: Du lebst wohl auch von den Russen und ihren Diebstählen.«[8]

Die Angehörigen der deutschen Verwaltung, die in der SBZ zwischen 1945 und 1949 unter der Aufsicht der Sowjetischen Militäradministration und mit deutschen Kommunisten in fast allen Schlüsselpositionen aufgebaut wurde, mussten also von Anfang an mit der Abneigung oder gar Opposition weiter Teile der Zivilbevölkerung rechnen.

Unter diesen Umständen war die Lage der Volkspolizei besonders misslich, da ihr es kaum möglich war, die deutsche Bevölkerung von der Gewalt der Soldaten der sowjetischen Besatzungsmacht abzuschirmen. Es wurde allen Volkspolizisten klar gemacht, dass »gegen Angehörige der Besatzungsmacht [...] niemals und unter keinen Umständen von der Schußwaffe Gebrauch gemacht werden [darf]«.[9] Auch musste ein nicht unbeträchtlicher Anteil der Dienstzeit der »Aufträge der Besatzungsmacht« (Ermittlungen, Vernehmungen, Hausdurchsuchungen durch das Dezernat K5 – der Vorläufer der Staatssicherheit – und dem ihm unterstellten Dienststellen,[10] sowie dem

---

8   BArch, DO-1-7, Nr. 205, Bl. 74-75: Lange, DVdI Referat K5, an Erich Mielke, »Zwischenfälle und die Berichterstattung darüber«, Berlin 14.1.1947.

9   Polizeikommissar F. Boettcher, »Die Anwendung der Schußwaffe«, in: Die Volkspolizei. Zeitschrift für das gesamte Polizeiwesen, 1 (1948) 7, S. 6.

10   Zum Beispiel in Thüringen im Jahre 1947 wurden 1500 solcher Aufträge durchgeführt. Vgl. BArch, DO-1-7, Nr. 33, Bl. 1-143; hier: Bl. 64: »Arbeitsbericht der Polizei des Landes Thüringen 1947. Zusammengestellt vom Ministerium des Innern – Landespolizeiamt«.

Schutz sowjetisches Eigentum in der SBZ) gewidmet werden, was nicht gerade geeignet war, ihren Ruf unter der deutschen Zivilbevölkerung zu polieren.

Trotzdem mussten Angehörige der neuen antifaschistisch-demokratischen Volkspolizei stets eine positive Haltung zur sowjetischen Besatzungsmacht zeigen. Wie Richard Staimer, Landespolizeichef in Brandenburg (und Schwiegersohn von Wilhelm Pieck) bei einer Rede in Potsdam im August 1948 erklärte: »Es darf keinen Polizisten geben, der eine anti-sowjetische Einstellung hat.«[11] Zeichen einer antisowjetischen Tendenz unter den Polizeiangehörigen blieben aber ein Problem, mit dem sich die im Jahr 1948 aufgestellten Politik-Kultur-Organe der Volkspolizei auseinandersetzen mussten.[12]

Doch war das Verhältnis zwischen Volkspolizei und Volk nicht durchweg negativ. Als die neue Polizeiorganisation in der SBZ aufgebaut wurde, gab es ernstzunehmende Bestrebungen, ihre Praxis von ihrem diskreditierten Vorgänger zu distanzieren und ein positives Verhältnis zu der Zivilbevölkerung zu aufzubauen. Volkspolizisten waren keine traditionellen deutschen Beamten, da ab August 1945 (als das Deutsche Beamtengesetz von 1937 durch die Sowjetische Militäradministration außer Kraft gesetzt wurde) »ein Berufsbeamtentum im bisherigen Sinne in diesem Teil Deutschlands nicht mehr gibt«; die Landesverfassungen in der SBZ sprachen nicht von Beamten, sondern »lediglich von Angestellten im öffentlichen Dienst, die Diener des Volkes sind und sich jederzeit des Vertrauens des Volkes würdig erweisen müssen«.[13]

Exemplarisch für die öffentlichen Absichten der deutschen Antifaschisten in der unmittelbaren Nachkriegszeit waren die Äußerungen von Hans Mickinn vom August 1945. Mickinn, der Ende April 1945 aus dem Zuchthaus Brandenburg befreit und im Juni zum Vorsitzenden der Sektion Polizei im FDGB gewählt wurde, erklärte auf der Gründungskundgebung der Sektion Polizei des Verbandes der öffentlichen Betriebe und Verwaltungen: »Wir müssen das Volk mit Leib und Leben gegen alle Schädlinge schützen und belehren, dass die Polizei nicht gegen, sondern für das Volk ist [...]. Heute besteht eine Verbundenheit, die noch verstärkt werden muss. Es darf nie wieder vorkommen, dass die Polizei über dem Volke steht und auf das Volk schiesst.«[14]

Im Dezember 1946 wurde auf einer Konferenz der Personalchefs und Schulungsleiter der Länder und Provinzen bei der Deutschen Verwaltung des Innern die Notwendigkeit einer »guten Schulung« betont, da »die Bevölkerung [...] das sichere

---

11 BArch, DO-1-7, Nr. 263, Bl. 2-13; hier: Bl. 8: »Tagung der Leiter der Schutzpolizei, Grenzpolizei und sämtlicher Aussendienststellen am 6.8.1948, 10.00 Uhr im Sitzungssaal des Pol. Präs.«.

12 Vgl. BArch, DO-1-7, Nr. 102, Bl. 1-234; hier: Bl. 44 f.: »Stenographische Niederschrift über die PK-Leiter Konferenz am 8. und 9. September 1949 der Deutschen Verwaltung des Innern in Berlin-Niederschönhausen, Seckendorfstr. 31.«

13 Justiziar Erich Lust, Gesetz und Recht. Verbrechen und Vergehen im Amt, in: Die Volkspolizei. Zeitschrift für das gesamte Polizeiwesen, 1 (1948) 7, S. 12.

14 BArch, DO-1-7, Nr. 221, Bl. 6-7: »Protokoll [der Gründungskundgebung der Sektion Polizei des Verbandes der öffentlichen Betriebe und Verwaltungen im Prater-Kino, 27. August 1945]«.

Gefühl haben [muss], dass die Polizei in der Lage ist, Gefahren abzuwenden, die der Einzelne nicht abwenden kann.«[15]

Solche Aussagen waren nicht bloß Propagandafloskeln – obwohl sie das wohl auch waren – und spiegelten eine Überzeugung wieder, dass die neue Nachkriegspolizei in der SBZ ganz anders als die Polizei nicht nur des nationalsozialistischen Regimes, sondern auch der Weimarer Republik werden musste. So hatte die neue demokratische Polizei ihre Legitimität in den Augen der Bevölkerung zu pflegen. Als es zum Beispiel 1949 in Quedlinburg und Köthen Fälle gab, bei denen Polizeiangestellten Häftlinge geschlagen hatten, geißelte der zuständige Ministerialrat bei der Landesverwaltung Herbert Paulsen »diese Vorkommnisse, die an die nazistische- und Weimarer Zeit erinnerten«.[16]

Ein Schlüssel zu der Legitimierung der Volkspolizei war ihre Leistung im Rahmen der eigentlichen Polizeiarbeit – also der Sicherung der öffentlichen Ordnung und insbesondere der Bekämpfung gewöhnlicher Kriminalität. Anders als bei ihren offenkundig politischen Aufgaben, war die Bekämpfung von Verbrechen wie Raub, Diebstahl, Körperverletzung, Mord und Totschlag eine Aufgabe, die eine Zivilbevölkerung von einer Polizei erwartet und für die sie dankbar ist. Hier zeichnete die Volkspolizei trotz der schwierigen Zustände in Nachkriegsdeutschland bemerkenswerte Erfolge. Schon in den späten vierziger Jahren war die Kriminalpolizei in der Lage, beachtlich hohe Aufklärungsquoten zu melden.[17]

In ihrer alltäglichen Praxis wurden die Angehörigen der neuen Polizei aber doch mit Situationen und Herausforderungen konfrontiert, die nicht ohne Kompromisse zu bewältigen waren. Sie hatten mit einer Zivilbevölkerung zu tun, die mit erheblichen Alltagsproblemen zu kämpfen hatte, Problemen die sie notwendigerweise ins Visier der Polizei brachten. So zum Beispiel berichtete die Leitung der Landespolizei in Mecklenburg im Frühjahr 1947 hinsichtlich der Probleme (Schmuggel usw.) entlang der Grenze zwischen den sowjetischen und britischen Besatzungszonen: »Die dienstliche Sauberkeit der Angestellten der Polizei wird durch Versuchungen aller Art oftmals beeinträchtigt. Nur ein kleiner Teil der Polizeiangehörigen ist mit Hinblick auf die dienstliche Moral als einwandfrei zu bezeichnen. Immer wieder wird namentlich

---

15 BArch, DO-1-7, Nr. 261, Bl. 1-3: »Bericht von der Konferenz der Personalchefs und Schulungsleiter der Länder und Provinzen am 3. u. 4.12.1946, bei der D.V.d.I.«, Berlin 7.12.1946.

16 BArch, DO-1-7, Nr. 264, Bl. 134: »Protokoll über die am 28. März bei der Landespolizeibehörde – Speisesaal – in Halle/S. stattgefundene Arbeitstagung«, Halle a. d. S., 29.3.1949.

17 Zum Beispiel, in Sachsen hatte sie 1946 58,7 % (121.252 von 206.287 Fällen) aufgeklärt und 1947 58,5 % (125.779 von 214.876 Fällen) erreicht. Vgl. BArch, DO-1-7, Nr. 23, Bl. 33-70; hier: Bl. 50: »Entwicklungsgeschichtlicher Bericht der neuen demokratischen Polizei des Landes Sachsen (1945–1948)«. In Sachsen-Anhalt wurden ähnliche Leistungen verzeichnet: April/Mai 1947 wurden 50 % der Fälle aufgeklärt, im Juni/Juli 53,5 %, im August 1947 51,5 %, und im September 59,3 %; im Januar 1948 wurden 51 % aufgeklärt, im Februar 1948 59,3 %, im Mai 1948 54 %, im Juni 1948 57 %, im Juli 1948 67 %, im September 1948 68 % und im Oktober 1948 waren es 64 %. Vgl. die Tätigkeitsberichte der Landespolizeibehörde Sachsen-Anhalt für 1947 und 1948 in Landesarchiv Magdeburg Landeshauptarchiv, Rep. K, Nr. 21.

in den ländlichen Gebieten versucht und oftmals mit Erfolg, den Polizeiangestellten durch Bestechungen zu veranlassen, ein Auge zuzudrücken.«[18] Aus Mecklenburg wurde weiterhin gemeldet, dass die Bekämpfung von Schwarzhandel (ein Delikt, in das fast die ganze Bevölkerung verwickelt war) »ungleich schwieriger als die Bekämpfung anderer straffälliger Personen [war], da alle Beteiligten in weitaus meisten Fällen glauben keinen Schaden erlitten zu haben und der Schwarzhandel somit der Öffentlichkeit nicht bekannt wird«.[19]

Die Legitimität der Volkspolizei wurde besonders infrage gestellt, wenn ihre Handlungen gegen allgemein anerkannte Vorstellungen von Gerechtigkeit verstießen. Das Problem wurde im Frühjahr 1947 aufschlussreich folgendermaßen beschrieben:

>»Die Unpopularität der Polizei ist nicht nur durch die mangelhafte Personalpolitik, soziale Schwierigkeiten und Unzulänglichkeiten (Statut, Schule, usw.) begründet, sondern hat auch ihre Ursache in der angeblichen wirtschaftlichen Situation der Bevölkerung.
>
>Die Polizei ist sehr oft gezwungen, gegen Hamsterer einzuschreiten, die bestrebt sind, durch Kauf von zusätzlichen Lebensmitteln ihre Ernährung aufzubessern. Die Polizeiangehörigen sind angehalten, auch die kleinsten Mengen zu beschlagnahmen. Da die Bevölkerung hierfür zum großen Teil kein Verständnis besitzt, werden diese Maßnahmen der Polizei als ungerechte Behandlung angesehen. Es kommt sogar vor, dass Angriffe von Hamsterern, Felddieben usw. auf die Polizei und ihre Hilfsorgane durchgeführt werden.«[20]

Manche Rekruten waren nicht gewillt, diesen Widerspruch zu ertragen – wie im Sommer 1947 aus Sachsen-Anhalt berichtet wurde: »Wegen des entstandenen Gegensatzes mit der Bevölkerung kündigt ein ganzer Teil von sonst ehrlichen und anständigen Polizeiangestellten.«[21] Immer wieder traten Probleme auf, weil sich Polizeiangehörige zu eng mit dem Volk identifizierten. So wurde zum Beispiel Anfang 1949 der »politische und moralische Zustand« der Grenzpolizeibereitschaften in Thüringen als »unbefriedigend« dargestellt:

---

18 BArch, DO-1-7, Nr. 138, Bl. 99-109; hier: Bl. 105: Bericht der Landespolizei Mecklenburg, wahrscheinlich von April 1947.
19 BArch, DO-1-7, Nr. 366, Bl. 27-31: Landeskriminalamt Mecklenburg – Dezernat K Allg. – Statistik – »Tätigkeitsbericht der Polizei Mecklenburg August 1947«, Schwerin, 5.9.1947.
20 BArch, DO-1-7, Nr. 146, Bl. 63-66; hier: Bl. 64: Bericht, wahrscheinlich der Abteilung P[ersonal] von März 1947.
21 BArch, DO-1-7, Nr. 5, Bl. 65: Vizepräsident [der Deutschen Verwaltung des Innern Willi] Seifert, »Kurze Stichworte aus der Diskussion der Chefbesprechung am 4.7.1947 bei der DVdI«, Berlin, 7.7.1947.

»Die Ursachen dafür waren in Folgendem zu suchen: Nämlich, dass die Polizeiangehörigen an der Grenze privat, bei den Einwohnern des Dorfes beziehungsweise der Stadt untergebracht waren, was zur Folge hatte, dass die Polizisten vonseiten der Zivilbevölkerung zu sehr im negativen Sinne beeinflusst wurden. Es entstand daraus ungenügende Wachsamkeit, Begünstigung des Grenzgängerverkehrs, Korruption, Bestechungen usw.«[22]

Diese Bewertung des polizeilichen Verhaltens entstand in einer Zeit zunehmender Politisierung der polizeilichen Arbeit und der Aufstellung der Politik-Kultur-Organe in der Polizei, um sie politisch strenger zu kontrollieren – in einer Zeit als, wie der Vizepräsident der Deutschen Verwaltung des Innern und Leiter der HA Politik-Kultur (und späterer DDR-Verteidigungsminister) Heinz Hoffmann klar gemacht hatte: »Jede polizeiliche Aufgabe ist gleichzeitig eine politische Aufgabe, wie jede politische Aufgabe in der Volkspolizei gleichzeitig eine polizeiliche Aufgabe ist.«[23] Diese Herausforderung schaffte ein Grundproblem für Polizeiangehörigen, die zwischen einem unpopulären Regime und den Interessen und Bedürfnissen der Zivilbevölkerung – oft ihrer Nachbarn – standen und durch diese oft »im negativen Sinne beeinflusst wurden«. Die Deutsche Volkspolizei stand also in einem ziemlich problematischen Verhältnis zum deutschen Volk.

2   Probleme des Wachstums der jungen Volkspolizei

Die feste Absicht der deutschen Kommunisten und Sozialdemokraten in der SBZ, einen klaren Bruch mit der jüngeren Vergangenheit zu machen, führte dazu (wie die Personal-Abteilung der Deutschen Verwaltung des Innern im Oktober 1947 berichtete), dass »über 90 % der Polizeiangestellten in der sowjetischen Besatzungszone berufsfremde Menschen sind«.[24] Die Volkspolizei musste, wie der damalige Präsident der DVdI, Erich Reschke, in der ersten Ausgabe von »Die Volkspolizei. Zeitschrift für das gesamte Polizeiwesen« im März 1948 schrieb, »von Grund auf neu geschaffen werden«.[25]

---

22 BArch, DO-1-7, Nr. 34, Bl. 1-7; hier: Bl. 1: Abteilung GP/B, Referat G 1, »Bericht über den politischen und moralischen Zustand der Polizisten in der Grenzpolizei und Polizeibereitschaften für die Zeit vom 1.8.–31.12.1948«, Weimar, 8.1.1949.

23 BArch, DO-1-7, Nr. 101, Bl. 1-51; hier: Bl. 4: Hauptabteilung PK an den Leiter der Haupt. Abt. K, Berlin, 26.9.1949: »Referat Vizepräsident Hoffmann: Die Aufgaben der PK-Abteilung im Kampf um die ideologische Festigung der Volkspolizei«.

24 BArch, DO-1-7, Nr. 138, Bl. 144-150; hier: Bl. 147: Pressestelle, Dunow an Mielke, »Jahresbericht«, Berlin, 14.10.1947. BArch, DO-1-7, Nr. 19, Bl. 42-117; hier: Bl. 49: »Jahresbericht Deutsche Verwaltung des Innern in der sowjetischen Besatzungszone 1946–1947«.

25 Erich Reschke, Zum Geleit, in: Die Volkspolizei. Zeitschrift für das gesamte Polizeiwesen, 1 (1948) 1, S. 1.

Es war ein Novum in der Polizeigeschichte überhaupt, dass es in den späten vierziger Jahren hier kaum Polizisten gab, die schon früher Erfahrung in Polizeiuniform besaßen.

Das Unterfangen, eine Polizeiorganisation in der SBZ von Grund auf neu zu schaffen, wurde dadurch erschwert, dass unmittelbar nach dem Krieg verhältnismäßig wenige junge Männer im Alter zwischen 20 und 30 vorhanden waren, dass die Polizei als Arbeitgeber ziemlich unattraktiv war und der Dienst in Polizeiuniform von vielen sogar zu einem Elendsberuf erklärt wurde. Dies hatte negative Auswirkungen sowohl für die Anwerbung geeigneter Kräfte als auch für die Bildung guter Beziehungen zu der Zivilbevölkerung. Wie die Leitung der Landespolizei in Brandenburg im Frühjahr 1947 betonte: »Die schlechten Arbeitsbedingungen, die schlechte Besoldung, die mangelnde Fürsorge für die Polizeiangestellten führt zu starken Verbitterungen, die sich im Benehmen der Bevölkerung gegenüber auswirkt, die Polizei unpopulär macht und sie von der Bevölkerung isoliert.«[26] In Thüringen, wo eine »starke Fluktuation innerhalb der Polizei« dem Landespolizeiamt große Sorgen gemacht hatte, wurden von einem Personalbestand von insgesamt 7361 Personen am Anfang 1947 im Laufe des Jahres 4.504 Personen (also 61,2 %) »entlassen« – 1.604 »auf eigenen Wunsch«, von denen fast drei Viertel (72 %) »aus finanziellen Gründen die Rückkehr in den freien Beruf dem Polizeidienst vorzogen«.[27] Für das Jahr 1948 wurde von der Landespolizeibehörde Thüringen gemeldet:

> »Die schlechte Bezahlung wirkte sich zwangsläufig auf den Personalbestand und damit auf den Dienstbetrieb der Polizei aus. Die Bestrebungen, im Bestande der Polizei eine gewisse Stabilität zu erreichen, wurden immer wieder dadurch gehemmt, dass Kräfte, die für den Polizeidienst brauchbar waren, es vorzogen, die Polizei zu verlassen und Stellungen anzunehmen, in denen ihnen finanziell mehr geboten wurde.«[28]

Und im September 1949 wurde sogar berichtet:

> »Man wundert sich manchmal, wenn die Polizisten es überhaupt noch auf unseren Dienststellen aushalten und das nicht noch mehr weggelaufen sind, wenn ihnen das Leben zur Hölle gemacht wird. Sie haben kein Heizungsmaterial, kein elektrisches Licht, weil keine Birnen vorhanden sind. Sie haben eine eiskalte Bude und ein Paar

---

26 BArch, DO-1-7, Nr. 138, Bl. 112-125; hier: Bl. 120: Bericht der Landespolizei Brandenburg, wahrscheinlich von April 1947.

27 BArch, DO-1-7, Nr. 33, Bl. 1-143; hier: Bl. 18-19: »Arbeitsbericht der Polizei des Landes Thüringen 1947. Zusammengestellt vom Ministerium des Innern – Landespolizeiamt«. 5553 wurden im Laufe des Jahres 1947 in Thüringen neu eingestellt: »Das heißt, daß [...] 66 % der Polizeiangehörigen überhaupt neu eingestellt worden sind.«

28 BArch, DO-1-7, Nr. 34, Bl. 28-43; hier: Bl. 41: »Jahresbericht der Abteilung P der Landespolizeibehörde Thüringen für das Jahr 1948«.

Kerzen und halten dabei grosse theoretische Vorträge, ohne die Voraussetzungen zu schaffen, um den Menschen das Leben einigermassen gemütlich zu machen.«[29]

Trotzdem konnte die Volkspolizei innerhalb kurzer Zeit viele neue Angehörige rekrutieren. Viele der neuen Kräfte, die in den Reihen der Polizei landeten, waren »Umsiedler«, also Flüchtlinge und Vertriebene aus dem Osten.[30] Dies bedeutete, dass an manchen Orten viele Volkspolizisten keine Einheimische waren und deshalb keine enge Beziehung zu der Gemeinde besaßen, wo sie eingesetzt wurden. Eine andere Teillösung des Problems, genügend Kräfte einzustellen, war die Rekrutierung aus sowjetischen Kriegsgefangenenlagern. Durch eine Verpflichtung für drei Jahre konnte man aus der Gefangenschaft entkommen, und im Herbst 1948 wurden fast 5.000 Kriegsgefangene in die Kasernierte Volkspolizei integriert.[31] Während diese Möglichkeit, zurück in die Heimat zu kommen, um »an der demokratischen Neugestaltung Deutschlands zu arbeiten«, einen willkommenen Ausweg aus der sowjetischen Kriegsgefangenschaft darstellte, wurde die Werbung für die Polizei oft »unter einem gewissen Druck vorgenommen«.[32] Manche Heimkehrer fühlten sich danach betrogen, und wahrscheinlich gab es unter ihnen nicht wenige, die die Meinung eines ihrer Kameraden teilten, der »in der Sowjetunion Anti-Marxist geworden [sei]«.[33]

Auch nach der Gründung der DDR blieb der ständige Wechsel im Personal ein erhebliches Problem für die Volkspolizei. Das Problem wurde durch die Bemühungen ihrer Leitung erhöht, die »Volkspolizei zu einem disziplinierten und schlagkräftigen Instrument der Arbeiterklasse, die stets wachsam und bereit sein muss alle Anschläge der Spione, Saboteure und sonstiger Volksfeinde mit der notwendigen Härte abzuwehren«, da diese auch »eine ständige Säuberung in den Reihen der Volkspolizei erforderlich gemacht« hatten.[34] Wie der Feldzug gegen vermeintliche politische Feinde in den eigenen Reihen auf den Personalstand der Polizei wirkte, sieht man bei der Transportpolizei: Im 1949 wurden 3.156 Angehörige hier eingestellt und 3.160 ent-

---

29 Vgl. BArch, DO-1-7, Nr. 102, Bl. 1-234; hier: Bl. 66: »Stenographische Niederschrift über die PK-Leiter Konferenz am 8. und 9. September 1949 der Deutschen Verwaltung des Innern in Berlin-Niederschönhausen, Seckendorfstr. 31.«

30 Mitte 1946 sollte zum Beispiel in Mecklenburg »in den Bestand der Polizei [...] ca. 60-65 % Umsiedler enthalten sein«. Vgl. BArch, DO-1-7, Nr. 205, Bl. 17-18: »Bericht über die Dienstfahrt am 26.6.1947. Landespolizeibehörde Mecklenburg (Schwerin)«.

31 Frank Biess, Homecomings. Returning POWs and the Legacies of Defeat in Postwar Germany, Princeton/NJ 2006, S. 146-148.

32 BArch, DO-1-7, Nr. 227, Bl. 209: Heimkehrerlager Fürstenwalde, Fürstenwalde, 14. Sept. 1948, »Bericht über die Stimmung unter den Heimkehrern aus dem ehemaligen Kriegsgefangenenlager Minsk, Lagernr. 7168«.

33 BArch, DO-1-7, Nr. 227, Bl. 211: Land Sachsen-Anhalt, Ministerium des Innern, Landespolizeibehörde, Sonderko. Fürstenwalde, an die DVdI Lagerstab Fürstenwalde, Fürstenwalde, 14.9.1948.

34 BArch, DO-1-7, Nr. 138, Bl. 162-195; hier: Bl. 185: Ministerium des Innern, Hauptverwaltung Deutsche Volkspolizei, Hauptabteilung Transport, Abteilung P[ersonal], »Tätigkeitsbericht für das Jahr 1949«, Berlin, 23.1.1950.

lassen, von denen bei 1.256 Fälle der Entlassungsgrund politische Unzuverlässigkeit und bei 685 Fälle Dienstvergehen und strafbare Handlungen war.[35] In den frühen 1950er-Jahren wurde die Situation nicht viel besser: Im Jahr 1952 zum Beispiel umfassten Entpflichtungen und Abgänge über die Hälfte (genau 56 %) des Personals der VP. Die häufigsten Gründe für die Entpflichtungen waren »auf eigenen Wunsch«, auch »für den Polizeidienst unzuverlässig« und »wegen Krankheit«.[36]

Nicht nur war es schwierig, genügend geeignete Kräfte für die Volkspolizei zu rekrutieren und zu halten; es gab bei den Rekruten auch einen erheblichen Bedarf an Ausbildung und Fortbildung. Im Frühjahr 1947 zum Beispiel berichtete die Abteilung Personal der Deutschen Verwaltung des Innern, dass in Thüringen »ca. 65 % aller Polizeiangehörigen bis heute nicht geschult« seien; in Brandenburg waren es 70 % und in Sachsen-Anhalt und Mecklenburg sogar 94 % beziehungsweise 95 %.[37] Und, wie Thomas Lindenberger feststellt, der Bedarf an Schulung wurde bis in die 1950er-Jahre hinein kaum gedeckt, da »die Ausbildung bis zum Herbst 1952 dank des permanenten Personal- und Ausrüstungsmangels und der Kürze der 4-Wochen-Lehrgänge nur oberflächlich sein konnte, wenn sie überhaupt stattfand«.[38] Für eine Organisation, deren Legitimierung auch auf ihre Leistungsfähigkeit beruht, war dies ein erhebliches Hindernis, um diese Legitimierung zu erlangen.

In Anbetracht dieser Umstände sollte es nicht überraschen, dass die Disziplin ein schwerwiegendes Problem für die Volkspolizei darstellte. Hunderte von Volkspolizisten wurden jährlich wegen Trunkenheit im Dienst diszipliniert, und mehrmals wurden VP-Angehörige wegen Schlägereien mit Zivilisten bestraft. Wie die Leitung der Volkspolizei rückblickend für das Jahr 1952 bemerkte, waren »diese Schlägereien [...] nicht dazu angetan, den Kontakt zwischen der Volkspolizei und der Bevölkerung zu verbessern.«[39]

Trotz dieser Probleme war es den Machthabern der SBZ/DDR möglich, die Volkspolizei innerhalb von wenigen Jahren zu einer großen, schlagkräftigen Organisation

---

35 BArch, DO-1-7, Nr. 138, Bl. 162-195; hier: Bl. 171-172: Ministerium des Innern, Hauptverwaltung Deutsche Volkspolizei, Hauptabteilung Transport, Abteilung P[ersonal], »Tätigkeitsbericht für das Jahr 1949«, Berlin, 23.1.1950. Bei den restlichen Entlassungen war bei 322 »Krankheit« und 433 »Nichteignung« die Ursache. 463 gingen auf eigener Wunsch von der Polizei ab.

36 BArch, DO-1-11, Nr. 70, Bl. 1-21; hier: Bl. 14: HV Volkspolizei, »Protokoll über die Chefbesprechung am 3. Februar 1953«, Berlin, 5.2.1953.

37 BArch, DO-1-7, Nr. 138, Berichte zur Personalstruktur, wahrscheinlich vom April 1947: Bl. 76-86; hier: Bl. 78: Landespolizei Thüringen. Ebd., Bl. 89-94; hier: Bl. 90: Landespolizei Sachsen-Anhalt. Ebd., Bl. 99-109; hier: Bl. 101: Landespolizei Mecklenburg. Ebd., Bl. 112-125; hier: Bl. 114: Landespolizei Brandenburg.

38 Thomas Lindenberger, Die Deutsche Volkspolizei (1945–1990), in: Torsten Diedrich, Hans Ehlert und Rüdiger Wenzke (Hg.), Im Dienste der Partei. Handbuch der bewaffneten Organe der DDR, Berlin 1998, S. 102.

39 BArch, DO-1-11, Nr. 70, Bl. 1-21; hier: Bl. 9: HV Volkspolizei, »Protokoll über die Chefbesprechung am 3. Februar 1953«, Berlin, 5.2.1953.

umzubauen, die zur Zeit der Gründung der DDR mehr als 63.000 Angehörige zählte einschließlich Grenzpolizei, aber ohne die etwa 7.000 Angehörigen der Eisenbahnpolizei.[40] Auch ihr Charakter hat sich im Laufe der späten 1940er- und der frühen 1950er-Jahre weiterentwickelt. Gegen Ende Oktober 1952 schrieb der Chef der Deutschen Volkspolizei Karl Maron an Walter Ulbricht, um nach mehr Mitteln für die Ausbildung von VP-Angehörigen und insbesondere für Waffen und Munition zu bitten, und betonte: »Es ist klar, daß ein Volkspolizist, der nicht schießen kann, nicht als Volkspolizist angesehen werden kann.«[41] Die Volkspolizei als bewaffnetes Organ der DDR entsprach nicht mehr dem Bild von Hans Mickinn, als er im Sommer 1945 verkündigt hatte: »Es darf nie wieder vorkommen, dass die Polizei über dem Volke steht und auf das Volk schiesst.«

3 Die Volkspolizei gegen das Volk, das Volk gegen die Volkspolizei

Ende 1949 schrieb Johannes Warnke, zu dieser Zeit Staatssekretär im DDR-Ministerium des Innern, dass »die Deutsche Volkspolizei die Pflicht [hat], den Schutz der Deutschen Demokratischen Republik, den Schutz ihrer Bürger, des Volkseigentums zu übernehmen, wie auch sonst für Ruhe und Ordnung zu sorgen. Das schließt jedoch nicht aus, dass auch das ganze Volk mithelfen muss, gegen die Feinde unserer Ordnung bereit zu sein.«[42] Aber was in den nächsten Jahren passierte war in manchen Fällen genau das Gegenteil. Stattdessen zeigten sich Volkspolizisten oft nicht in der Lage, für Ruhe und Ordnung zu sorgen; und statt auf die Mithilfe des ganzen Volkes bauen zu können, sah sich die Volkspolizei mit einer Zivilbevölkerung konfrontiert, die oft genug ihre Wut über den neuen sozialistischen Staat offen zum Ausdruck brachte.

Die schwierige Lage der Volkspolizei wurde besonders deutlich, als ihre Angehörigen zornigen Bergarbeiter der Wismut-AG gegenüberstanden. Nichts konnte die fehlende Legitimation der Volkspolizei eines Arbeiter- und Bauernstaats deutlicher offenbaren. Nachdem der Uran-Bergbau in Sachsen und Thüringen im Jahr 1946 unter die Aufsicht der sowjetischen Geheimpolizei NKWD gebracht wurde und deutsche Arbeitskräfte gezwungen wurden, unter schlechten und oft gefährlichen Bedingungen dort zu schuften, wurde dieses mittlerweile größte Unternehmen der frühen DDR ein

---

40 BArch, DO-1-7, Nr. 165, Bl. 110: »Personalstruktur der Volkspolizei. Stand: Ende September 1949«. Die genauen Zahlen waren 63.181 und 7.124. Ende des Jahres 1949 stand die Gesamtzahl des Personals der Deutschen Volkspolizei auf 74.452. Vgl. BArch, DO-1-7, Nr. 165, Bl. 141: »Bericht über die Zusammensetzung der Deutschen Volkspolizei Stand: 25.12.49«.

41 BArch, StAPM, NL 182/1096, Bl. 226-228: Der Chef der deutschen Volkspolizei an Walter Ulbricht, Berlin, 28.10.1952.

42 BArch, DO-1-11, Nr. 403, Bl. 1: Ministerium des Innern, Der Staatssekretär an die Ortsgruppe der SED Ströbitz Krs. Cottbus, Berlin, 16.12.1949.

Ort der Unruhe und Zusammenstöße zwischen Arbeitern und Polizisten. Schon im August 1949 war es in Zwickau zu heftigen Auseinandersetzungen zwischen Bergarbeitern und Polizei gekommen, wobei sechs Angehörige der Volkspolizei verletzt wurden. Laut dem dortigen Polit-Kultur-Leiter lag die Ursache daran, »dass die Volkspolizei zu wenig Kontakt mit den Kumpels, mit den Proleten des Bergwerks hat«.[43]

Zwei Jahre später kam es zu einer regelrechten Explosion von Gewalt im Wismut-Revier. Nachdem am 16. August 1951 in Saalfeld ein betrunkener Bergarbeiter der Wismut-AG festgenommen wurde, sammelte sich eine Gruppe Bergarbeiter, die die Freilassung ihres festgenommenen Kumpels forderten; als noch zwei Arbeiter festgenommen wurden, »rotteten sich [die Bergarbeiter] im Verlaufe des Abends in einer Anzahl von über 300 Bergarbeitern zusammen und nahmen bedrohliche Haltung gegen das VPKA Saalfeld ein«.[44] Die Wut der Kumpel, deren Anzahl sich bald auf 400 erhöhte, richtete sich gezielt gegen die Volkspolizei: »Die Bergarbeiter wurden handgreiflich, zerschlugen Fensterscheiben, drangen in die Wache ein, randalierten und beschädigten das Inventar des VPKA Saalfeld.« Am darauffolgenden Morgen »[befand sich] auf dem Platz vor dem VPKA [...] eine Menge von ca. 4–600 Personen in sehr starker Erregung gegen die Dienststelle der VP«, und als zwei VP-Inspekteure »am Tatort in Saalfeld« eintrafen, wurden sie unter anderem mit dem Ruf empfangen »Schlägt die Hunde der Volkspolizei tot«; danach »stürmte die Masse das VPKA und zerstörte große Teile der Einrichtung und plünderte Teile der Werte«.[45] »Über 100 Personen drangen in die oberen Stockwerke des VPKA ein und zertrümmerten das Zimmer-Inventar, stahlen Bekleidungsstücke, zerschlugen die Telefonapparate und suchten nach Volkspolizisten, welche sie, wie sie angaben, totschlagen wollten.«[46]

Die Ereignisse in Saalfeld waren für die Führung der Volkspolizei ein Schock. Im Oktober 1951 schrieb ihr Chef Karl Maron an Walter Ulbricht:

> »Es ist offensichtlich, dass der Gegner die Taktik verfolgt, jedes Einschreiten der Organe der Volkspolizei, ganz gleich aus welchem Anlass, zu Provokationen gegen die Volkspolizei auszunutzen, um die Bevölkerung im Gegensatz zu unserem demokratischen Staat zu bringen und die Autorität des Staatsapparates herabzusetzen. Charakteristisch bei den meisten dieser Ereignisse ist die bedenkliche Tatsache, dass die Volkspolizei von der werktätigen Bevölkerung nicht unterstützt wird und sogar

---

43 BArch, DO-1-7, Nr. 102, Bl. 1-234; hier: Bl. 176: »Stenographische Niederschrift über die PK-Leiter Konferenz am 8. und 9. September 1949 der Deutschen Verwaltung des Innern in Berlin-Niederschönhausen, Seckendorfstr. 31«. BAP, DO-1-7, Nr. 11, Bl. 71-74. Der Präsident der Deutschen Verwaltung des Innern an Generalinsp. Seifert, Berlin, 13.9.1949.
44 BArch, DO-1-11, Nr. 8, Bl. 24: Hauptabteilung K, »Durchsage von VP-Insp. Odpadlik am 16.8.51, um 22.45 Uhr«.
45 BArch, DO-1-11, Nr. 8, Bl. 25: »Anruf des VP-Insp. Odpadlik«, Berlin, 17.8.1951.
46 BArch, DO-1-11, Nr. 8, Bl. 27-30; hier: Bl. 29: HV Deutsche Volkspolizei – Hauptabteilung K – »Überfall auf das VPKA Saalfeld«, Berlin, 17.8.1951.

Mitglieder der SED, der FDJ und anderer Massenorganisationen sich völlig passiv oder ›neutral‹ verhalten: Diese Isolierung der Volkspolizei ist sehr gefährlich und muss unbedingt beseitigt werden.«[47]

Doch wurden die Isolation der Volkspolizei und damit ihr Mangel an Legitimität in der nächsten Zeit nicht beseitigt – wie die Ereignisse vom Juni 1953 deutlich zeigen würden.

Zwischen den Ereignissen in Saalfeld im August 1951 und dem Aufstand im Juni 1953 baute der SED-Staat seine Polizei teilweise um. 1952 erfuhr sie »eine bedeutende Reorganisation«, da »die alte Struktur, nach der die Volkspolizei ausgebaut war, […] nicht dazu angetan [war], die Volkspolizei [ihre neuen] großen Aufgaben schaffen zu lassen«.[48] Folglich bekam die Volkspolizei ein »ganzes Bukett großer und größerer Aufgaben«, die sie zu einer schlagkräftigen, politisch zuverlässigen und zur gleichen Zeit volksnahem Sicherheitsorgan des sozialistischen Staates machen sollten. Zu diesen Aufgaben gehörten einige, die sich auf das Verhältnis zwischen der Volkspolizei und dem Volk und auf ihre Legitimation ausgesprochen negativ auswirken sollten: nämlich die Neueinstellungen von 20.000 Angehörigen im Zusammenhang mit der Abgabe der jungen Jahrgänge an die KVP und die Einführung einer besonderen Ordnung an der D-Linie sowie an der Ostseeküste – also, die Abriegelung der Demarkationslinie/ Grenze zu der Bundesrepublik. Die Schließung der Grenze hatte sowohl das nationale Bewusstsein vieler DDR-Bürger verletzt als auch gegen die alltäglichen Gebräuche und Interessen der Einwohner entlang der Grenze verstoßen. Und die Aufstellung der Kasernierten Volkspolizei – der Vorstufe einer Nationalen Volksarmee – hatte Abneigung und Ängste bei einer Zivilbevölkerung hervorgerufen, die einen Zweiten Weltkrieg gerade erlebt hatte und nun einen Dritten fürchtete.[49] Nach dem Zweiten Weltkrieg sehnten die Deutschen nach Frieden und Sicherheit. Aber in den Augen vieler DDR-Bürger versprachen ein Ausbau der Kasernierten Volkspolizei und eine Militarisierung der deutsch-deutschen Grenze nicht die Sicherheit und den Schutz der Bevölkerung, sondern drohten sie.

In dieser Zeit großer internationaler Spannungen war die Schließung der Grenze zu Westdeutschland und die Zwangsaussiedlung Tausender Einwohner entlang der Grenze im Mai/Juni 1952, angeordnet durch einen geheimen Befehl 38/52 von Karl Maron am 26. Mai 1952 – »Aktion Ungeziefer« – eine polizeiliche Maßnahme, die auf kein Verständnis bei der betroffenen Zivilbevölkerung stieß. Während dieser Aktion

---

47 BArch, DO-1-11, Nr. 339, Bl. 34-35: Der Chef der Deutschen Volkspolizei an den Generalsekretär der SED Walter Ulbricht, Berlin-Niederschönhausen, 17.10.1951.

48 BArch, DO-1-11, Nr. 70, Bl. 1-21; hier: Bl. 3-4: HV Volkspolizei, »Protokoll über die Chef-besprechung am 3. Februar 1953«, Berlin, 5.2.1953. Allgemein vgl. Richard Bessel, Grenzen des Polizeistaates. Polizei und Gesellschaft in der SBZ und frühen DDR, in: ders., Die Grenzen der Diktatur, 1996, S. 239-241.

49 Torsten Diedrich, Die Kasernierte Volkspolizei (1952–1956), in: ders., Ehlert, Wenzke (Hg.), Im Dienste der Partei, 1998, S. 351.

wurden »Häuser der Betroffenen umstellt, vielfach von bewaffneten Polizisten; Widerstand wurde mit Polizeigewalt niedergeschlagen; Nachbarn wurden von Agitatoren und Polizisten abgedrängt.«[50] Von einer Polizei, die »die Diener des Volkes sind und sich jederzeit des Vertrauens des Volkes würdig erweisen müssen«, wie man ursprünglich gesprochen hatte, war hier nicht viel zu spüren. Der Landesbischof der Evangelisch-Lutherische Kirche in Thüringen Moritz Mitzenheim übertrieb nicht, als er am 10. Juni 1952 an den Thüringischen Innenminister Willi Gebhardt, der verantwortlich für die Umsetzung der »Aktion Ungeziefer« in Thüringen war, die »Maßnahmen und Art ihrer Durchführung [verurteilte ...] die in den letzten Tagen in den Grenzgemeinden unserer Thüringer Heimat gegen viele Gemeindemitglieder und Bürger der Republik durchgeführt worden sind«. Er klagte nicht nur den »Verstoß gegen das geltende Recht, auf dessen Beachtung der Bürger vertrauen können muß«, sondern

> »vielmehr die überaus harte und unbarmherzige Art und Weise, in der man die harten angeordneten Maßnahmen durchgeführt hat. Die Bevölkerung wurde mit den Räumungsbefehlen förmlich überfallen. [...] Daß Verzweiflungsschritte Zonenflucht, Nervenzusammenbrüche, Selbstmorde durch dieses Vorgehen ausgelöst wurde, ist verständlich, [...] Daß auch viele nicht unmittelbar Betroffenen von einer allgemeinen Panik ergriffen und noch heute die Gemeinden von Angst und Unruhe erschüttert sind, konnte nicht ausbleiben.«[51]

Die durchaus verständliche Reaktionen gegen die Abriegelung der deutsch-deutschen Grenze waren in zweierlei Hinsicht ein Schlag gegen eine mögliche Legitimierung der Polizeikräfte, die diese Maßnahmen durchgeführt hatten: Erstens zerrütteten sie die normalen, alltäglichen Praktiken der Bevölkerung entlang der Grenze: Die Volkspolizei diente dazu, dass das Volk seine Nachbaren auf der Westseite nicht mehr besuchen und sein bisher normales Leben nicht mehr führen konnte. Statt Freund und Helfer des Volks zu sein, offenbarte sich die Volkspolizei als das genaue Gegenteil. Zweitens verletzten die Maßnahmen an der deutsch-deutschen Grenze das nationale Bewusstsein der Deutschen auf der Ostseite, was für eine Legitimierung der Polizei der DDR vielleicht noch gravierender war. Die Zivilbevölkerung in der DDR und insbesondere die Menschen, die entlang der Grenze lebten, verstanden sich als Deutsche, und die

---

50 Inge Bennewitz, Rainer Potratz, Zwangsaussiedlungen an der innerdeutschen Grenze. Analysen und Dokumente, Berlin 1994, S. 74.

51 BArch, DO-1-8, Nr. 304, Bl. 49-51: Der Landesbischof der Evang.-Luth. Kirche in Thüringen [Moritz Mitzenheim] an den Stellvertreter des Ministerpräsidenten des Landes Thüringen Herrn Innenminister [Willy] Gebhardt, Eisenach, 10.6.1952. Vgl. auch Thüringer Institut für Lehrerbildung, Lehrplanenentwicklung und Medien (Hg.), Der totgeschwiegene Terror. Zwangsaussiedlungen in der DDR, Bad Berka, 2003, S. 59. Zur Geschichte der »Aktion Ungeziefer« im Allgemeinen vgl. Bennewitz, Potratz, Zwangsaussiedlungen, 1994, S. 13-83; zu Mitzenheims Brief an Gebhardt, S. 68.

Trennung von den Deutschen im Westen durch den Einsatz der Volkspolizei wurde als Verstoß gegen dieses Verständnis empfunden.

Zur gleichen Zeit sollte der Fokus der Arbeit der Volkspolizei noch stärker auf die politischen Ziele gelenkt und noch stärker mit der Ideologie des Regimes im Einklang gebracht werden – was zu einer weiteren Unterminierung ihrer Legitimität bei der Zivilbevölkerung beitrug. Am 19. Februar 1953, knapp vier Monate vor dem Aufstand, erklärte Karl Maron bei einer Festveranstaltung im Berliner Friedrichstadt-Palast, dass die »wesentliche Aufgabe« der Volkspolizei »in der Brechung des Widerstandes der gestürzten und enteigneten Großkapitalisten und Großagrarier [besteht], in der Liquidierung aller ihrer Versuche, die Macht des Kapitals wiederherzustellen«.[52] Also nicht die Bekämpfung der gewöhnlichen, unpolitischen Kriminalität, sondern die Bekämpfung »der von innen wirkenden Feinde und feindlichen Agenten«. Sein Fazit war »daß die Volkspolizei niemals ›neutral‹ oder ›unpolitisch‹ sein kann«.

Die unpopulären Maßnahmen, die die Volkspolizei durchzuführen hatte, und ihre ständig steigende Politisierung hatten in der Zeit vor Juni 1953 kräftig dazu beigetragen, ihr Ansehen unter der Zivilbevölkerung zu beeinträchtigen. Es war in dieser Hinsicht vielleicht ein Zeichen, dass sich die Zahl der Angriffe auf VP-Angehörige zwischen Januar und November 1952 fast vervierfacht hatte.[53] Das Ansehen, das eine Polizei durch die effiziente Bekämpfung gewöhnlicher Kriminalität und den Schutz der öffentlichen Ordnung – also durch die eigentliche Polizeiarbeit – verbuchen und zur Steigerung ihrer Legitimität nutzen könnte, wurde schon vor dem Aufstand im 1953 beschädigt.

4 Die Volkspolizei vor ihrer größten Herausforderung: Juni 1953

Die Rolle der Volkspolizei bei den Unruhen vom Juni 1953 scheint in manchen Hinsichten widersprüchlich gewesen zu sein. Wie ein VP-Oberrat in Potsdam nachher zugab, waren »die Genossen der Kreisleitung sowie auch des VPKA [Volkspolizei Kreisamt] vollkommen unvorbereitet [...], d. h. sie rechneten in keinem Fall mit Ausschreitungen dieser Art«.[54] Nach dem Aufstand gab es auch innerhalb der Volkspolizei kritische Stimmen, die bei der Auswertung der Ereignisse behaupteten, dass

---

52 Karl Maron, Auch die Volkspolizei muß von der Sowjetunion lernen, in: Die Volkspolizei. Zeitschrift für das gesamte Polizeiwesen, 6 (1953) 4, S. 1-4.

53 BArch, DO-1-11, Nr. 69, Bl. 112-128; hier: Bl. 115: HV Deutsche Volkspolizei, »Protokoll über die Besprechung am 20. Dezember 1952«, Berlin, 2.1.1953.

54 BArch, DO-1-11, Nr. 304, Bl. 231-233: »Ergänzungsbericht zum Instrukteurbericht des Gen. Oberrat Sent vom 23.6.53«, Berlin, 24.6.1953.

»die Leitung der Volkspolizei und das Zentralkomitee versagt [hätten]«.[55] Doch während des Aufstandes hatten die meisten Polizeiangestellten ihren Dienst anscheinend weitergemacht – obwohl

> »man [...] die Genossen der VP und KVP durch Sprechchöre [auffordert], die Waffen wegzuwerfen und mit ihnen zu gehen. Rufe: ›Volkspolizei, macht Euch frei!‹ Jeder einzelne VP-Angehörige wird durch Demonstranten angesprochen, an dieser Demonstration teilzunehmen und sich ihnen anzuschließen. Die Genossen gehen nicht darauf ein.«[56]

Ein Polit-Instrukteur bei dem Wachbataillon und der VP-Schule in Berlin-Köpenick konnte zum Beispiel über den Einsatz der Volkspolizei in der Stalinallee, dem Alexanderplatz und an der Sektorengrenze Spittelmarkt-Treptower Park mit Genugtuung berichten: »Der Einsatz hatte die Volkspolizisten in ihrer Entschlossenheit im Kampf gegen die Provokateure gestärkt – was sich bis auf einige Ausnahmen in der Geschlossenheit des gesamten Einsatzes zeigte.«[57] Und das Fazit eines Berliner VP-Kommandeurs lautete:

> »Das positivste Ergebnis des 16. und 17. ist die Haltung der Volkspolizisten, die oft Stunden eingeschlossenen Genossen mussten den Eindruck haben, als ob die ganze Bevölkerung gegen sie sei. Aber schnell hatten sie den wahren Charakter der Unruhen erkannt. Erkennbare Schwankungen waren gering. Dieser Einsatz hebt zweifellos die Festigkeit der Volkspolizei. Die allgemeine Forderung der Genossen ist mehr und bessere Waffen.«[58]

Hier spürt man wahrscheinlich nicht nur die Absicht, Positives über die eigene Mannschaft zu melden, sondern auch eine gewisse Solidarität unter den Polizeiangehörigen, die sich durch die Gewalt des Aufstandes bedroht fühlten und einem Volk gegenüberstanden, das »gegen sie« war. Während die Ereignisse im Juni 1953 zweifelsohne eine tiefe Herausforderung für die Volkspolizei darstellten, da ihre mangelhafte Legitimität in den Augen des Volkes klar zu sehen war, dienten sie auch dazu, die Solidarität der Polizeiangehörigen untereinander zu festigen. Und auch manchmal die Solidarität gegenüber der Leitung der Volkspolizei: Gegen Ende Juni 1953 berichtete die »Polit-

---

55 So der VP-Inspekteur Zaspel in Halle. Zaspel wurde aber wegen seiner Kritik selbst scharf kritisiert. Vgl. BArch, DO-1-11, Nr. 304, Bl. 234-235: Hauptverwaltung Deutsche Volkspolizei – Hauptabteilung Kriminalpolizei – »Bericht«, Berlin, 29.6.1953.

56 BAP, DO-11-1, Nr. 304, Bl. 98: Meldung, o. D. [um den 16.6.1953].

57 BArch, DO-1-11, Nr. 304, Bl. 54: Ob. Komm. Hausner, »Bericht«, Berlin, 4.6.1953 [hier wahrscheinlich ein Tippfehler, sollte wahrscheinlich der 4.7.1953 sein].

58 BArch, DO-1-11, Nr. 304, Bl. 297-308; hier: Bl. 308: »Persönlicher Bericht des Genossen Kommandeur Koch, Polit.- Abt.«.

Verwaltung«, dass »die VP-Angehörigen der Meinung sind, dass die Führung versagt hat und die VP-Angehörigen ohne eine einheitliche Leitung dastanden«.[59]

Es wäre verfehlt anzunehmen, dass die Volkspolizei im Juni 1953 völlig versagt hätte, den Staat gegen die Aufständischen zu verteidigen. Doch zeigte sich die Polizei oft nicht in der Lage, die Situation zu meistern, und in diesen Fällen wurde erst mit dem Eintreffen von Sowjetischen Truppen »die Lage bereinigt«.[60] An manchen Stellen konnte die Volkspolizei es nicht verhindern, dass Demonstranten Gefangene befreiten.[61] Während die Volkspolizei zahlreiche Provokateure unter den Demonstranten in der Berliner Stalinallee festnehmen und überführen konnte, gab es auch hier Schwächen in der Taktik beim Einsatz und eine unzureichende Bewaffnung.[62] Wo sie doch im Besitz von Waffen waren, gab es Fälle, wo sie durch Demonstranten entwaffnet und geschlagen wurden.[63] An manchen Stellen wie in Schmölln in Thüringen kritisierten Einheitssozialisten »die zögernde Haltung« von Polizeiangehörigen, die »darauf zurückzuführen [war], daß die Volkspolizisten in der Stadt mit vielen bekannt sind und keinem wehe tun wollten«.[64] Aus Görlitz wurde am 17. Juni gemeldet, dass »die Stimmung [unter den VP-Angehörigen] teilweise zurueckhaltend in der Anwendung von der Gewalt« sei.[65] Und es gab sogar Berichte und Erinnerungen von Zeitzeugen, dass (so in Dresden) Polizisten sich den Demonstranten angeschlossen hatten.[66]

An mehreren Orten kam die negative Haltung der Zivilbevölkerung gegenüber der Volkspolizei klar zum Ausdruck. So meinte etwa der Chef der Bezirksbehörde der Volkspolizei in Rostock: »Der Klassengegner hatte jedoch unter der Bevölkerung seine Arbeit aufgenommen, welches man zu dem Verhalten der Bevölkerung gegenüber der VP feststellen konnte« – insbesondere bei Jugendlichen, »die der VP

---

59 BArch, DO-1-11, Nr. 45, Bl. 191-195: Polit-Verwaltung, »Bericht über den Einsatz vom 22. bis 25. Juni 1953«, Berlin, 26.6.1953.

60 So als Demonstranten versuchten, am 16. Juni in das Gebäude des Präsidiums der Volkspolizei auf dem Berliner Alexanderplatz einzudringen. Vgl. BArch, DO-1-11, Nr. 304, Bl. 206-221; hier: Bl. 209: HVDVP, »Bericht für die Zeit v. 16.6.53 bis 22.6.53 18.00 Uhr«.

61 So in Halle. Vgl. BArch, DO-1-11, Nr. 304, Bl. 206-221; hier: Bl. 210: HVDVP, »Bericht für die Zeit v. 16.6.53 bis 22.6.53 18.00 Uhr«.

62 Hier waren »nur 10 % der Volkspolizisten mit der Pistole bewaffnet«. Vgl. BArch, DO-1-11, Nr. 304, Bl. 49: Ob. Komm. Hausner, »Bericht«, Berlin, 4.6.1953 [4.7.1953]. Anderswo aber war ein erheblich größerer Prozentsatz bewaffnet – wie in Potsdam, wo »etwa die Hälfte« der eingesetzten VP-Anghörigen »im Besitz von Pistolen« waren. Siehe BArch, DO-1-11, Nr. 304, Bl. 55-58: HV Deutsche Volkspolizei, »Getroffene Maßnahmen«, Berlin, 16.6.1953.

63 Wie in Görlitz und Halle vgl. BArch, DO-1-11, Nr. 304, Bl. 59-67: HVDVP-Operativstab, Berlin, 16.6.1953. Und in Brandenburg vgl. BArch, DO-1-11, B. 394-395: »Ergänzungsbericht zum Instruktionsbericht des Gen. Oberst Senst vom 23.6.53«, Berlin, 24.6.1953.

64 BArch, DO-1-11, Nr. 304, Bl. 222-229; hier: Bl. 225: Hauptverwaltung Deutsche Volkspolizei, »Bericht über den Instrukteureinsatz in den BDVP Leipzig und Dresden vom 19.-21.6.53«, Berlin, 23.6.1953.

65 BArch, DO-1-11, Nr. 44, Bl. 39: asa blitz – bdvp ddn nr 1502 17.6.53 2235 ur.

66 Heidi Roth, Der 17. Juni 1953 in Sachsen, Köln 1999, S. 212.

gegenüber ein freches Benehmen zeigten«.[67] Darüber hinaus war die Volkspolizei oft das Ziel der Wut von Demonstranten, als sie Polizeiämter stürmten, Einrichtungsgegenstände zerstörten, Polizeiangehörige niederschlugen und in einigen Fällen (so in Magdeburg und Potsdam) tödlich verletzten.[68] Rückblickend meinte ein Teilnehmer einer Diskussion der BDVP aus Gotha, »daß das Eingreifen der Roten Armee erforderlich wurde, [weil] die Volkspolizei nicht die nötige Autorität gegenüber der Bevölkerung hat«.[69]

Doch darf man nicht übersehen, dass es auch DDR-Bürger gab, die im Juni 1953 nicht auf die Straße gingen, empört über die Unruhe und Gewalt des Aufstandes waren und die Meinung vertraten, dass die Polizei als Schutz gegen das Chaos zu dienen hatten. Wahrscheinlich teilten nicht wenige die Perspektive einer Frau in Berlin, die nach dem Aufstand

> »von selbst zum Ausdruck [brachte], dass nun wieder Ruhe und Ordnung ist und sie froh wäre, wenn die Straßenbahnen und die anderen Bahnen wieder fahren, und es in der HO wieder alles zu kaufen gibt. Über die Randalierungen der Rowdies war sie sehr empört und gab ihrer Genugtuung zum Ausdruck, dass man viele von ihnen festgenommen hat.«[70]

Auch wenn sie dem SED-Staat negativ gegenüber standen, sehnten sich viele Bürger nach einem geordneten Leben, in dem es eben »in der HO wieder alles zu kaufen gibt«. Dieses Verlangen nach »Ruhe und Ordnung« zu befriedigen und ein positives Verhältnis zum Volk zu pflegen, hätte für die Volkspolizei vielleicht eine Bahn zu ihrer Legitimierung gebildet.

In der politischen Konstellation der DDR war eine derartige Lösung aber nicht möglich, und die Leitung der Volkspolizei hatte unmittelbar nach dem 16. Juni andere

---

67 BArch, DO-1-11, Nr. 304, Bl. 332-347; hier: Bl. 337: Bezirksbehörde der Deutschen Volkspolizei Rostock, »Auswertung der Ereignisse seit dem 16.6.1953, die mit der faschistischen Provokation zusammenhängen«, Rostock, 26.6.1953.

68 BArch, DO-1-11, Nr. 304, Bl. 222-229; hier: Bl. 224-225: Hauptverwaltung Deutsche Volkspolizei, »Bericht über den Instrukteureinsatz in den BDVP Leipzig und Dresden vom 19.-21.6.53«, Berlin, 23.6.1953; BArch, DO-1-11, Nr. 304, Bl. 332-347; hier: Bl. 334: Bezirksbehörde der Deutschen Volkspolizei Rostock, »Auswertung der Ereignisse seit dem 16.6.1953, die mit der faschistischen Provokation zusammenhängen«, Rostock, 26.6.1953; BArch, DO-1-11, Nr. 45, Bl. 1-8: »Auszüge aus den Lageberichten der BDVP für die Zeit vom 17.6.53 00.00 Uhr bis 17.6.53, 17.00 Uhr«. BArch, DO-1-11, Nr. 45, Bl. 11-16: HVDVP-Operativstab, »Gesamtbericht über die Ereignisse am 17.6.1953«, Berlin, 16.6.1953.

69 BArch, DO-1-11, Nr. 45, Bl. 196-199: Bezirksbehörde Deutsche Volkspolizei Erfurt, Polit-Abteilung, »Diskussionsbeiträge auf der Beratung der Polit.-Stellvertr. Erfurt und Suhl in der BDVP am 24.6.53«, Erfurt, 24.6.1953.

70 BArch, DO-1-11, Nr. 44, Bl. 125: Gruppe III, »Stimmungsbericht durchgeführt von 4 Genossen in der Zeit von 12.45 bis 13.45 in der Gegend des Alexanderplatzes«, Berlin, 19.6.1953.

Schlüsse gezogen. Nicht eine fehlende Legitimierung, sondern eine unzureichende Schlagkraft sollte die Ursache des Versagens der Polizei gewesen zu sein:

>Aus dem Einsatz der Deutschen Volkspolizei bei den Ereignissen der letzten Tage ergeben sich 2 Hauptursachen für den unbefriedigenden Erfolg:
1. Ungenügende zahlenmäßige Stärke der Schutzpolizei. [...]
2. Völlig unzureichende Bewaffnung, insbesondere mit Maschinenpistolen.«.[71]

5 Schlussfolgerung

Die neue Polizei in der SBZ und frühen DDR suchte ihre Legitimation durch eine Mischung aus Antifaschismus, einer angeblich demokratischen Arbeitsweise und dem Kampf gegen eine Kriminalität, die in den ersten Nachkriegsjahren besonders gravierend war. Nach der Diskreditierung des nationalsozialistischen Polizeistaats versuchte die Volkspolizei zumindest in der Propaganda, sich von der Praxis ihrer Vorgänger zu distanzieren. Aber ihre Möglichkeiten, sich so zu legitimieren, reichten unter den gegebenen Bedingungen nicht aus. Auch wenn sie Erfolge bei der Bekämpfung von Kriminalität zu verzeichnen hatte, diente die Volkspolizei letztendlich einem Staat, der die nationale Gesinnung vieler Bürger verletzte, Andersdenkende unterdrückte und eine fremde Besatzungsmacht unterstützte, die von der Zivilbevölkerung weitgehend abgelehnt wurde – wie die Ereignisse im Juni 1953 offenbarten.

Nach John Locke besitzt eine Regierung eine Legitimität nur, wenn sie die Zustimmung des Volks genießt.[72] Diese Legitimität, so Seymour Martin Lipset, erlangt ein politisches System erst, wenn es in der Lage ist, eine allgemeine Überzeugung zu erzielen, dass seine Institutionen sowohl angemessen als auch geeignet für die Gesellschaft seien.[73] Die Entwicklung der SBZ und der frühen DDR zu einem diktatorischen sozialistischen Staat hatte so etwas unmöglich gemacht. Der neuen revolutionären Nachkriegsordnung gelang es also weder, um die Kategorien Max Webers anzuwenden, eine legitime Geltung kraft Tradition, also die »Geltung des immer Gewesenen«, noch kraft affektuellen Glaubens, da dieses von einem Großteil der Bevölkerung nicht geteilt wurde, noch kraft wertrationalen Glaubens, da sie nicht allgemein »als absolut gültig Erschlossenen« galt, noch kraft positiver Satzung, da deren Legalität nicht allgemein

---

71 BArch, DO-1-11, Nr. 45, Bl. 162-166: Der Generalinspekteur der VP an das Ministerium für Staatssicherheit, »Vorschläge zur Erhöhung der Schlagkraft der DVP«, Berlin, 22.6.1953.
72 John Locke, Second Treatise of Government. [1. Aufl. 1690], Raleigh/NC 2001.
73 Seymour Martin Lipset, Some Social Requisites of Democracy: Economic Development and Political Legitimacy, in: The American Political Science Review, 53 (1959) 1, S. 80: »Legitimacy involves the capacity of a political system to engender and maintain the belief that existing political institutions are the most appropriate or proper ones for the society.«

geglaubt wurde, »von den Handelnden zugeschrieben [zu] werden«, einzusetzen.[74] Wie Mary Fulbrook vor etwa einem Vierteljahrhundert schrieb, zeichnete sich der DDR-Staat durch das Fehlen nationaler Legitimität, durch die künstliche Natur seiner Gestaltung und durch seine Abhängigkeit von der UdSSR aus.[75] Die Legitimierung staatlicher Herrschaft stellte also für die Herrscher in der SBZ und DDR ein Problem dar, das sie nie wirklich lösen könnten.

---

74 Max Weber, Wirtschaft und Gesellschaft [= Grundriss der Sozialökonomik, Bd. 3] [1. Aufl. 1922], Tübingen 1972, S. 19.
75 Mary Fulbrook, Anatomy of a Dictatorship. Inside the GDR 1949–1989, Oxford 1995, S. 243.

Erzählen

Jakob Vogel

III Die Konstruktion des »modernen Staates« im europäisch-atlantischen Raum

In seiner Theorie des modernen Staates, deren Grundlagen er im dritten Kapitel von *Wirtschaft und Gesellschaft* darlegt, bezeichnet Max Weber das Fachwissen als »das grosse Mittel der Ueberlegenheit der bureaukratischen Verwaltung«, da es insbesondere »durch die moderne Technik und Oekonomik der Güterbeschaffung« unentbehrlich sei.[1] Erst dieses Fachwissen der Beamtenschaft, welche im modernen Staat die »wirkliche Herrschaft […] im Alltagsleben«[2] ausübe, begründe – so Weber – den »spezifisch rationalen Grundcharakter«[3] der modernen Bürokratie. Dabei sei es in elementarer Weise mit dem Aufkommen des Kapitalismus in Europa verknüpft:

> »Auch geschichtlich steht aber der ›Fortschritt‹ zum bürokratischen, nach rational gesetztem Recht und rational erdachten Reglements judizierenden und verwaltenden Staat in engstem Zusammenhang mit der modernen kapitalistischen Entwicklung. Der moderne kapitalistische Betrieb ruht innerlich vor allem auf der Kalkulation. Er braucht für seine Existenz eine Justiz und Verwaltung, deren Funktionieren wenigstens im Prinzip ebenso an festen generellen Normen rational kalkuliert werden kann, wie man die voraussichtliche Leistung einer Maschine kalkuliert.«[4]

Die klassische deutsche Verwaltungsgeschichte hat die Entwicklung der modernen Bürokratie in diesem Sinne gerne als die Geschichte eines Modernisierungsprozesses in Europa geschrieben, die über mehrere Jahrhunderte hinweg, beschleunigt aber vor

---

1   Max Weber, Wirtschaft und Gesellschaft, [= Grundriß der Sozialökonomik, Bd. 3] [1. Aufl. 1922] Tübingen 1972, 1. Teil, III 2. § 5, S. 128. Zu Max Webers Bürokratiekonzeption siehe auch Jürgen Kocka, Otto Hintze, Max Weber und das Problem der Bürokratie, in: Historische Zeitung [HZ], 233 (1981), S. 65-105.Der Bezug auf Max Weber gehört für Ralph Jessen seit seinen Bielefelder Tagen zu den zentralen theoretischen Bezugspunkten seiner Arbeit, wie etwa die Diskussion des an Max Weber angelehnten Begriffs der »Sozialdisziplinierung« von Gerhard Oestreich in der Einleitung seiner Dissertation unterstreicht, vgl. Ralph Jessen, Polizei im Industrierevier. Modernisierung und Herrschaftspraxis im westfälischen Ruhrgebiet 1848–1914, Göttingen 1991, S. 19-22. Ich selbst verdanke Ralph Jessen die erste intensive Auseinandersetzung mit Webers Werk im Rahmen eines Lektürekurses in Berlin. Wie mit diesen Eingangsbemerkungen dargestellt werden soll, bleibt auch heute noch die kritische Auseinandersetzung mit den Schriften Webers außerordentlich fruchtbar für die Forschung.
2   Weber, Wirtschaft, 1980, IX, 8., § 3, S. 825.
3   Ebd., III 2., § 5, S. 129.
4   Ebd., IX, 8., § 3, S. 825.

allem im 19. Jahrhundert stattgefunden hätte. Der weberianischen Perspektive zufolge wurden dabei insbesondere die Bedeutung des rechtswissenschaftlichen Wissens und die Entstehung des sogenannten »Juristenprivilegs« in den Vordergrund gestellt.[5] Schon Max Weber hatte den »universitätsgeschulten Juristen« eine zentrale Rolle bei der Herausbildung des »rationalen Staates« als einer spezifisch europäischen Besonderheit zugeschrieben.[6] In Lutz Raphaels Essay *Recht und Ordnung. Herrschaft durch Verwaltung im 19. Jahrhundert* beispielsweise erscheint die moderne Fachverwaltung im Sinne Webers entsprechend als ein Produkt der europäischen Geschichte des 19. Jahrhunderts, da sich erst in diesem Jahrhundert die »rationalen Gesichtspunkte der Arbeitsteilung und funktionsbezogener Verantwortlichkeiten« im Gegensatz zum »frühneuzeitlichen Machtstaat« durch die modernen Ministerien und durch die Trennung von Verwaltung und Justiz durchgesetzt hätten.[7]

Von Weber, Raphael und anderen einschlägigen Autoren wurde dabei die Tatsache vernachlässigt, dass vor allen Dingen in den technischen Bereichen akademisches Fachwissen schon lange vor den emblematischen Reformen des 19. Jahrhunderts eine zentrale Rolle für die Definition einzelner Verwaltungszweige und ihrer jeweiligen Kompetenzbereiche spielten. Sieht man von den Medizinern ab, die bereits in der Frühen Neuzeit mit ihrer universitären Bildung eine eigenständige Verwaltung aufbauen konnten, wurden gerade in der zweiten Hälfte des 18. Jahrhunderts zahlreiche Initiativen lanciert, um staatliches Handeln durch akademisch vermitteltes und naturwissenschaftlich technisches Wissen zu rationalisieren und zu modernisieren.[8] So sollte beispielsweise der Aufbau von Bergbau-, Forst- und Landwirtschaftsakademien und anderen wissenschaftlichen Ausbildungsstätten »nützliches Wissen« unter den Beamten fördern und damit allgemein dem Staat sowie dem Gemeinwohl dienen.[9] Die vielfältigen Initiativen zu einer Entwicklung von naturwissenschaftlich-technischem Wissen in der Verwaltung führten zwar nicht in jedem Fall zum Aufbau spezialisierter Fachverwaltungen, sie demonstrieren aber die Tatsache, dass der Nexus zwischen akademischer Ausbildung und rationalem Verwaltungshandeln durchaus schon vor dem 19. Jahrhundert zum Standardrepertoire eines zeitgenössischen »modernen« Verwaltungsdiskurses gehörte. Webers Konzepts einer wissenschaftlich gebildeten

---

5   Bernd Wunder, Geschichte der Bürokratie in Deutschland, Frankfurt a. M. 1986; Lutz Raphael, Recht und Ordnung. Herrschaft durch Verwaltung im 19. Jahrhundert, Frankfurt a. M. 2000.

6   Weber, Wirtschaft, 1980, IX, 8., § 3, S. 827.

7   Raphael, Recht, 2000, S. 38 f.

8   Siehe mit weiteren Angaben Lothar Schilling, Jakob Vogel (Hg.), Transnational Cultures of Expertise. Circulating State-related Knowledge in the 18th and 19th Centuries, Berlin 2019; Pascale Laborier u. a. (Hg.), Les sciences camerales. Activités pratiques et histoire des dispositifs publics, Paris 2011.

9   Ursula Klein, Nützliches Wissen. Die Erfindung der Technikwissenschaften, Göttingen 2016; Marcus Popplow (Hg.), Landschaften agrarisch-ökonomischen Wissens. Regionale Fallstudien zu landwirtschaftlichen und gewerblichen Themen in Zeitschriften und Sozietäten des 18. Jahrhunderts, Münster 2010.

Fachbürokratie als Grundlage des modernen Staates griff insofern auf ein Denkmodell zurück, dass bereits spätestens seit der zweiten Hälfte des 18. Jahrhunderts in Europa Verbreitung gefunden hatte.[10]

Wie der vorliegende Beitrag zeigen will, fanden diese Debatten um die akademische Legitimation der Beamtenschaft als Teil des modernen Staates aber nicht nur im europäischen Kontext statt, vielmehr berührten sie auch weit über die Grenzen des Kontinents hinaus den Diskurs über die Modernisierung der Institutionen und Praktiken staatlicher Herrschaft. Gerade Lateinamerika spielte eine besondere Rolle für die Debatten um den »modernen Staat« und dies durchaus schon vor der Unabhängigkeit im frühen 19. Jahrhundert.[11] In der Tat waren – wie die recht umfangreiche Literatur über die sogenannten »Bourbonischen Reformen« in der zweiten Hälfte des 18. Jahrhunderts gezeigt haben[12] – die bereits nahezu 400 Jahre bestehenden spanischen und portugiesischen Weltreiche Teil einer breiteren »europäischen« Reformdiskussion über die Verfasstheit des modernen Staates und seiner Bürokratie.[13] Denn nicht anders als in den europäischen Territorien hatten die von der spanischen Regierung seit den späten sechziger Jahren des 18. Jahrhunderts unter Einfluss des aufgeklärten Zeitgeistes unternommenen Reformen nicht nur das Ziel, den Zugriff des Monarchen auf die weitgehend autonomen Teile des Königreichs zu verstärken, sondern sollten auch die Kenntnisse der Naturwissenschaften und Technik als Basis einer allgemeinen Modernisierung der Verwaltung verbreiten. Nicht anders als in den kameralistisch geprägten

---

10 Vgl. auch Regina Dauser, Lothar Schilling, Einleitung. Raumbezüge staatsrelevanten Wissens, in: ders. (Hg.), Grenzen und Kontaktzonen, in: <https://www.perspectivia.net/publikationen/discussions/7-2012/dauser-schilling_einleitung> (10.11.20).

11 Die Fokussierung auf das unabhängige, republikanische Lateinamerika als Ideengeber für die politische Reformdebatte im 19. Jahrhundert bildet bis heute einen wichtigen Strang der Forschung. Siehe beispielsweise Hilda Sabato, Republics of the New World. The Revolutionary Political Experiment in Nineteenth-Century Latin America, Princeton/NJ 2018; Peter Waldmann, Nachahmung mit begrenztem Erfolg. Zur Transformation des europäischen Staatsmodells in Lateinamerika, in: Wolfgang Reinhard (Hg.), Verstaatlichung der Welt? Europäische Staatsmodelle und außereuropäische Machtprozesse, München 1999, S. 53-68.

12 Siehe neben anderen Gabe Paquette, Enlightenment, Governance, and Reform in Spain and its Empire 1759–1808, Basingstoke, 2008; ders. (Hg.), Enlightened Reform in Southern Europe and its Atlantic colonies, 1750–1830, Ashgate 2009.

13 Der amerikanischen Rechtshistorikerin Tamar Herzog zufolge lassen sich die Entwicklungen der rechtlichen Modernisierung in Europa und in Lateinamerika auch schon vor den Bourbonischen Reformen nicht voneinander trennen: »Although some institutions, laws and doctrines found a more fertile ground on one side of the Atlantic versus the other, the constant dialog between both and the continuous influx of ideas and practices made these worlds to some degree united.« Tamar Herzog, Did European Law Turn American? Territory, Property and Rights in an Atlantic World, in: Thomas Duve, Heikki Pihlajamäki (Hg.), New Horizons in Spanish Colonial Law. Contributions to a Transnational Early Modern Legal History, Frankfurt a. M. 2015, S. 75-95; hier: S. 92.

europäischen Staaten[14] war ein wesentlicher Bestandteil des Reformprogramms dabei die vom spanischen König in Auftrag gegebenen Forschungsreisen, welche spanische und lateinamerikanische Gelehrte in die verschiedenen Vizekönigtümer unternahmen, um für den Staat ein Inventar der Bodenschätze und der natürlichen Ressourcen zusammenzustellen.[15]

Wie eng der europäisch-lateinamerikanische Nexus der Reformideen war, soll im Folgenden exemplarisch an den Diskussionen und Reformen zum Aufbau einer staatlichen Bergbauadministration demonstriert werden, die in weiten Teilen des »alten Kontinents« als Ausweis für die Modernität der zeitgenössischen Verwaltung angesehen wurde.[16] Das Beispiel macht deutlich, wie problematisch es wäre, die Herausbildung der »modernen Staatlichkeit« allein der innereuropäischen Dynamik zuzuschreiben, ohne die Entwicklung in Europa von Anfang an breiter in die Austauschprozesse einzuschreiben, die den Kontinent mit anderen Teilen der Welt verbanden.[17]

Die Vorstellung einer durch ihre akademische Ausbildung legitimierten Beamtenschaft blieb nämlich, wie gezeigt werden soll, in Lateinamerika auch über das Ende des spanischen Kolonialstaates erhalten. Allerdings erodierte das vom kolonialen Staat implementierte Modell im Laufe der Zeit unter dem Einfluss der neuen Machtkonstellationen, in denen eine neue, weit weniger von staatlichen Beamten dominierte Bergbauwirtschaft entstand, welche in der Folge charakteristisch für die Entwicklung in Lateinamerika wurde. Diese Entwicklung war dabei weniger die Folge einer spezifisch »lateinamerikanischen« Dynamik der unabhängigen Republiken, sondern fand vielmehr unter dem politischen Einfluss anderer Konzepte über die Reichweite des Staates im wirtschaftlichen Bereich statt, die ebenfalls ihren Ursprung in Europa, und

---

14 Vgl. z. B. für den schwedischen Fall Lisbet Koerner, Linnaeus: Nature and Nation, Cambridge/MA 2001.

15 Jorge Cañizares-Esguerra, From Baroque to Modern Colonial Sciences, in: ders., Nature, Empire, and Nation. Explorations of the History of Science in the Iberian World, Stanford/CA 2007, S. 46-63.

16 Siehe zum Folgenden auch Jakob Vogel, Lost in Imperial Translation? Circulating Mining Knowledge between Europe and Latin America around 1800, in: Schilling, Vogel, Transnational Cultures, 2019, S. 129-146. Der vorliegende Aufsatz ergänzt die dortige Argumentation in wichtigen Punkten und stellt sie hier in einen breiteren Interpretationsrahmen. Ich danke Lothar Schilling wie auch den anderen Kollegen unserer deutsch-französischen Arbeitsgruppe über die Zirkulationen des staatsorientierten Wissens im Europa der Sattelzeit für die zahlreichen Anregungen aus den gemeinsamen Diskussionen.

17 Auch Wolfgang Reinhard verortet die Entwicklung des »modernen Staates« primär in Europa, ohne dabei ausführlicher auf die globale Vernetzung im Laufe des Staatsbildungsprozesses einzugehen: Wolfgang Reinhard, Geschichte des modernen Staates. Von den Anfängen bis zur Gegenwart, München 2007. Das Verhältnis des »europäischen Staates« zur restlichen Welt wird von ihm sowie vielen anderen Historikern konsequenter Weise auch in erster Linie als eine »Nachahmung« und »Ausbreitung« des europäischen Modells beschrieben: ders. (Hg.), Verstaatlichung der Welt? Europäische Staatsmodelle und außereuropäische Machtprozesse, München 1999; hier: ders., Einführung: Moderne Staatsbildung – eine ansteckende Krankheit?, S. VII-XIV.

zwar insbesondere in Großbritannien hatten. Insofern verweist das hier diskutierte Beispiel auf die grundsätzliche Problematik des von Max Weber und anderen geprägten Einheitsbegriffs des »modernen bürokratischen Beamtenstaates«, der sich zwar auf eine sehr breite Tradition des aus den kameralistischen Reformen des 18. Jahrhunderts hervorgehenden Entwicklung in Europa stützen kann, dabei jedoch die Vielfalt unterschiedlicher Modernisierungskonzepte übersieht, welche auch in Europa die Entwicklung des Staates seit dem 18. Jahrhundert kennzeichnen.[18]

1   Die atlantischen Netzwerke des administrativen Wissens in der Zeit der »Bourbonischen Reform«

In einer Zeit, in der eine nennenswerte staatliche Verwaltung des Bergbaus auch in anderen Staaten überhaupt erst im Entstehen war,[19] versuchten seit 1780 eine Reihe von Beamten, in den spanischen Vizekönigreichen in Lateinamerika wesentliche Reformen in der staatlichen Verwaltung und Organisation der Bergwerke durchzusetzen.[20] Vorbild waren dabei das seit dem Siebenjährigen Krieg vor allen in Sachsen und im Habsburger Reich entwickelte aufgeklärte Modell einer bergbauwissenschaftlichen gebildeten Beamtenschaft,[21] welches einige der spanischen Reformer bei eigenen Studienaufenthalten im sächsischen Freiberg und an anderen Zentralorten der europäischen Bergbauwissenschaft kennengelernt hatten. Die Ausbildung beruhte auf der Vermittlung von naturwissenschaftlich-technischem Wissen sowie den kameralistischen Anschauungen eines primär staatlich kontrollierten Bergbausektors – Vorstellungen, die auch im Lateinamerika am Ende des 18. Jahrhunderts mehr und mehr die Arbeit der mit dem Bergbau betrauten spanischen Beamtenschaft prägten. Mit der Gründung einer »Bergakademie« in Almadén im Jahr 1777 wurden gleichzeitig zwar auch im Mutterland ähnliche Reformversuche unternommen, ihr Ausmaß blieb aber deut-

---

18 Vgl. zu dem hier verwandten konzeptionellen Rahmen auch Lothar Schilling, Jakob Vogel, State-related Knowledge: Conceptual Reflections on the Rise of the Modern State, in: ders. (Hg.), Transnational Cultures, S. 1-17.

19 Isabelle Laboulais, La Maison des Mines. La genèse révolutionnaire d'un corps d'ingénieurs civils (1794–1814), Rennes 2012; Jakob Vogel, Reform unter staatlicher Aufsicht. Wirtschafts- und Sozialgeschichte des deutschen Bergbaus und des Salzwesens in der frühen Industrialisierung, in: Wolfhard Weber (Hg.), Geschichte des deutschen Bergbaus [= Salze, Erze und Kohlen. Der Aufbruch in die Moderne, Bd. 2], Münster 2015, S. 11-110.

20 Siehe auch Michael Zeuske, Technologietransfer und »Bourbonische Reformen«. Die sächsisch-deutschen Bergbauspezialisten in Spanisch-Amerika, in: ders. u. a. (Hg.), Sachsen und Lateinamerika. Begegnungen in vier Jahrhunderten, Frankfurt a. M. 1995, S. 140-163.

21 Zu diesem sächsisch-habsburgischen Modell siehe Jakob Vogel, Aufklärung unter Tage. Wissenswelten des europäischen Bergbaus im ausgehenden 18. und frühen 19. Jahrhundert, in: Hartmut Schleiff, Peter Koncečny (Hg.), Staat, Bergbau und Bergakademie. Montanexperten im 18. und frühen 19. Jahrhundert, Stuttgart 2013, S. 13-31.

lich hinter den Entwicklungen der ökonomisch bedeutenderen lateinamerikanischen Bergbaubetriebe zurück.[22]

Wie weit die Reformen in Lateinamerika und wie eng die Beziehungen zwischen Europa und Lateinamerika in dieser Zeit in weiten Zweigen der bergbaulichen Verwaltungen waren, veranschaulicht schlaglichtartig die lateinamerikanische Reise von Alexander von Humboldt in den Jahren 1799 bis 1804.[23] Als ehemaliger Student der sächsischen Bergakademie in Freiberg und als aus dem aktiven Staatsdienst ausgeschiedener preußischer Bergbeamte besaß dieser nämlich einen besonders privilegierten Zugang zu den Protagonisten der Verwaltungsreformen im Bereich des Bergbaus in Spanisch-Lateinamerika.

Aus seinen Freiberger Studientagen konnte Humboldt eine Reihe von Kontakten mobilisieren, die ihm bei seiner Reise zu Gute kamen. Besonders wichtig waren für ihn dabei die Verbindungen zu zwei wesentlichen Vertretern der Bergbaureform im spanischen Reich, den Brüdern Elhuyar. Die Abkömmlinge einer baskischen Adelsfamilie hatten ihre bergmännische Ausbildung in Schweden, Sachsen und im Habsburger Reich erhalten und waren nach ihrer Rückkehr nach Spanien schnell zu einflussreichen Posten in der lateinamerikanischen Bergbauverwaltung aufgestiegen. Juan José d'Elhuyar wurde schon 1783 zum Direktor der Bergbauverwaltung im Vizekönigreich Neu Granada, dem heutigen Kolumbien, ernannt, während sein jüngerer Bruder Fausto 1786 zum Generaldirektor des Bergbaus im Neuspanien (heute Mexiko) aufstieg. Beide hatten einen entscheidenden Anteil an der Umsetzung der aufgeklärten Reformprogramme in den jeweiligen Vizekönigreichen, Fausto insbesondere durch die Gründung des von ihm geleiteten Real Seminario de Minería in Mexiko im Jahr 1792. Dieses war als zentrale Ausbildungsstätte der Bergbauspezialisten für das Vizekönigreich sowie den anderen überseeischen Territorien Spaniens gedacht. Das Seminar lehnte sich in seinem Lehrprogramm an das Modell des Real Seminario Patriotico im baskischen Vergara an und vermittelte seinen Schülern weitgehend das gleiche technologische, wissenschaftliche und administrative Wissen, das auch an den europäischen Bergbauakademien gelehrt wurde.[24]

---

22 Siehe dazu die zeitgenössische Darstellung des innerspanischen Bergbaus durch den aus Sachsen rekrutierten Markscheider Johann Martin Hoppensack, Ueber den Bergbau in Spanien überhaupt und den Quecksilber-Bergbau in Almadén insbesondere, Weimar 1798, S. 69 ff. Zur Einordnung der Biografie Hoppensacks siehe Thomas Morel, Circulating mining knowledge from Freiberg to Almaden. The life and career of J. M. Hoppensack (1741–1815), Papier präsentiert auf dem VIII. Internationalen und interdisziplinären Kongress »Sciences, Savoirs et Politique: Alexander von Humboldt et Aimé Bonpland entre Europe et Amérique Latine«, in: SciencesPo/IHEAL Paris, 4.-7.7.2016, in: <https://www.academia.edu/26832025/Circulating_mining_knowledge_from_Freiberg_to_Almaden_The_life_and_career_of_J_M_Hoppensack_1741_1815_> (10.11.2020).

23 Vogel, Lost in Imperial Translation? In: Schilling/Vogel (Hg.), Transnational Cultures, 2019.

24 Zu dem Lehrprogramm des »Real Seminario de Minería« siehe José Enrique Covarrubias, En busca del hombre útil. Un estudio comparativo del utilitarismo neomercantilista en México y Europa, 1748–1833, Mexiko City 2005, S. 414 f.

Wie eng die Elhuyar-Brüder mit der europäischen Elite der Bergbaukunde verbunden waren, zeigt auch ihre Mitgliedschaft in der der 1789 gegründeten »Societät für
Bergbaukunde«, welche der habsburgische Mineraloge und Freimaurer Ignaz von Born
im niederungarischen Schemnitz ins Leben gerufen hatte.[25] Diese erste internationale
Fachgesellschaft versammelte die Spitzen der Bergbauadministrationen verschiedener
europäischer Staaten und Bergbauregionen (vertreten waren das Habsburger Reich,
Preußen, der Harz, Schweden, Frankreich, die Toskana, Spanien – mit seinen Über-
seegebieten – sowie Russland, aber auch einzelne Experten aus Großbritannien) unter
dem Banner einer aufgeklärten und kameralistischen Bergbauwissenschaft, welche
Mineralien als »nationale Ressourcen« und den Bergbau als einen primär vom Staat
auszubeutenden beziehungsweise zu kontrollierenden Wirtschaftssektor betrachtete.
Die Ausbeute der Bodenschätze – so ihre Anschauung – diene dem »allgemeinen Wohl«
und benötige die Aufsicht durch eine staatliche Beamtenschaft, damit nicht private
Interessen dem Raubbau und einer nicht-nachhaltigen Entwicklung Vorschub leisteten.

Die Elhuyar-Brüder standen auch hinter dem Versuch, mithilfe einer Reihe von
europäischen Spezialisten den in Schemnitz durch von Born und andere erprobten
Amalgamationsprozess in der Silberherstellung Lateinamerikas zu implementieren.[26]
Eine Gruppe dieser Experten ging dabei nach Neu Granada zu Juan José d'Elhuyar,
eine weitere unter der Leitung des schwedischen Barons von Nordenflycht nach Lima
und Potosí und eine dritte nach Mexiko, wo Fausto Elhuyar selbst die Experimente
überwachte.[27]

Wie andere Protagonisten der »Bourbonischen Reform« waren die Elhuyar-Brüder
mit ihren Reformprogrammen keineswegs unumstritten. So wandte sich beispielsweise
eine Gruppe von Beamten gegen Faustos Ernennung zum Leiter der Bergbaubehörde
in Mexiko.[28] Auch Juan José hatte in Neu Granada gegen Widerstände zu kämpfen,
sodass viele der von ihm unternommenen Reformbemühungen schon bald nach
seinem Tod im Jahre 1796 wieder zurückgenommen beziehungsweise gar nicht erst
umgesetzt wurden. Derartige Anfeindungen hinderten Humboldt aber nicht, seine
Reise weitgehend auf den Spuren der Elhuyar-Brüder durchzuführen. So besuchte
er ausführlich die ehemals von Juan José geleiteten Silberminen von Mariquita und
Santa Ana in den Bergen bei Santa Fé de Bogotá und verbrachte mehrere Monate in

---

25 Günter Fettweis, Günther Hamann (Hg.), Über Ignaz von Born und die Soziität der Bergbaukunde, Wien 1996.

26 Hausberger, Das Amalgamationsverfahren des Ignaz von Born in Hispanoamerika, in: Schleiff,
Konceċny (Hg.), Staat, 2013, S. 35-52; hier: S. 45 f.

27 Vgl. hierzu die Schreiben, die Fausto d'Elhuyar vor seiner Abreise nach Mexiko an Abraham Gottlob Werner, Professor an der Sächsischen Bergakademie in Freiberg: Briefe an Werner [Bd. 1], in:
Nachlass Abraham Gottlob Werner, SLUB Dresden/Universitätsbibliothek Freiberg, in: <http://
digital.slub-dresden.de/id475079604> (6.12.2020). Zum breiteren Kontext siehe auch Zeuske,
Technologietransfer, in: ders., Sachsen 1995.

28 Covarrubias, El busca, 2005, S. 414 f.

Mexiko bei Fausto d'Elhuyar. Dieser öffnete ihm die Türen des Real Seminario und seiner Bibliothek, wo Humboldt ausführliche Studien für sein statistisches Werk über Mexiko unternahm, und vermittelte ihm mit seiner aus dem österreichischen Adel stammenden Frau auch wichtige Kontakte in der Oberschicht des Vizekönigreichs. Der enge Austausch mit Elhuyar erlaubte es dem preußischen Adeligen aber vor allem, Zugang zu den bedeutendsten Bergwerken Mexikos zu erhalten – und damit wichtige Informationen über den Bergbau des Vizekönigreichs zu sammeln, die später auch in seine Schriften Eingang fanden.[29]

Für die Zeit um die Wende zum 19. Jahrhundert ergibt sich damit das Bild einer zwar in den einzelnen Vizekönigreichen des spanischen Lateinamerika unterschiedlich ausgeprägten Situation der Reformen der staatlichen Bergbauverwaltungen, das aber durchaus der Lage in vielen kontinentaleuropäischen Ländern ähnelte. Auch hier versuchte um 1800 eine wachsende, aber noch relativ begrenzte Zahl von Beamten, den Zugriff des Staates im Wirtschaftssektor zu vergrößern und ihr naturwissenschaftlich-technisches Spezialwissen als Basis wirtschaftliche und rechtlicher Ordnung zu implementieren. Denn anders als dies gerne in der klassischen staatszentrierten Bergbaugeschichte dargestellt wird, war auch in Preußen und in Frankreich, um nur diese beiden wichtigen Beispiele herauszugreifen, um 1800 der staatliche Einfluss im Bergbau noch nicht flächendeckend durchgesetzt und die akademische Ausbildung der Beamten standen erst am Anfang.[30] Reformen, wie sie Humboldt für die Verwaltung und technische Ausrüstung der mexikanischen Bergwerke forderte,[31] gehörten damit auch in Europa durchaus zur Agenda der Beamten, um eine weitere Ausweitung und Modernisierung der bergbaulichen Produktion zu erreichen.

2 Die Neuordnung der bergbaulichen Wissensordnung nach der Unabhängigkeit Lateinamerikas

Die tief greifenden Verwerfungen, die der Kampf um die Unabhängigkeit für das spanische Lateinamerika mit sich brachten, bedeuteten eine besondere Herausforderung für die Hoffnungen der aufgeklärten Reformer des spätabsolutistischen Staates und seines Bergbaus. Einige von ihnen, wie Fausto d'Elhuyar, wurden im Zuge des Kampfes gegen die »alten Mächte« als Vertreter der spanischen Krone gezwungen, ihre Wirkungsstätten in den Kolonien zu verlassen. Andere, wie der ebenfalls in Freiberg ausgebildete spanische Metallurg und Chemiker Andrés Manuel del Rio, der mit Elhuyar

---

29 John Taylor (Hg.), Selections from the Works of the Baron de Humboldt. Relating to the Climate, Inhabitants, Productions, and Mines of Mexico, London 1824.

30 Siehe hierzu z. B. Vogel, Reform, in: Weber (Hg.), Geschichte, 2015; Laboulais, La Maison des Mines, 2012.

31 Vgl. hierzu die Aussagen bei Taylor, Selections, 1824.

an dem Real Seminario de Minería in Mexiko unterrichtet und dort auch eng mit von Humboldt zusammengearbeitet hatte, entschlossen sich dagegen, in Lateinamerika zu bleiben, da sie in weiten Zügen die politischen Anschauungen der für die Unabhängigkeit kämpfenden Republikaner teilten. 1829 ging del Rio allerdings für einige Jahre ins nordamerikanische Exil, um gegen die Politik der neuen mexikanischen Regierung über die Ausweisung von Spaniern zu protestieren. Er kehrte 1834 doch wieder an das Seminario zurück, wo er durch seine Arbeit als Lehrer im Bereich Metallurgie und Chemie die relative Kontinuität der Ausbildung in den Bergbauwissenschaften in Mexiko demonstrierte.

Das von den königlichen Beamten im lateinamerikanischen Bergbau gesammelte Wissen wirkte nach dem Zusammenbruch der spanischen Herrschaft in Lateinamerika aber auch in die Wissensordnung des Mutterlandes zurück. Dies unterstreicht etwa die Biografie Fausto d'Elhuyars, der nach seiner Rückkehr nach Europa zum Chef der Bergbauverwaltung Spaniens ernannt wurde. Mit seinem lateinamerikanischen Karrierehintergrund prägte er ganz wesentlich das spanische Bergbaugesetz von 1825, wie die von ihm gezeichnete offizielle Publikation der Grundsätze des Gesetzes unterstreicht.[32] Die imperialen Erfahrungen aus Lateinamerika flossen nach dem Ende des Kolonialreichs damit direkt in die Verwaltungspraxis des Mutterlandes ein, nicht anders als das auch im Frankreich der nach-napoleonischen Zeit der Fall war.[33] Dies unterstrich die im königlichen Verlag erschienene Publikation bereits auf seinem Titelblatt, auf dem Elhuyar bezeichnender Weise noch als »Direktor des Bergbaus in Mexiko« firmierte.

Schon bald nach seiner Rückkehr nach Spanien hatte Elhuyar darüber hinaus in einer Reihe von ausführlichen Berichten dem König eine Erfolgsbilanz der Arbeit seiner Verwaltung in der Kolonie vorgelegt. Mit ihnen sollte nicht zuletzt auch das Wirken der spanischen Beamten zur Förderung des Bergbaus in Lateinamerika gegen die in der europäischen Literatur (unter anderem auch von Alexander von Humboldt) geäußerte Kritik an den Zuständen in Mexiko und in den anderen Regionen des Reiches verteidigt werden.[34] Die Berichte wurden 1825 noch einmal eigens veröffentlicht, wie es im Text seiner Widmung an den König hieß, als »Frucht meiner Studien während meines langen und arbeitsreichen Lebens in dieser ebenso nützlichen wie selten ausgeübten Wissenschaft, sowie meiner eifrigen, beständigen und wiederholt berichtigen

---

32 In seiner 1825 publizierten ausführlichen Begründung des Berggesetzes verweist d'Elhuyar immer wieder auf die Bedeutung seiner Erfahrungen im lateinamerikanischen Bergbau, die von ihm als gleichwertig neben das in den europäischen Ländern produzierte Bergbauwissen gestellt werden: Fausto d'Elhuyar, Memoria sobre la formacion de una ley organica para gobierno de la Mineria, Madrid 1825, passim.

33 Isabelle Laboulais, Jakob Vogel, La construction du métier d'ingénieur des Mines à l'épreuve du terrain pendant la Révolution et l'Empire, in: Annales historiques de la Révolution française, 385 (2016), S. 47-66.

34 Fausto d'Elhuyar, Memoria sobre el influjo de la minería en la agricultura, industria, población y civilización de la Nueva España, Madrid 1825.

Beobachtungen und Erfahrungen als Direktor des Generalgerichtes für den Bergbau in Mexiko«.[35] Elhuyars erklärtes Anliegen für seine weitere Arbeit an der Spitze der Bergbaubehörde war es damit, die in Mexiko erprobten Strukturen der Ausbildung der Beamten und des Aufbaus der Behörden im Einklang mit den zeitgenössischen europäischen Maßstäben zur Grundlage des Ausbaus des spanischen Verwaltungsapparates zu machen, um dem früher weitgehend von den Ressourcen des Kolonialreichs abhängigen Mutterland auf diese Weise eine weiterentwickelte, moderne Bergbauindustrie zu verschaffen.[36] Fortschritte konnten tatsächlich in den kommenden Jahrzehnten nicht nur durch den Ausbau des Silberbergwerks in Guadalcanal, sondern auch in anderen Bergbauregionen Spaniens gemacht werden, in denen auf der Basis der neuen Regeln eine stärkere staatliche Aufsicht des Abbaus der Bodenschätze eingerichtet wurde.[37]

Umgekehrt gingen aber auch in Lateinamerika nach der Unabhängigkeit die in der Zeit der »Bourbonischen Reform« unternommenen Bemühungen weiter, die Verwaltung des Bergbaus noch enger an das in Europa gängige Konzept einer naturwissenschaftlich technischen Beamtenausbildung zu binden. Dies zeigt sich nicht zuletzt in der Gründung eines Nationalmuseums und einer ihm angeschlossenen Bergbauschule in Bogotá durch die neue republikanische Regierung von Neu Granada in den Jahren 1822/24, der die beiden kolumbianischen Historikerinnen Maria Paola Rodriguez Prada und Lina del Castillo wichtige Studien gewidmet haben.[38] Für die Gründung dieser Bergbauschule rekrutierte die kolumbianische Regierung eine Reihe von Spezialisten in Europa, die ihre Ausbildung in Frankreich erhalten hatten. Die beiden Bergbauwissenschaftler Jean-Baptiste Boussingault und Mariano de Rivero y Ustáriz verfügten darüber hinaus durch ihre Verbindung mit Alexander von Humboldt über enge Kontakte in die Spezialistenkreise aus dem deutschsprachigen Mitteleuropa. Der mit der Leitung des Instituts betraute Rivero – er entstammte einer liberal gesinnten kreolischen Adelsfamilie aus Arequipa im heutigen Chile – hatte auf Vermittlung von Humboldts sogar einige Monate an der Bergakademie im sächsischen Freiberg studiert. Mit seiner Biografie verkörperte er damit erneut die engen Verflechtungen, die zwischen den spanischen Reformbeamten und ihren europäischen Kollegen bestanden. Auch das in Bogotá implementierte Modell einer Kombination aus Nationalmuseum und bergbaulicher Ausbildungsstätte war Teil dieses europäisch-lateinamerikanischen Austauschprozesses, nahm es doch ein in Zentraleuropa von liberalen Reformen entwickeltes Konzept auf,

---

35 Ebd., S. IV.

36 Siehe dazu insbesondere die Ausführungen zur notwendigen Ausbildung der Beamten in: ders., Memoria sobre la formacion, S. 92-95.

37 Siehe zum Beispiel die Aufzählung der verschiedenen spanischen Bergwerke von Elhuyar in: ebd., S. 15. Vgl. allgemein zur Entwicklung des spanischen Bergbaus im 19. Jahrhundert Gérard Chastagnaret, L'Espagne, puissance minière dans l'Europe du XIXe siècle, Madrid 2000.

38 Maria Paola Rodriguez Prada, Le musée national de Colombie 1823–1830. Histoire d'une création, Paris 2013; Lina del Castillo, Crafting a Republic for the World. Scientific, Geographic and Historiographic Inventions of Colombia, Lincoln/NE 2018.

das schon die Gründung des Johanneums in Graz 1811 sowie einige Jahre später die Einrichtung eines Nationalmuseums in Prag charakterisiert hatte.[39]

Die engen Verbindungen, die zwischen den Reformplänen der späten spanischen Kolonialverwaltung und der Einrichtung des neuen Instituts bestanden, wurden in den offiziellen Verlautbarungen der Republikaner bezeichnender Weise nicht angesprochen: Im Gründungsdekret des Kolumbianischen Kongresses verstiegen sich die Politiker in Bogotá gar zu der Aussage »que les sciences naturelles sont restées inconnues jusqu'à ce jour, dans ces riches régions, conséquence nécessaire du système corrupteur de l'ancien gouvernement«.[40] Diese Aussage ist umso bemerkenswerter, als zentrale Vertreter des neuen Regimes wie der für die Rekrutierung Boussingaults und de Riveros verantwortliche Vizepräsident Francisco Antonio Zea (als Botaniker Ende des 18. Jahrhunderts noch Mitglied der wissenschaftlichen Expedition in Neu Granada und Mitarbeiter ihres Leiters José Celestino Mutis am Botanischen Garten in Bogotá) selbst wichtige Akteure der wissenschaftlichen Erneuerung im späten Kolonialstaat gewesen waren. Die neue Regierung versuchte auf diese Weise, den Systembruch sowie ihre eigene Unabhängigkeit vom einstigen Mutterland zu unterstreichen, um damit die Kontinuität der Akteure und Konzepte seit dem Ancien Régime nicht allzu deutlich in Erscheinung treten zu lassen.

Die politischen Verwerfungen im Land, die sich durch die Loslösung von Spanien ergaben, ließen das kolumbianische Unternehmen zur Förderung des einheimischen Bergbaus jedoch bald scheitern: Rivero verließ Bogotá nach Streitigkeiten mit der politischen Führung und seinen Gefährten bereits 1826, um in Peru ein vergleichbares Nationalmuseum aufzubauen. Als Generaldirektor des Bergbaus, der Landwirtschaft und des öffentlichen Bildungswesens Perus begründete er bald darauf auch eine Bergbauschule in Lima – ein erneuter Versuch, die Konzepte der aufgeklärten Reformer auch in den neuen unabhängigen Nationalstaaten Lateinamerikas zu implementieren.

Im kolumbianischen Bergbau machte sich dagegen ab Mitte der 1920er-Jahre des 19. Jahrhunderts ähnlich wie auch in Mexiko der Einfluss britischer Unternehmen bemerkbar, die nach dem Ende der napoleonischen Ära mit ihrer Finanzmacht und ihren technischen Investitionen massiv auf den lateinamerikanischen Bergbausektor drängten.[41] Entsprechend der in Großbritannien geltenden Rechtsordnung propagierten diese Unternehmen dabei eher ein liberales Wirtschaftsmodell, das den Bergbau weniger als ein auf das Gemeinwohl ausgerichtetes nationales Vorhaben präsentierte, sondern vielmehr als einen primär privatwirtschaftlich organisierten Wirtschaftszweig. John Diston Powles, Finanzier der Colombian Mining Association, weitere Bergbaubetriebe

---

39 Jakob Vogel, Stony Realms. Mineral Collections as Markers of Social, Cultural and Political Spaces in the 18th and Early 19th Century, in: Historical Social Research [HSR], 40 (2015) 1, S. 301-320.

40 Zit. n. dem Bericht der in Paris erscheinenden, der Académie des Sciences nahestehenden Revue encyclopédique, Februar 1824, S. 453.

41 John Woodland, Money Pits. British Mining Companies in the Californian an Australian Gold Rushes of the 1850s, Farnham 2014, S. 16-25.

in Lateinamerika und seine Mitstreiter sahen im kolonialen Staat mit seinen Beamten eher ein Hindernis für die weitere Entwicklung des Wirtschaftssektors, die in ihren Augen in erster Linie durch direkte Investitionen sowie den Einsatz der im englischen Bergbau erprobten Dampfmaschinen erreicht werden sollte.[42] In einer jener Schriften, die Powles beim späteren Premierminister Benjamin Disraeli in Auftrag gab, um das britische Engagement im mexikanischen Bergbau zu bewerben, beschrieb dieser die spanische Bergbauverwaltung des Ancien Régime als das Instrument einer despotischen und ausbeuterischen Kolonialregierung und den Bergbau des Landes als »*the productions and operations of an unscientific people, who possessed a great inducement for labour and paid little for it*«.[43] Erst die britischen Investitionen und Ingenieure, so die Schlussfolgerung, würden dem Land wie auch Lateinamerika helfen, den natürlichen Reichtum seiner Bodenschätze wirklich zu nutzen.[44]

Unter dem massiven Druck des britischen Freihandelsimperialismus (verkörpert in der Gestalt des Außenministers George Canning) kam es tatsächlich schon ab 1825 in vielen lateinamerikanischen Staaten zu einem einschneidenden Wandel der Bergbaupolitik, da man sich rasch dem ausländischen, meist britischen Kapital öffnete und gleichzeitig die Eingriffs- und Kontrollmöglichkeiten der Beamtenschaft reduzierte. Propagiert wurden derartige Maßnahmen auch von einheimischen Politikern, wie etwa dem mexikanische Minister Lucas Alamán (1792–1853), der seit 1820 tatkräftig für ausländische Investitionen in seinem Land warb und die United Mexican Mining Association mitbegründete. Die unmittelbaren Auswirkungen dieser Entwicklung zeigten sich auch in Kolumbien, wo der ursprünglich von der Regierung an das Nationalmuseum berufene Jean-Baptiste Boussingault angesichts der politischen und wirtschaftlichen Unsicherheit im Land im Sommer 1825 den Staatsdienst quittierte, um stattdessen einen Posten in der von Powles finanzierten privaten Colombian Mining Association anzutreten.[45]

Der allgemeine Prozess der Liberalisierung im Bergbau führte allerdings nicht zu einem völligen Verschwinden der Beamten wie auch der staatlichen Ausbildung der Bergbauingenieure in Lateinamerika. Dies lag nicht zuletzt daran, dass wichtige Akteure der Liberalisierung wie Alamán selbst ehemalige Absolventen der staatlichen Bergschulen waren und diese vor einer Schließung bewahrten. Tatsächlich attestierten

---

42 Vgl. hierzu z. B. die Äußerungen in: Benjamin Disraeli, The Present State of Mexico as Detailed in a Report Presented to the General Congress by the Secretary of State for the Home Department and Foreign Affairs in the Opening of the Session in 1825, London 1825; hier: S. 14 ff.

43 Ders., An Inquiry Into the Plans, Progress, and Policy of the American Mining Companies, [1. Aufl. 1925] London 2006, S. 14.

44 Siehe auch ders., Lawyers and Legislators or Notes on the American Mining Companies, London 1825.

45 Vgl. Schreiben von Jean-Baptiste Boussingaults an Alexander von Humboldt am 8.7.1825, in: Ulrich Pässler, Thomas Schmuck (Hg.), Alexander von Humboldt. Jean Baptiste Boussingault. Briefwechsel, Berlin 2015, S. 227-232; hier: S. 230.

auch englische Spezialisten den lateinamerikanischen Institutionen wie dem Seminario de Minería in Mexiko durchaus einen hohen Standard. John Taylor, einer der einflussreichsten britischen Bergbauunternehmer seiner Zeit, urteilte beispielsweise in der Einleitung der von ihm herausgegebenen bergbaulichen Schrift – wie viele vergleichbare zeitgenössische Publikationen ist auch diese im Grunde eine Werbeschrift zur Finanzierung der britischen Bergwerksunternehmen – über den kolonialen Bergbau in Lateinamerika:

> »With the richest mines in the world, with a splendid college for instructing miners, and with a code of law that pretended to encourage them, Mexico made no advances in the science of working its mineral treasures; while England, with only metals of inferior value, without any public institution for instruction of this sort, and even without books upon this subject, has within few years raised the art of mining to a perfection heretofore unknown, and has carried it on in spite of difficulties not to be met elsewhere.«[46]

Taylors Ausführungen unterstreichen, welch zentrale Bedeutung die staatlichen Ausbildungsinstitutionen wie das mexikanische Seminario de Minería besaßen, um den Unterschied des lateinamerikanischen Bergbaus von der in Großbritannien herrschenden Wissensordnung zu markieren. Denn während in England eine derartige öffentliche Bildungsstätte in den Bergbauwissenschaften tatsächlich erst mehr als 25 Jahre später unter dem Einfluss des aus Sachsen-Coburg-Gotha stammenden »deutschen« Prinzgemahls Albert mit der Royal School of Mines (gegründet 1851) geschaffen wurde,[47] prägte das Erbe der Bourbonischen Reformen in diesem Bereich auch weiterhin die ehemaligen spanischen Kolonien. Der massive britische Einfluss hatte insofern sicherlich eine deutliche Schwächung des sogenannten »Bergstaates« in der lateinamerikanischen Bergbauwirtschaft zur Folge, er führte aber zumindest im wichtigen Bereich der bergbauwissenschaftlichen Ausbildung nicht zu einer völligen Abkehr von der bisherigen Wissensordnung und von ihren Institutionen.

3   Fazit

Die hier skizzierten engen Austauschbeziehungen und Zirkulationen, die um die Wende vom 18. zum 19. Jahrhundert unter den Bergbauspezialisten Europas und Lateinamerikas existierten, machen deutlich, wie wichtig es ist, die Entwicklungen in den Kolonien und anderen außereuropäischen Kontaktzonen noch stärker in die Betrachtung der

---

46 Taylor, Introduction, in: ders., Selections, S. I–XXVIII; hier: S. V f.
47 Patrick Linstaed, The Prince Consort, F.R.S., and the Founding of the Imperial College, in: Notes and Records of the Royal Society of London, 17 (1962) 2, S. 15-31.

Entstehung des »europäischen Staatsmodells« und seiner bürokratischen Wissensordnung einzubeziehen. Tatsächlich bildeten der spanische Staat und sein Kolonialreich bereits in der Frühen Neuzeit ein wichtiges Terrain für die Herausbildung von Praktiken der bürokratischen Informationsaufbereitung und -vermittlung, die ihrerseits ins Mutterland und von hier auf andere europäische Höfe wirkten.[48] Ähnliches gilt, wie Catarina Madeira Santos mit Blick auf die Reflexion der Verwaltungspraxis in Angola im aufgeklärten Rechtsdiskurs in Portugal im 18. Jahrhundert aufgezeigt hat, auch für die Entwicklung in anderen Regionen der Welt.[49] Derartige Austauschbeziehungen endeten zudem nicht mit der Unabhängigkeit, sondern beeinflussten vielmehr auch weiterhin die staatsorientierten Praktiken und Vorstellungswelten beiderseits des Atlantiks. Gerade die Vorstellung einer notwendigen naturwissenschaftlich-technischen Ausbildung der mit der Förderung des Bergbaus betrauten Beamten erwies sich dabei als ein besonders langlebiges Element der staatlichen Ordnung in Europa und in Lateinamerika, gründete es doch ihre Legitimation auf den Vorstellungen einer am Gemeinwohl orientierten Staatlichkeit sowie eines für die Ausbeutung der modernen Natur und Umwelt überlegenen akademischen Grundlagenwissens.

Deutlich macht das Beispiel allerdings auch, das nie ein einheitliches »europäisches Konzept« eines staatlich kontrollierten Bergbaus existierte. Vielmehr koexistierten stets unterschiedliche Vorstellungen und staatliche Praktiken.[50] Wie das Beispiel der Bergbauwissenschaften veranschaulicht, wurden derartige Konzepte auch in Europa jeweils sehr unterschiedlich interpretiert und institutionell eingebunden, da beispielsweise die Stellung des akademischen Wissens als Grundlage der bürokratischen Ordnung stets prekär und umstritten war. Bezeichnenderweise lehnte zum Beispiel Großbritannien aufgrund seiner spezifischen rechtlichen und sozialen Ordnung bis weit ins 19. Jahrhundert hinein das Modell einer akademisch gebildeten Beamtenelite im Bergbau ab und verschloss sich dem Aufbau einer staatlichen Ausbildungsinstitution für diesen Sektor. Die lateinamerikanische Praxis entsprach insofern viel früher dem auch in Kontinentaleuropa verbreiteten Modell einer staatlich organisierten, am Gemeinwohl orientierten Ausbildung in den Bergbauwissenschaften als dies in Großbritannien der Fall war. Erst die innereuropäischen Austauschprozesse führten hier zu einer gewissen Angleichung der Verhältnisse auch in Europa.

---

48 Arndt Brendecke, Imperium und Empirie. Funktionen des Wissens in der Spanischen Kolonialherrschaft. Köln u. a. 2009.

49 Catarina Madeira Santos, Administrative knowledge in a colonial context (Angola XVIIIth century), in: The British Journal for the History of Science [BJHS], 43 (2010) 4, S. 1-18.

50 Dies betraf zum Beispiel auch die Frage, inwieweit die Ausbildung in den Bergbauwissenschaften auch auf ein durch Publikationen öffentlich zugängliches Wissen zurückgreifen sollte, oder ob dieses Wissen eher Teil des »privaten« Eigenbetriebs der Verwaltung darstellte. Zu diesem Streit mit Blick auf die unterschiedliche Veröffentlichungspraxis im habsburgischen und preußischen Bergbau und Salzwesen siehe Jakob Vogel, Ein schillerndes Kristall. Eine Wissensgeschichte des Salzes zwischen Früher Neuzeit und Moderne, Köln 2008, S. 102-111.

Wie es das hier vorgestellte Beispiel zeigt, ist es daher notwendig, ein weitaus differenzierteres Bild der Entwicklungen der mit dem Auf- und Ausbau staatlicher Strukturen verbundenen Praktiken und Vorstellungswelten zu zeichnen, als dies landläufig in der klassischen weberianisch geprägten Verwaltungs- und Bürokratiegeschichte der Fall war. Jüngere Arbeiten etwa zu den inner- und außereuropäischen Zirkulationen des staatsorientierten Wissens und der administrativen Praktiken seit dem 18. Jahrhundert[51] sowie auch zum kolonialen Verwaltungsstaat Spaniens in Kuba, auf Puerto Rico oder auf den Philippinen im 19. Jahrhundert[52] haben hier vielmehr deutlich gemacht, wie komplex die historischen Prozesse der Staatsbildung (wie auch mitunter der Auflösung von Staatlichkeit in bestimmten historischen Situationen) außerhalb Europas letztlich waren. Gerade das von Max Weber übernommene Bild eines funktional gegliederten[53] modernen Staates und seiner Bürokratie ist dabei zu Recht ins Wanken geraten. Es hat einem auf die gesellschaftlichen Akteure, Strategien und Vorstellungen zur Durchsetzung von Staatlichkeit orientieren Ansatz Platz gemacht, der letztlich die komplexen Evolutionen des modernen Staates und seiner Beamtenschaft in Europa wie auch anderswo in der Welt besser verständlich machen kann als das modernisierungsgeschichtliche Paradigma der klassischen Bürokratietheorie und -geschichte.

---

51 Siehe zum Beispiel Kapil Raj, Relocating Modern Science. Circulation and the Construction of Knowledge in South Asia and Europe, 1650–1900, Basingstoke 2007. Madeira Santos, Administrative knowledge, in: BJHS 43 (2010); Schilling, Vogel (Hg.), Transnational Cultures, 2019. Laborier u. a. (Hg.), Sciences camérales, 2011.

52 Siehe zum Beispiel Jean-Philippe Luis, L'Etat dans ses colonies. Les administrateurs de l'empire espagnol au XIXe siècle, Madrid 2015; Helge Wendt, Transfer of Knowledge, the State, and Economy in the Cuban Coal Question (Nineteenth Century), in: Schilling, Vogel (Hg.), Transnational Cultures, 2019, S. 34-47; Mathieu Aguilera, »La recherche de la vérité«: recensements et statisticiens dans l'Espagne du XIXe siècle, phil Diss. Sciences Po., Paris 2020.

53 Für Lutz Raphael beispielsweise ist die funktionale Gliederung ein zentrales Kennzeichen des modernen Staates. Siehe dazu: Raphael, Recht, 2000, S. 38 f.

Martin Sabrow

IV Kommunismus als Avantgardeherrschaft

Der über siebzigjährige Bestand einer eigenständigen sozialistischen Hemisphäre in Europa und die vierzigjährige Existenz eines sozialistischen deutschen Teilstaats, an der durch Deutschland gehenden Frontlinie des Kalten Krieges, werfen immer wieder neu die Frage auf, was Gesellschaften sowjetischen Typs über die bloße Unterdrückung hinaus im Innersten zusammenhielt. Woraus bezog die kommunistische Herrschaft die Kraft, die sie neben dem liberal-demokratischen Rechtsstaat und dem nationalsozialistischen beziehungsweise faschistischen Messianismus zum dritten großen Ordnungsentwurf des kurzen 20. Jahrhunderts machte?

Jedenfalls für den Fall der DDR scheint die Antwort auf der Hand zu liegen: Der zweite deutsche Staat herrschte über seine Bürger mit der Macht einer kommunistischen Parteidiktatur, die Freiheit durch Zwang ersetzte und Widerstand nötigenfalls mit Gewalt unterdrückte. Das Rückgrat dieser Macht bildete zunächst die Rote Armee, die das Land zwischen Oder und Elbe in den ersten Monaten des Jahres 1945 erobert hatte. Die Sowjetunion, die zusammen mit ihren Alliierten in der Berliner Deklaration vom 5. Juni 1945 die oberste Regierungsgewalt in Deutschland übernommen hatte, schuf mit der Sowjetischen Militäradministration in Deutschland (SMAD) ein Machtorgan, das die Nachkriegsordnung in der Sowjetischen Besatzungszone (SBZ) bestimmte und seine Befugnisse am 10. Oktober 1949 an die Provisorische Regierung der DDR übertrug. Dass die Rote Armee auch späterhin der entscheidende Machtfaktor in der DDR blieb, wurde nicht nur am 17. Juni 1953 deutlich, als sowjetische Panzer das SED-Regime vor dem Zusammenbruch bewahrten. Mehr als 400.000 sowjetische Soldaten waren dauerhaft in der DDR stationiert, und die Moskauer Führung scheute sich nicht, bei Gelegenheit daran zu erinnern, dass ihr Wille die unabdingbare Handlungsgrundlage der SED-Führung darstellte. Der sowjetische Parteichef mahnte bei seinem Berlin-Besuch am 28. Juli 1970 Erich Honecker: »Erich, ich sage Dir offen, vergiß das nie: Die DDR kann ohne uns, ohne die SU, ihre Macht und Stärke, nicht existieren. Ohne uns gibt es keine DDR. Die Existenz der DDR entspricht unseren Interessen, den Interessen aller sozialistischen Staaten.«[1] Doch der erste sozialistische deutsche Staat war beileibe kein bloßer Satrapenstaat, sondern gebot seinerseits über eine Armee, die ihn zur stärksten Militärmacht des Warschauer Vertrags nach der UdSSR machte und auch nach innen die Macht der SED zu jeder Zeit und an jedem Ort zu sichern vermochte.

---

1 Protokoll einer Unterredung zwischen L. I. Breschnew und Erich Honecker am 28.7.1970, zit. n. Peter Przybylski, Tatort Politbüro. Die Akte Honecker, Berlin 1991, S. 281.

Dem unbeschränkten Potenzial der sozialistischen Herrschaft stand die Ohnmacht des Einzelnen gegenüber. Wehrlosigkeit gegenüber staatlichem Zwang wurde auch jenseits politischer Gegnerschaft in der DDR vielfältig erlebt: von Landwirten, die sich der Kollektivierung zu widersetzen suchten, von Handwerkern, die ihren Betrieb aufgeben mussten, von Jugendlichen, denen ein höherer Schulabschluss oder der Studienplatz verweigert wurde. Opfer staatlicher Gewalt wurden die Landesflüchtigen, die an den Grenzanlagen der DDR verbluteten, und die aus den sowjetischen Speziallagern Überstellten, denen eine eifernde Justiz in den Waldheimer Prozessen das Terrorurteil sprach. Ohnmächtig waren die Gegner des SED-Regimes, die mit Berufsverbot belegt, kriminalisiert oder außer Landes getrieben wurden; ohnmächtig waren aber auch die Zeitungsredakteure, die in der Presse der verordneten Sprachregelung nachzukommen hatten und ebenso Schriftsteller und Wissenschaftler, die die Einwilligung der Zensur zur Publikation ihrer Texte benötigten. Die Macht des Regimes trat dem Bürger der DDR in vielerlei Gestalt entgegen: als offene Repression sowie als heimliche Lenkung, unverhüllt drohend wie bürokratisch bemäntelt, aber nie eingeschränkt durch eine autonome Öffentlichkeit oder eine unabhängige Justiz. Zumindest bis zur KSZE-Akte von Helsinki 1975 erkannte das SED-Regime keine ihm übergeordneten Menschenrechte an und duldete bis zu seinem Zusammenbruch keine Verwaltungsgerichtsbarkeit, die seiner Willkür rechtsförmige Schranken hätte setzen können. Es gab im ostdeutschen Staatssozialismus vom ersten bis zum letzten Tag »keine Macht gegen die Macht«, wie der langjährige Minister für Chemische Industrie, Günther Wyschofsky, rückblickend 1993 in einem Interview sagte.[2] Wer aufbegehrte oder auch ganz ohne eigenes Zutun in die Fänge des Repressionsapparats geriet, konnte die Schrankenlosigkeit der Diktaturmacht nicht nur am eigenen Leibe, sondern womöglich aus dem Munde der Machthaber selbst erfahren. »Paulmann, Sie sind doch nicht dumm! Merken Sie sich eines: Macht geht vor Recht! Diese Maxime begleitet uns stets, ganz gleich wohin.« Diese Worte seines Vernehmungsoffiziers verfolgten den 1946 unter Spionageverdacht in das NKWD-Gefängnis Potsdam verbrachten und später wegen »antisowjetischer Einstellung« von einem sowjetischen Militärtribunal zu acht Jahren Zuchthaus verurteilten Kriminalpolizisten Herbert Paulmann durch sein Leben in der DDR.[3]

Für einen nicht geringen Teil der diktaturunterworfenen Bevölkerung blieb die sozialistische Staatenwelt von Anfang bis Ende ein vom Ural bis zur Elbe reichendes Gefängnis, das seine Bürger, wie Joachim Gauck es einst formulierte, als »Staatsinsassen« hielt. Den Millionen und Abermillionen aber, die sich erst im revolutionären Russland

---

2   Günther Wyschofsky, Es gab keine Macht gegen die Macht, in: Theo Pirker u. a., Der Plan als Befehl und Fiktion – Wirtschaftsführung in der DDR. Gespräche und Analysen, Opladen 1995, S. 189-211; hier: S. 198.

3   Gabriele Schnell, Das »Lindenhotel«. Berichte aus dem Potsdamer Geheimdienstgefängnis, Berlin 2005, S. 24.

und in den Linksparteien ihrer Heimatländer, dann im antifaschistischen Widerstand und später in den Moskauer Satellitenstaaten als hohe Parteifunktionäre oder als bloße Parteimitglieder, als überzeugte Repräsentanten oder als kritische Weggefährten in den Dienst der kommunistischen Sache stellten, galt das Projekt Sozialismus sehr viel mehr. Es bedeutete jenseits allen Zwangs das mitreißende Konzept einer besseren Welt; es verkörperte den schützenden Wohlfahrtsstaat oder zumindest das nüchtern kalkulierbare Gegenüber eigener Aushandlungsstrategien; es bildete die nicht zu hinterfragende Lebensgrundlage, mit der es sich zu arrangieren galt, und für viele stellte es die eigene, die sozialistische Heimat dar, deren Untergang nach 1990 als bleibender Verlust und enteignende »Übernahme«[4] erfahren wurde.

Mit der Unterscheidung zwischen Macht und Herrschaft brach sich in Max Webers Herrschaftssoziologie die Betrachtung Bahn, die Regierungshandeln nicht als bloße Willensdurchsetzung eines Machthabers, sondern als soziale Beziehung von Herrschern und Beherrschten zu fassen vermochte. Während die »soziologisch amorphe« Kategorie Macht als Vermögen, »innerhalb einer sozialen Beziehung den eigenen Willen auch gegen Widerstreben durchzusetzen« auf die bloße Zwinggewalt eines Stärkeren reduziert sein kann, bezeichnet Herrschaft im Sinne Webers die Chance, »für einen Befehl bestimmten Inhalts bei angebbaren Personen Gehorsam zu finden«.[5] Als historische Entwicklungsformen dieser Beziehung unterscheidet Webers Herrschaftstypologie die traditionale, auf dem überlieferten Herkommen beruhende Herrschaft von der legalen, also auf Gesetzlichkeit und rechtsförmige Verwaltung gründenden Form der Machtausübung und beide von der außeralltäglichen Herrschaft eines mit charismatischen Eigenschaften versehenen Führers. Keine dieser drei reinen Typen legitimer Herrschaft im Sinne Webers, werden dem Typus kommunistischer Herrschaft gerecht, die sich dezidiert weder auf bürokratische Legalität noch auf traditionales Herkommen stützte, aber auch nicht auf der personalen Autorität einer »mit übernatürlichen oder übermenschlichen oder mindestens spezifisch außeralltäglichen, nicht jedem zugänglichen Kräften oder Eigenschaften« ausgestatteten Führergestalt beruhte.[6]

Wohl aber verfügte sie in einem zuvor unerhörten Maße über die Macht des Charismas. Im April 1923 von Willi Münzenberg nach Moskau geschickt, begegnete dem vom konservativen Bürgersohn zum begeisterten Kommunisten gewandelten Axel Eggebrecht dieser Kraft, als er sich nach einer Parade auf dem Roten Platz von den abziehenden Massen mittreiben ließ und in einer Moskauer Seitenstraße unverhofft Trotzki begegnete:

---

4   Ilko-Sascha Kowalczuk, Die Übernahme. Wie Ostdeutschland Teil der Bundesrepublik wurde, München 2019.
5   Max Weber, Wirtschaft und Gesellschaft. Grundriss der verstehenden Soziologie [1. Aufl. 1922], Tübingen 1976, S. 28.
6   Ebd., S. 140.

»Und plötzlich stand er über uns im Wagen, Bart, Kneifer, hohe Stirn unter der Uniformmütze. […] Dann sprach er. Wenige Sätze nur. […] Ihm gelang, was seit Platons Staatsentwürfen Utopie geblieben war: Der Geist ergriff die Macht, die reale, militärische Macht. Um der Idee willen, die er retten wollte. […] Noch jetzt, da ich nach Jahrzehnten die elementare Kraft dieser Stimme zu schildern versuche, dringt sie unwiderstehlich in mein Ohr. […] Es war die metallene Stimme der Revolution.«[7]

Die elementare Kraft, die Eggebrecht noch 50 Jahre später so tief beeindruckte, war die Macht einer revolutionären Bewegung, die sich durch nichts und niemanden beirren ließ. Mit der russischen Oktoberrevolution trat ein neuer Herrschaftstypus in die Gegenwart, der sich für berechtigt hielt, Zwang im Interesse der Freiheit auszuüben, das Recht mithilfe des Unrechts durchzusetzen und Gewalt zu gebrauchen, um die Gewalt zu besiegen. Diese Form politischer Machtbegründung, die dem traditionalen wie dem legalen, aber auch dem charismatischen Typus legitimer Herrschaft gleich weit entfernt steht, konnte Max Webers vor dem Ersten Weltkrieg entwickelte Herrschaftssoziologie noch nicht erfassen. Ihr scharfblickender Begründer umkreiste im Sommer 1918 das Auftauchen eines besonderen bolschewistischen Herrschaftstypus in Russland zwar mit wachem Auge, aber zugleich in der Verwunderung, dass dieses ephemere Phänomen sich überhaupt so lange habe halten können:

»Das große Experiment ist jetzt: Rußland. Die Schwierigkeit ist die, daß wir heute nicht über die Grenze dort hineinsehen können, um zu erfahren, wie sich darin die Leitung der Produktion in Wirklichkeit vollzieht. […] Aber auf die Dauer läßt sich in dieser Art eine Staatsmaschinerie und Wirtschaft nicht leiten und sehr ermutigend ist das Experiment bisher nicht. […] Das Erstaunliche ist lediglich, daß diese Organisation überhaupt so lange funktioniert.«[8]

Weber stützte seine Prognose, dass es zu einem raschen Niedergang des revolutionären Experiments in Russland kommen werde, vor allem auf wirtschaftspolitische Erwägungen;[9] die im Gegenteil schon bald weltumspannende Mobilisierungsmacht einer

---

7   Axel Eggebrecht, Der halbe Weg. Zwischenbilanz einer Epoche, Reinbek 1981, S. 171.
8   Max Weber, Der Sozialismus. Rede zur allgemeinen Orientierung von österreichischen Offizieren in Wien 1918, in: Marianne Weber (Hg.), Gesammelte Aufsätze zur Soziologie und Sozialpolitik [1. Aufl. 1924], Tübingen 1988, S. 492-518; hier: S. 514. Vgl. auch Gerd Koenen, Was war der Kommunismus?, Göttingen 2010, S. 25.
9   »Nach dem, was man hört, verläuft die Sache so, daß die Bolschewiki-Regierung, die ja bekanntlich aus Intellektuellen besteht, die zum Teil hier in Wien und in Deutschland studiert haben, unter denen sich überhaupt nur wenige Russen befinden, jetzt dazu übergegangen ist, innerhalb derjenigen Fabriken, die überhaupt funktionieren – nach sozialdemokratischen Nachrichten 10 Prozent der Friedensproduktion – das Akkordlohnsystem wieder einzuführen, mit der Begründung: sonst leide die Leistung. Sie lassen die Unternehmer an der Spitze der Betriebe – weil sie allein die Sachkunde besitzen – und zahlen ihnen sehr erhebliche Subventionen.« Weber, Der Sozialismus, S. 514.

besonderen sozialen Ordnung, die den Kommunismus im Weiteren auf ganz andere Weise als den faschistischen Herrschaftstypus zum Kataklysmus des 20. Jahrhunderts machte, musste ihm, der 1920 der Spanischen Grippe erlag, noch verschlossen bleiben.[10]

Die eigentümliche Bindungskraft sozialistischer Herrschaft beschäftigt die Wissenschaft bis heute. »Aus welchem Grund«, fragte Gerd Koenen in seiner monumentalen Studie zur Geschichte des Kommunismus erst jüngst wieder,

> »waren die Führer des Kommunistischen Parteien an der Macht derart bestrebt, sich die Aura von Großtheoretikern zuzulegen [...]? Welchen Sinn konnte es haben, jedes konkrete Problem und jeden beliebigen Text auf hoher Regierungs- oder niederer Verwaltungsebene mit katechetischen Zitaten und Floskeln zu garnieren [...]? Woher rührte die erstaunliche Bereitschaft von Intellektuellen und Künstlern, diese geschwollenen Selbstberufungen und hypertrophen Welterklärungen hartnäckig zu verteidigen oder panegyrisch auszumalen, während der Augenschein des Alltags oder die ruchbar gewordenen Untaten längst schon von etwas ganz anderem kündeten?«[11]

Die Gewissheit, dass die Wahrheit der Weltanschauung höher stehe als die Wahrnehmung der Wirklichkeit, und die Autorität, die vor Eggebrechts Augen Geist in Macht zu verwandeln vermochte, gründete auf der Denkfigur der politischen Avantgarde. Die Avantgarde handelt *per definitionem* in einem Auftrag, der ihr nicht erteilt wurde. Sie bezieht ihre Legitimation von einer unterdrückten sozialen Gruppe, die nicht selbst aktiv werden kann, weil sie eben unterdrückt ist. Das Mandat, das die Avantgarde innehat, ist weder imperativ noch repräsentativ, sondern historisch, und der Wille, der sie lenkt, geht auf unwissende Auftraggeber zurück. Die geschichtliche Genealogie dieser politischen Selbstermächtigung ist weit verzweigt. »Keine Freiheit für die Feinde der

---

10 »Das wird kein Gericht, keine Abrechnung sein, sondern Kataklysmus«, urteilte der russische Publizist Aleksandr Gercen über das Ende des bürgerlichen Zeitalters schon in der Mitte des 19. Jahrhunderts: »Sehen Sie denn nicht die neuen Christen, die im Begriff sind zu bauen, die neuen Barbaren, die im Begriff sind zu zerstören? – Sie sind bereit, sie rühren schwer wie Lava unter der Erde, im Schoß der Berge. Wenn ihre Stunde schlägt, werden Herculaneum und Pompeji verschwinden, das Gute und das Böse, der Gerechte, der Unschuldige und der Schuldige werden zusammen untergehen. [...] Diese Lava, diese Barbaren, diese Nazaräer, die im Begriff sind, mit dem gebrechlichen Altersschwachen und Ohnmächtigen Schluß zu machen und dem Frischen und Neuen den Weg zu ebnen, sind näher, als Sie meinen.« Zit. n. Assen Ignatow, Vorahnungen des Totalitarismus. Zukunftsvisionen russischer Denker und Schriftsteller des 19. und 20. Jahrhunderts, in: Forum für westeuropäische Ideen- und Zeitgeschichte, 4 (2000) 2, S. 11-40; hier: S. 13 f.

11 Gerd Koenen, Die Farbe Rot. Ursprünge und Geschichte des Kommunismus, München 2017, S. 39 f. Und weiter: »Wie erklärt sich die bloße Existenz so vieler kommunistischer ›Parteien neuen Typs‹ und von ihnen instrumentierter Massenbewegungen in so vielen, ganz unterschiedlichen Gesellschaften und Kulturen; [...] wie andererseits ihre enorme intellektuelle und künstlerische Attraktion und ihre erstaunliche Fähigkeit, durch alle noch so gravierenden Spaltungen, Enttäuschungen und Kurswechsel hindurch Gefolgschaften zusammenzuschweißen und Mentalitäten zu prägen – und das sogar über ihre historische Lebenszeit hinaus?« Ebd., S. 42.

Freiheit«, lautet der Saint-Just zugeschriebene Satz, der die Selbstlegitimation im Namen eines übergeordneten Prinzips in reinster Form formuliert hat, und Robespierre rechtfertigte aus ihm noch das schroffste Auseinandertreten von Mittel und Zweck, das die Emanzipation des Dritten Standes in die Unterdrückung der Gesellschaft überführte: »Terror ist nichts anderes als Gerechtigkeit, sofortige, unnachsichtige und unbeugsame Gerechtigkeit; er stellt daher eine Ausdrucksform der Tugend dar; er ist weniger ein besonderes Prinzip als die Folge des allgemeinen Prinzips der Demokratie, angewandt auf die dringendsten Bedürfnisse des Vaterlandes.«[12]

100 Jahre später, am Übergang vom 19. zum 20. Jahrhundert, schien abermals eine revolutionäre Situation heranzureifen, wenngleich als revolutionäres Subjekt nun nicht mehr das Bürgertum aufzurütteln war, sondern die von ihm unterdrückte Arbeiterklasse. Die theoretische Begründung für das Selbstverständnis der kommunistischen Avantgarde lieferte Lenin 1902 in seiner Schrift *Was tun?*, die eine sozialistische Organisationstheorie unter den besonderen Bedingungen Russlands als einer autokratisch beherrschten Gesellschaft ohne starkes Bürgertum und breites Proletariat entfaltet. Unter Berufung auf die von Karl Kautsky vorgetragene Auffassung, dass das sozialistische Bewusstsein des Proletariats nicht urwüchsig aus dem Klassenkampf entstehe, sondern erst von außen hineingetragen werden müsse, entwickelte Lenin das Konzept einer Avantgardepartei, die in der Lage wäre, die Arbeiterbewegung von ihrer reformistischen Haltung abzubringen und unter die Fittiche der revolutionären Sozialdemokratie zu bringen. Macht versus Legitimität revolutionären Handelns gegeneinander abzuwägen, fiel Lenin 1902 in der Theorie ebenso leicht wie später in der Praxis:

> »Das einzige ernste Organisationsprinzip muß für die Funktionäre unserer Bewegung sein: strengste Konspiration, strengste Auslese der Mitglieder, Heranbildung von Berufsrevolutionären. Sind diese Eigenschaften gegeben, so ist noch etwas Größeres gesichert als der ›Demokratismus‹, nämlich das volle kameradschaftliche Vertrauen der Revolutionäre zueinander. Und dieses Größere ist für uns unbedingt notwendig, denn bei uns in Rußland kann gar keine Rede davon sein, es durch eine allgemeine demokratische Kontrolle zu ersetzen.«[13]

Damit war ein neuartiges Modell politischen Handelns beschrieben, das auf revolutionäre Bewegungen ebenso wie auf bereits etablierte sozialistische Staaten anwendbar war und in der Auseinandersetzung mit seinen liberaldemokratischen und faschisti-

---

12 »La terreur n'est autre chose que la justice prompte, sévère, inflexible; elle est donc une émanation de la vertu; elle est moins un principe particulier, qu'une conséquence du principe général de la démocratie, appliqué aux plus pressants besoins de la patrie.« Maximilien Robespierre »Über die Prinzipien der politischen Moral. Rede am 5. Februar 1794 vor dem Konvent.«, Hamburg 2000. S. 16.

13 Wladimir I. Lenin, Was tun? Brennende Fragen unserer Bewegung [= Ausgewählte Werke, Bd. 1] Berlin 1979, S. 139-314; hier: S. 267.

schen Gegenspielern das Gesicht des 20. Jahrhunderts prägen sollte. Das von Lenin entwickelte Selbstverständnis der revolutionären Avantgarde entfaltete sich im kurzen 20. Jahrhundert zwischen 1917 und 1990 zunächst allein in der sowjetischen Hemisphäre, um sich später in verschiedenen Ausprägungen von China bis Albanien weiter zu differenzieren. In der Schaffung einer Partei neuen Typs erreichte die Diktatur im Namen einer Klasse die institutionelle Form, die sich in der Sowjetunion sowie in ihren ostmitteleuropäischen Satellitenstaaten rasch zur Autokratie der die sozialistische Staatenwelt zentralistisch lenkenden Politbüros und ihrer Generalsekretäre fortbilden sollte.

Die schrankenlose, durch keine formalen Regeln eingehegte Macht der beiden großen Diktatursysteme des 20. Jahrhunderts hat eine furchtbare Schneise der Verwüstung durch die Geschichte der Menschheit geschlagen. Wir wissen, welche Terrorherrschaft aus der Selbstermächtigung einer revolutionären Avantgarde folgte, die es mit Lenin für einen großen Fehler hielt,

>»wollte man glauben, daß die Unmöglichkeit einer wirklich >demokratischen< Kontrolle die Mitglieder der revolutionären Organisation unkontrollierbar macht: sie haben keine Zeit, an spielerische Formen des Demokratismus zu denken [...], aber ihre *Verantwortlichkeit* empfinden sie sehr lebhaft, und zudem wissen sie – aus Erfahrung, daß eine aus wirklichen Revolutionären bestehende Organisation vor keinem Mittel zurückschrecken wird, wenn es gilt, sich von einem untauglichen Mitglied zu befreien.«[14]

Während aber der faschistische Herrschaftstypus die unbeschränkte Alleinherrschaft eines befähigten Einzelnen ausdrücklich bejahte und in seinem Führerkult verherrlichte, bezog die kommunistische Avantgardeherrschaft ihre stärkste Kraft daraus, dass sie sich gerade nicht als das verstand, was sie in Wirklichkeit war: eine personengebundene Cliquenwirtschaft ohne institutionalisierte Nachfolgeregelung, die auf ihre Infragestellung durch Teile der Gesellschaft regelmäßig mit deren Unterdrückung bis hin zum offenen Terror antwortete.

Was aber ließ die sozialistische Avantgarde an ihr Recht auf Selbstermächtigung glauben, woraus schöpfte sie ihre Legitimation? Es war diese Frage, die den Geisteswissenschaftler und späteren Dissidenten Lew Kopelew im autobiografischen Rückblick nachzeichnen ließ, was ihn in der Jugend zu einem mitleidlosen Stalinisten hatte werden lassen, den selbst Leiden und Sterben von Hunderttausenden verhungernder Bauern in der Sowjetunion nicht an seinem Glauben an die Sache des Sozialismus irremachte: »Mein Zweifel, nagendes Gewissen, Mitleid und Scham wurden von rationalistischem

---

14 Ebd.

Fanatismus unterdrückt.«[15] Im »chaotischen Kampf um Brot«[16] in der Ukraine, an dem Kopelew in den frühen 1930er-Jahren teilnahm, klammerte Kopelew sich an den für die Repressalien maßgeblich verantwortlichen Sekretär des Gebietskomitees von Charkow Pawel Petrowitsch Postyschew, der ihm aller entsetzlichen Umstände und aller Verlogenheit der parteiamtlichen Verlautbarungen zum Trotz »zum Helden, zum Führer, zum Muster eines echten Bolschewiken«[17] wurde. Postyschews Macht über Kopelews Haltung aber beruhte nicht auf der eigenen Außeralltäglichkeit, sondern auf seiner besonderen Übereinstimmung mit den Prinzipien der Avantgardeherrschaft:

> »Er sprach und schrieb so, daß ›die große Wahrheit‹ des Sozialismus, des Fünfjahr-
> plans, der bolschewistischen Parteilichkeit sich den vielen zuvor unterdrückten
> ›kleinen Wahrheiten‹ – nur ländlichen, nur persönlichen, nur die Lebensumstände
> betreffenden Wahrheiten – annäherte, manchmal sogar mit ihnen übereinstimmte.
> Dieser neue, Postyschewsche Stil ermutigte und stärkte uns, verlieh uns neue
> Hoffnungen. Zwar war er einzige, der so schrieb, aber immerhin vertrat er ja die
> Partei. […] Postyschow besuchte oft Fabriken und Dörfer, nahm an Versammlun-
> gen, Besprechungen und Konferenzen teil. Überall benahm er sich ungekünstelt
> einfach […]. In Charkow berief er eine Versammlung der Hausverwalter, Gärtner,
> Hausknechte und Verkäufer ein und sprach über Dinge, über die bisher niemand ein
> Wort verloren hatte: daß nämlich das tägliche Leben verbessert werden müsse.«[18]

In diesen Worten werden die Ideale einer kommunistischen Avantgardeherrschaft und ihre »charismatische Verklärung der Vernunft«[19] greifbar, die den kommunistischen Ordnungsentwurf seine mobilisierende Kraft gab. Auf drei Säulen ruhte die Macht des Kommunismus in herrschaftstypologischer Perspektive: erstens auf der unumstößlichen Gewissheit, auf dem richtigen Weg zu sein; zweitens auf der vermeintlich engen Verbundenheit mit den von ihnen geführten Massen und drittens schließlich auf der Entsagung und Selbstopfer einschließenden Bewährung der Kader gegenüber der ihnen Vertrauen schenkenden Partei.

---

15 Lew Kopelew, Und schuf mir einen Götzen. Lehrjahre eines Kommunisten, Göttingen 1996,
    S. 304.
16 Ebd., S. 360.
17 Ebd., S. 362.
18 Ebd., S. 361 f.
19 Weber, Wirtschaft und Gesellschaft, S. 726. Vgl. auch Gleb J. Albert, Das Charisma der Weltrevo-
    lution. Revolutionärer Internationalismus in der frühen Sowjetgesellschaft 1927, Köln/Weimar/
    Wien 2017, S. 57 ff.

1   Das Wissen um die Wahrheit

»Die Lehre von Karl Marx ist allmächtig, weil sie wahr ist.«[20] Lenins Diktum von 1913 fasst in einem Satz zusammen, was eine der mächtigsten Triebfedern der sozialistischen Bewegung darstellte: der Glaube, dass sie wissenschaftlich begründet sei. Bis heute kompensieren kommunistische Splittergruppen ihre politische Marginalität durch wissenschaftliche Rhetorik und argumentieren in ihren Sektenstreiten gleichermaßen gern mit der wissenschaftlich belegbaren Richtigkeit ihrer Anschauungen und Strategien, deren Gegner somit als Leugner erwiesener Wahrheiten erscheinen.[21] Ausgehend von Friedrich Engels' Schrift über die Verwandlung des Sozialismus von einer Utopie in eine Wissenschaft entwickelte die kommunistische Denkwelt unter dem Gesamttitel des Marxismus-Leninismus ein ideologisches Lehrgebäude, das die kategoriale Unterscheidung von Sein und Sollen, Erkenntnis und Handeln aufhob. In diesem Verständnis besteht der Kern des Politischen nicht im Sinne Carl Schmitts in der Unterscheidung zwischen Freund und Feind oder in einem allgemeineren Verständnis in der Entscheidung zwischen unterschiedlichen Möglichkeiten, sondern in der Verwirklichung oder Verhinderung des Richtigen, das zu bestimmen durch die »Entdeckung der objektiven Gesetzmäßigkeit der gesellschaftlichen Entwicklung« möglich geworden war. Mit dieser Entdeckung, so wurde in der DDR wieder und wieder verkündet, »entstand zum erstenmal in der Geschichte die Möglichkeit, eine exakte und umfassende Wissenschaft von der Gesellschaft auszuarbeiten, die es gestattet, die Welt nicht nur richtig zu erklären, sondern sie im Interesse der Arbeiterklasse

---

20 Wladimir I. Lenin, Drei Quellen und drei Bestandteile des Marxismus [= Ausgewählte Werke, Bd. 19], Berlin 1977, S. 3.

21 Vgl. als beliebiges Beispiel: »Der wissenschaftliche Kommunismus unterscheidet sich grundsätzlich von allen anderen Sozialismusauffassungen der Vergangenheit und Gegenwart durch seine unlösbare Verbindung mit der Philosophie und der politischen Ökonomie des Marxismus-Leninismus, durch seine Wissenschaftlichkeit und Objektivität, mit der er die gesellschaftlichen Entwicklungsprozesse widerspiegelt [...]. Er ist der theoretische Ausdruck der Interessen und Ziele der Arbeiterklasse, die mit den Erfordernissen des gesellschaftlichen Fortschritts, mit den Interessen aller Werktätigen in Übereinstimmung stehen. [...] Es gibt keinen anderen Weg! [...] Die Gegner der Arbeiterklasse versuchen deshalb immer wieder, den wissenschaftlichen Kommunismus von den anderen Bestandteilen zu trennen, um damit die Entwicklung des Sozialismus von der Utopie zur Wissenschaft rückgängig zu machen und die bürgerliche Ideologie in die Arbeiterbewegung zu tragen. Sie bemühen sich, den Klassencharakter und die untrennbare Verbindung des wissenschaftlichen Kommunismus mit der revolutionären Arbeiterbewegung und besonders mit der bisher erreichten höchsten Stufe der Verwirklichung der historischen Mission der Arbeiterklasse, dem sozialistischen Weltsystem, zu leugnen. Aber nur die Aneignung und Anwendung der marxistisch-leninistischen Theorie in der Einheit aller ihrer Bestandteile, als Weltanschauung der Arbeiterklasse, ermöglicht ein wissenschaftliches Bild von der Gesellschaft und die schöpferische Lösung der Aufgaben des sozialistischen und kommunistischen Aufbaus.« Warum ist der Kommunismus eine Wissenschaft?, 2016, in: <https://sascha313.wordpress.com/2016/12/30/warum-ist-der-kommunismus-eine-wissenschaft/> (20.4.2020).

und aller anderen Werktätigen zu verändern.«[22] Machtfragen wurden auf diese Weise im Verständnis Ulbrichts und seiner Genossen zu Erkenntnisproblemen und die revolutionäre Durchsetzung der eigenen Ziele zur wissenschaftlichen Schlussfolgerung. Folgerichtig liebte die Propagandasprache der sozialistischen Welt es über Jahrzehnte hinweg, politische Verlautbarungen als Thesen in den Rang einer wissenschaftlichen Erörterung zu heben, und glaubte Ulbricht ernsthaft, seine Reformpolitik zu legitimieren, indem er sie als »Grundsätze der wissenschaftlichen Führungstätigkeit der Partei« auf der zweiten ZK-Tagung im Juli 1967 beschließen ließ.[23]

War das nur verhüllende Phrase? Für die meisten Opfer kommunistischer Unterdrückung gewiss und sicherlich auch für viele, die dem sozialistischen Gesellschaftsentwurf gleichgültig oder ablehnend gegenüberstanden. Aber für dessen Protagonisten lag im Glauben an die wissenschaftlich erhärtete Wahrheit ihres Einsatzes für die kommunistische Sache eine entscheidende Ressource ihrer Unbeirrbarkeit und ihrer Siegesgewissheit. Nicht auf blinde Folgsamkeit war der sozialistische Ordnungsentwurf des 20. Jahrhunderts ausgerichtet, sondern auf gesicherte Erkenntnis; nicht bloße Unterwerfung verlangte er, sondern nachvollziehbare Einsicht. Politische Disziplinierungen erfolgten in der Welt des Sozialismus unter der Flagge von »Diskussionen« und »Auseinandersetzungen« und sie verlangten in ihren habituell als Kritik und Selbstkritik institutionalisierten Verfahren die glaubwürdige Absage des Delinquenten an seinen Irrtum.

Wahrheit und Wissen waren im Sozialismus öffentlich. Zu keiner Zeit verhängten kommunistische Parteien Aufnahmesperren, sondern suchten ihre Mitgliedschaft stattdessen, durch Kampagnen zum »Umtausch der Mitgliedsbücher« (in der DDR 1951, 1960, 19780 und zuletzt 1989), zu disziplinieren; immer wollten sie Kaderschmiede und Massenorganisation zugleich sein und öffneten ihre Lehreinrichtungen und Qualifikationswege jedem, der sich glaubwürdig zu ihren Zielen bekannte. Die kommunistische Avantgardeherrschaft kannte keine Schranken in ihrer Ideologiewirtschaft; freigiebig teilte sie ihr überlegenes Wissen mit und suchte sie die Mitglieder der Gesellschaft mit allen medialen Mitteln von der Richtigkeit ihrer Anschauungen zu überzeugen.

Und bis zur zögernden Absage an die weltrevolutionäre Utopie und die resignierende Anerkennung eines real-existierenden Sozialismus verstand die Partei sich entschieden und emphatisch als pädagogische Anstalt zur Erziehung der Werktätigen,

---

22 Die Lehre von Marx ist allmächtig, weil sie wahr ist, in: Neues Deutschland [ND], 18.4.1968. Analoge Formulierungen finden sich in einschlägigen gesellschaftswissenschaftlichen Grundlagentexten in immer neuer Wiederholung: »Der w[issenschaftliche] K[ommunismus], der sich auf die ökonomische und die philosophische Theorie des Marxismus-Leninismus stützt und deren logische Fortsetzung und Vollendung darstellt, ist gemeinsam mit den anderen Bestandteilen des Marxismus-Leninismus die theoretische Grundlage der Politik der kommunistischen und Arbeiterparteien«, in: Wörterbuch der marxistisch-leninistischen Soziologie, Berlin 1977, S. 356.

23 Sabine Pannen, Wo ein Genosse ist, da ist die Partei! Der innere Zerfall der SED-Parteibasis 1979–1989, Berlin 2018, S. 127 ff.

wie etwa Ulbricht am Ende der Entstalinisierungskrise im Februar 1957 vor dem Zentralkomitee ausführte:

>Lenin forderte immer, von den Mitgliedern der Partei die Fähigkeit, nicht nur die eigene Partei, sondern auch die breiten werktätigen Massen zu lenken. [...] Lenin sagte über das Verhältnis zu den kleinbürgerlichen Schichten, diese aber kann man nicht davonjagen, man kann sie nicht unterdrücken, mit ihnen muß man zurechtkommen, sie kann (und muß) man nur durch eine sehr langwierige, langsame, vorsichtige organisatorische Arbeit ummodeln und umerziehen.«[24]

2   Die Berufung durch die Partei

Welche Instanz aber konnte diese Wahrheit verbürgen? Dies konnte einzig und allein die marxistisch-leninistische Partei, die im Selbstverständnis der Avantgardeherrschaft als Hüterin der Wahrheit und »Inkarnation der Massen«[25] deren Mandat an die Kader weitergab. Sie war es, die den Einzelnen lenkte und seine Aufgabe bestimmte, die Vertrauen schenkte und durch Bewährung prüfte, die Aufträge erteilte und deren Erfüllung feststellte. Ihre Autorität war unantastbar, und allein die bedingungslose Unterordnung unter sie eröffnete dem Parteimitglied die Aufnahme in die Avantgarde. »Ich war zu unbedingter Bescheidenheit gegenüber der kollektiven Weisheit der Partei erzogen«, schrieb Robert Havemann in seiner rückblickenden Betrachtung, zu der Frage, warum er Stalinist war. »Für mich galt: Die Partei hat immer recht.«[26] Das Charisma der Partei überwölbte das gemeinsame Interesse, die eigenständige Überzeugung der Parteimitglieder und schuf den alle persönlichen Interessen und Vorstellungen übersteigenden Verpflichtungswert als Treue des Einzelnen zur Partei. »Damals war ich der Meinung«, so wieder Havemann, »daß man einen guten Genossen daran erkennen kann, wie schnell er neue weise Einsichten der Partei verstehen und öffentlich für sie eintreten kann.«[27]

In der politischen Kultur des Kommunismus war die Partei die sakrosankte und mit anthropomorphen Zügen ausgestattete Überperson, die unbedingte Treue verlangte und Schutz spendete. Über zwanzig Jahre lang (1954–1976) kannte das SED-Statut gar

---

24 Grundfragen der Politik der SED. Referat des Ersten Sekretärs des ZK der SED, Genossen Walter Ulbricht, auf der 30. Tagung des Zentralkomitees, in: ND, 3.2.1957.

25 Benno Ennker, Politische Herrschaft und Stalinkult. »Führer und Volk« im Stalinismus. Eine Interpretation, in: Stefan Plaggenborg (Hg.), Stalinismus. Neue Forschungen und Konzepte, Berlin 1998, S. 151-182; hier: S. 155.

26 Robert Havemann, Ja, ich hatte unrecht. Warum ich Stalinist war und Antistalinist wurde, in: ders., Dieter Hoffmann, Hubert Laitko (Hg.), Warum ich Stalinist war und Antistalinist wurde. Texte eines Unbequemen, Berlin 1990, S. 192-197; hier: S. 192.

27 Ebd., S. 194.

kein Recht zum Parteiaustritt, und selbst als sie es 1974 wiedereinführten, behielten die Parteigremien sich die Entscheidung vor, ob sie eine entsprechende Bitte gewährten oder verweigerten. Als die Potsdamer Schriftstellerin Sigrid Grabner 1988 ihren Parteiaustritt erklärte, erhielt sie ihre Erklärung von der Parteileitung des Potsdamer Schriftstellerverbandes mit der Bemerkung zurückgesandt: »Wir können und wollen nicht auf dich verzichten.«[28]

Das Charisma des Kommunismus haftete stärker an der Partei als an der Person, so stark die auratische Ausstrahlung von kommunistischen Parteiführern von Lenin bis Mao und Ho Chi Minh auch sein mochte. Aber spätestens im Übergang von einem Machthaber zum nächsten zeigte sich die Überlegenheit der Organisation über ihre Repräsentanten, die die kommunistische Herrschaft so tief greifend von der faschistischen und nationalsozialistischen unterschied. »Im Begriff bolschewistischer Parteilichkeit«, schrieb Lew Kopelew,

> »lag etwas Mystisches, das sich konkreten Vorstellungen entzog, etwas Allumfassendes, Universales. [...] Hauptvoraussetzung der Parteilichkeit war eiserne Disziplin; Ende der dreißiger Jahre entstand ein merkwürdiger Kult mit den Parteiausweisen; die Registratursektionen aller Parteiinstanzen wurden zum Allerheiligsten. Das Parteibuch zu verlieren kam einer Todsünde gleich. Das alles kam mir durchaus vernünftig und notwendig vor.«[29]

Mit dem Wandel von der Erziehungs- zur Fürsorgediktatur in den 1960er- und 1970er-Jahren trat die charismatische Aufladung der Partei allmählich in den Hintergrund, auch wenn der Parteikult als Ritual bis in die finale Krise der kommunistischen Hemisphäre hinein seinen Platz behauptete. Noch im Zerfall der SED-Diktatur zeigte sich, in welch starkem Maße auch dieses Regime das Erwachen aus dem Traum einer außeralltäglichen, aber eben überpersonal legitimierten Herrschaft kannte, wie das fassungslose Erwachen von Delegierten auf der ZK-Tagung vom 8. und 9. November 1989 offenbart:

> »Wir sind belogen worden, die ganze Zeit über. Ich habe keine Schuld daran. [...] Ich bin erschüttert über das, was ich hier gehört habe. In mir ist alles zerbrochen. Mein Leben ist zerstört. Ich habe geglaubt an die Partei, so bin ich mit der Muttermilch erzogen worden. Ich habe an die Genossen geglaubt!«[30]

---

28 Tagebucheintrag Sigrid Grabner, 23.4.1988, zit. n. Pannen, Wo ein Genosse ist, 1979, S. 118.
29 Lew Kopelew, Aufbewahren für alle Zeit!, Hamburg 1976, S. 64 f.
30 Äußerung des Generalintendanten der Städtischen Theater Leipzig, Karl Kayser, in: Hans-Hermann Hertle, Gerd-Rüdiger Stephan (Hg.), Das Ende der SED. Die letzten Tage des Zentralkomitees, Berlin 1997, S. 422.

Mit der Aufnahme in die Nomenklatur erwarb der nachrückende Junggenosse Anteil an den beiden wichtigsten Steuerungsinstrumenten, mit denen die kommunistische Avantgarde ihre Macht nach innen wie nach außen ausübte: Geheimnis und Gewalt.[31] Avantgardistische Selbstermächtigung bedeutete Gewaltermächtigung. Bis in das kriegerische Vokabular seiner Sprache hinein offenbart der kommunistische Ordnungsentwurf eine suggestive Gewaltorientierung, die in der Ästhetisierung des rücksichtslosen Klassenkampfes und seines Feindbilddenkens ebenso zum Ausdruck kommt wie in den »Kampf«-Demonstrationen mit erhobener Faust marschierender Massen und in der charakteristischen Liebe zur radikalen Lösung unter rücksichtsloser Brechung aller Widerstände, die den Politikstil sozialistischer Regime kennzeichnet.

Sozialistische Gesellschaften schufen zugleich eine Arkanwelt, in der Wissen propagiert und zugleich in feinen Abstufungen gewährt wurde. Geheimwissen sammelte die Geheimpolizei und reichte es in abgestuftem Ausmaß an die Machtelite weiter. Ein verästeltes Berechtigungswesen regelte den Zugang zu internem und externem Wissen in allen Belangen des gesellschaftlichen Lebens. Genossen erhielten gegenüber einfachen Bürgern privilegierten Informationszugang; Funktionäre erfuhren, was einfachen Parteiaktivisten vorenthalten wurde, und noch im Politbüro regierte ein abgestufter Informationszugang, über den der Erste Sekretär und vielleicht noch der Verantwortliche für die Staatssicherheit wachten.

Was die Partei ihren Kadern an Vertrauen schenkte, verlangte sie an Treue zurück. Kommunistische Lebensgeschichten sind in ihrem innersten Kern Bewährungsbiografien, sie erzählen von Loyalität und Standhaftigkeit, aber auch von äußerster Herausforderung und vereinzeltem Versagen an der gestellten Aufgabe. Die Prüfung der Avantgarde schloss das Privatleben ein. So unbekümmert die kommunistische Herrschaftselite die unterschiedlichsten Privilegien zur Steigerung ihres eigenen Wohlbefindens in Anspruch nahm, pflegte sie dennoch gemeinhin den Eindruck eines bescheidenen Lebensstils und erklärte ruchbar werdende Abweichungen mit repräsentativen Pflichten auf diplomatischer Bühne. Luxus und Wohlleben unterminierten den Geltungsanspruch der kommunistischen Avantgarde und wollten, wenn überhaupt, diskret genossen sein. Nicht grundlos zerschmolz im November 1989 der letzte klägliche Legitimationsrest der bereits in Auflösung befindlichen Parteidiktatur vor wenigen Fernsehbildern aus Wandlitz, die den heimlichen Weingenuss der SED-Führung hinter den öffentlichen Wasserpredigten enthüllte. Nicht zufällig wurde mit Hans Modrow ein SED-Politiker zur letzten Hoffnung auf eine Fortsetzung des sozialistischen Experiments, der durch Politikstil und Lebensführung pronociert an das asketische Selbstverständnis der kommunistischen Avantgarde anzuknüpfen vermochte.

Dennoch wäre es verfehlt, die Selbstlegitimation der Avantgarde an ihre Askese zu binden und die das sozialistische Regime so stark prägende »Privilegienwirtschaft« als

---

31 Vgl. zum Folgenden den entsprechenden Abschnitt bei Koenen, Was war der Kommunismus?, S. 70 ff.

bloße Systemwidrigkeit zu deuten. Der ehemals kommunistische Autobiograf Dieter Borkowski schilderte rückblickend die moralische Naivität, mit der er schon 1948 die bessere Versorgung von SED-Funktionären mit Wohnungen und sowjetischen »Pajoks« hinterfragte: »Warum nehmt ihr diese Lebensmittelpakete zusätzlich zu den höchsten Lebensmittelkarten überhaupt an? Warum wohnen viele der SED-Leitungskader nicht in Arbeiterbezirken, sondern in Villen? Warum fahren sie in den von den Russen verteilten Autos und haben zumeist noch eigene Chauffeure?«[32] Der SED-Landesvorsitzende Hermann Matern, dem Borkowski diese Fragen stellte, reagierte keineswegs abweisend, aber auch nicht beschämt, sondern verteidigte die Besserstellung der Avantgarde mit deren besonderer Aufgabe:

> »Ich finde es gut, Genosse, daß du diese Fragen stellst. Ich will ganz offen antworten. Wir haben von unseren sowjetischen Genossen lernen müssen, wie man die revolutionären Kader pflegt. Zur Zeit Lenins haben sich viele Kommunisten in den Klassenschlachten und im Bürgerkrieg geopfert, ohne auf ihre Gesundheit zu achten.«[33]

Weil die Avantgarde im Dienst der Massen arbeitete, war sie verpflichtet, die materiellen Bedingungen ihrer Führungstätigkeit zu sichern, wie Matern unbefangen darlegte:

> »Genosse Stalin hat uns gelehrt, daß es nach dem Sieg keine Gleichmacherei geben darf. Wir Kommunisten differenzieren nach Leistungen. Darum geben uns die sowjetischen Freunde Lebensmittelpajoks, Möbel, Wohnungen und Autos, die uns in die Lage versetzen, die Arbeiterklasse und alle Werktätigen auf den Weg zum Sozialismus zu führen, der das Leben aller schaffenden Menschen sinnvoll und glücklich machen soll. Ich hoffe, ich habe dich und alle anderen Genossen, die diese Frage bewegt, überzeugt.«[34]

Die Partei verkörperte als Institution den Schritt vom Ich zum Wir; sie stand über jedem einzelnen und garantierte in der Kollektivität ihrer Meinungsbildung die unfehlbare Richtigkeit ihres politischen Weges und die Legitimität ihres Führungsanspruchs. Nicht zufällig wahrte die von Fraktionsverboten und Konsensritualen geprägte kommunistische Parteigeschichte ihr Kollektivitätsideal noch in den Zeiten offenkundigster Alleinherrschaft. Mit Verstößen gegen den Geist der kollektiven Führung begründete das Politbüro der KPdSU 1964 die Ablösung Chruschtschows und das der SED 1971 und wieder 1989 den Austausch ihrer Generalsekretäre Ulbricht

---

32 Dieter Borkowski, Für jeden kommt der Tag … Stationen einer Jugend in der DDR, Frankfurt a. M. 1983, S. 128.
33 Ebd.
34 Ebd.

und Honecker. Umgekehrt beteuerten in der Sowjetunion 1953 Malenkow und Berija ebenso wie 1964 Breschnew und in der DDR 1971 Honecker und 1989 Krenz ihren unbedingten Willen, zu den Prinzipien der kollektiven Führung zurückzukehren. Selbst Stalin erwies sich, wie Sheila Fitzpatrick unterstrich, in seiner Herrschaftspraxis keineswegs als jener despotische Autokrat, als welchen ihn die Mit- und erst recht Nachwelt ansah, sondern als Kapitän einer Mannschaft, die von den 1920er- bis zu den frühen 1950er-Jahren regelmäßig zusammenkam und jenen von Oleg Chlewnjuk beobachteten Arbeitsstil, der dem »eines Arbeitskollektivs oder eines Redaktionsstabes entsprach und nicht bloß auf ›einsamen‹ Entscheidungen beruhte«.[35]

3 Die Macht des Einverständnisses

Die dritte Säule des kommunistischen Politikverständnisses bestand in dem immer neu geführten Nachweis der Übereinstimmung von Avantgarde und Massen, von Führern und Geführten. Die endlosen Aufmärsche und Kampfdemonstrationen, die zahllosen Treuebekundungen und Massenakklamationen, die das öffentliche Bild des politischen Lebens im Ostblock prägten, dienten dem immer gleichen Ziel, die Existenz einer einheitsverkörpernden Öffentlichkeit zu beglaubigen – und wurden von den Geführten vielfach zugleich listig genutzt, um die eigenen Interessen zu verfolgen. Die von Carl Joachim Friedrich so bezeichnete »Leidenschaft für die Einstimmigkeit«[36] trat auch in der Obsession der Herrschenden zutage, regelmäßige Wahlrituale anzuberaumen, die Zustimmungsraten von 99 % und mehr ergaben. Sie manifestierte sich im ständigen Appell an die Geschlossenheit der Partei ebenso wie im Verbot der Fraktionsbildung und in der habituellen Einmütigkeit der Entscheidungsfindung auf allen Ebenen des politischen Handelns vom Parteiaktiv bis zum Politbüro, in welchem noch die Verstoßung aus dem Amt als Ausdruck von Einmütigkeit inszeniert wurde. Nicht nur Ulbricht rechtfertigte seine Verdrängung aus dem Amt des SED-Generalsekretärs 1971 öffentlich selbst mit dem Verweis auf den Tribut des Alters. Auch sein Nachfolger Honecker stimmte 1989 im Politbüro für die eigene Ablösung und schlug dem Zentralkomitee vor, statt seiner Egon Krenz zu wählen – eine bekundete Einmütigkeit, die den erhofften politischen Befreiungsschlag sofort entwertete.

Ebenso wenig hatten Konflikte in der sozialistischen Arbeitswelt einen legitimen Platz: »Diese Konflikte beruhen letztlich«, so der FDGB-Vorsitzende Warnke im Januar 1960, »auf ein ungenügendes Vertrauen [sic!], auf ein ungenügendes Klassenbewusstsein und das noch nicht richtige Erkennen, dass die Arbeiterklasse die Macht

---

35 Sheila Fitzpatrick, Stalins Mannschaft. Teamarbeit und Tyrannei im Kreml, Paderborn 2017, S. 251; Oleg V. Chlevnjuk, Stalin as Dictator: The Personalisation of Power, in: Sarah Davies, James Harris (Hg.), Stalin: A New History, Cambridge/MA 2005, S. 108-120; hier: S. 118.
36 Carl Joachim Friedrich, Totalitäre Diktatur, Stuttgart 1957, S. 122.

in den Händen hat. Unsere gewerkschaftlichen Leitungen sollten dafür sorgen, dass solche Konflikte schnell beigelegt werden, weil sie von den Klassenfeinden gegen die Interessen der Arbeiterklasse ausgenützt werden.«[37]

Nirgendwo tritt die legitimierende Kraft des inszenierten Konsenses so deutlich hervor wie im Großen Terror in der Sowjetunion der 1930er-Jahre, wie selbst westliche nicht-kommunistische Intellektuelle bezeugten. Das wohl bekannteste Beispiel liegt in Lion Feuchtwangers Reisebericht *Moskau 1937* vor, in dem der nach Moskau eingeladene Schriftsteller die Suggestionskraft des kommunistischen Konsenskultes in beklemmender Eindringlichkeit vorführt: »Erstaunt und vornächst skeptisch nahm ich wahr, dass in der Sowjet-Union alle Leute, mit denen ich in Berührung kam, […] zwar ab und zu an Einzelnem Kritik übten, mit der Ordnung des Ganzen aber einverstanden schienen.«[38]

Die von rückhaltlosem Einverständnis getragene Beziehung zwischen Avantgarde und Massen erreichte Feuchtwanger und anderen Beobachtern zufolge ihren stärksten Ausdruck in den juristisch inszenierten Säuberungskampagnen, in denen Stalin sich vor den Augen der Weltöffentlichkeit seiner engsten Weggefährten entledigte. Feuchtwanger wohnte dem zweiten Moskauer Schauprozess vom Januar 1937 als Zuhörer bei, und es war die suggestive Kraft des Einverständnisses, die ihn, den Außenstehenden, in den Bann schlug. Es ging um Leben oder Tod, und doch atmete die Verhandlung gerade nicht den Geist eines verbissenen Kampfes, sondern den einer gemeinsamen Suche nach Problemlösungen: »Das Ganze glich weniger einem hochnotpeinlichen Prozess als einer Diskussion, geführt im Konversationston, von gebildeten Männern, die sich bemühten festzustellen, welches die Wahrheit war und woran es lag, dass geschehen war, was geschehen war.«[39] Durch die Zeilen spürt man das innere Widerstreben eines Autors, der ungläubig in eine Welt hineinsieht, die er mit seinen Maßstäben nicht mehr begreifen, sondern nur noch bezeichnen kann: »Ja, es machte den Eindruck, als hätten Angeklagte, Staatsanwalt und Richter das gleiche, ich möchte fast sagen, sportliche Interesse, die Geschehnisse lückenlos aufzuklären.«[40]

Feuchtwanger überdeckte mit solchen Formulierungen, wie wir heute wissen, aus politischer Rücksichtnahme auf die Sowjetunion eigene Zweifel und entgegenstehende Eindrücke.[41] Aber auch Martin Andersen Nexø, Mitglied der Kommunistischen Partei

---

37 Peter Hübner, Konsens, Konflikt und Kompromiß. Soziale Arbeiterinteressen und Sozialpolitik in der SBZ/DDR 1945–1970, Berlin 1995, S. 209. Siehe auch: ders., Arbeitskampf im Konsensgewand? Zum Konfliktverhalten von Arbeitern im »realen« Sozialismus, in: Henrik Bispinck, Jürgen Danyel, Hans-Hermann Hertle, Hermann Wentker (Hg.), Aufstände im Ostblock. Zur Krisengeschichte des realen Sozialismus, Berlin 2004, S. 195-213.

38 Lion Feuchtwanger, Moskau 1937. Ein Reisebericht für meine Freunde [1. Aufl. 1937], Berlin 2000, S. 12.

39 Ebd., S. 93.

40 Ebd.

41 Anne Hartmann, Lost in translation. Lion Feuchtwanger bei Stalin. Moskau 1937, in: Exil. Forschung, Erkenntnisse, Ergebnisse, 2 (2008), S. 5-32.

Dänemarks, zeigte sich in einer öffentlichen Stellungnahme vom Januar 1937 von der gemeinschaftlichen Gleichgerichtetheit überwältigt, die die Verhandlungsparteien während des Prozesses bewiesen:

>»Oft habe ich Gerichtsverhandlungen beigewohnt, nie aber solcher, die sich so menschlich und schlicht abspielten wie diese. Keinen Augenblick hatte man das Gefühl von erhabenen Richtern und unterworfenen Angeklagten; eher von Menschen, die im Namen der Gesellschaft anderen, die sich vergangen hatten, dazu verhalfen, über ihre Fehler klarzuwerden.«[42]

Die Erklärung, die er wie Feuchtwanger dafür fand, dass sich in der Sowjetunion politische Angeklagte in äußerster Selbsterniedrigung ungeheuerlichster Verbrechen bezichtigten und im Gerichtssaal eine Gemeinschaft von Verfolger und Verfolgten vorspiegelten, stellte auf das besondere Konsensprinzip ab, dass die Sinneswelt kommunistischer Führungskader in besonderer Weise auszeichnete:

>»Es ist nun ein Irrtum, anzunehmen, ein Mann, der vor ein Parteigericht geladen ist, könnte sich verhalten wie ein Mann vor einem üblichen westlichen Gericht. […] Auch der Angeklagte fühlt sich der Partei noch verbunden, und so ist es kein Zufall, dass der Prozess von Anfang an jenen den westlichen Menschen so befremdenden Charakter einer Diskussion trug. Richter, Staatsanwalt und Angeklagte schienen nicht nur, sie waren durch einen gemeinsamen Zweck verbunden. […] Es ist dieses Grundgefühl, welches Richter und Angeklagte veranlasst, so einträchtig zusammenzuarbeiten«.[43]

Mit seinem Stück *Die Maßnahme* hat Bertolt Brecht dieses, Ankläger und Angeklagte zusammenführende Konsensprinzip dramatisch verarbeitet: Im Interesse der kommunistischen Sache bejaht der junge Genosse nicht nur sein Todesurteil, sondern bittet seine Genossen auch um Hilfe beim Vollzug; umgekehrt zögern seine Mörder nicht, ihren Fall dem Kontrollchor in schonungsloser Selbstbezichtigung darzulegen, um am Ende mit dem Satz freigesprochen zu werden, der der Selbstermächtigung der kommunistischen Avantgarde sein entscheidendes Fundament gibt: »Wir sind einverstanden.«

---

42 Martin Andersen Nexø, Eine neue Barriere gegen den Krieg. Zum Moskauer Prozeß gegen die Trotzkisten, in: Das Wort. Literarische Monatsschrift, 1 (1937) 1, S. 101.

43 Hartmann, Feuchtwanger, in: Exil. Forschung, Erkenntnisse, Ergebnisse, 2 (2008) S. 99.

4   Konzept und Wirklichkeit

Das Konzept der revolutionären Avantgarde schrieb Weltgeschichte, es prägte die sozialistische Bewegung wie den Kommunismus an der Macht und schuf einen eigenen Typus politischer Herrschaft in der Moderne des 20. Jahrhunderts. Seine Prägekraft reichte von der Bildung der Parteien neuen Typs und der verfassungsmäßigen Verankerung ihrer Führungsrolle nach dem Vorbild der sowjetischen Verfassung von 1936 bis hinunter zum Selbstverständnis des isoliertesten Genossen. »In dem stolzen Bewußtsein, nun im wahrsten Sinne des Wortes ein Lenin-Schüler zu sein«,[44] reiste im Sommer der noch nicht achtzehnjährige Jungkommunist Erich Honecker zum Besuch der Lenin-Schule nach Moskau und sandte sogar seinem Friseur einen Kartengruß in die Heimat, aber er bewahrte als nunmehr unter Decknamen lebender Geheimnisträger ihm und jedermann sonst gegenüber sorgfältiges Stillschweigen über den Zweck seines Aufenthaltes.

Als Honecker wenige Jahre später seinen Kampf gegen Hitler mit der Verurteilung zu einer zehnjährigen Zuchthausstrafe zu bezahlen hatte, mochte es ihm ergangen sein wie seinem Haftkameraden Wilhelm Thiele, den nur der feste Glaube an die Mission der Avantgarde davor bewahrte, am Undank des Volkes zu verzweifeln, für dessen Befreiung er ins Zuchthaus gehen musste:

> »Beim Verlassen des Transportwagens auf dem Bahnhof in Brandenburg kamen wir an einer Anzahl Männer und Frauen vorbei. Sie blickten uns wütend und haßerfüllt an, und ich hörte, daß einige auf uns schimpften. Das tat weh, wenn ich daran dachte, daß ich eigentlich auch für sie gekämpft hatte und ins Zuchthaus ging. Das waren ja keine Kapitalisten, die da auf dem Bahnsteig standen.«[45]

In den langen Jahren danach wiederum bot einem kommunistischen Häftling, dessen Gegenwart trostlos und dessen Überleben ungewiss war, allein der Glaube an die Gewissheit der kommunistischen Weltanschauung inneren Halt. Als 1939 das Undenkbare Wirklichkeit wurde und der Pakt zwischen Stalin und Hitler dem antifaschistischen Widerstandskampf und dem Leiden seiner kommunistischen Träger jeden Sinn raubte, trugen die politischen Häftlinge untereinander Auseinandersetzungen aus, weil die linientreuesten Genossen sich kategorisch weigerten, die sie stützende Avantgardegewissheit zu opfern, dass die Partei immer recht habe. Zu ihnen rechnete sich zumindest rückblickend auch Honecker: »Wir waren uns einig, daß der Abschluß des Vertrages ein diplomatischer Erfolg der Sowjetunion war.«[46]

---

44   Erich Honecker, Aus meinem Leben, Berlin 1980, S. 94.

45   Stiftung Archiv der Parteien und Massenorganisationen im Bundesarchiv, Sg Y, 1593/2, Wilhelm Thiele, Erinnerungsbericht, 1971, Bl. 464.

46   Honecker, Aus meinem Leben, 1980, S. 98.

Jahrzehnte später, als sich die Herrschaft des Sozialismus mit der Teilung der Welt in zwei Lager dauerhaft etabliert zu haben schien, mochte es hinreichen, die Legitimität der eigenen Ordnung bereits in ihrer bloßen Existenz hinreichend begründet zu sehen, wie etwa das Aufkommen des im *Neuen Deutschland* kurz nach dem berüchtigten »Kahlschlagplenum« von Alexander Abusch zum ersten Mal gebrauchten Terminus »realer Sozialismus« andeutet.[47] Zumindest für viele Altkommunisten hingegen galt auch zu dieser Zeit noch der Gedanke, dass nicht die Gewissheit der Macht den Kern ihres Selbstverständnisses ausmache, sondern weiterhin vielmehr die Macht der Gewissheit, dass die marxistisch-leninistische Idee so unverwundbar sei wie das Wissen um ihre Verwirklichung unwiderlegbar.

Als zwanzig Jahre später der reale Sozialismus tatsächlich unterging, zerbrach darum nicht zugleich auch die Denkwelt der entmachteten Altkommunisten. Ungerührt wischte im Lobetaler Kirchenasyl der gestürzte Erich Honecker die Vorhaltung seines Interviewers Reinhold Andert vom Tisch, dass das SED-Regime doch von der eigenen Bevölkerung unter dem Schlachtruf »Wir sind das Volk« davongejagt worden sei:

> »›Wir sind das Volk‹?, schön und gut, ich liebe das Volk. Aber um welches Volk handelt es sich? Um ein manipuliertes oder eines, dessen Handeln von der Vernunft bestimmt ist? […] Ist es ein aufgeklärtes Volk, ein mündiges Volk? Oder ein Volk, das den Rattenfängern nachläuft?«[48]

Im Selbstverständnis der altkommunistischen Avantgarde war und blieb das »Volk« ein wankelmütiger Auftraggeber, der ganz im Sinne Lenins seine historische Mission nicht spontan und aus eigener Kraft zu erfüllen vermochte:

> »Die alte Führung, der ich nicht mehr angehörte, ist dem Ruf des nah- oder ferngesteuerten Volkes gefolgt, anstatt dafür zu sorgen, dass das Volk ihr folgt. […] Das Volk ist als Masse leicht manipulierbar, aber in erster Linie zu schöpferischen Fähigkeiten in der Lage. Ohne eine klare Führung durch eine marxistische Partei geht das nicht!«[49]

Diese Partei aber gab es nicht mehr, und das Volk hatte seiner vermeintlich historischen Mission so vollständig abgeschworen, dass es als revolutionäres Subjekt auch im Denken der klein gewordenen Schar von Marxisten-Leninisten nicht mehr zur Verfügung

---

47 »Nicht zulassen werden wir jedoch, daß jemand, wer es auch sei, eine bürgerlich-reaktionäre Politik oder einen kleinbürgerlich-abstrakten, angeblich wahren Sozialismus gegen unseren realen Sozialismus stellt und damit unsere politisch-geistige Linie prinzipiell ändern will.« Alexander Abusch, Der Sinn unserer Diskussion über Fragen der Kunst und Literatur, in: ND, 24.3.1966.

48 Reinhold Andert, Wolfgang Herzberg, Der Sturz. Erich Honecker im Kreuzverhör, Berlin/Weimar 1990, S. 419.

49 Ebd., S. 420.

stand. Am Ende des 20. Jahrhunderts trat mit dem kommunistischen Weltentwurf auch das Konzept der ihn durchsetzenden Avantgarde von der historischen Bühne ab.

Effizienz

Sven Reichardt

V Geschichte und Gegenwart des Rechtspopulismus

Bevor Anfang 2020 die Coronavirus-Pandemie die weltweite Nachrichtenlage monopolisierte, gab es kaum eine Zeitung oder Fernsehdiskussion, kaum ein politisches Forum oder eine akademische Veranstaltung, die nicht mit Aktuellen Stunden, Vortragsreihen und Tagungen zum europäischen Rechtspopulismus oder zum US-amerikanischen »Trumpismus« aufwartete. Angetrieben durch die abgehängten Schichten aus den alten Industrien des Westens, angeheizt durch Ängste vor neuen Migrationsströmen, der EU-, der Banken- oder Finanzkrise, unterstützt durch die postfaktischen Echoräume der sozialen Medien entstehe eine populistische Politikform: nativistisch und antipluralistisch auf das Volk als eine Ethnie ausgerichtet, agitierend gegen etablierte Eliten und gegen liberale Institutionen wie rechtsstaatliche Gerichte und etablierte Medien, eintretend für möglichst unmittelbare und direkte Formen der Volksbefragung anstatt von repräsentativ-parlamentarischen und parteipolitisch-verfassten Institutionen der Demokratie.[1]

Dieser Ängste schürende, nationale Begrenzung und völkisches Gedankengut proklamierende Rechtspopulismus inszeniert sich gern als modern und innovativ. Junge Rechtspopulisten beziehen sich auf den Pop, vermischen Völkisch-Identitäres mit Stilelementen des Pop: »Wenn diese Meta-Mythisierung gelingt, scheint Pop für eine Generation verloren: Rechts ist ›jung‹ (wie in Junge Freiheit), links ist alt (wie in Alt-68er, Hippie, Dinosaurier). Rechts ist heftig, drastisch, provokativ, links ist eingeschlafen, defensiv, laaangweilig.«[2] Tatsächlich aber kopieren die Rechten Stilelemente der Neuen Linken der 1960er- und 1970er-Jahre. Schon der Begriff der »Alternative« wurde gekapert, schmücken sich doch Rechtspopulisten von der amerikanischen *Alt-Right*-Bewegung bis zur »Alternative für Deutschland« mit einem Begriff, der ihre radikale Systemopposition ebenso wie die Modernität ihrer politischen Erscheinung

---

1   Oft konzentriert sich die Aufmerksamkeit ganz auf die Gegenwart, um die angeblich ganz neuen Ideologien, fluiden Organisationsstrukturen, massiven Wählerbewegungen und Folgen für das gegenwärtige politische System und die Demokratie in Europa zu analysieren. Vgl. stellvertretend für die untergeordnete Berücksichtigung der Geschichte: Jan-Werner Müller, Was ist Populismus? Ein Essay, Berlin 2016; Cas Mudde (Hg.), The Populist Radical Right. A reader, London/New York 2017.

2   Georg Seeßle, Pegida-Pop: Hirn ausschalten, Bier aufmachen!, in: SPEX – Magazin für Popkultur [SPEX], 26.12.2017, in: <http://www.spex.de/pegida-pop-hirn-ausschalten-bier-aufmachen> (10.11.20). Bodo Mrozek, Unter falscher Flagge. Rechte »Identitäre« setzen auf Antiken-Pop. Die Geschichte ihrer Symbole dürfte ihnen kaum gefallen, in: Pop History, 20.12.2017, in: <http://pophistory.hypotheses.org/2561> (10.11.20).

markieren soll.[3] Es kommt zur Übernahme von Aktionsformen und Themen, die in den 1970er-Jahren noch mit der radikalen Linken verbunden waren: Tabu- und Konventionsbrüche in der politischen Sprache, Aggressivität in der Auseinandersetzung, die Unbedingtheit der eigenen Position, das Aufgreifen von Straßenprotesten, Kritik am Establishment in Politik und Medien. Ihre Forderungen nach direkter Demokratie verbinden die neuen Protagonisten einer Kulturrevolution von rechts nunmehr mit Nationalismus und Xenophobie.[4]

Mit den genannten Merkmalen allein wird man den Rechtspopulismus aber nicht bestimmen können. Der US-amerikanische Soziologe Rogers Brubaker hat die definitorische Unschärfe der gegenwärtigen Diskussion um das umstrittene Konzept des Populismus gedankenreich verdeutlicht. Der Anspruch, im »Namen des Volkes« zu sprechen, reicht zur Bestimmung des Populismus schon deswegen nicht aus, weil mit dem »Volk« Vieles zugleich gemeint sein kann. Eben nicht nur eine Art von ethnischem Nationalismus, sondern auch die Einfachheit der »kleinen Leute« gegenüber einer Elite oder der Bezug auf das demokratische Wahlvolk. Populistisch in diesem Sinne ist fast jede Art von Politik. Den Populismus, so Brubaker, kennzeichnet vielmehr sein diskursives, rhetorisches, stilistisches und ideologisches Repertoire, welches neben der bekannten vertikalen Entgegensetzung von moralisch integrem, einfachem, anständigem und hart arbeitendem Volk einerseits und enthobener, unanständig reicher, machtbesessener, übergebildeter und korrupter Elite andererseits auch eine horizontale Abgrenzung kennt. Das »reine Volk« wird auch von den angeblichen Parasiten und Schnorrern, den gefährlichen Abweichlern abgesetzt, die weder staatliche Wohlfahrtsleistungen noch Respekt verdient haben. Die »anständigen« und »normalen« Bürger verweigern diesen Minderheiten sowohl den kulturellen Respekt als auch die Rechtsgleichheit – nur die Rechtspopulisten kennen also neben dem vertikalen auch das horizontale Ausschlussprinzip von *inside* und *outside*. Oftmals werden beide Gruppen sogar miteinander verwoben, wenn die Rechtspopulisten behaupten, die Elite setze sich verstärkt für eben diese *Outsider* der Gesellschaft ein.[5] Der bulgarische Politologe Ivan Krastev hat das pointiert formuliert: »In der Rhetorik populistischer Parteien sind Eliten und Migranten Zwillinge, die voneinander profitieren. Beide sind nicht wie ›wir‹«.[6]

Die polarisierende und radikalisierende Politisierung der Gesellschaft wird durch die Beschwörung einer Entgegensetzung von Volk und Elite erreicht: hier die von der herkömmlichen Politik vergessene Mehrheit und dort die über Gebühr geförderten Minderheiten. Eine Art von Antiinstitutionalismus und eine Ideologie der Unmittelbarkeit, die die mediatisierten Institutionen des Politischen attackiert. Die Beschwö-

---

3   Sven Reichardt, Alternative, in: Zeitschrift für Ideengeschichte, 10 (2016) 4, S. 114-118. Das Kursbuch 194 vom Juni 2018 hat sich mit dem Thema »anders alternativ« beschäftigt.
4   Thomas Wagner, Die Angstmacher. 1968 und die Neuen Rechten, Berlin 2017; Volker Weiß, Die autoritäre Revolte. Die Neue Rechte und der Untergang des Abendlandes, Stuttgart 2017.
5   Rogers Brubaker, Why Populism?, in: Theory and Society 46 (2017) 5, S. 357-385, hier: S. 363.
6   Ivan Krastev, Europadämmerung. Ein Essay, Berlin 2017, S. 87.

rung direkter statt repräsentativer Formen der Demokratie verbindet sich mit einer personalistischen Formung des Politischen. Es wird zudem eine Rhetorik und Selbstdarstellung von Einfachheit und Direktheit favorisiert, die ostentativ gegenüber einem als betrügerisch ausgegebenen Intellektualismus und einer Politik der Komplexität abgegrenzt wird. Dieser Stil wird nicht nur mit einer bewusst provokativen und einfachen Sprache, sondern auch mit entsprechenden Gesten, Tonlagen, Kleidungsformen oder Essgewohnheiten symbolisiert.[7] Schließlich wird wirtschaftlicher Protektionismus und der Schutz heimischer Industrien mit kulturellem Protektionismus kombiniert. Der Rechtspopulismus beschwört im vorpolitischen Raum heimische Sitten, Kleidungsformen, Ernährungsweisen, Religionen oder Familienwerte. Populisten dramatisieren die Gefahren kultureller »Entfremdung« und Hybridisierung.[8]

Anstatt den Populismus rein durch die Form und seinen Stil zu bestimmen,[9] gibt es also, wie oben dargestellt, gute Gründe, an der Rechts-Links-Unterscheidung festzuhalten. Sicherlich argumentieren alle Formen des Populismus antipluralistisch, sind oft schwach institutionalisiert und auf vermeintlich politische Unmittelbarkeit ausgerichtet. Aber anstatt von einer »thin-centered ideology«[10] auszugehen, wird hier die politische Unterscheidung von Brubaker übernommen. Zugleich soll mit Cas Mudde und Cristóbal Kaltwasser sowie den meisten anderen Definitionen festgehalten werden, dass der Populismus radikal vereinfachende und hoch personalisierte politische Botschaften in dramatisierten, stereotypen und emotionalisierten Formen anbietet. Charismatisch-volkstümliche Leader beschwören jeweils bedrohliche Krisensituationen und zeichnen sich durch ein dezidiert anti-technokratisches Politikverständnis aus. Ihr moralisch aufgeladener Begriff vom Volk als einer unmittelbaren und homogenen Bevölkerungsmehrheit setzt sich emphatisch von der enthobenen Elite ab. Das sind Kennzeichen des Politischen, die im Allgemeinen von sehr vielen verschiedenen Politikstilen vertreten werden. Erst die Radikalisierung und Ausschließlichkeit mit der diese Prinzipien in bestimmten historischen Konstellationen vertreten werden, bezeichnen eine fließende und unscharfe Grenze zum Populismus.

---

7 Brubaker, Why populism, in: Theory and Society, 46 (2017), S. 362-367.

8 Ralph D. Grillo, Cultural Essentialism and Cultural Anxiety, in: Anthropological Theory, 3 (2003) 2, S. 157-173.

9 So ist das Vorgehen bei Jan-Werner Müller, Benjamin Moffitt und selbst bei Cas Mudde, der von der dünnen Ideologie spricht. Siehe Jan-Werner Müller, What is Populism?, London 2017, S. 3, 93; Benjamin Moffit, The Global Rise of Populism. Performance, Political Style, and Representation, Stanford/CA 2016, S. 38-45.

10 Cas Mudde, Cristóbal Rovira Kaltwasser, Populism. A Very Short Introduction, Oxford 2017, S. 6.

1 Geschichte des Populismus

Ein Blick in die Geschichte hilft uns zu verstehen, warum die volkstümlich inszenierten *Bad Manners* und kulturpolitischen Umwertungen es gerade in unserer Gegenwart schaffen, den Bezug zur vermeintlich einfachen Bevölkerung zu plausibilisieren. Der Populismus sowie der Rechtspopulismus sind ja keineswegs neu. Sie haben eine Tradition, die gerade auch außerhalb Europas in das 19. Jahrhundert zurückreicht – in den USA etwa bis in das späte 19. Jahrhundert und in Lateinamerika mit Juan Peróns Bewegung bis in die 1950er-Jahre des 20. Jahrhunderts.

1.1 Populismus und neue Medien

Populisten wie Donald Trump stellen sich ja ostentativ als plump, ungehobelt und unkultiviert dar, was aus Sicht der Populisten volksnahe Emotionalität, Direktheit und Einfachheit versinnbildlicht. Sie pflegen einen medialen Politikstil der Dramatisierung, Konfrontation, Emotionalisierung, Vereinfachung und Personalisierung, weil dieser nicht nur mit medialen Aufmerksamkeitsregeln in Einklang zu bringen ist, sondern vor allem mit den schnellen, offenen und sehr leicht zugänglichen elektronischen Medienformaten unserer Zeit korrespondiert.[11] Theatralisierung und Dramatisierung, Event- und Symbol-Politik sind zentrale Kommunikationsmuster des populistischen Politainments, denen ein hoher Nachrichtenwert zukommt. Populisten neigen gewissermaßen zur Selbstmedialisierung, verstehen das politische System einseitig von seiner Schau- und Darstellungsseite her.[12]

Das war auch in der Vergangenheit des Populismus immer wieder der Fall. Es begann in den USA mit der ländlich und antiintellektuell ausgerichteten *People's Party*, die Ende des 19. Jahrhunderts mit ihrer autochthonen *Heartland*-Politik des *Real American* gegen das Wall-Street-Establishment und die politische Elite in Washington agitierte. Die billige *Yellow Press* und Sensationspresse wurde dabei von der *People's Party* während des 19. Jahrhunderts ebenso intensiv genutzt wie das Radio in der ersten Hälfte des 20. Jahrhunderts vom antisemitischen Father Charles Edward Coughlin oder Huey Long, dem populistischen Gouverneur von Louisiana.[13] Und es gilt eben

---

11 Benjamin Mofitt, The Global Rise, 2016; Pierre Ostiguy, The high and the low in politics. A Two-Dimensional political space for comparative analysis and electoral studies, 2009, in: <https://kellogg.nd.edu/sites/default/files/old_files/documents/360_0.pdf> (10.11.20); Brubaker, Why populism, in: Theory and Society, 46 (2017), S. 18-20.

12 Thomas Meyer, Populismus und Medien, in: Frank Decker (Hg.), Populismus in Europa. Gefahr für die Demokratie oder nützliches Korrektiv?, Bonn 2006, S. 81-96.

13 Robert C. McMath, Jr., American Populism. A Social History, 1877–1898, New York 1993; Donald I. Warren, The Radical Center. Middle Americans and the Politics of Alienation, Notre Dame/IN 1976; Kevin Phillips, The Arrogant Capital. Washington, Wall Street, and the Frustration of American Politics, New York 1994; Alan Brinkley, Voices of Protest. Huey Long, Father Coughlin, and the Great Depression, New York 1982; James M. Beeby, Revolt of the Tar Heels.

auch für Trumps spektakuläre Nutzung von Twitter, oder für Internet-Foren wie Reddit für die *Alt-Right*-Bewegung um den rechtsextremen *White Supremacist* Richard B. Spencer. Ohne Blogs und Online-Abstimmungen wären Grillo und sein *Movimento Cinque Stelle* niemals erfolgreich geworden. Die ersten Sitzungen der Partei fanden noch im Laden des Komikers und Parteigründers Beppe Grillo statt, wurden aber aus Platzmangel schnell ins Netz verlegt. Auf den Webseiten konnte man bloggen und die Bühnenshows des Politikers ansehen, wie er gegen die Globalisierung wetterte, die Verschwendung von Steuergeldern anprangerte oder gegen das Impfen polemisierte. Die *Vaffanculo-Days* mit den irren Shows, Witzen und Grimassen des Parteigründers, in denen die Eliten zum Teufel gewünscht wurden, gingen im Netz schnell viral. Die sich als postideologische Graswurzelbewegung ausgebende *Cinque Stelle* gerierte sich als antielitär – und dies mit einem Personal, welches fast keine politischen Vorerfahrungen hatte. Zugleich agiert diese Partei mit dem basisdemokratischen Tool der *Liquid Democracy*, also parteiinternen Internetabstimmungen. Die Unerfahrenheit ihrer Politiker wurde dabei wie eine Trophäe vorgezeigt.

Die neuen Medien führen natürlich nicht unweigerlich in populistische Politik, aber sie können von solchen Politikern eben besser instrumentalisiert werden als unabhängige Qualitätszeitungen oder öffentlich-rechtlich kontrollierte Medienanstalten. Emotionalisierung, Einfachheit, Direktheit als Kennzeichen des Populismus korrespondieren mit Merkmalen, die auch die sozialen Medien des Internets auszeichnen.

Mit einer Berücksichtigung des gegenwärtigen Wandels im Medienregime und also des Umbruchs von der kontrollierten Medienöffentlichkeit zu (den) zugangsoffenen und scheinbar unmittelbaren Internetmedien kann man ein erstes Gelegenheitsfenster identifizieren, welches sich in den letzten zehn Jahren für populistische Politikformen geöffnet hat. Neue Medien destabilisieren herrschende Verhältnisse, öffnen neuen Gruppierungen Kommunikationskanäle und beschleunigen dadurch Wandlungsprozesse.

Wie erwähnt sind es immer die neusten medialen Kommunikationsmittel, also die noch weitgehend ungeregelten und entgrenzten Medienformate, auf die sich die Populisten seit dem Ende des 19. Jahrhunderts stützen. Bauernaufstände und Proteste gegen die Eisenbahngesellschaften korrespondierten mit der *Yellow Press* des 19. Jahrhunderts ebenso wie Twitter mit der *Tea Party* oder PEGIDA mit Facebook. Die beschleunigte Entwicklung neuer Kommunikationstechniken entbindet Politiker von herkömmlichen politischen Institutionen und etablierten Medien. Sie öffnet neue Formen politischer Agitation, wie die emotionalisierenden und hoch personalisierten Radioansprachen des antisemitischen Pfarrers Coughlin verdeutlichen. Dieser hatte jenseits von Republikanern und Demokraten einen dramatisierenden, simplifizierenden und konfrontativen Antisemitismus gepredigt, der seit 1926 in wöchentlichen Radiosendungen der Station WJR in Detroit ausgestrahlt wurde. Coughlin hatte eine

---

The North Carolina Populist Movement, 1890–1901, Jackson/MS 2008; Michael Kazin, The Populist Persuasion. An American History, New York 1995.

umfassende politisch-moralische Krise in der Region beschworen, in der gleichzeitig die Ku-Klux-Klan-Bewegung massiv anwuchs.[14]

Das »Web 2.0«, welches partizipatorisch auf das Teilen, die Interaktion und Kommentierung von Wissensbeständen ausgelegt ist, bildet die strukturelle Grundlage für populistische Wissensselbstermächtigungen. Durch eine zunehmende Fragmentierung der Öffentlichkeit in den Kommunikationsräumen der sozialen Medien entstehen Wissensparallelwelten, denen professionelle Gatekeeper und kompetente Wissensmoderatoren, wie die Redaktionen der ›klassischen‹ Medien, fehlen. Hier kann Wissen ungefiltert verbreitet, jedwede Information hierarchiefrei neben eine andere gestellt und jederzeit niedrigschwellig zugänglich gemacht werden. In den Echokammern der sozialen Medien erfolgen die Vernetzung, der Austausch und die gegenseitige Bestätigung von Gleichdenkenden. Da für Populisten wie Trump die öffentlich inszenierte Politik auf einfachen, allgemeingültigen und intuitiv erspürbaren Wahrheiten beruht, kann dieses »unverfälschte« Bauchgefühl mit einem zusammen gegoogelten Wissen schnell als plausibel einstuft werden. Virtuelle Selbstbestätigung und Selbstermächtigung der »positionsbezogenen Emotionen« (Rosanvallon) sind das Triebmittel des Rechtspopulismus. Der Trumpismus hat eine Realitätsverweigerung salonfähig gemacht, in denen »*alternative facts*« gängigen Regeln der Überprüfbarkeit entzogen sind – wahr ist, was als wahr behauptet wird.[15]

1.2 Faschismus als autoritäre Demokratiesimulation

Bekanntlich nutzte auch der europäische Faschismus mit Radio und Film in umfassender Art und Weise die neusten Medien seiner Zeit für seine populistische Politik. Inhaltlich wurde eine Volksempfängergemeinschaft kreiert, in der sich der Nationalsozialismus als wahrer Volkswille inszenierte und eine Gemeinschaft virtuell simulierte. In den Radiosendungen und Filmen, aber auch bei den großen Versammlungen, erlebte die Masse sich selbst. Der italienische Faschismus war in vielfacher Hinsicht Vorläufer dieses volkstümlichen Populismus.

Schließlich hatte sich der italienische Faschismus noch vor dem Nationalsozialismus als angeblicher Volkswille der einfachen Italiener inszeniert. Der Faschismus wurde als Überwindung des in der Tat nur halbdemokratischen Wahlsystems Italiens ausgegeben. Auch nach der Einführung des Proportionalwahlrechts im Jahre 1919 hatte nur rund

---

14 Donald I. Warren, Radio Priest. Charles Coughlin – The Father of Hate Radio, New York 1996.
15 Pierre Rosanvallon, Das Jahrhundert des Populismus. Geschichte, Theorie, Kritik, Hamburg 2020, S. 64. Vgl. auch Simona Stano, The Internet and the Spread of Conspiracy Content, in: Michael Butter/Peter Knight (Hg.), Routledge Handbook of Conspiracy Theories, New York 2020, S. 483-496; Romy Jaster/David Lanius, Die Wahrheit schafft sich ab. Wie Fake News Politik machen, [3. Aufl.] Stuttgart 2019.

ein Drittel der Bevölkerung überhaupt das Recht zu wählen.[16] Der US-amerikanische Soziologe Dylan Riley hat mit seiner Vergleichsstudie zum Faschismus in Italien, Spanien und Rumänien eine unbequeme Einsicht formuliert:

>»Fascists tended to reject liberalism but embraced democracy as a political formula […]. The fundamental problem with liberalism, from the fascist perspective, was not that it was democratic, but precisely the opposite. Elections and parliaments, from the fascist perspective, were intrinsically incapable of representing the interests of the nation. Because of this, the nation must be represented through some other mechanism«.[17]

Tatsächlich hatten die italienischen Faschisten nach ihrer Aufstiegsphase darauf bestanden, ein gänzlich neues Regime jenseits einer herkömmlichen Diktatur errichtet zu haben. Der italienische Erziehungsminister Giuseppe Bottai behauptete sogar, der Faschismus sei demokratischer als die herkömmlichen liberalen Demokratien, da nur er es vermochte, den Unterschied zwischen Eliten und Volk einzuebnen. 1929 interpretierte die einflussreiche Tageszeitung *Corriere della Sera* die Ergebnisse des Plebiszits desselben Jahres folgendermaßen: »Das faschistische Regime ist das demokratischste Regime, das es gibt, da es einen totalen Konsens hergestellt hat«.[18] Das Plebiszit vom März 1929 war in der Tat insofern bemerkenswert, weil es nach einer Phase der offenen Straßengewalt und der Tötungen von Oppositionellen erfolgte, die die Verachtung der Faschisten für die demokratische Diskussionskultur und Wahlen mehr als verdeutlicht hatte. Wie also ging die antipluralistische Bevorzugung von Einheit, Gehorsamkeit, Hierarchie, von Disziplin und Gewalt mit einer Abstimmung zusammen? Die Abstimmung von 1929 erfolgte zu einem Zeitpunkt, als das Regime durch die Lateranverträge mit der katholischen Kirche besonderen Rückhalt in der Bevölkerung genoss. Vor allem in Richtung der westlichen Demokratien wollte man mit dem Plebiszit beweisen, wie sehr das italienische Volk geeint und ungeteilt hinter dem faschistischen Regime stand. Man wollte gewissermaßen die Vorteile einer populistischen Diktatur gegenüber den fragmentierten Demokratien inszenieren. Dazu mussten die wahlberechtigten Männer mit Ja oder Nein-Zetteln darüber abstimmen, ob sie die

---

16 Im Italien nach dem Ersten Weltkrieg hatten nicht einmal Frauen das Wahlrecht bekommen, insgesamt durften im Jahr 1919 nur 31 % der Bevölkerung wählen. Zu den Grenzen von Demokratisierung, Parlamentarisierung und Massenparteien in Italien konzise zusammenfassend: MacGregor Knox, To the Threshold of Power, 1922/33. Origins and Dynamics of the Fascist and National Socialist Dictatorships, Volume 1, New York 2007, S. 78-88, 268-281; hier: S. 82, 269.

17 Dylan Riley, The Civic Foundations of Fascism in Europe. Italy, Spain, and Romania, 1870–1945, Baltimore/MD 2010, S. 4.

18 Zitate nach Paul Corner, Plebiscites in Fascist Italy: National Unity and the Importance of the Appearance of Unity, in: Ralph Jessen, Hedwig Richter (Hg.), Voting for Hitler and Stalin. Elections Under 20th Century Dictatorships, Frankfurt a. M./New York 2011, S. 173-185; hier: S. 176, 179.

Liste der Parlamentsabgeordneten, die der *Gran Consiglio del Fascismo* (dt.: Großer Faschistischer Rat) vorgeschlagen hatte, bestätigen wollten. Nach einer kurzen und durchorganisierten Kampagne mussten die in den Farben der Trikolore eingefärbten Ja-Zettel in eine andere Wahlurne eingeworfen werden als die Nein-Zettel, die wiederum weiß waren und auf minderwertigem Papier gedruckt wurden. Die Wahllokale wurden von faschistischen Beamten überwacht, die den ordnungsgemäßen Einwurf der Zettel überwachten. Arbeiter stimmten in Kolonnen aufgereiht nacheinander in ihren Fabriken ab, wo sie sich an ihrem arbeitsfreien Abstimmungssonntag einzufinden hatten. Kurzum: Es handelte sich um eine kontrollierte Abstimmung in bedrohlicher Atmosphäre, um eine paternalistisch ausgerichtete Beteiligung per Akklamation. Mit 98,3 % Ja-Stimmen bei einer Wahlbeteiligung von mehr als 88 % erreichte man das propagandistisch vorgegebene Ziel.[19]

Immer wieder inszenierte der Faschismus die öffentliche und populistische Anerkennung seiner Politik. Ohne die Begeisterung der »ozeanischen Massen« auf den öffentlichen Plätzen, ohne die Radioansprachen des Duce, ohne die Massenveranstaltungen, riesigen Parteiversammlungen und den übervollen Festkalender wäre der Faschismus schlichtweg nicht denkbar. Hier erlebten die Massen sich selbst. Der faschistische Historiker Gioacchino Volpe hat diese volkstümliche Erlebnisqualität des Regimes ideologisch zu einer »*democrazia autoritaria e nazionale*« überhöht.[20]

Der regimetreue Philosoph und politische Pädagoge Giovanni Gentile informierte seine amerikanischen Leser 1927 in der Zeitschrift *Foreign Affairs* darüber, dass der faschistische »Volksstaat« als »*democratic state par excellence*« zu verstehen sei: »*The relationship between State and citizen (not this or that citizen, but all citizens) is accordingly so intimate that the State exists only as, and in so far as, the citizen causes it to exist.*«[21] In seiner Philosophie waren Staat und Individuum eins, sie entsprachen einander als unteilbare Einheiten und repräsentierten dadurch eine »wahrhafte« Demokratie.

Mit ihrer polarisierenden Politisierung der Gesellschaft durch die Entgegensetzung von Volk und Elite erreichen die Faschisten eine Mobilisierung, die man ohne die Krise des Parlamentarismus und der herkömmlichen politischen Parteien, ohne die Polarität einer gespaltenen Gesellschaft nicht verstehen kann. Der Antiinstitutionalismus des Faschismus und seine Ideologie der Unmittelbarkeit, die die mediatisierenden Institutionen des Politischen attackierte, erinnern an den heutigen Rechtspopulismus. Die

---

19 Ebd., S. 178-184. Ausführlicher nachzulesen bei Paola Dal Lago, Verso il regime totalitario. Il plebiscito fascista del 1929, Padua 1999.

20 Benito Mussolini, La dottrina del fascismo. Con una storia del Movimento fascista di Gioacchino Volpe [1. Aufl. 1928], Mailand/Rom 1932, S. 73.

21 Giovanni Gentile, The Philosophic Basis of Fascism, in: Foreign Affairs, 6 (1927/28), S. 290-304; hier: S. 302-303.

Beschwörung direkter statt repräsentativer Formen der Demokratie und personalistischer Formen des Politischen greifen ineinander.[22]

Das spezifische Legitimitätsprinzip und den Souveränitätsanspruch des Faschismus erfasst man, wenn man Gewalt und Mobilisierung zusammendenkt. Ohne die vorgängig schon vorhandene breite Akzeptanz der Gewalt, ohne den Ersten Weltkrieg, ohne die Sprache der Verheißung und Dramatisierung des Politischen ist der Aufstieg des Faschismus nicht zu verstehen. An die Stelle geregelter Konfliktschlichtung setzte er Gewalt, an die Stelle einer auf das Individuum abzielenden Meinungsbildung setzte er die Zurichtung des Einzelnen durch die politische Bewegung. Im Gegensatz zum Typus des Real- und Kompromisspolitikers eignete sich der charismatische Führer dazu, den Zukunftsglauben der Bewegung zu personifizieren. Die Emotionalisierung und Ästhetisierung von Politik gehörte zum Kernbestand des Faschismus und blieb nicht auf den Führerkult beschränkt. Ihr Politikstil betonte ästhetische Formen bei den Veranstaltungen, die auf Ornamentarisierung und Geschlossenheit der Massen abzielten, oft einhergehend mit einer sakralisierten Verherrlichung und Ästhetisierung von Gewalt. Der fortwährende Gebrauch religiös aufgeladener Sprachfiguren, wie die des »Opferns«, des »Glaubens«, der »Auferstehung« oder des »Geistes«, war gegen die angeblich moralisch zersetzend wirkende, von den Faschisten als hedonistisch, mechanisch, abwägend-zweifelnd und rationalistisch bezeichnete liberale Gesellschaft gerichtet. Die Sakralisierung der faschistischen Politik war einerseits von einer mystifizierten Heils- und Siegesgewissheit geprägt, betonte aber andererseits immer wieder die Notwendigkeit des Kämpfens. Die Erwartung der Erlösung durch unbarmherzigen Kampfeinsatz und die Proklamation der ewigen Herrschaft waren zwei Seiten derselben sakralisierten und auf die Zukunft ausgerichteten Politikform.[23]

Mit der faschistischen Betonung des Volks als dem Souverän wurde zwar versprochen, ein Band zwischen politischer Führung und Volk zu knüpfen, aber zugleich etwas fundamental anderes als ein liberales Demokratieverständnis aufgerufen. Der Faschismus verachtete die liberaldemokratischen *Checks* und *Balances*, den Wettbewerb der parteigebundenen Meinungsbildung, eine unabhängige Justiz oder die Freiheit der öffentlichen Meinungsbildung. Er setzte die Beschwörung von Homogenität und Einheit an die Stelle von Aushandlung in pluralistischen Gesellschaften, favorisierte sakralisierte Symbolik und hierarchische Sanktionsgewalt gegenüber formalisierten Konfliktregelungen.

Zweifellos war der Faschismus aber keine bloße Elitendiktatur. Das verdeutlicht schon seine Mobilisationskraft. In den Massenorganisationen der faschistischen Gesellschaft

---

22 Vgl. weiterführend Sven Reichardt, Faschistische Beteiligungsdiktaturen. Anmerkungen zu einer Debatte, in: Tel Aviver Jahrbuch für deutsche Geschichte, 42 (2014), S. 133-157.

23 Emilio Gentile, Il culto del littorio. La sacralizzazione della politica nell'Italia fascista, Bari 1996; Fernando Esposito, Sven Reichardt, Revolution and Eternity. Introductory Remarks on Fascist Temporalities, in: Journal of Modern European History [JMEH], 13 (2015) 1, S. 24-43.

wurden mit den Arbeitern, Frauen und Jugendlichen große Gesellschaftsgruppen zum Teil erstmals umfassend politisiert. Allein durch den *Partito Nazionale Fascista* (PNF) und seine Nebenorganisationen boten sich enorme Möglichkeiten der Beteiligung, wie die Sozialhistorikerin Patrizia Dogliani verdeutlicht: Für Kinder und Jugendliche aller Altersstufen, für Frauen, für zahlreiche Berufsgruppen, im Bereich der Freizeitgestaltung, der militärischen Erziehung bis hin zu den Kriegsinvaliden gab es in Italien diverse politische Organisationen. In dem PNF und seinen sämtlichen Nebenorganisationen waren im Oktober 1939 20,4 Millionen von 43,7 Millionen Italienern eingeschrieben; 7,8 Millionen allein in den Jugendorganisationen der *Gioventù italiana del littorio* und 3,8 Millionen in der Freizeitorganisation *Opera Nazionale Dopolavoro*.[24]

Welche Ermöglichungschancen und Zustimmungsbereitschaft diese Mobilisation ausgelöst hat, wird seit mehreren Jahrzehnten intensiv diskutiert. Christopher Duggan hat anhand der Lektüre von rund 200 privaten Tagebüchern und den Briefen an den »Duce« die Gefühle, Ideen, Werte, Erwartungen der *Ordinary People* zu bestimmen versucht. Gerade der Führerkult habe einen starken emotionalen Eindruck beim italienischen Volk erzeugt: »*It was in terms of emotions that Mussolini's Italy was simultaneously so powerful and so insidious. In stressing the moral and political superiority of faith and obedience over rationality and criticism, the regime was able to mobilise huge swathes of previously untapped popular support*«.[25] Paul Corner verdeutlicht gleichwohl, wie getrübt diese Stimmung war. Anhand von Polizeiberichten und Informationsmitteilungen aus der Partei, in denen natürlich immer auch innerparteiliche Rivalitäten und Auseinandersetzung mitverhandelt wurden, zeigen die Berichte der Präfekten, Parteisekretäre, faschistischen Polizei- und Militäroffiziere, dass sich die italienische Bevölkerung schon Ende der dreißiger Jahre nachdrücklich über Inkompetenz, Korruption und Vetternwirtschaft unter den lokalen Parteifunktionären beschwerte. Der PNF verfehlte sein Ziel, einen »Neuen Menschen« und mithin eine »Rasse« von gehorsamen und gläubigen Kämpfern zu schaffen. Die Partei entfaltete stattdessen schon vor dem Zweiten Weltkrieg selbstzerstörerische Kräfte.[26]

Dennoch wird das faschistische Regime in der Zeit zwischen 1926 und 1935/36 seine vergleichsweise stärkste Zustimmung gefunden haben. Der Nimbus des entrückten und zugleich volksnahen Duce hatte seinen Höhepunkt erreicht, die politische Festkultur war zu einer ubiquitären Ritualpraxis geworden, in der sich die Masse eindrucksvoll selbst erleben konnte.[27] Die symbolische Aufwertung von Arbeitern, Jugendlichen und Frauen, die großen Propagandaprojekte wie die Trockenlegung der Pontinischen

---

24 Patrizia Dogliani, Il fascismo degli italiani. Una storia sociale, Turin 2008, S. 62; Loreto Di Nucci, Lo Stato-partito del fascismo. Genesi, evoluzione e crisi 1919–1943, Bologna 2009, S. 488.

25 Christopher Duggan, Fascist Voices. An Intimate History of Mussolini's Italy, London 2012, S. 23.

26 Paul Corner, The Fascist Party and Popular Opinion in Mussolini's Italy, Oxford 2012.

27 Vgl. nur Mabel Berezin, Making the Fascist Self. The Political Culture of Interwar Italy, Ithaca/NY/London 1997; Simonetta Falasca-Zamponi, Fascist Spectacle. The Aesthetics of Power in Mussolini's Italy, Berkeley/CA 2000; Kate Ferris, Everyday Life in Fascist Venice, 1929–1940,

Sümpfe begann. Dazu kam die emotionale Mobilmachung geschlossener nationaler Solidarität durch aufwendige und als Plebiszit inszenierte Spendenkampagnen, wie etwa mit dem berühmten *Oro alla Patria* von 1935.[28] Während die Größe der Nation auf Festen, bei Reden und in Publikationen in stets sakralisierter Formensprache beschworen und erlebt wurde, kann die Zustimmung der Bevölkerung nie ohne den Zwang, die Reglementierungen und die aggressive Aufdringlichkeit der Partei verstanden werden. Das faschistische Regime erwies sich letztlich als eine mobilisierende Repressionsagentur, die Zustimmung und Gewalt als zwei Seiten derselben Medaille verstand. Im Faschismus verschränkte sich plebiszitärer Populismus mit Repression. Begeisterung einerseits und Kontrolle andererseits gehörten zusammen, sodass die Zustimmung aus unterschiedlichen Gründen zwischen Begeisterung und Einverständnis, duldender Inkaufnahme und Gleichgültigkeit bis hin zu Apathie changierte. Das war sehr unterschiedlich, je nach dem Zeitpunkt der Regimeentwicklung, nach sozialer Gruppe, räumlicher Verortung oder der jeweiligen politischen Diskriminierung. Der Faschismus war letztlich eine Gewaltordnung, die sich in diesem Rahmen allerdings unterschiedlicher Beteiligungspraxen bediente.[29]

Wie das Beispiel des italienischen Faschismus zeigt, gerierte sich der europäische Faschismus als Antwort auf die Krise von Liberalismus und Parlamentarismus. Die gespaltenen Gesellschaften öffneten ein Gelegenheitsfenster für populistische Politik. Das Parlament, so hieß es in vielen europäischen Ländern der 1920er- und 1930er-Jahre, bilde nicht mehr die Bevölkerung ab, die Zersplitterung der Parteienlandschaft, der unversöhnliche Streit zwischen den politischen Richtungen zerstöre die nationale Einheit und Integrität. Anstatt auf institutionelle Arrangements oder Wahlverfahren abzuheben, betonten die faschistischen Populisten, dass nur sie der einzig wahre Ausdruck des Volkes seien.

Auch heute hat sich wieder eine Schere zwischen Liberalismus und Demokratie geöffnet: Donald Trump verachtet die Grundnormen des Rechtsstaats, wie etwa die Geschichte von Klagen und Neufassungen um das Dekret des *Muslim Travel Ban* von Januar 2017 oder seine Politik gegen das Amtsenthebungsverfahren von September 2019 bis Februar 2020 versinnbildlicht. In Polen und Ungarn lassen sich radikalisierte Prozesse einer beschleunigten Zerstörung der unabhängigen Institutionen, der freien Medien und des Minderheitenschutzes beobachten. Zugleich schwindet das Vertrauen in die politische Elite und das demokratische System – die unabhängigen Institutionen werden hinterfragt: von der Normenkontrolle durch Verfassungsgerichte bis zur Politik der Zentralbanken. Besonders virulent sind die Probleme des Lobbyismus und der

---

New York 2012; Joshua Arthurs, Michael Ebner, Kate Ferris, (Hg.), The Politics of Everyday Life in Fascist Italy, New York 2017.

28 Petra Terhoeven, Liebespfand fürs Vaterland. Krieg, Geschlecht und faschistische Nation in der italienischen Gold- und Eheringsammlung 1935/36, Tübingen 2003.

29 Reichardt, Faschistische Beteiligungsdiktaturen, in: Tel Aviver Jahrbuch für deutsche Geschichte, 42 (2014), S. 133-157.

Korrumpierung; dem politischen System wird Machtblindheit und reine Selbsterhaltung vorgeworfen. Wie in der Zwischenkriegszeit wird auch jetzt die Unfähigkeit des politischen Systems beschworen, die Bankenkrise zu regeln, die europäische Bürokratieflut einzudämmen oder die Flüchtlingsbewegungen zu steuern.

Das Vertrauen in demokratische Institutionen ist den vergangenen 25 Jahren stets weiter gesunken und befindet sich in einem historischen Tief. So favorisieren im Jahr 2011 ganze 44 % der jungen US-Amerikaner (18–24 Jahre) ein politisches System, bei der sich die Führungsperson nicht um Parlament und Wahlen schert. In der Gesamtbevölkerung sind dies immer noch erschreckende 32 %.[30] Besonders seit der Finanzkrise von 2008 verliert die Parteiendemokratie ihre Bindungskraft, wie gegenwärtig dies nicht nur die bundesrepublikanischen Volksparteien spüren, sondern vor allem auch Institutionen wie die Europäische Kommission, die nicht nur in Südeuropa als elitär und undemokratisch empfunden wird.

1.3 Peronismus

Die wichtigste Vorform des gegenwärtigen Populismus ist jedoch nicht der Faschismus, sondern eine Variante, die sich in Lateinamerika seit den 1950er-Jahren des 20. Jahrhunderts entwickelte. Vor allem der Peronismus nahm dabei faschistische Elemente auf. Zweifellos war der Peronismus in Argentinien ein Vorläufer zahlreicher weiterer lateinamerikanischer, populistischer Strömungen.[31] In Lateinamerika hatte das Erbe der 1930er- und 1940er-Jahre, als faschistische Bewegungen wie der brasilianische Integralismus oder die *Nacionalistas* in Argentinien um Félix Uriburu die politischen Landschaften prägten, nach dem Zweiten Weltkrieg ein politisches Repertoire hinterlassen, welches den Aufbau liberaldemokratischer Regime erschwerte.[32] Es kam zu einer »*populist reformulation of fascism*«, wie der argentinische Historiker Federico

---

30 Yascha Mounk, Der Zerfall der Demokratie. Wie der Populismus den Rechtsstaat bedroht, München 2018, S. 130.

31 Es ist wohl kein Zufall, dass gerade Forscher, die sich intensiv mit der Geschichte Lateinamerikas befasst haben, wie der an der New Yorker New School for Social Research lehrende argentinische Historiker Federico Finchelstein oder der Soziologe Wolfgang Knöbl (Direktor des Hamburger Instituts für Sozialforschung) nach historischen Phasen und gesellschaftlichen Bedingungen für das Auftreten populistischer Bewegungen gefragt haben. Siehe dazu Federico Finchelstein, From Fascism to Populism in History, Oakland/CA 2017; Wolfgang Knöbl, Über alte und neue Gespenster. Historisch-systematische Anmerkungen zum »Populismus«, in: Mittelweg, 36 (2016) 6, S. 8-35; hier: S. 14-29. Vgl. auch Cas Mudde, The Study of Populist Radical Right Parties: Towards a Fourth Wave, C-REX Working Paper Series, 1 (2016).

32 Federico Finchelstein, Transatlantic Fascism. Ideology, Violence, and the Sacred in Argentina and Italy, 1919–1945, Durham/London 2010. João Fábio Bertonha, Sobre a direita. Estudos sobre o fascismo, o nazismo e o integralismo, Maringá 2008; ders., Integralismo. Problemas, perspectivas e questões historiográficas, Maringá 2014. Einen älteren, aber immer noch guten Überblick bietet: Sandra McGee Deutsch, Las Derechas. The Extreme Right in Argentina, Brazil, and Chile 1890–1939, Stanford/CA 1999.

Finchelstein betont hat. Im argentinischen Peronismus wurden faschistische Elemente umformuliert, wie etwa in seinem Staatsinterventionismus: »*Perón went further than the fascists and nacionalistas in his economic nationalism by nationalizing the Argentine central bank, gas, telephone and railroads.*«[33] Die typisch lateinamerikanische Variante eines primär nationalistisch-sozialpolitischen Populismus, welcher als Massenpolitik für die Arbeiter des Landes ausgegeben wurde, verband sich mit repressiven Elementen: von der umfassenden Nutzung der Gefängnisse, der Folter und der Verfolgung Oppositioneller über die Zensur der Presse bis hin zum Klientelismus und dem Aufbau einer Einheitspartei. Dennoch fehlten diesem polizeistaatlichen Autoritarismus Argentiniens die typisch völkischen Elemente des Faschismus. Vor allem war er weit entfernt von der rassistischen Vernichtungspolitik, die den Faschismus in seinen radikalsten Endstadien kennzeichnete. Der Populismus war laut Finchelstein eine Reformierung des Faschismus: »*Modern populism was born out of fascism*«, schrieb er in seiner jüngsten Darstellung zum Thema.[34]

Bis heute prägt die Propagandapolitik von Eva Perón unsere Sicht des Peronismus, wurde diese doch sehr schnell zur Medien- und Stilikone aufgebaut. Als solche wirkte sie weit über ihren Tod im Jahr 1952 hinaus. Die aus armen Verhältnissen stammende Eva Perón verfügte als Model, später als Radiomoderatorin sowie als Theater- und Filmschauspielerin seit den späten 1930er-Jahren über große mediale Vorbildung. Als am 13. Oktober 1945 Juan Perón, der bei der Arbeiterschaft beliebte Arbeitsminister, auf Geheiß einiger Militärs seines Amtes enthoben wurde, beteiligte sie sich an den öffentlichen Protesten. Sie sprach im Radio für seine Freilassung, organisierte die Massenstreiks und Demonstrationen, die viele Tausend Argentinier auf den Straßen veranstalteten. Besonders aktiv war sie bei dem Marsch der Armen *Descamisados* (dt.: Hemdlosen) auf das Regierungsgebäude und dem ausgerufenen Generalstreik. Aufgrund dieser öffentlichen Protestbewegung musste Juan Perón am 17. Oktober 1945 wieder freigelassen werden. In dem anschließenden Wahlkampf 1946 um die zukünftige Präsidentschaft unterstützte sie ihren Mann. In ihrer wöchentlichen Radiosendung hielt sie populistische Reden, in denen sie die Armen aufforderte, Perón zu unterstützen. Dabei betonte sie vor allem immer wieder ihr eigenes Aufwachsen in Armut, sodass sich die Unterschichten mit ihr identifizieren konnten. Die Angehörigen der arbeitenden und sozial nicht so gut gestellten Bevölkerungsschichten Argentiniens, so jedenfalls die mediale Darstellung und die inszenierte Mobilisierung, verehrten Evita. Zugleich half ihr, dass Kreise des elitären Militärs meinten, eine Frau wie sie spiele

---

33 Federico Finchelstein, The Ideological Origins of the Dirty War. Fascism, Populism, and Dictatorship in Twentieth Century Argentina, Oxford 2014, S. 71.
34 Finchelstein, From Fascism, 2017, S. XIII.

eine viel zu aktive Rolle in der Politik. Binnen kurzer Zeit erarbeitete sich Evita eine propagandistisch gestützte Machtposition.[35]

Die Peronisten selbst stellten ihre Politik als dritten Weg zwischen Kommunismus und Kapitalismus dar. Juan Perón hatte sich als junger Mann in Italien durch Mussolini beeindrucken lassen und gehörte zu den Argentiniern, die in den 1930er-Jahren und während des Zweiten Weltkrieges mit dem nationalsozialistischen Deutschland sympathisierten. Auch Eva Perón stand noch nach 1945 in engen Beziehungen zu einigen offen auftretenden Nationalsozialisten. Amerikanische und englische Geheimdienste kamen zu dem Schluss, dass sie bei den Fluchtbewegungen gesuchter Nationalsozialisten nach Südamerika entscheidend mitgewirkt hatte.[36]

1.4 Politische Ökonomie des Rechtspopulismus

Warum gerade der Peronismus mit seinen Wohlstandsversprechen ein besonders zugkräftiges Modell werden konnte, zeigt ein Blick auf die politische Ökonomie des Populismus. Schließlich befinden sich die westlichen Gesellschaften seit der Schuldenkrise und dem Finanzcrash von 2008 in einer grundlegenden Transformation, die durch die Coronavirus-Pandemie nochmals in noch unbekanntere Dimensionen weitergeführt wird. Nicht wenige haben schon vor mehr als zehn Jahren an die Große Rezession der 1920er- und 1930er-Jahre erinnert. Wenigstens die durch sie freigesetzten Ängste lassen deutliche Parallelen zur Gegenwart erkennen.[37]

Der Sozialstaat sei in einer massiven Krise, so glauben die meisten Europäer, und werde ein auskömmliches Leben ihrer Kinder nicht mehr sichern können. Schuldenlast und Defizitfinanzierung, Banken- und Währungskrise – das Erfolgsmodell Europa steckt ebenso wie die europäische Sozialdemokratie in einer tiefen Krise und hat an Reiz verloren. In Osteuropa ist die Euroskepsis nochmals stärker ausgeprägt, hier konnte ein Vertrauen in das politische System der EU nicht über Jahrzehnte wachsen.[38] Die Angst vor der Wiederkehr der illiberalen 1930er-Jahre ist weit verbreitet – trotz aller soziokulturellen Unterschiede. Meinungsumfragen zufolge glaubte die Mehrzahl der Briten, Deutschen und Franzosen im Jahr 2017, dass die Welt vor einem großen

---

35 Michael Conniff (Hg.), Populism in Latin America [1. Aufl. 1999], Tuscaloosa/AL/London 2012; Joel Horowitz, Populism and its Legacies in Argentina, Tuscaloosa/AL 2012; Saskia Ruth, Kirk Hawkins, Populism and democratic representation in Latin America, in: Reingard Heinisch, Christina Holtz-Bacha u. a. (Hg.), Political Populism. A Handbook, Baden-Baden 2017, S. 255-273; Mitchell Seligson, The Rise of Populism and the Left in Latin America, in: The Journal of Democracy, 18 (2007) S. 82-95; Karen Kampwirth (Hg.), Gender and Populism in Latin America: Passionate Politics, University Park/PA 2010.

36 Karl W. Deutsch, Blue Book on Argentina. Consultation Among the American Republics with respect to the Argentine Situation, New York 1946; Uki Goñi, Odessa. Die wahre Geschichte. Fluchthilfe für NS-Verbrecher, Berlin/Hamburg 2006.

37 Ulrich Bröckling, Man will Angst haben, in: Mittelweg, 36 (2016) 6, S. 3-7.

38 Krastev, Europadämmerung, 2017, S. 13 ff., 19, 51, 55-71.

Krieg stehe.[39] Durch die Coronavirus-Pandemie und die anstehende wirtschaftliche Rezession wird sich diese Entwicklung beschleunigen. Eine Entkopplung der Demokratie vom Liberalismus gab es in den 1920er- und 1930er-Jahren ebenso wie heute, die Entstehung autoritärer Dynamiken des Staates und die Zersplitterung der Politik in unversöhnliche Lager, weit verbreitete Abstiegsängste und nationalistische Furcht vor Globalisierung lassen sich zwar nicht gleichsetzen, aber dennoch vergleichen.[40]

>>Erst eine Bankenkrise, dann Rezession und hohe Arbeitslosigkeit, gefolgt von heillosen Versuchen, die Staatsfinanzen via Steuererhöhung und Kürzungen zu sanieren. Dazu ein Aufstieg populär-autoritärer Parteien mit zunehmendem Hang zum nationalen Alleingang. All das hat es vor gut acht Jahrzehnten gegeben. All das gibt es, mehr oder weniger, auch jetzt wieder. Wenn auch noch in gemäßigter Form. Noch.<<

So schrieb Thomas Fricke im März 2018.[41] Der Hammerschlag der Corona-Krise 2020 mit seiner massiven Verschuldungspolitik wird diese Entwicklungen in Politik und Wirtschaft mittel- und langfristig vermutlich beschleunigen. Ganz unvergleichbar ist das mit den 1930er-Jahren nicht. War es nicht der >>Austeritäts-Kanzler<< Heinrich Brüning, der die Steuern erhöhte und Sozialausgaben kürzte, um damit die deutschen Staatsfinanzen zu sanieren? Ist das nicht ganz ähnlich dem Schicksal Südeuropas (und bald auch Nordeuropas?), welches unter den Sparprogrammen droht, seinen Mittelstand zu verlieren?[42]

Die >>Panik im Mittelstand<<, die der berühmte Rechts- und Staatswissenschaftler Theodor Geiger im Jahre 1930 beschrieb,[43] scheint sich wieder auszubreiten. Allein die Gaststätten, Ladenbesitzer, Kleinhändler werden massive Einbuße zu verkraften haben – vom Transportgewerbe, Tourismus oder der Hotellerie einmal ganz zu schweigen. Hatte Geiger noch in den Deklassierungsängsten des alten Mittelstandes aus Handwerkern und Kleinhändlern das Rückgrat der NS-Bewegung erkannt, so ist es in den zehner Jahren des 21. Jahrhunderts eben jene Gruppe weißer Männer aus dem *Rust Belt* und dem mittleren Westen in den USA, die Trump überproportional unterstützt

---

39 Ebd., S. 12.

40 Ebd., S. 48, 76-85. Die Beteiligung bei nationalen Wahlen, so Krastev, ist in Europa von 71 % Anfang der neunziger Jahre auf gerade einmal 41 % in den letzten Jahren zurückgefallen. Vgl. ebd., S. 111.

41 Thomas Fricke, Das Gespenst der Dreißigerjahre ist zurück, in: Der Spiegel, 9.3.2018, in: <http://www.spiegel.de/wirtschaft/handelskrieg-und-populismus-in-italien-zurueck-in-die-dreissigerjah-re-kolumne-a-1197182.html> (10.11.20).

42 Siehe Gregori Galofré-Vilà, Christopher M. Meissner, Martin McKee, David Stuckler, Austerity and the rise of the Nazi party, in: National Bureau of Economic Research Working Paper 24106, 2017, in: <http://www.nber.org/papers/w24106> (10.11.20).

43 Theodor Geiger, Panik im Mittelstand, in: Die Arbeit. Zeitschrift für Gewerkschaftspolitik und Wirtschaftskunde, 7 (1930) 10, S. 637-654.

haben. Ähnlich sieht es in Deutschland mit der AfD aus. Es sind die Facharbeiter der Mittelschichten aus dem Ruhrgebiet und aus dem Osten Deutschlands, die sich in den Jahren seit 2017 Gehör verschafften und lautstark ihrer Angst vor Migranten Ausdruck verliehen. Der Münchener Soziologie Stephan Lessenich konstatierte nach den Bundestagswahlen 2017: »Nun aber kommen sie wieder zum Vorschein, die Verlustängste und Abwehrreflexe der Mitte. Im Jahr 2017 sind sie wahlamtlich geworden«.[44]

In den USA hatten die Trump-Wähler ein leicht überdurchschnittliches Einkommen, zählten zur Mittelschicht und waren weniger häufig arbeitslos als die Nicht-Trump-Wähler.[45] In Europa wie den USA besteht die Kernwählerschaft aus den Selbstständigen und den Mittelschichtsmilieus. Diesen geht es zwar selbst nicht schlecht, aber sie fürchten sich vor einem Abstieg, leben sie doch zu einem Großteil in ländlichen und kleinstädtischen Gebieten mit schlechter ärztlicher Versorgung und großer Abhängigkeit von Sozialhilfen.[46] Es gelang Donald Trump, die ehemals demokratisch dominierten Gebiete des industriellen *Rust Belts* südlich der großen Seen durch Wahlerfolge in den Staaten Pennsylvania, Michigan und Wisconsin zu durchbrechen. Auf die Problemlagen diese sich politisch zurückgedrängt fühlenden und von der Demokratischen Partei verlassenen Gruppen hat die Forschung mittlerweile umfassend aufmerksam gemacht. Der neoliberale Traum von Eigenverantwortung und Freiheit ist für nicht wenige US-Amerikaner ausgeträumt. Die Ungleichheit hat massiv zugenommen und immer mehr Menschen in den vergangenen drei Jahrzehnten wurden wirtschaftlich und sozial abgehängt. Die Realeinkommen der unteren 40 % sind über die vergangenen 30 Jahre geschrumpft. Viele Amerikaner realisieren, dass ihre Kinder und Enkel es nicht besser haben werden als sie selbst. Es sind, wie gesagt, weniger die arbeitslosen US-Amerikaner, die Trump gewählt haben, sondern vielmehr die Menschen in der Mittelschicht und aus den alten Industrien, die Angst haben, abgehängt zu werden.[47]

Gegen eine bloß kulturwissenschaftliche Erklärung und Analyse des Populismus hat sich jüngst der Bremer Politikwissenschaftler Philip Manow mit seiner 2018 vorgelegten Schrift *Die Politische Ökonomie des Populismus* ganz entschieden ausgesprochen. Sein Plädoyer für eine materialistische Analyse des europäischen Populismus

---

44 Stephan Lessenich, Der Klassenkampf der Mitte, in: Süddeutsche Zeitung [SZ], 3.1.2018, S. 9; Heinz Bude, Gesellschaft der Angst. Ein Essay. Hamburg 2014.

45 Mounk, Zerfall, 2018, S. 183 f., 200 ff.

46 Wahlhistorische wie wahlsoziologische Analysen zur Zwischenkriegszeit haben aber auch gezeigt, dass die Rechtsnationalen, trotz relativer Unterschiede, bei praktisch allen gesellschaftlichen Gruppen punkten konnten. Siehe dazu nur Jürgen Falter, Hitlers Wähler, München 1991.

47 Matthias-Wolfgang Stoetzer, Alexander Munder, Julia Steger, US-Präsidentschaftswahlen 2016: Der Einfluss soziodemografischer, ökonomischer und kultureller Faktoren auf Trumps Wahlerfolg, in: Jenaer Beiträge zur Wirtschaftsforschung, 1 (2019), S. 1-33, in: <http://hdl.handle.net/10419/202073> (10.11.20); Christian Fuchs, Digital Demagogue. Authoritarian Capitalism in the Age of Trump and Twitter, London 2018; Heike Buchter, Am Ende. Falsche Diagnose, falsche Lösung: Hillary Clintons und Donald Trumps Wirtschaftspläne greifen zu kurz. Innovationen und Ideen fehlen, viele Menschen verzweifeln, in: Die Zeit, 12.8.2016.

kann zwar in seiner geografischen Zuordnung nicht überzeugen (schematisch wird hier der antineoliberale Linkspopulismus in Südeuropa von rechtspopulistischen Antimigrationsbewegungen in den Wohlfahrtsstaaten Nordeuropas unterschieden). Insbesondere seine schematische Deutung Italiens als tendenziell linkspopulistisch war schon im Erscheinungsjahr des Buches überholt. Matteo Salvinis Aufstieg kann der Politologe ebenso wenig erklären wie den Rechtsschwenk der *Cinque Stelle* oder die Entstehung der rechtsradikalen *Fratelli d'Italia*.

Aber seine vergleichende Politische Ökonomie wehrt sich dennoch nicht zu Unrecht gegen kulturwissenschaftliche Monopolansprüche: »Wer über den Populismus reden will, aber nicht zugleich auch über den Kapitalismus, landet meist nur bei der Identitätspolitik – und ist dann schnell mittendrin in unergiebigen Debatten«.[48] Dass diese Debatten pauschal als »unergiebig« bezeichnet werden, ist eine wenig überzeugende Engführung der Argumentation. Gleichwohl sollte der Populismus tatsächlich nicht unabhängig von der Ökonomie, von Knappheitsbedingungen und der gerechten Verteilung von Ressourcen gedacht werden. Dass Industriearbeiter sich von der Sozialdemokratie abwenden – ob nun im Mittleren Westen der USA, in den ländlichen Gegenden Osteuropas oder in Zentren der Schwerindustrie und des Bergbaus in Westeuropa und den USA – hat mit ihrem Protest gegen die globale Konkurrenz und das entsprechende Lohndumping zu tun. Während sich die Sozialdemokratie immer stärker den neuen Mittelschichten zuwandte, sind ihre alten Trägerschichten zu populistischen Parteien abgewandert.[49]

Weit weg von der älteren These, dass vor allem die »Modernisierungsverlierer« populistisch wählen, sind Manows Thesen nicht.[50] Der wirtschaftsliberale Boom seit den neunziger Jahren, so Manow, habe die Ökonomien Europas ganz unterschiedlich unter Druck gesetzt. Die Finanz- und Eurokrise etwa hat vor allem in Griechenland, Spanien und Portugal heftige Anpassungskrisen ausgelöst. Zur gleichen Zeit sei es zu einem sprunghaften Anstieg der Migration aus Afrika und dem Nahen Osten gekommen. Diese Migration wurde politisch

»zum Problem, wo der Wohlfahrtsstaat großzügig und zugänglich ist (Kontinental- und Nordeuropa). Das sind zugleich die Länder, denen Außenhandelsöffnung, freier Warenverkehr, kurz: Güterglobalisierung geringere Probleme bereitet, und zwar weil der Wohlfahrtsstaat großzügig und umfassend ist, weil sozialpolitische Kompensation die Verteilungsfolgen der freien Bewegung von Gütern und Kapital entschärft. [...] Dieser Umstand definiert bereits eine unterschiedliche Krisenbetroffenheit in Süd- und Nordeuropa, weil das südeuropäische Wirtschaftsmodell weniger auf Export als vielmehr hauptsächlich auf Binnennachfrage setzt und der Verlust der

---

48 Philip Manow, Die Politische Ökonomie des Populismus, Berlin 2018, S. 10.
49 Ebd., S. 29-35.
50 Siehe ebd., S. 14.

geldpolitischen Souveränität daher hier besonders schwer wiegt. […] Zugleich ist in Südeuropa der Wohlfahrtsstaat zwar ebenfalls großzügig, aber für Migranten im Regelfall nicht zugänglich, da seine Leistungen weitgehend auf Arbeitsmarkt-Insider gerichtet sind bzw. der Leistungszugang klientelistisch geregelt ist«.[51]

So wichtig und richtig aber die Zurückweisung monokausal kulturalistischer Erklärungen des Populismus einerseits ist, so wenig überzeugt andererseits, diesen durch einen ökonomistischen Reduktionismus zu ersetzten, der politische Präferenzen der Wähler quasi nur ableitend aus ihren Portemonnaie-Interessen erklärt. Eine *Rational-Choice*-Erklärung von politischen Präferenzen und Handlungen, die die Einbettung der Akteure und ihrer Handlungen in institutionelle Beziehungsgefüge und gesellschaftliche Handlungsfelder auslässt beziehungsweise diese als bloße Summe struktureller Handlungsbedingungen begreift, wird der Eigenlogik von Handlungen und kulturellen Einstellungsmustern nicht gerecht. Kollektive populistische Bewegungen ergeben sich aus dem relationalen Beziehungscharakter sozialen Handelns.[52] Asymmetrische Verteilungen und Abhängigkeitsverhältnisse einerseits, aber auch die ständige Klassifikations- und Repräsentationsarbeit der sozialen Akteure andererseits, machen aus bloßer Verteilungsungleichheit erst die politischen Einstellungen.

Den Unterschied dieses Vorgehens zur Politischen Ökonomie im Sinne Manows haben die US-amerikanischen Historikerinnen Victoria Bonnell und Lynn Hunt in ihrem Plädoyer für eine praxeologische Geschichtswissenschaft pointiert formuliert:

»Historians and sociologists no longer assume […] that causal explanation automatically traces everything cultural or mental back or down to its more fundamental components in the material world of economics and social relations. The focus on practice, narrative, and embodiment – whether of whole culture, social groups, or individual selves – is meant to bypass that dilemma and restore a sense of social embededness without reducing everything to its social determinants«.[53]

Anstatt also in einem kausalen Erklärungsmodus Kultur und Politik bloß aus der Ökonomie abzuleiten, geht es in dem komplexeren Erklärungsmodell der Praxeologie um die Eingebundenheit und Verwobenheit von Materialität und Deutung in den Handlungen der historischen Akteure selbst. Daher sind die in den ersten Abschnitten besprochenen Elemente der Performanz des Populismus in einer vollgültigen Analyse des Phänomens durchaus einzubeziehen.

---

51 Ebd., S. 19.
52 Vgl. Hans Joas, Die Kreativität des Handelns, Frankfurt a. M. 1992, S. 235 f.
53 Victoria E. Bonnell, Lynn Hunt, Introduction, in: dies. (Hg.), Beyond the Cultural Turn. New Directions in the Study of Society and Culture, Berkeley/CA/Los Angeles/CA 1999, S. 26.

Vonseiten der Ethnologie ist das Plädoyer für eine Politische Ökonomie des Rechtspopulismus überzeugender vorgetragen worden. Die an der *London School of Economics* lehrende deutsche Ethnologin Insa Koch etwa hat mit ihren Feldforschungen in primär weißen Armutsgebieten des sozialen Wohnungsbaus in und um London gezeigt, wie umfassend sich die unterprivilegierten Arbeitergruppen seit der neoliberalen Wende in den neunziger Jahren vom britischen Wohlfahrtsstaat im Stich gelassen fühlen. Hier war der prozentuale Anteil an Brexit-Befürwortern besonders hoch. Die politische Meinung dieser Schichten lediglich mit dem Begriff des Rassismus und populistischen Autoritarismus abzutun, würde die realen Problemlagen dieser Gruppen zu sehr ignorieren. Die Anhänger von Nigel Farage und seiner *UK Independence Party* (UKIP) fühlten sich politisch allein gelassen und nahmen sich vor allem als Opfer der Globalisierung wahr.[54] Zugleich folgten sie einem Narrativ des Abstiegs und einer populistischen Beschwörung der ländlichen, der unverfälschten oder einer angeblich autochthon nationalen Identität, die ihre Problemlagen kulturell einbettete.

2   Neue Weimarer Verhältnisse?

Blickt man auf die sozialen Hintergründe des gegenwärtigen Populismus, so fallen einige Parallelen und Unterschiede zur Weimarer Republik ins Auge, die seit den Wahlen Donald Trumps im November 2016 in den deutschen Medien von Historikern kommentiert und eingeordnet wurden. Ein erster Überblick der 53 deutschen Medienberichte im Zeitraum von 2017 bis 2020,[55] die sich mit einem Vergleich zwischen der Gegenwart und den 1920er- und 1930er-Jahren befassen, zeigt zunächst, dass im Jahr 2017 die meisten Historiker die Unterschiede zur Zwischenkriegszeit betonten.[56]

---

54 Insa Koch, Personalizing the State. An Anthropology of Law, Politics, and Welfare in Austerity Britain, Oxford 2018, Vortrag von Insa Koch auf der Deutschen Gesellschaft für Sozial- und Kulturanthropologie in Konstanz im Oktober 2019 unter der URL <https://streaming.uni-konstanz.de/talks-und-events/2019/dgska-2019/dgska-2019-10-02-03-insa-l-koch/> (10.11.20); Insa Koch, Deborah James, The state of the welfare state: advice, governance and care in settings of austerity, in: Ethnos, 85 (2020), S. 1-21.

55 Ich danke an dieser Stelle meinen studentischen Hilfskräften Gina-Julia Westenberger und Daniel Schröder, die mir dieses Paket aus einer Recherche entsprechender Artikel und Beiträge in den Medien Frankfurter Allgemeine Zeitung, Süddeutsche Zeitung, Spiegel und Deutschlandfunk für die Jahre 2017 bis 2020 zusammengestellt haben.

56 Andreas Wirsching, Appell an die Vernunft, in: Frankfurter Allgemeine Zeitung [FAZ], 24.4.2017, S. 6; Werner Plumpe, Krieg und Krisen, in: FAZ, 8.5.2017, S. 6; Horst Möller, Zwischen Feinden und Freunden, in: FAZ, 22.5.2017, S. 6; Ute Daniel, Gegen »das System«, in: FAZ, 29.5.2017, S. 6; Jürgen W. Falter, Volkspartei des Protests, in: FAZ, 19.6.2017, S. 8; Herfried Münkler, Ordnung ohne Hüter, in: FAZ, 3.7.2017, S. 6; Hélène Miard-Delacroix, Rätselhaftes Deutschland, in: FAZ, 17.7.2017, S. 6; Andreas Wirsching, Weimarer Verhältnisse?, in: FAZ, 18.9.2017, S. 6; Frank Bösch, Regierungsbildungen: Von Weimar zu sprechen ist absurd, in: Die Zeit, 23.9.2017. Als Nachzügler in derselben Richtung: Jörn Leonhard, »Wer von Weimarer Verhältnissen spricht, will die Krise

Symptomatisch für diese Sicht ist die Einschätzung des historisch arbeitenden Politologen Jürgen W. Falter, der Ende 2017 schrieb:

»Unser Verfassungsgefüge ist auf Stabilität ausgerichtet, die Parteien, selbst die beiden linken und rechten Flügelparteien im Bundestag, fühlen sich der Demokratie verpflichtet, die politischen und gesellschaftlichen Eliten zeichnen sich durch ihre liberaldemokratische Grundorientierung aus. Wirtschaftlich steht die Bundesrepublik ungleich besser da, als es der Weimarer Republik jemals vergönnt war. Außenpolitisch ist Deutschland nicht isoliert, sondern wohlintegriert und international geachtet, Links- und Rechtsextremismus führen nur eine marginale außerparlamentarische Existenz. Zudem finden sich nirgendwo Anzeichen einer Staatskrise, und selbst eine geschäftsführende Regierung wie die von Angela Merkel erweist sich als weitgehend handlungsfähig. Das kann sich zwar alles irgendwann ändern, gegenwärtig aber gilt: Berlin ist beileibe nicht Weimar.«[57]

Diese Einwendungen sind bedenkenswert. Besonders in einer Hinsicht unterscheidet sich der heutige Rechtspopulismus – wenigstens in quantitativer Hinsicht – vom Systemprotest der Zwischenkriegszeit. Der heutige Rechtspopulismus ist bislang keine primär gewaltsame Bewegung, wie die durch den Ersten Weltkrieg und die blutigen Straßenkämpfe mit dem Sozialismus geprägten faschistischen Bewegungen der Zwischenkriegszeit. Vergleichbar sind »symbolische Formen« des Politischen die Distanzierung vom politischen Establishment und von herkömmlichen politischen Parteien, kombiniert mit der angeblich direkten Verbundenheit mit dem einfachen, normalen und »reinen« Volk und dem Wunsch nach einem sanktionsstarken Polizeistaat. Zwischen dem völkisch-nationalen Denken der Rechtspopulisten in der Gegenwart und rassistischer Vernichtungspolitik des historischen Faschismus liegen aber noch viele Radikalisierungsschritte. Zudem galt der Rassismus in der Zwischenkriegszeit keineswegs als krude Pseudowissenschaft, als der er heute firmiert. Selbst als manifeste Gewaltbewegungen unterscheiden sich beide Phänomene. Zweifellos gibt es in der Gegenwart zahlreiche gewaltsame Ausschreitungen, man denke nur an die Hundertschaften von Rechtsextremen, Neonazis und Ku-Klux-Klan-Anhängern, die sich im August 2017 in der kleinen Universitätsstadt Charlottesville im atlantischen Küstenstaat Virginia zusammengefunden hatten und in massiver Form gewalttätig wurden. In den USA haben Gewaltprediger bei den *White Supremacists* wie der ehemalige Ku-Klux-Klan-Anführer David Duke oder der *Alt-Right*-Ideologe Richard B. Spencer seit der

---

herbeireden«, in: Deutschlandfunk [DLF], 11.11.2018, in: <https://www.deutschlandfunk.de/historiker-zum-ende-des-1-weltkrieg> (10.11.20).

57 Jürgen W. Falter, Berlin ist nicht Weimar. Die Angst vor dem Ende der Demokratie ist unbegründet. Die Zeit zwischen den beiden Weltkriegen unterscheidet sich grundsätzlich von unserer Gegenwart, in: Frankfurter Allgemeine Woche, 48 (2017), S. 22 f.

Wahl Trumps deutlichen Auftrieb. Auch die Blutspur der deutschen Rechtsterroristen seit den neunziger Jahren ist nach den 2018 korrigierten Angaben der Bundesregierung mit 83 Todesopfern lange Zeit unterschätzt worden. Vermutlich waren es innerhalb dieser 30 Jahre nochmals deutlich mehr – rund 150 Personen errechnen seriöse Quellen als Opfer rechtsradikaler Gewalt.[58] Diese Zahl wurde in der Weimarer Republik allerdings schon innerhalb weniger Monate erreicht, denn allein vom Januar bis August 1932 konnte man 155 Todesopfer politischer Gewalt ausmachen. In Italien wurden 1921 innerhalb von vier Monaten 211 Personen zu Opfern politischer Gewalt.[59] Brutalität und Militanz waren ungleich verbreiteter, das Erbe des Ersten Weltkriegs wirkte im virulenten Paramilitarismus der Zwischenkriegszeit weiter: Mordbilanz, Wut und Gewaltakzeptanz waren in der Zwischenkriegszeit deutlich größer.

Dennoch sind Parallelen unübersehbar. Wie schnell sich die distanzierenden und relativierenden Einschätzungen von Historikern aus dem Jahr 2017 geändert haben, zeigt eine Sichtung der Zeitungsartikel des Jahres 2018 und 2019.[60] Nunmehr dominieren warnende Worte. So hat der historisch arbeitende Literaturwissenschaftler Helmuth Kiesel schon im Oktober 2018 auf die Weimarer Republik als dem »Muster- und Schreckensbeispiel einer gespaltenen Gesellschaft« verwiesen, in welchem Hass, Unbedingtheit und Gewalt die Demokratie zerstörten. Gegenwärtig drohe durch die erneute Front- und Lagerbildung die Entstehung einer Bundesrepublik ohne Mitte: »Die meisten der scharfen Antagonismen der Weimarer Zeit sind, wie ihre Ursachen, geschichtlich erledigt und haben keine aktuellen Fortsetzungen oder Analogien. Für vier gilt dies nicht: für den Rassismus, das mögliche Zusammenwirken der Extreme, die Klassenkampfidee und die politisch-kulturelle Spaltung in Metropole und Provinz«.

---

58 Frank Jansen, Mehr Tote durch rechte Gewalt seit 1990 als bekannt, in: Tagesspiegel, 18.6.2018; Frank Jansen, Heike Kleffner, Johannes Radke, Toralf Staud, Dokumentation: 156 Schicksale: Sie starben, weil sie anders waren: Diese Dokumentation erzählt die Geschichte jedes einzelnen Opfers, in: Die Zeit, 16.9.2010, aktual. am 30.6.2015, in: <https://www.zeit.de/gesellschaft/zeitgeschehen/2010-09/todesopfer-rechte-gewalt/komplettansicht> (10.11.20). Aus der jüngeren Forschung siehe etwa: Andrea Röpke, Andreas Speit (Hg.), Blut und Ehre. Geschichte und Gegenwart rechter Gewalt in Deutschland, Berlin 2013; Fabian Virchow, Nicht nur der NSU. Kleine Geschichte des Rechtsterrorismus in Deutschland, Erfurt 2016; Fabian Virchow, Martin Langebach und Alexander Häusler (Hg.), Handbuch Rechtsextremismus, Wiesbaden 2016; Sebastian Gräfe, Rechtsterrorismus in der Bundesrepublik Deutschland. Zwischen erlebnisorientierten Jugendlichen, »Feierabendterroristen« und klandestinen Untergrundzellen, Baden-Baden 2017; Barbara Manthe, Rechtsterroristische Gewalt in den 1970er Jahren. Die Kühnen-Schulte-Wegener-Gruppe und der Bückeburger Prozess 1979, in: Vierteljahrshefte für Zeitgeschichte, 68 (2020), S. 63-93.

59 Sven Reichardt, Faschistische Kampfbünde. Gewalt und Gemeinschaft im italienischen Squadrismus und in der deutschen SA [1. Aufl. 2002], Köln/Weimar/Wien 2009, S. 58 f.

60 Michael Dreyer und Andreas Braune, Thüringen: Ein bisschen Weimar?, in: Die Zeit, 9.12.2019; Andreas Wirsching, Weimar in Westminster, in: FAZ, 30.9.2019, S. 6; Thomas Fricke, Das Gespenst der Dreißigerjahre ist zurück, in: Der Spiegel, 9.3.2018, in: <http://www.spiegel.de/wirtschaft/handelskrieg-und-populismus-in-italien-zurueck-in-die-dreissigerjahre-kolumne-a-1197182.html> (10.11.20).

Gerade Letztere sei, so Kiesel, aktuell wie nie zuvor.[61] Auch der Marburger Historiker Eckart Conze erkannte in einem Gespräch mit dem Deutschlandfunk zahlreiche Parallelen zur Weimarer Republik: vom neuerlichen Aufschwung des Nationalismus in der internationalen Politik, über die enttabuisierte politische Sprache bis hin zum Anstieg gezielter politischer Morde von Rechtsextremisten gegen einzelne Politiker.[62]

Vermutlich wird die liberale Demokratie durch die Corona-Krise weiter geschwächt werden, denn Liberalismus, Wohlstand, Freizügigkeit, klassisches Volksparteienprinzip, Konsenspolitik und soziale Gerechtigkeit waren schon vor 2020 durch einen neuen Autoritarismus massiv unter Druck geraten. Bedenkenswert ist Jürgen Habermas These, wonach der Rechtspopulismus den »Saatboden für einen neuen Faschismus« bilde.[63] Tatsächlich legt die Radikalisierungsspirale in Ungarn zwischen *Jobbik* und *Fidesz* eine solche Deutung nahe. Kaum stieg die faschistische Jobbik in der Wählergunst, schon hatte sich auch die *Fidesz-Partei* radikalisiert. Dies galt vor allem für die Jahre bis 2005, als die *Jobbik* noch mit der Ungarischen Garde (*Magyar Gárda*) kooperierte. Es bleibt abzuwarten, ob die faschistische Goldene Morgenröte, mit fast 7 % drittstärkste Partei bei den griechischen Parlamentswahlen im September 2015, ähnliche Radikalisierungsprozesse auszulösen vermag. Übergriffe rechtsextremer Schlägertrupps auf Asylsuchende Anfang März 2020 auf der Insel Lesbos verheißen nichts Gutes. Welche Radikalisierungsprozesse Italien bevorstehen, in dem die fremdenfeindliche Antisystembewegung *Lega* bei den Parlamentswahlen vom März 2018 17 % und die faschistischen *Fratelli d'Italia* über 4 % der Stimmen erreichten, wird sich in der Nachfolge der Corona-Krise herausstellen. Der Wiener Osteuropahistoriker Philipp Ther orakelt im *Spiegel*, dass »existentielle Krisen wie die derzeitige Pandemie mehrfach in der Geschichte xenophobe Nationalisten und Rechtsradikale« gestärkt hätten.[64] Bekanntlich gibt es keine einfachen Wiederholungsautomatismen in der Geschichte, allerdings zeigt sich mit der Radikalisierung der »Querdenker« in Ostdeutschland und Berlin nicht nur die Entstehung einer Misstrauensgemeinschaft, die sich in Wissensparallelwelten verabschiedet, sondern auch der zunehmende Einfluss rechtsradikaler und verschwörungstheoretischer Gruppierungen. Eine »Festung Europa« scheint sich aber schon jetzt gegen Asylsuchende zu manifestieren. Außereuropäische Migrationen nach Europa werden auch in der Zukunft weiter begrenzt werden. Ob das krisengeschüttelte Europa angesichts tendenzieller Nationalisierungen, angesichts jüngst mit

61 Helmuth Kiesel, Hässlich entstellt in den Untergang, in: FAZ, 15.10.2018, S. 13.
62 Eckart Conze im Gespräch mit Anja Reinhardt: Weimarer Republik – Parallelen zu heute sind unübersehbar, in: DLF vom 23.6.2019, in: <https://www.deutschlandfunk.de/weimarer-republik-parallelen-zu-heute-sind-unuebersehbar.694.de.html?dram:article_id=452059> (24.3.2020).
63 Für eine demokratische Polarisierung. Wie man dem Rechtspopulismus den Boden entzieht. Jürgen Habermas im Interview, in: Blätter für deutsche und internationale Politik, 61 (2016), in: <https://www.blaetter.de/archiv/jahrgaenge/2016/november/fuer-eine-demokratische-polarisierung> (10.11.20).
64 Philipp Ther, Die Ära nach dem Ausbruch, in: Der Spiegel, 21.3.2020, S. 92.

nationalen Alleingängen beschlossener Einreisesperren und massiver Überschuldungs- und Rezessionsaussichten weiterhin zusammenhält, ist vollkommen offen. Dass aber Nationalisten und düstere Globalisierungskritiker Auftrieb erhalten werden, dürfte fast schon als sicher gelten. Matteo Salvini verlangt jedenfalls eine Notstandsregierung für sein Land, und Viktor Orbán plant, bis zum Jahresende 2020 per Dekret zu regieren und dem Parlament eine Zwangspause zu verordnen.

Jost Dülffer

VI Menschenrechte in den Außenbeziehungen der Bundesrepublik Deutschland 1949–1989 – Ein Aufriss

»Das Deutsche Volk bekennt sich darum zu unverletzlichen und unveräußerlichen Menschenrechten als Grundlage jeder menschlichen Gemeinschaft, des Friedens und der Gerechtigkeit in der Welt«. Dieser zweite Satz des Grundgesetzes der Bundesrepublik Deutschland wird viel seltener zitiert als der erste über die Unantastbarkeit der Würde des Menschen. In den Beratungen zum Grundgesetz hatten sich die Delegierten des Konvents vom Herrenchiemsee im August 1948 bis zur Verabschiedung in Bonn im Mai 1949 auf die unterschiedlichsten Quellen berufen. Das reichte von den antiken Ursprüngen über die mittelalterliche *Magna Charta* von 1215, die *Bill of Rights* 1689, die französische Nationalversammlung 1789 bis hin zu Kodifizierung von Verfassungen der deutschen und europäischen Staaten seit dem 19. Jahrhundert. Aber auch die Allgemeine Erklärung der Menschenrechte (AEMR-Resolution der UN-Vollversammlung vom 10. Dezember 1948, später zumeist Charta genannt) diente in den Beratungen einzelner Grundrechte bereits als Referenzgröße. Schon am Herrenchiemsee, dann auch in Bonn war man über die gleichzeitigen Beratungen im UN-Rahmen informiert und bezog sich wiederholt auf die international laufenden Diskussionen. Nicht zuletzt die Erwartungen, welche die Westalliierten in den Frankfurter Dokumenten geäußert hatten, ließ es zweckmäßig erscheinen, sich auf diese Wertedebatte einzulassen.[1] Zum Unterschied von Grundrechten und Menschenrechten wurde damals hervorgehoben, dass die AEMR nur deklaratorisch sei, während die – meist synonym mit den Menschenrechten gebrauchten – Grundrechte unmittelbar einklagbares Recht werden sollten. Ferner sollten die Grundrechte eine innerstaatliche Legitimationsbasis schaffen, während Menschenrechte gerade in der AEMR einen globalen und damit zwischenstaatlichen und »westlichen« Bezug aufwiesen.[2]

Dieser Beitrag will im Kern drei Fallstudien liefern, welche von Ansatz und Methode her unterschiedliche Aspekte der Menschenrechtspolitik der Bundesrepublik über die die ganzen vierzig Jahre der Weststaatsexistenz geben. Von Außenpolitik

---

1 Der Parlamentarische Rat 1948/49 [Bd. 5/1], Ausschuss für Grundsatzfragen, Boppard 1993, Nr. 10: Entwurf allgemeine Erklärung der Menschenrechte; 7.10.48. Ebd., Plenum, [Bd. 9], Boppard 1996, Nr. 2: Rede Dr. Süsterhenn, 8. September 1948; Michael Feldkamp, Der Parlamentarische Rat. Die Entstehung des Grundgesetzes, Göttingen 2009; hier: S. 43. – Ich danke Annette Weinke, Andreas Hilger und Peter Ridder für anregende Gespräche und kritische Lektüre.

2 Manuel Fröhlich, Vom gebrannten Kind zum Musterknaben. Die Aufnahme der Allgemeinen Erklärung in der Bundesrepublik Deutschland, in: Vereinte Nationen, 6 (1998), S. 200-206.

konnte in der jungen Bundesrepublik zunächst kaum die Rede sein. Die alliierten Hohen Kommissare, die ihrerseits auf staatsbildende Grundrechte gedrungen hatten, bildeten zunächst gleichsam die Nabelschnur zur Außenwelt, langsam aber erweitert durch die Wiedergründung des Auswärtigen Amtes und internationale Möglichkeiten wie dem Beitritt der Bundesrepublik zur UNESCO 1951, schließlich durch die formale Souveränität 1955, bei der dennoch beträchtliche Vorbehaltsrechte bei den Alliierten blieben.[3] Erst mit der Vereinigung der beiden deutschen Staaten fielen 1990 formal die letzten Beschränkungen.

Menschenrechte kann man analytisch in unterschiedlicher Weise einkreisen.[4] Man kann nominalistisch nach dem Begriff selbst fragen, nach der Sprache der Menschenrechte suchen. Insofern brachen die AEMR und die Europäische Menschenrechtskonvention (EMRK, 1950 im Rahmen des Europarats ausgehandelt und 1953 nach Ratifikation in Kraft getreten)[5] rechtlich basierte und definierte Bezugsgrößen für den politischen Diskurs, hier mit der Genozidkonvention vom Vortag, dem 9. Dezember 1948 vergleichbar.[6] Bei dem Bezug auf die Konvention(en) beziehungsweise den dadurch geschaffenen Institutionen ging es um die außenpolitische Form, sich gegen Rechtsverletzungen, Verbrechen, für politische Emanzipation oder schlicht das Gute im Rahmen der Weltgesellschaft als Untersuchungsfeld wählen.[7] Noch einen Schritt weiter geht man, wenn man Menschenrechte als im (subjektiv) guten Glauben einzufordernde Werte ansieht, ohne dass der analysierende Beobachter die damalige Einschätzung teilt, ja aus eigenen Wertvorstellungen heraus kritisch sieht. In diesem Beitrag werden tendenziell alle drei Bedeutungen verwandt.[8] Menschenrechtspolitik war und ist Moralpolitik, suchte einen politischen oder sozialen Raum für die eigenen Wert- und Moralvorstellungen mit Anspruch auf Durchsetzung zu gewinnen, unabhängig davon, welche Legitimation ein späterer oder heutiger Beobachter diesem

---

3   Eckart Conze, Das Auswärtige Amt. Vom Kaiserreich bis zur Gegenwart, München 2013; ders. u. a., Das Amt und die Vergangenheit, München 2010.

4   Lora Wildenthal, The Language of Human Rights in West Germany, Philadelphia/PA 2013, S. 7-16 f.

5   Marco Duranti, The Conservative Human Rights Revolution. European Identity, Transnational Politics, and the Orgins of the European Convention, Oxford 2017.

6   Jost Dülffer, The United Nations and the Origins of the Genocide Convention 1946–1948, in: Christoph Safferling, Eckart Conze (Hg.), The Genocide Convention: 60 Years after its Adoption, Den Haag 2010, S. 55-68.

7   Jan Eckel, Die Ambivalenz des Guten. Menschenrechte in der internationalen Politik seit den 1940er Jahren, Göttingen 2014, S. 16 schließt dies ein, scheint mir jedoch die nachfolgende Sichtweise als zu allgemein abzulehnen.

8   In einschlägigen Sachregistern. Zumal von Quelleneditionen lange Zeit Menschenrechte nur bei Berufung auf die beiden Konventionen auftauchen. M. Fröhlich konstatiert, im Register des Bulletin der Bundesregierung gebe es zwar den Begriff Melkmaschine, nicht jedoch Menschenrecht. Siehe Fröhlich, Vom gebrannten Kind, in: Vereinte Nationen, 6 (1998), S. 200. Erst für die 1970er- oder 1980er-Jahre werden Menschenrechte als Werte hierzulande stärker als Registerbegriff wahrgenommen.

Anspruch zuzumessen vermag. Sie wird so als Wert in sich, aber zumeist auch als Instrument in einem weiteren oder ganz anders gelagerten politischen Zusammenhang gesehen. In einem ersten Schritt werden die menschenrechtlichen Belastungen der frühen Bundesrepublik umrissen, sodann geht es – nach dem Mauerbau –, um die Ausweitung menschenrechtlicher Bezüge, deren konzeptuelle Einbettung bei Egon Bahr ermittelt wird. Schließlich wird die konzeptuelle Breite menschenrechtlicher Ansätze im Auswärtigen Amt in den 1980er-Jahren gezeigt.

1 Menschenrechte aus der Opferperspektive in der Ära Adenauer

Eine aktive Menschenrechtspolitik lag in der Gründungsphase des westdeutschen Staates außerhalb der Handlungsmöglichkeiten. Etwas anderes wurde aber zentral: Insgesamt stand die Bundesrepublik von Beginn an unter beträchtlichem innenpolitischen Druck, um reale oder angebliche Menschenrechte selbst einzufordern. Gemeint ist hier die Bedeutung, die man im weitesten Sinne als Opferdiskurs der Deutschen im Rahmen der Vergangenheitspolitik bezeichnen kann; von Menschenrechtsverletzungen durch Deutsche im vorangegangen rassenideologischen Vernichtungskrieg wurde dabei gezielt geschwiegen.[9] Dieses Leiden an erhaltenem Unrecht wiederum wirkte verständlicherweise auf das allgemeine Außenverhalten zurück. Drei Problemkreise sind hier vor allem zu nennen. Als Erstes handelte es sich um den Umgang mit der NS-Vergangenheit und dem Zweiten Weltkrieg. Zum Zweiten kamen die Interessen der deutschen Migranten hinzu, damals Flüchtlinge und Vertriebene genannt, zum Dritten – und mit den erstgenannten Faktoren eng zusammenhängend – um die Wendung gegen den Kommunismus und der Herrschaft der Sowjetunion im Allgemeinen. Diese drei innenpolitischen Problemlagen konnten – ja, mussten – das Verhalten nach außen wesentlich beeinflussen.

1.1 Kriegsverbrecher und »Kriegsverurteilte«

Der Nürnberger Hauptkriegsverbrecherprozess, der von allen vier Besatzungsmächten in Deutschland 1945/46 durchgeführt wurde, lag zwar schon drei Jahre zurück, aber die insgesamt zwölf Nürnberger Folgeprozesse gegen exemplarische Vertreter der alten Eliten zogen sich bis unmittelbar vor die Gründung der Bundesrepublik hin; weitere Prozesse schlossen sich an.[10] Waren die Nürnberger Prozesse anfangs noch von den

---

9   Norbert Frei, Vergangenheitspolitik. Die Anfänge der Bundesrepublik und die NS-Vergangenheit, München 1996, S. 25-306.

10   Annette Weinke, Die Nürnberger Prozesse, München 2006; hier: S. 99-112; Ulrich Brochhagen, Nach Nürnberg. Vergangenheitsbewältigung und Westintegration in der Ära Adenauer, Hamburg

meisten Deutschen als gerecht empfunden worden, hatte sich das bis 1949 geändert, die Verfahren erschienen vielen als unfair. Hinzu kam die in heutiger Sicht recht halbherzige Entnazifizierung, die zu einer »Mitläuferfabrik« (Lutz Niethammer) wechselseitiger Entlastung führte. In der Öffentlichkeit erfreute sich der Begriff »Siegerjustiz« großen Beifalls. Da in den Nürnberger Prozessen jeweils Personen unterschiedlicher Sektoren der deutschen Gesellschaft vor Gericht standen, spielte die falsche Unterstellung zunehmend eine Rolle, den Deutschen sei eine Kollektivschuld zugeschrieben worden. Besonders stark und gut organisiert war die Lobby der ehemaligen Soldaten, die die Verurteilten zumeist weiter als Teil des eigenen Berufsstandes ansahen und sich kollektiv diffamiert fühlten.[11]

In seiner ersten Regierungserklärung vom 20. September 1949 unterschied Konrad Adenauer:

> »Die wirklich Schuldigen an den Verbrechen, die in der nationalsozialistischen Zeit und im Kriege begangen worden sind, sollen mit aller Strenge bestraft werden. Aber im Übrigen dürften wir nicht mehr zwei Klassen von Menschen in Deutschland unterscheiden: die politisch Einwandfreien und die Nichteinwandfreien. Diese Unterscheidung muß baldigst verschwinden.«[12]

Der hier beschrittene Weg, gerade gegenüber den Hohen Kommissaren, lief nicht auf eine explizite Argumentation mit Menschenrechten hinaus, selten nur mit humanitären Erwägungen, sondern auf den rechtlichen Weg der Begnadigung oder Amnestie. Sie erreichte einen Höhepunkt in der Debatte um – häufig nach Nürnberger Gerichtsverfahren – im Kriegsverbrechergefängnis Landsberg einsitzende Häftlinge. Während dort weiter Hinrichtungen gemäß den Urteilen vollzogen wurden, erließ der US-Militärgouverneur John McCloy 1950 und 1951 unter dem Eindruck einer mittlerweile breiten Lobby Amnestien, Begnadigungen von der Todesstrafe, Haftverkürzungen und vorzeitige Entlassungen.

Die politische Lage hatte sich gewandelt. Nicht zuletzt unter dem Eindruck des Koreakrieges ab August 1950 erhielten die ehemaligen Soldaten der Wehrmacht eine Schlüsselrolle, als es um die Aufstellung neuer westdeutscher Truppenverbände ging. Die militärischen Berater Adenauers forderten im Einklang mit den gut organisierten Soldatenverbänden als Voraussetzung für einen neuen Wehrbeitrag eine Rehabilitierung der Wehrmacht die angebliche »Diffamierung« müsse aufhören. Nach komplexen Hintergrundgesprächen wurde diese für die Wehrmacht generell durch den NATO-

---

1994; Kim Christian Priemel, The Betrayal. The Nuremberg Trial and German Divergence, Oxford 2016; hier: S. 674–706.

11 Georg Meyer, Zur Situation der deutschen militärischen Führungsschicht im Vorfeld des westdeutschen Verteidigungsbeitrages [= Anfänge westdeutscher Sicherheitspolitik, 1945–1956, Bd. 1], München 1982, S. 577.

12 Deutscher Bundestag, Sitzung 20.9.1949, S. 25, in: <https://pdok.bundestag.de/> (06.12.2020)

Oberbefehlshaber General Dwight Eisenhower am 23. Januar 1951 ausgesprochen, eine entsprechende Erklärung Adenauers folgte am 5. April für alle Soldaten, die sich nichts zu Schulden hatten kommen lassen.[13] Zumindest auf Regierungsseite ging es gezielt nicht um eine menschenrechtliche Argumentation über die Urteile und Haftbedingungen der ja unter anderem wegen Verbrechen gegen die Menschlichkeit verurteilten Offiziere, sondern um eine weichere Argumentation, mit der die Rechtmäßigkeit amerikanischer oder alliierter Prozesse nicht grundsätzlich infrage gestellt wurde.

Aktiver war die Regierung Adenauer allerdings bei der Freilassung und Repatriierung von Kriegsgefangenen aus der Sowjetunion, die dort zumeist als Kriegsverbrecher verurteilt worden waren. Hier fand das menschenrechtliche Argument der Bundesregierung über die Westalliierten Eingang in UN-Debatten. Die »Freilassung« der letzten in der Sowjetunion verbliebenen Wehrmachtsoldaten 1955 bildete eine der populärsten Leistungen Konrad Adenauers.[14]

Auch im Westen gab es neben Wehrmachtsoldaten vor allem SS-Männer, die als Kriegsverbrecher verurteilt wurden und unter anderem weiterhin in Italien und den Niederlanden einsaßen. Unter dem Einfluss einer starken Lobby, zu der auch die Kirchen zählten, setzte sich hierfür der Begriff der Kriegsverurteilten durch, was semantisch einen Anklang an Siegerjustiz erkennen ließ. Die Forderung nach Generalamnestie erbrachte zwar bis Mitte der 1950er-Jahre die Freilassung der meisten von ihnen. Je länger die wenigen dann Verbliebenen jedoch weiter in Haft blieben, desto mehr setzte sich auch die offizielle bundesrepublikanische Politik für die alternden oder kranken Kriegsverbrecher ein – letztlich alle Regierungen oder ihre Vertreter bis in die 1980er-Jahre hinein. Das humanitäre Argument stand hierbei im Vordergrund.[15]

1.2 Die Vertriebenen und das »Recht auf Heimat«

Ähnlich wie die Soldatenverbände entwickelten sich auch die Vertriebenenverbände zu einer vielgestaltigen Lobby, vom Zentralverband über die Landsmannschaften und zu einer politischen Partei, dem Bund der Heimatvertriebenen und Entrechteten (BHE) bis hin zu christlich-demokratischen Ministern in der Regierung Adenauers. In der Charta der Heimatvertriebenen vom August 1950 verzichteten die Vertriebenen zwar auf Rache, jedoch deutete die Verkündung des Rechts auf Heimat verbunden mit dem Begriff der Selbstbestimmung und der Erklärung der Vertreibung zum größten Verbrechen der Geschichte in eine andere Richtung. Diese Argumentation begleitete die

---

13 Bert-Oliver Manig, Die Politik der Ehre. Die Rehabilitierung der Berufssoldaten in der frühen Bundesrepublik, Göttingen 2004, S. 197-271; hier: S. 254-271; Priemel, Betrayal, 2016, S. 352-368.

14 Michael Borchard, Die deutschen Kriegsgefangenen in der Sowjetunion. Zur politischen Bedeutung der Kriegsgefangenenfrage 1949–1955, Düsseldorf 2000, S. 123-158; Andreas Hilger, Deutsche Kriegsgefangenen in der Sowjetunion, 1941–1956, Essen 2000.

15 Felix Bohr, Die Kriegsverbrecherlobby. Bundesdeutsche Hilfe für im Ausland inhaftierte NS-Täter, Berlin 2018.

Geschichte der Bundesrepublik für Jahrzehnte.[16] In diesem Sinne verabschiedete der Bundestag im Dezember 1952 mit allen Stimmen (außer der KPD) eine Resolution, mit der ein allgemeiner Frieden nur auf Basis der »allgemeinen Menschenrechte«, zu der auch das Recht zur Siedlung in der alten Heimat gerechnet wurde. Konkreter in Einforderung der Menschenrechte der Vertriebenen wurde die Bundesregierung in ihrer Außenpolitik in der Regel nicht. Nicht nur Minister hielten Sonntagsreden mit den Forderungen der Flüchtlinge. »Es wäre müßig, die Heimatvertriebenen oder die Deutschen zur Demokratie erziehen zu wollen, wenn diese Demokratie den Bruch der primitivsten Menschenrechte zuläßt. Jedes Volk, die Engländer, die Amerikaner sind stolz darauf, ihre Nation zu lieben«, erklärte etwa 1949 der bald Richtung BHE abschwenkende, rechtsradikale Abgeordnete Günter Götzendorf in der Aussprache über Adenauers erste Regierungserklärung im Bundestag. Noch weiter ging der nationalbewusste SPD-Vorsitzende Kurt Schumacher, wenn er die Durchsetzung der Menschenrechte gerade in der SBZ als Voraussetzung für ein geeintes Deutschland einforderte: »Die deutsche Einheit ist nur möglich auf der Grundlage der persönlichen und staatsbürgerlichen Freiheit und Gleichheit und der gleichen Wertung und Würdigung der Menschenrechte in allen Besatzungszonen. (Bravorufe und Händeklatschen bei der SPD und vereinzelt rechts).«[17]

Auch Adenauer selbst bezeichnete einmal in einer Ansprache das Recht auf Heimat in einer Ansprache 1954 als »das elementarste Recht, das der Mensch von Gott erhalten hat.« Vorsichtiger, aber doch deutlich brachte der erste Kanzler die östliche Grenzfrage auch in den Verhandlungen mit den Alliierten bis hin zum Deutschlandvertrag von 1952 beziehungsweise 1955 ein, jedoch blieb es letztlich bei dem verbrieften Vorbehalt in der Grenzfrage – bis 1990. Der Hauptstrang der Vertriebenenpolitik richtete sich auf die Integration durch Lastenausgleich. Die anfängliche Sorge vor einer Radikalisierung der Vertriebenen ließ jedoch die Rhetorik des Rechts auf Heimat einen integralen Teil der öffentlichen Deklamationen und somit auch im außenpolitischen Anspruch bleiben.[18] Allerdings nahm der faktische Einfluss dieser Verbände Ende der 1950er-Jahre ab, wie sich paradoxerweise sogar an der Unterstützung des vom Bund der Vertriebenen für 1965 ausgerufenen Jahres der Menschenrechte zeigte. Das Bundeskabinett mit Kanzler Ludwig Erhard an der Spitze, beschloss dazu zwar

---

16 Pertti Ahonen, After the Expulsion. West Germany and Eastern Europe, 1945–1990, Oxford 2003, S. 42-53. Das Folgende primär nach Ahonen. Autoren wie Samuel Salzborn, Heimatrecht und Volksgruppenkampf, Hannover 2001 schätzen die Einbeziehung der Vertriebenenverbände eher als zynisch ein.

17 Deutscher Bundestag, 1. WP, S. 128 (Günter Götzendorf), 35 C (Kurt Schumacher). Der Berliner CDU-Abgeordnete Dr. Tillmanns hoffte, dass »diese 20 Millionen da drüben auch die treuesten Anhänger eines vereinten Europas sein werden«, sie hätten erfahren wie das Leben sei »in einer Ordnung, in der die Achtung vor der Person und die Anerkennung der Menschenrechte tragende Fundamente sind.«, 30.9.1949, S. 238, in: <https://pdok.bundestag.de/> (6.12.2020).

18 Konrad Adenauer zit. n. Ahonen, Expulsion, 2003: »*the most elementary right given to man by God*«, S. 73 (eigene Rückübersetzung), zum weiteren: S. 110-115.

die Unterstützung mit 500.000 D-Mark, aber gerade mit der Maßgabe, Einfluss auf »maßvolle« Kundgebungen zu haben; die Hauptreden hielten Erich Mende, Minister für gesamtdeutsche Fragen, und Wenzel Jaksch, sozialdemokratischer Politiker aus Böhmen.[19] Der »Tag der Heimat«, seit 1950 bis heute teils offiziös begangen, setzte häufig menschenrechtliche Begriffe in sein Motto; seit den 1970er-Jahren zunehmend über die deutsche Frage hinausweisend.

1.3 DDR, Selbstbestimmung und Antikommunismus

Konkreter in der internationalen Einforderung von Menschenrechten der Vertriebenen wurde die Bundesregierung in der Regel nicht. Das (auch menschenrechtlich zu verstehende) Gebot zur Wiedervereinigung im Grundgesetz bildete die nicht immer wieder ausgesprochene Basis. Das war bemerkenswert, da sich gerade Vertreter der kleineren rechten Parteien häufig explizit auf Menschenrechte beriefen. Rhetorisch ließ es auch Adenauer nicht an verbalen Verurteilungen des kommunistischen Unrechts fehlen. So betonte er etwa zur Vorstellung einer Resolution gegen die ersten Volkskammerwahlen 1950 die Defizite im anderen Teil Deutschlands: »Das ganze deutsche Volk fühlt sich den freien Völkern der Welt zugehörig. Es verlangt die Anerkennung aller demokratischen Grundrechte in allen Teilen Deutschlands«, aber es war Herbert Wehner (SPD), der die Aufforderung der Resolution gegen Verbrechen gegen die Menschlichkeit rechtlich vorzugehen, noch schärfer und menschenrechtlich begründete: »Das kommunistische System bedeutet Vernichtung der Menschenrechte, Versklavung der arbeitenden Menschen, Verewigung von Hunger, Elend und Ausbeutung. Die kommunistischen Machthaber sind die wahren Kriegshetzer gegen das eigene Volk.«[20]

Die Außenpolitik Adenauers und seines engeren Kreises bediente sich einer anderen Sprachsphäre. Das Grundanliegen des ersten Bundeskanzlers lag in einem Primat der Westintegration und dabei gleichzeitiger schrittweisen Wiedergewinnung von voller Souveränität. Das bedeutete eine Fülle von kleinen zumeist rechtlichen Schritten gegenüber den Hohen Kommissaren. Gerade die Fragen, die Deutschland als Ganzes – und das schloss die Ostgebiete jenseits von Oder und Neiße ebenso wie die DDR ein – überließ man aber eher in der Verantwortung der Alliierten. Dass die DDR – so sie denn überhaupt eine Bezeichnung als Staat zuerkannt erhielt und nicht einfach als »Mitteldeutschland« bezeichnet wurde – ein Unrechtsstaat war, der die Menschenrechte missachtete, war Konsens (außer bei der KPD). Es lag in der Regel außerhalb des Horizontes der jungen Bonner Republik, offiziell und offensiv menschenrechtlich

---

19 Kabinettsprotokolle, 16.12.1964, TOP B. Sie wurde vom Bundestag gebilligt. Die Eröffnung dieses Gedenkjahres am 30.1.1965; der »Vorwärts«, 5.3.1965, sprach von Vertriebenen, die zur Versöhnung über Gräbern mahnten, hinzu kam eine Briefmarke »20 Jahre Vertreibungen«, die für Post in Ostblockländer nicht akzeptiert wurde.

20 Deutscher Bundestag, 1. WP, 14.9.1950, S. 3184, 3188. <https://pdok.bundestag.de/> (6.12.2020).

gegenüber der vierten Besatzungsmacht Sowjetunion zu polemisieren. So hieß es etwa in einem Memorandum der Bundesregierung an die drei westlichen Hohen Kommissare zur Weitergabe an den sowjetischen Hohen Kommissar vom 1. Oktober 1951: »Die Bundesregierung könne aber nur mit denjenigen in Besprechungen über die deutsche Wiedervereinigung eintreten, die willens seien, eine rechtsstaatliche Ordnung, eine freiheitliche Regierungsform, den Schutz der Menschenrechte und die Wahrung des Friedens vorbehaltlos anzuerkennen und zu garantieren.«[21] In dieser Aufzählung lag die Summe der Vorbehalte gegenüber dem anderen Teil Deutschlands.

Eingefordert wurde dies von der Bundesrepublik als Teil des freien Westens und dies nicht gegenüber der DDR, sondern gegenüber der Sowjetunion als vierter verantwortlicher Macht für die deutsche Frage insgesamt. Das zeigte sich exemplarisch 1952 bei dem Austausch der Vier Mächte anhand der Stalinnoten, in welchen der sowjetische Diktator seinerseits die Einhaltung von Menschenrechten in ganz Deutschland betont hatte.[22] In Adenauers Erklärung zur Souveränität der Bundesrepublik vom 5. Mai 1955 hieß es an die Bevölkerung der DDR gewandt: »Ihr könnt Euch immer auf uns verlassen, denn gemeinsam mit der freien Welt werden wir nicht rasten und ruhen, bis auch Ihr die Menschenrechte wiedererlangt habt und mit uns friedlich vereint in einem Staate lebt.«[23] Bezeichnenderweise verwandte Adenauer in diesen Jahren den Begriff Menschenrecht zumeist im Singular.

Eine eigene Politik der Menschenrechte gegenüber der Sowjetunion zeichnete sich auch nach Aufnahme der diplomatischen Beziehungen nur rudimentär ab. Aber nach einigen Sondierungen trat doch 1958 eine andere Lösung der deutschen Frage auch für den Kanzler in den Vordergrund: die Österreich-Lösung für die DDR, sprich: die Anerkennung eines zweiten, aber freien deutschen Staates.[24] Ein Ende fanden diese Sondierungen vor dem Beginn der zweiten Berlinkrise 1958. Gegenüber dem sowjetischen Botschafter in Bonn, Andrej Smirnow, sprach der Kanzler am 4. Oktober 1958 die Frage aber doch einmal im Klartext an. Während der Botschafter die Anerkennung der beiden existierenden deutschen Staaten forderte, setzte Adenauer die auch von der Sowjetunion unterzeichnete Charta der Menschenrechte dagegen; die Menschenrechte würden in der DDR »mit Füßen getreten«. Nach seiner eigenen Aussage setzte er empört hinzu: »Die Mehrzahl der Deutschen betrachtet das in der Sowjetzone vorhandene Regime als ein Regime, das mit der Charta der Menschenrechte nicht in Einklang zu bringen ist.«[25]

---

21 Konrad Adenauer, Erinnerungen 1953–1955 [= Erinnerungen, Bd. 2], Stuttgart 1966. S. 41.
22 Wilfried Loth, Die Sowjetunion und die deutsche Frage. Studien zur sowjetischen Deutschlandpolitik, Göttingen 2007; hier: S. 101-174.
23 Adenauer, Erinnerungen, 1966, S. 433.
24 Hans-Peter Schwarz, Adenauer. Der Staatsmann: 1952–1967, Stuttgart 1991, S. 550-562.
25 Zit. n. Konrad Adenauer, Erinnerungen [= Erinnerungen, Bd. 3], Stuttgart 1967, S. 441-451; hier: S. 441, 451. Vgl. Ebd. S. 376-380 (Adenauer-Smirnow 4.3.1958).

1.4 Die Saarfrage

Vorwürfe von Menschenrechtsverletzungen durch die Westalliierten, den Besatzern des Anfangs und Partnern der Zukunft, waren im Kern ausgeschlossen, aber doch nicht ganz. Die 1949 geplante und dann auch erfolgte Aufnahme der Bundesrepublik wie des Saargebietes als assoziierte Mitglieder des Europarats brachte dies ans Tageslicht. Als es um die französisch-saarländische Autonomiekonvention vom März 1950 ging, die dann am 13. Juli 1950 vollzogen wurde, kam es zu einem Grundsatzstreit mit Frankreich.[26] Gerade im Auswärtigen Ausschuss des Bundestages wurden schwere Bedenken vorgebracht, ob an der Saar unter der herrschenden französischen Verwaltung die Menschenrechte geachtet würden. Beispiele von willkürlichen polizeilichen Eingriffen wurden in der Öffentlichkeit, im Bundestag und zumal im Auswärtigen Ausschuss häufig angesprochen.[27] Gerade weil es sich hier nach bundesdeutscher Auffassung widerrechtlich um »Ausland« handelte, war die Sprache der Menschenrechte angebracht. Demnach ging es vor allem um die Zulassung von Schwesterparteien der bundesrepublikanischen Parteien, welche die Saarregierung von Johannes Hoffmann 1952 ausdrücklich verboten hatte, also um die »Entnationalisierung« der Saarfrage. Auch im offiziellen diplomatischen Verkehr protestierte das Auswärtige Amt bei den Mitgliedern des Europarats noch 1953 ausdrücklich »um Verletzungen der in der Konvention des Europarats zur Wahrung der Menschenrechte und Grundfreiheiten aufgeführten Grundrechte [...]« einzuklagen.[28] In den folgenden Verhandlungen über das Saarstatut wurde von Adenauer und Robert Schuman die Lösung in einer Europäisierung im Rahmen der Europäischen Verteidigungsgemeinschaft, dann der Westeuropäischen Union gefunden, aber mit dem Vorbehalt einer Gültigkeit bis zum Friedensvertrag mit ganz Deutschland. Diese Lösung galt als problematisch, da hierbei erstmals die Abtretung eines Teils des Deutschen Reiches vorläufig ratifiziert und das Prinzip der Selbstbestimmung dadurch eingeschränkt wurde. In der Tat blieb vorerst diese menschenrechtliche Konzession als Makel erhalten, der aber durch die gescheiterte Volksabstimmung im Oktober 1955 gelöst wurde: Das Saarland trat der Bundesrepublik bei. Es spricht einiges dafür, dass die vorläufige Preisgabe des Saargebiets durch Adenauer, die dann doch durch die Attraktivität der Bundesrepublik zur Wiedervereinigung führte, auch ein Modell für die »Österreich-Lösung« des

---

26 Birte Wassenberg, Histoire du Conseil de l'Europe 1949–2009, Brüssel 2012, S. 72 ff.; Rainer Hudemann, Raymond Poidevin (Hg.), Die Saar 1945–1955. Ein Problem der europäischen Geschichte, München 1992; hier: die Beiträge von Winfried Schumacher, Per Fischer und Hermann Küppers.

27 Stenographische Berichte Bundestag 10.3.1950, u. a. Kurt Schumacher, »Grundsätze der Herrschaft des Rechts und der Wahrung der Menschenrechte«, S. 1567 f., Helene Wessel fragte, ob die »Durchführung der Menschenrechte« jetzt schon ein »Ruhmestitel Deutschlands« sei – mit Blick auch auf die DDR: Ebd., S. 1582.

28 Akten zur Auswärtigen Politik der Bundesrepublik Deutschland, 1953, München 2001, Nr. 129 v. 30.4.1953, vgl. Nr. 40. mit Anm. 13.

bundesrepublikanischen Vorschlags von 1958 bildete, eine späte, dann aber doch gescheiterte Ausformung der Magnettheorie einer nicht nur wirtschaftlich, sondern auch menschenrechtlich erfolgreichen Bundesrepublik.

Opferstatus und Antikommunismus beherrschten große Teile des Menschenrechtsdiskurses im ersten Jahrzehnt der Bundesrepublik. Vertriebenenministerium und Ministerium für Gesamtdeutsche Fragen argumentierten propagandistisch, trugen Material zusammen, welches die Bevölkerung integrieren und wachhalten sollte. Vorfeldorganisationen, zum Teil transatlantisch vernetzt und aktivistisch von der »Arbeitsgemeinschaft Demokratischer Kreise wie der Kampfgruppe gegen Unmenschlichkeit« legen davon Zeugnis ab. War die Gründung der Freien Universität in Berlin 1948 zunächst ein direkter Ausdruck der antikommunistischen Selbstbehauptung, so kam in einer sich wandelnden internationalen Situation eine weitere Universitätsgründung in Berlin nicht zum Zuge. So wie die Freie Universität 1948 als antikommunistische Aktion errichtet wurde, so plante kein geringerer als der Präsident des Bundesnachrichtendienstes, Reinhard Gehlen, um 1960 eine private Menschenrechtsuniversität in Berlin zu gründen, die den geistigen Kampf gegen den Kommunismus für Studenten aller nichtkommunistischen Staaten vorantreiben solle.[29]

2 Mauerbau und die Ausweitung der Menschenrechte seit den 1960er-Jahren

Der Bau der Berliner Mauer am 13. August bildete gerade in dieser nach innen orientierten Opfersicht der Deutschen eine Zäsur. Äußerlich allerdings bildete dieser Akt den Anlass für die vielleicht schärfsten, auch menschenrechtlichen Proteste über das Verhalten der DDR und der dahinter stehenden Sowjetunion, mit welcher der Systemvergleich antagonistisch in der Öffentlichkeit auf den Punkt gebracht wurde.[30] Das betraf Regierung und Opposition gleichermaßen; den Regierenden Bürgermeister Willy Brandt deutlich mehr als Adenauer und andere Vertreter der Bundesregierung. Ein Vorschlag von Herbert Wehner, die Menschenrechtskommission der Vereinten Nationen in der Sache anzurufen, wimmelte Außenminister Gerhard Schröder ab. Man entschied sich dafür, eine Broschüre des Kuratoriums Unteilbares Deutschland durch je einen Abgeordneten der drei Bundestagsparteien in New York bei der UNO und in Washington bei der US-Regierung präsentieren zu lassen. Was 1962 erstmals geschah, wurde im folgenden Jahr wiederholt. Zunächst übergab das Kuratorium Unteilbares Deutschland im April 1963 am Sitz der UN-Menschenrechtskommission ein zweites

---

29 Jost Dülffer, Geheimdienst in der Krise. Der BND in den sechziger Jahren, Berlin 2018, S. 593 f. – Darüber ist noch wenig bekannt.

30 Gisela Biewer (Hg.), Dokumente zur Deutschlandpolitik, 12.8.-31.12.1961 [=Dokumente zur Deutschlandpolitik, Reihe IV, Bd. 7], München 1976; hier: Brandt, 13., 16.8.1961.

Dossier, dann folgte ein drittes am 30. September 1963 in New York. Die gehabte Dreierdelegation des Bundestages flankierte das durch zahlreiche Gespräche vor Ort. Das war, in den Worten ihres Sprechers, Johann Baptist Gradl (CDU), allerdings nur »die Wand, an der man dieses deutsche Elend in New York im Bereich der Vereinten Nationen plakatieren konnte« – Symbolpolitik würde man das heute nennen. Aber die Abgeordneten sprachen auch mit vielen Botschaftern bei der UNO. Die Vertreter Somalias und Kameruns bat man, ihre »Brudergruppen aus dem schwarzen Erdteil zu informieren«; die indische Botschafterin, Frau Nehru [vermutlich Lakshmi Pandit, die Schwester des Ministerpräsidenten], setzte die bundesdeutschen Delegierten in Verlegenheit, als sie meinte, eine solche Demarche könne doch wohl nicht von der Bundesregierung ausgehen. Der weltpolitische Ausflug nach New York zeigte, dass die deutsche Frage außerhalb Europa nicht den zentralen Stellenwert hatte, den man in Bonn voraussetzte. Gradl und Kollegen widersprachen den Einwänden pikiert.[31]

Hier prallten also in New York zwei Welten aufeinander, die einen grundsätzlichen Wandel in der Menschenrechtspolitik andeuteten. Weltweite Aufmerksamkeit für die Berliner Mauer – symbolisiert seither durch das Pflichtprogramm auch von Staatsbesuchen in Berlin –[32] war das eine, eine gezielte Politik darauf aufzubauen, das andere. Die Menschenrechtsverletzungen durch die DDR traten in den Hintergrund und wurden seit den Siebzigern zu wichtigen Vorbedingungen von Teilen der oppositionellen CDU/CSU, einen Ausgleich mit dem sozialistischen Lager auf anderer Basis zu erreichen. Auf den Punkt gebracht: Nach Unterzeichnung der KSZE-Schlussakte 1976 beantragte die CDU/CSU zusätzlich zum üblichen Bericht der Lage zur Nation, zusammen mit diesem künftig »einen Bericht über Verwirklichung der Menschenrechte im geteilten Deutschland vorzulegen«. Er wurde von den Regierungsparteien SPD und FDP abgelehnt.[33] Es gab mehrere andere Faktoren des Wandels, die hier nur benannt werden können:[34]

1. Der größte Teil der bisherigen Kolonien Afrikas wurde um 1960 unabhängig; die sich seit Bandung 1955 etablierende »Dritte Welt« erforderte einen ganz anderen Umgang mit der Forderung nach Menschenrechten. Die bloße Analogie: Die neuen Staaten dort und anderswo müssten doch aus ihrer eigenen Erfahrung diese Rechte

---

31 Diskussion im Auswärtigen Ausschuss: Der Auswärtige Ausschuss des Deutschen Bundestages. Sitzungsprotokolle 1961–1965, Düsseldorf 2004; hier: 14. Sitzung 12.7.1962, 16. Sitzung 4.10.1962, 39. Sitzung 19.10.1963; Gisela Biewer (Hg.), Dokumente zur Deutschlandpolitik, 12.8.–31.12,1961 [=Dokumente zur Deutschlandpolitik, Reihe IV, Bd. 9], München 1978, S. 236-248, 733-735.

32 Simone Derix, Bebilderte Politik. Staatsbesuche in der Bundesrepublik 1949–1990, Göttingen 2009, S. 89-133.

33 Deutscher Bundestag, Drucksache 7/4616 22.1.1976, Debatte 3.6.1976, S. 17582 ff.

34 Globalgeschichtlich ausgeführt bei Jan Eckel, »Unter der Lupe«. Die internationale Menschenrechtskampagne gegen Chile in den siebziger Jahren. in: Stefan-Ludwig Hoffmann (Hg.), Moralpolitik. Geschichte der Menschenrechte im 20. Jahrhundert, Göttingen 2010, S. 368-396. In breiterem Rahmen Jan Eckel, Samuel Moyn (Hg.), Moral für die Welt? Menschenrechtspolitik in den 1970er Jahren, Göttingen 2012.

und Selbstbestimmung der Deutschen unterstützen, wurde zwar verstanden, aber zunehmend obsolet, denn die beiden deutschen Staaten ließen sich ausgezeichnet gerade in Sachen Wirtschaftshilfe gegeneinander ausspielen; die Hallstein-Doktrin wurde spätestens 1969 endgültig beiseitegelegt.[35] In diesen Jahren erfolgte jedoch auch der »Aufstieg der Bundesrepublik zur globalen Wirtschaftsmacht«,[36] was der Regierungspolitik einen möglichen Hebel gegenüber der damals sogenannten »Dritten Welt« in die Hand gab, aber auch eine Auseinandersetzung mit dem von der UN-Vollversammlung seit 1966 proklamierten »Recht auf Entwicklung« erforderte.[37]

2. Der neuartige Einsatz für Menschenrechte außerhalb Deutschlands, so vor allem gegenüber Diktaturen führte zu einer permanenten Debatte über die Universalität der Menschenrechte oder dem Einsatz für diese in je selektiven Fällen, es stellte sich immer wieder die Frage einer »Doppelmoral«.[38]

3. Es bildete sich eine neue transnationale, zivilgesellschaftliche Öffentlichkeit. Am markantesten war die Wirkung von Amnesty International (1961 gegründet), aber auch die Humanistische Union, die Internationale Gesellschaft für Menschenrechte kümmerten sich explizit um andere Opfer verweigerter Menschenrechte als die der Deutschen, *Human Rights Watch* entstand nach 1975.[39] Hinzu kam ein genereller, emanzipatorischer Aufbruch in sozialen Bewegungen zumal von Studenten, die in 1968 einen markanten Höhepunkt gerade in der BRD erlangten. Friedens- und Ökologiebewegung fanden seit den 1970er-Jahren neue Anhänger. Der öffentliche Raum, aus dem heraus Politik gemacht wurde, änderte sich; es entstanden neue *Bottom-Up*-Wege der politischen Meinungs- und Willensbildung, die ab Ende der 1960er-Jahre in der sozialliberalen Koalition einen sichtbaren Ausdruck fanden.

4. In der UNO gelang es nach langen Verhandlungen, 1966 zwei grundlegende Menschenrechtspakte zur Ausfüllung der Menschenrechtskonvention von 1948 zu schließen, der Sozial- und der Zivilpakt, welche zwar erst 1976 in Kraft traten. Sie bildeten aber den Auftakt für eine Kodifizierung von zahlreichen weiteren Menschen-

---

35 William Glenn Gray, Germany's Cold War. The Global Campaign to Isolate East Germany 1949–1969, Chapel Hill/NC 2003; Young-Son Hong, Cold War Germany, the Third World and the Global Humanitarian Regime, Cambridge/MA 2015; Philipp Rock, Macht, Märkte und Moral. Zur Rolle der Menschenrechte in der Außenpolitik der Bundesrepublik Deutschland in den sechziger und siebziger Jahren, Frankfurt a. M. 2010.

36 Eckart Conze, Die Suche nach Sicherheit. Eine Geschichte der Bundesrepublik Deutschland von 1949 bis heute, München 2009, S. 516.

37 Ramon Leemann, Entwicklung als Selbstbestimmung. Die menschenrechtliche Formulierung von Selbstbestimmung und Entwicklung in der UNO, Göttingen 2013.

38 Silke Voß, Parlamentarische Menschenrechtspolitik. Die Behandlung internationaler Menschenrechtsfragen im Deutschen Bundestag unter besonderer Berücksichtigung des Unterausschusses für Menschenrechte und Humanitäre Hilfe 1972–1998, Düsseldorf 2000, S. 217-274.

39 Wildenthal, Language, 2013, S. 63-166.

rechten bis in die Gegenwart.[40] Pointiert gab es global, aber auch regional in diesen Jahren geradezu eine »*human rights revolution*«.[41] Da nach den Ostverträgen der Bundesrepublik Deutschland auch beide Staaten 1973 als Vollmitglieder in die UNO aufgenommen wurden, eröffnete sich eine neue Arena der Politik im UN-Rahmen.

5. Die Vertretung von Außenpolitik wurde auf zahlreichen Feldern zunehmend in inter- beziehungsweise transnationalen Gremien vorbereitet und dann auch umgesetzt. Das waren in erster Linie die Gremien (west-)europäischer Integration in Ausfüllung der geschlossenen Verträge, zu denen intergouvernementale Gremien *ad hoc* oder dauerhaft hinzutraten.[42]

6. Der neue multilaterale Horizont bundesdeutscher Außenpolitik schlug sich besonders nachhaltig im Weg zu einer europäischen Sicherheitskonferenz nieder, die sich mit der Schlussakte von Helsinki 1975 und den Folgekonferenzen von Belgrad, Madrid und Wien gerade in den Menschenrechten (»Korb 3«) einen permanenten Bezugspunkt schuf.[43]

3 Egon Bahr – Frieden, Sicherheit und Menschenrechte

Ein Fallbeispiel soll im Folgenden für einen der wichtigsten konzeptuellen und praktischen Außenpolitiker der BRD der Stellenwert von Menschenrechten verdeutlicht werden. Egon Bahr war Senatspressechef im Berlin Willy Brandts, wurde 1966 Leiter des Planungsstabes im Außenministerium Brandts, handelte ab 1969 in der sozialliberalen Regierung wesentliche Teile der Ostverträge aus. In Sachen globaler Süden hatte er 1959 als Attaché einige Monate in Ghana verbracht, wurde 1974 bis 1976 Entwicklungshilfeminister in der Regierung Schmidt-Genscher und arbeitete von 1980 bis 1982 in der Palme-Kommission für Abrüstung und Sicherheit. Von 1984 bis 1994 leitete er das Institut für Friedensforschung und Sicherheitspolitik in Hamburg.

---

40 Roger Normand, Sarah Zaidi, Human Rights at the UN. The Political History of Universal Justice, Bloomington/IN 2008; Peter Ridder, Die Menschenrechtspakte, in: <https://www.geschichte-menschenrechte.de/die-menschenrechtspakte/?type=98765> (6.12.2020); ders., Konkurrenz um Menschenrechte. Der Ost-West-Konflikt und die Entstehung des UNO-Menschenrechtsschutzes von 1965–1993, voraussichtlich Göttingen 2021.

41 Akira Iriye, Petra Goedde, William Hitchcock (Hg.), The Human Rights Revolution. An International History. Oxford 2012.

42 Kiran Klaus Patel, Projekt Europa. Eine kritische Geschichte, München 2018, S. 186-223; Gabriele Clemens, Alexander Reinfeldt, Telse Rüter, Europäisierung von Außenpolitik? Die europäische politische Zusammenarbeit in den 1970er Jahren, Baden-Baden 2019.

43 Wilfried von Bredow, Der KSZE-Prozeß, Darmstadt 1992; Gottfried Niedhart, Entspannung in Europa. Die Bundesrepublik Deutschland und die Warschauer Pakt 1966 bis 1975, München 2014; Helmut Altrichter, Hermann Wentker (Hg.), Der KSZE-Prozess. Vom Kalten Krieg zu einem neuen Europa 1975–1990, München 2011; Matthias Peter, Die Bundesrepublik im KSZE-Prozess, 1975–1983. Die Umkehrung der Diplomatie, München 2015.

Frieden oder Menschenrechte? So könnte man das Dilemma in Bahrs Ansatz auf einen Punkt bringen. Eine zentrale Voraussetzung für Politik war bei ihm, dass weder ein Sturz des Regimes der DDR noch ein Krieg praktikable Zukunftsziele darstellten. Nichts weniger als die Überwindung der drohenden Atomkriegsgefahr stand als Leitmotiv dahinter. Gerade die Einsicht aus dem Mauerbau 1961, »daß es keinen praktikablen Weg über den Sturz des Regimes gibt«, führte ihn dazu: »Ich sehe nur den schmalen Weg der Erleichterung für die Menschen in so homöopathischen Dosen, daß sich daraus nicht die Gefahr eines revolutionären Umschlags ergibt, die das sowjetische Eingreifen aus sowjetischem Interesse zwangsläufig auslösen würde.« Das war eine zentrale Beobachtung aus seiner Tutzinger Rede vom 15. Juli 1963.[44] Diese These signalisierte, dass es um kleine Reformen, humanitäre Verbesserungen für die Bevölkerung der DDR gehen müsse, nicht um eine grundsätzliche und damit konfrontative Politik der Menschenrechte. Die Passierscheinregelungen für Besucher von West- nach Ost-Berlin für die Weihnachtsferien von 1963 bis 1966 unterstrichen dies. Sie waren vom Westberliner Senat ausgehandelt worden – aber mit der Regierung der DDR, die dadurch aufgewertet wurde. Das wurde gezielt in Kauf genommen, ja sie waren eine Voraussetzung seines Konzepts.

Die in Tutzing der Kennedy-Administration unterstellte Strategie, »daß die kommunistische Herrschaft nicht beseitigt, sondern verändert werden soll«, war auch seine eigene. »Die Änderung des Ost/West-Verhältnisses, die die USA versuchen wollen, dient der Überwindung des *Status quo*, indem der *Status quo* zunächst nicht verändert werden soll.« Er fügte selbst hinzu: »Das klingt paradox«, meinte damit aber einen langen Weg, der zunächst durch Verzicht auf zu menschenrechtliche Emphase den Regierungen im Ostblock größere Offenheit gegenüber dem Westen ermöglichen sollte; das führte für den in die Außenpolitik eingebundenen Politiker zu zahlreichen Planungspapieren einerseits, ließ ihn aber bei Reisen nach Osteuropa vorsichtig für humanitäre Lockerungen eintreten.[45] Nachdrücklich wehrte er sich jedoch in zahlreichen Verhandlungsrunden, die Grenzen und den *Status quo* in Europa als unveränderlich anzuerkennen, denn: Veränderung zu einer gesamteuropäischen Friedensordnung und damit Überwindung der Blockkonfrontation blieben das Fernziel dieses »Wandels durch Annäherung« – und damit die Stabilisierung des Ostblocks auf absehbare Zeit. Tutzing 1963 wurde so in der Tat zu einer Blaupause, welche auch die Politik der Regierung Brandt-Scheel und die Ostverträge wesentlich mitbestimmte, ohne dass hier auf Nuancen eingegangen werden kann.[46]

---

44 Wieder abgedruckt in: Egon Bahr, Sicherheit für und vor Deutschland, München 1991, S. 11-17. Vgl. Andreas Vogtmeier, Egon Bahr und die deutsche Frage, Bonn 1996; hier: S. 59-66.

45 Besonders hervorzuheben: Aufzeichnung Leiter Planungsstab AA, 27.6.1968, in: Archiv der sozialen Demokratie, Nachlass Bahr, 1/EBAAA001051.

46 Gottfried Niedhart, Durch den Eisernen Vorhang. Die Ära Brandt und das Ende des Kalten Krieges, Darmstadt 2019.

Genau zehn Jahre später, nach Abschluss der meisten Ostverträge, hieß es – erneut in Tutzing: »Wir gehen mit der Regierung der DDR jenen schmalen Weg der Erleichterung für die Menschen in solchen Dosen, dass sich daraus nicht die Gefahr eines Umschlags ergibt. Die Dinge müssen stabil und kontrollierbar bleiben, wenn die Transformation von Konflikt und Kooperation funktionieren soll.«[47] Über eine solche Grundhaltung, die DDR oder den Ostblock nicht zu destabilisieren, entbrannte letztlich ein Grundsatzstreit mit der CDU/CSU-Opposition, zunächst um die Ostverträge und später um die KSZE-Schlussakte. Die Opposition beharrte in diesen Jahren immer wieder auf einer Grundsatzkritik an der Ostpolitik, der sozialliberalen Regierungen diente, nämlich nicht genug für die Rechte der Menschen in der DDR zu tun.[48] In seinen Memoiren brachte Bahr dies 1996 nachträglich auf den Punkt: »Aus Verantwortung, nicht aus Zynismus wurde Sicherheit den Menschenrechten übergeordnet insoweit von Nixon und Brandt.«[49] Dieser Ansatz, die Menschenrechte gegenüber Frieden und Sicherheit in die zweite Reihe zu stellen, wurde durch die Reformen in der Sowjetunion unter Michail Gorbatschow in vielem überholt. Hatte Bahr – schon nicht mehr im öffentlichen Amt – diese anfangs bejaht, so hielt er die Breite der Reform- und Bürgerbewegungen letztlich für gefährlich; 1988 plädierte er publizistisch für einen Primat Europas: »Der europäische Friede ist wichtiger als die deutsche Einheit. […] Die Gemeinsamkeit der beiden Staaten, das Interesse an verlässlicher Sicherheit zu fördern, kann zu einer bedeutenden Kraft im Dienste Europas werden.[50]

In diesem Sinne hielt er die öffentliche Menschenrechtspolitik des US-Präsidenten Jimmy Carter für kontraproduktiv. Das deckt sich zum Teil mit den Ergebnissen der jüngeren Forschung zu den Menschenrechtsansätzen dieses Präsidenten.[51] Die stille Menschenrechtsdiplomatie, die nach Snyder und Peterson sein Nachfolger Ronald Reagan praktizierte, stand in dieser Hinsicht Bahrs Ansatz viel näher. Gemeinsame Sicherheit, Entspannung und Frieden bildeten also die wichtigsten Koordinaten; die Schaffung von Möglichkeiten zur humanitären Erleichterung in der DDR und den anderen Ländern des sowjetischen Machtbereichs von innen her, waren wichtig, sie konnten aber leicht außer Kontrolle geraten und waren daher riskant; Menschenrechte standen dazu in einem Spannungsverhältnis und blieb sekundär gegenüber der atomaren Gefährdung des Weltfriedens.

---

47 Manuskripte 1972–1978, Tutzing 11.7.1973, 1 EBAA00458; wieder abgedruckt: Bahr, Sicherheit, 1991, S. 44-59, 53.

48 Peter, Bundesrepublik, 2015; hier: S. 203-237. Vgl. z. B.: Manfred Abelein, Menschenrechte dulden keinen Aufschub, Rede Deutschland-Union-Dienst, 24.1.1974, in: Archiv der sozialen Demokratie 1/EBAA00769.

49 Egon Bahr, Zu meiner Zeit, München 1996, S. 420.

50 Egon Bahr, Zum europäischen Frieden. Eine Antwort auf Gorbatschow, Berlin 1988, S. 48.

51 Juso-Pressemitteilung, Grußwort Bundesgeschäftsführer Egon Bahr, 20.3.1977, ASD 1 EBAA00458; Sarah Snyder, Human Rights Activism and the End of the Cold War. A Transnational History of the Helsinki Network, Cambridge/MA 2011, S. 245; Christian Philip Peterson, Globalizing Human Rights. Private Citizens, the Soviet Union, and the West, London 2012.

Bahr bekannte sich aber auch nachdrücklich zur »Dritten Welt«. Bei Übernahme des Entwicklungshilfeministeriums 1974 erklärte er, Afrika bedeute die »Rückkehr zu einer stillen Liebe«.[52] Er bevorzugte statt Entwicklung den Begriff Partnerschaft und wollte sich von der einseitigen wirtschaftlichen Orientierung dieses Sektors auch in der Außenpolitik freimachen. In diesem Sinne erklärte er es als sein Ziel, die

> »Lebensbedingungen der Menschen in den Entwicklungsländern zu verbessern und diesen Staaten einen höheren Grad von Unabhängigkeit zu ermöglichen. Dabei gehe ich nicht nur von dem Prinzip der Achtung der Unabhängigkeit anderer Staaten aus und ihrem Recht, ihren Weg selbst zu bestimmen, sondern ich gehe auch aus von unserer Vorstellung, daß Gleichheit der Bürger und mehr Gerechtigkeit in einer demokratischen Gesellschaft die Grundpfeiler unserer Entwicklung sind. In der Spannung zwischen diesen beiden Prinzipien bestimmen die Regierungen ihren Weg.«[53]

Freilich geschah dies in einer Kundgebung für »Brot für die Welt«. Vom rein ökonomischen Fortschritt setzte er sich im folgenden Jahr bei Diskussionen um eine neue Weltwirtschaftsordnung ab.

> »Weit entfernt, den gesetzmäßigen Fortschritt im Sinne humanistischer Werte und garantieren, zeigt die technisch-materielle Eigendynamik des Industriezeitalters eher eine zunehmende Tendenz – zu Polarisierungen, zu Welt- und Selbstzerstörung, sofern ihre politischen und ökonomischen Rahmenbedingungen nicht bewußter Steuerung […] unterworfen wird. Der humane Fortschritt im Sinne unserer Werte ist durch keine geschichtliche Gesetzmäßigkeit garantiert; er hängt von unserem wertorientierten Handeln ab.«

Damit zitierte Bahr Richard Löwenthal, mit dem er sich vor deutschen Gewerkschaftern Anfang 1975 identifizierte.[54] Wie in Osteuropa so hielt er also auch hier ein Plädoyer für behutsame humanitäre Fortschritte für angemessen. Mit dem Motiv für eine solche Zurückhaltung verhielt es sich gegenüber dem globalen Süden jedoch ein wenig anders als gegenüber dem sowjetischen Machtbereich.

> »Die Charta der Menschenrechte verlangte die Teilhabe am technischen Fortschritt. Die Charta ist für Industrieländer wie für Entwicklungsländer gültig. Die

---

52 Vogtmeier, Bahr, deutsche Frage, 1996, S. 212 nach einem Artikel in der Süddeutschen Zeitung, S. 212-221 zum Folgenden.
53 Bahr 6.10.1974, 1 EBAA 00458 (hektografiert).
54 Die Rolle der Gewerkschaften in der Entwicklungspolitik, Bundesminister Bahr, Bonn 26.3.1975, ASD 1 EBAA 00458, S. 19.

Teilhabe der Länder der Dritten Welt am technischen Fortschritt zu fördern, heißt also im Sinne der Menschenrechte zu handeln. Die Teilhabe zu verhindern oder zu erschweren, könnte als ein Verstoß definiert werden. Der Hintergrund ist die Überzeugung, daß das Ideal der Menschenrechte eine materielle Basis braucht. Wo die Aussicht eines Lebens auf den Kampf ums reine Überleben bleibt, muss man zögern, das Wort ›Menschenrecht‹ noch zu gebrauchen. Der Mensch braucht auch in den Entwicklungsländern Aussicht auf ein Leben in Würde. Der Wohlstandsstaat der Industrieländer, die Gesellschaften des Massenkonsums, wurde nicht aus dem Boden gestampft. Sie sind in 150 Jahren gewachsen.«[55]

Er plädierte also für eine geduldige industrielle, ja kapitalistische Entwicklung und fügte auf der Buchmesse im selben Jahr hinzu:

»Es geht um die Frage, wie Freiheit von Not und Freiheit von Furcht gleichzeitig zu erreichen sind. Freiheit von Not bedeutet: keine Sorgen um die Sicherung des Lebens und der Lebensgrundlagen zu haben. Die Allgemeine Erklärung der Menschenrechte der Vereinten Nationen setzt mit Recht Freiheit von Furcht gleich mit der Freiheit von Not, wenn die Menschenrechte nicht verletzt sein sollen. Wo finden unserer Sternmärsche statt, wenn Zehntausende verhungern?«[56]

Noch deutlicher wurde Egon Bahr 1987 in einem analytischen Festschriftbeitrag *Uneingelöste Menschenrechte*. Hierin äußerte er sich prinzipiell kritisch gegenüber der AEMR. »Wie das denn überhaupt möglich sei, darüber schweigt sich die Erklärung aus«, die doch noch »kein verbindliches internationales Recht« darstelle. »Sie berücksichtigt nicht Machtverhältnisse und nicht die Verteilung des Wohlstandes auf dieser Erde. Die Erkenntnis, dass liberale Verhältnisse erst noch durchgesetzt werden müssen, ignoriert sie.« Dennoch dürfe man, wie es auch auf anderen Gebieten der Fall sei, nicht das Ziel infrage stellen, »nur weil sie noch nicht geachtet sind.« Sie würden gerade durch die Reichen verletzt, was ein Grund zur Selbstanklage darstelle.

»Aber ich verstehe im vollen Sinne dieses Wort [der Freiheiten auf allen Gebieten], wenn für die Mehrheit der Menschheit das Recht auf Leben höher rangiert. Ich kann niemandem übelnehmen zu meinen, daß er nicht gegen die Furcht kämpfen könne, solange er gegen die Not kämpfen muß: daß er nicht für die Freiheit kämpfen könne, solange er gegen den Hunger kämpfen muß.«

Oder auf eine einfache Formel gebracht:

---

55 Rede EB zur Eröffnung des zweiten Symposiums mit Industrialisierungsländern, Hannover 3.5.1976, S. 7, 1 EBAA00458.
56 Rede BM Bahr Eröffnung Buchmesse, Lateinamerika, 15.9.1976, S. 5, ebd.

»Erst muß der Mensch essen, dann bringt er die Kraft zur täglichen Arbeit auf. Erst muß sein Auskommen im Alter gesichert sein, dann erst kann er die Zahl seiner Kinder, die ihn im Alter versorgen, in Grenzen halten. Erst wenn er sicher ist, daß sein Leben keinem unvermutbaren (sic) Risiko ausgesetzt ist, kann er es in Würde gestalten.«

An dieser klaren Priorität hielt Bahr fest: »Konventionen ändern noch keine Machtverhältnisse. Sie dürfen nicht zu einem internationalen Schlafmittel werden.« Und abschließend: »Nicht die Konvention muß umformuliert werden, aber die Voraussetzungen sind zu schaffen, damit ihre Ziele erreichbar werden.«[57] In seinen öffentlichen Ämtern blieb Bahr nach außen hin ein Verfechter der Menschenrechte insgesamt, aber hatte aber Schwierigkeiten, nicht deren universale Geltung als solche, sondern deren Rolle in aktuelle Politik einzubringen; sie blieben eine Zukunftsvision, wenn erst einmal die materiellen Bedürfnisse, Hunger voran, aber auch demokratische Politik in der Dritten Welt befriedigt seien. Gewiss solle man in diese Richtung Druck ausüben. Dass im UN-Pakt über soziale Rechte von 1966 in Artikel 11 das Recht »auf einen angemessenen Lebensstandard« (und damit die Frage von materieller Not) menschenrechtlich verankert war, kam ihm dabei nicht in den Sinn. In seinen Memoiren brachte er seine eigene Konstruktion von Menschenrechten realpolitisch zugespitzt auf den Punkt, jetzt von allen politischen Rücksichten frei:

»Selbst Menschenrechte sind nicht davon gefeit, mißbraucht zu werden im innen- wie außenpolitischen Kampf. Da können Fanfarenbläser des Beifalls immer sicher sein. […] Zuweilen ist das öffentliche Verschweigen die Voraussetzung für erfolgreiche Diskussionen hinter verschlossener Tür, zuweilen ist es Feigheit oder dient dem Interesse, Geschäfte nicht zu schädigen. Unterschiedliches Verhalten gegenüber Freunden und Gegnern, gegenüber kleineren und größeren Staaten sollte gewogen werden. Gegenüber Israel und Saudi-Arabien fällt das schwerer als etwa gegenüber Chile und Nicaragua. Einäugigkeit ist auf dem linken wie auf dem rechten Auge möglich.«[58]

---

57 Egon Bahr, Uneingelöste Menschenrechte, in: Willy Brandt u. a. (Hg.), Festschrift für Helmut Simon, Baden-Baden 1987, S. 865-871. Vgl. Bahr, Zu meiner Zeit, 1996, S. 472-476.
58 Ebd., S. 474.

4 Menschenrechte und die Außenpolitik unter Hans-Dietrich Genscher in den 1980er-Jahren

Seit den 1960er-Jahren wandelte sich die Bedeutung von Menschenrechten für die Außenpolitik zunehmend.[59] Am Anfang standen Diskussionen über die spanische Diktatur Francos, die nicht der NATO angehörte. Hinzu kamen dann bald menschenrechtliche Erwägungen, wenn es um den Umgang mit der Obristendiktatur in Griechenland (1967–1974) oder mit den Militärdiktaturen in der Türkei (1960, 1971, 1980) ging, beides NATO-Mitglieder. Gerade in den Beziehungen zur Herrschaft im Iran, zu dem die Bundesrepublik seit den 1950er-Jahren freundschaftliche Beziehungen unterhielt, traten auch menschenrechtliche Verstöße stärker ins Blickfeld, öffentlich markant beim Staatsbesuch des Schahs von Persien 1967. Galten bisher gegenüber den Beziehungen zu den Entwicklungsländern wirtschaftliche Beziehungen als zentrale Bezugsgröße, gelegentlich durch Konkurrenz zur DDR und humanitäre Hilfen gemildert, so setzte sich nunmehr ein kritischer Blick auf die menschenrechtliche Seite von entsprechenden Regierungen durch.[60] Das galt wohl für keinen Staat so stark wie für das Apartheid-System der Südafrikanischen Union, hier im Einklang mit großen Teilen der westlichen Welt.[61] Mehrere Länder Lateinamerikas folgten wenig später in der Außenwahrnehmung. Es war aber nicht nur die erhöhte Aufmerksamkeit für Entwicklungsländer, welche die Beschäftigung mit den Menschenrechten in der Bundesrepublik neue Qualitäten erreichen ließ, ein Problem war auch die permanente Konkurrenz zu Exportinteressen, unter denen der Waffenhandel eine bedeutende Rolle spielte.[62]

Die Sprache der Menschenrechte drang auch in andere bilaterale Beziehungen ein. Hans-Dietrich Genscher, Außenminister von 1974 bis 2002 unter den Kanzlern Schmidt und Kohl, war ebenso wenig die allein prägende Kraft der Außenpolitik, wie es Bahr unter Brandt zumindest für die Jahre der Ostpolitik gewesen war. Vor allem Helmut Schmidt zog kleine Schritte einer sicherheitspolitischen Entspannung moralisch überhöhten Ansprüchen vor.[63] Kohl unterschied sich zumindest darin nicht grundsätzlich

---

59 Zu Griechenland: Philipp Rock, Macht, 2010, S. 45-119, 163-216. Zum Iran Jan Eckel, Die Ambivalenz des Guten. Menschenrechte in der internationalen Politik, Göttingen 2014, Kap. 5 und 7.

60 Amit Das Gupta, Handel, Hilfe, Hallstein-Doktrin. Die bundesdeutsche Südasienpolitik unter Adenauer und Erhard 1949 bis 1966, Husum 2000; Sven Olaf Berggötz, Nahostpolitik in der Ära Adenauer. Möglichkeiten und Grenzen, 1949–1963, Düsseldorf 1998; Bastian Hein, Die Westdeutschen und die Dritte Welt. Entwicklungspolitik und Entwicklungsdienste zwischen Reform und Revolte 1959–1974, München 2006, S. 189-240.

61 Rock, Macht, 2015, S. 120-183; Peter Ridder, Uran, Menschenrechte und die Angst vor einem »Rassenkrieg«. Die westdeutsche Südafrikapolitik in den 1970er Jahren, voraussichtlich in: Jahrbuch für Liberalismusforschung 2021; Zum Rahmen Eckel, Ambivalenz, S. 293-295, 498-502.

62 Andreas Wirsching, Abschied vom Provisorium. Geschichte der Bundesrepublik Deutschland, 1982–1989, Stuttgart 2006, S. 580-590.

63 Kristina Spohr, Der Weltkanzler, Darmstadt 2016, S. 75-131; Eckel, Ambivalenz, S. 439.

von seinem Vorgänger. Genscher wird seit Langem zugeschrieben, er habe sich nachdrücklich für die Menschenrechte eingesetzt, sein Ansatz sei fern von jeder Machtpolitik gewesen.[64] Doch die Verrechnung mit Sicherheitspolitik gerade im Prozess der Auflösung der Blöcke deutet auch hier zumindest Spannungsfelder an, die in konkreten Situationen pragmatisch bearbeitet wurden. Immerhin zeigte Genscher gerade in Fragen des Umgangs mit der Erklärung des Kriegsrechts in Polen, der Unabhängigkeit Namibias, aber auch in mehreren jährlichen Reden vor der UN-Vollversammlung starkes menschenrechtliches Engagement. Insbesondere sein Vorschlag vor der UN 1976, einen Internationalen Menschengerichtshof einzurichten, spricht für eine solche Perspektive, die bis 1989 zum ständigen Repertoire gehörte.[65] Gerade in der Post-KSZE-Phase legte die oppositionelle CDU/CSU zunächst eher Wert darauf, Menschenrechtsverletzungen in Europa zu thematisieren, zumal wenn die sozialliberale Regierung sich gegen die Verletzungen auf anderen Kontinenten wandte. Doch entwickelte sich in den 1980er-Jahren langsam ein innenpolitischer »Fundamentalkonsens« (Jan Eckel), dass Menschenrechte ein gemeinsames Anliegen der BRD-Politik bildeten. Es gab große Zonen der Übereinstimmung, ohne dass diese Fragen einen zentralen Teil der Außenpolitik bildeten.[66] Das Auswärtige Amt Genschers bemühte sich, Menschenrechte als integralen Bestandteil der bundesdeutschen Politik zu vereinheitlichen. In diesem Sinn ließ Genscher vom Leiter der Politischen Abteilung, Hermann Freiherr von Richthofen, am 22. Dezember 1986 eine Aufzeichnung zu *Grundüberlegungen der Menschenrechtspolitik* anfertigen.

Diese Aufzeichnung schwankte zwischen analytischer Vorgabe und Sprachregelung. Hierin ging es nicht um die Politik gegenüber Einzelstaaten. Am Anfang stand die Verpflichtung, für alle Deutschen menschenrechtlich einzutreten. Menschenrechtskritik stelle keine Einmischung in die inneren Angelegenheiten dar. Es geht um »Augenmaß für das Machbare«. Man könne weltweite Kritik »überziehen«, brauche überall Partner, so vor allem aus der EG, den NATO-Verbündeten und der »westlichen Gruppe«, wozu unter anderem Japan gehörte. Mit diesen habe man in angegebenen Fällen gemeinsam »demarchiert«. Die USA – es handelte sich um die Reagan-Administration – nutze die Menschenrechte »zunehmend für spezielle politische Ziele«, denen man im »Zwölferverband« – also der EG – »entgegenzuwirken« suchte. Das zunehmende Interesse im Bundestag, aber auch bei menschenrechtlichen Gruppen sei ein Ansporn zur Nutzung

---

64 Siegfried Schieder, Liberalismus vs. Realismus, in: Kerstin Brauckhoff, Irmgard Schwaetzer (Hg.), Hans-Dietrich Genschers Außenpolitik, Wiesbaden 2015, S. 41-66; hier: S. 61.

65 Hans-Dietrich Genscher, Deutsche Außenpolitik. Ausgewählte Aufsätze und Reden. 1974–1985. Stuttgart 1985; ders., Erinnerungen, Berlin 1995, S. 328-334; Peter Ridder, Konkurrenz um Menschenrechte. Die Auswirkungen des Ost-West-Konfliktes auf die Entstehung des Menschenrechtsschutzes in den Vereinten Nationen von 1966–1993, Dissertation Köln 2018, Abschnitt: Genschers Menschengerichtshof. Zum Rahmen: Agnes Bresselau von Bressendorf, Frieden durch Kommunikation. Das System Genscher und die Entspannungspolitik im Zweiten Kalten Krieg, 1979–1982/83, München 2015.

66 Eckel, Ambivalenz, S. 567-582.

der Menschenrechte. Allerdings werde es immer auch »Zielkonflikte« zwischen menschenrechtlichen Ansprüchen und »konkreten politischen, sicherheitspolitischen und wirtschaftlichen Interessen« geben. Wenn wirtschaftliche Interessen aber einmal nicht wirklich wichtig seien und Nachteile durch menschenrechtlichen Einsatz nur behauptet würden, müssten sich letztere behaupten. Dasselbe gelte bei möglichen Konflikten »unserer Friedens- und Entspannungspolitik« zu den Menschenrechten. An mögliche neue Normen lege man »strenge Maßstäbe« an. Abzulehnen sei das »scheinbare MR« eines Rechts auf Frieden; einem neuen Recht auf Entwicklung stehe man skeptisch gegenüber. In vielen Fällen gehe es um die »Wahl des kleineren Übels«. »Öffentliche Maßnahmen und ›stille Diplomatie‹« seien unterschiedliche Wege, die sich gegenseitig ergänzten. Grundsätzlich könne man nicht alle menschenrechtlichen »Verletzungen in der Welt« gleich behandeln, sondern müsse nach Interessen abwägen. Das gelte gerade auch für den Grad der Beteiligung an UN-Resolutionen.[67]

Genscher las das Memorandum mit Randbemerkungen; ihm war dies wohl insgesamt doch noch zu vage, sodass Richthofen daraufhin in einer zweiten Aufzeichnung einzelne »menschenrechtliche Initiativen« ergänzte.[68] Das war zunächst die UN-Konvention gegen Folter von 1984, der die Bundesrepublik im Oktober 1986 beigetreten war. Galt dieses Recht nach dem Grundgesetz generell, so wurde es erst jetzt im UN-Rahmen im Verbot der Ausweisung von Asylbewerbern enthalten, falls diesen Menschen Folter drohe. Dagegen hatten Innen- und Justizministerium Bedenken; doch tatsächlich wurde die Konvention 1990 ratifiziert. In dieselbe Richtung ging eine von Genscher schon 1980 in der UNO vertretene Initiative zur Vorbeugung von Fluchtursachen. Dazu hatten sechsjährige Verhandlungen stattgefunden, bis eine entsprechende UN-Resolution am 3. Dezember 1986 angenommen wurde. Dabei ging es unter anderem um Prävention, das Vermeiden von »Flüchtlingsströmen« also. Staaten verpflichteten sich demgemäß – so hieß es wohlfeil – »keine Flüchtlingsströme zu erzeugen.« Richthofen schloss, dass die UNO damit der deutschen These gefolgt sei, dass die bisher »ausschließlich humanitäre-kurativen Anstrengungen« jetzt durch den Bedarf »komplementärer praktischer Schritte zur Bekämpfung von Flüchtlingsströmen« ergänzt werden sollten. Im Rückblick lässt sich erkennen, dass hier eine damals in ganz Westeuropa und so auch in der Bundesrepublik auf Grund von hoch gehaltenen Asylbewerberzahlen innenpolitisch heftig diskutierte Frage auf die internationale UN-Agenda gesetzt wurde.[69] Schließlich

---

67 Akten zur auswärtigen Politik der Bundesrepublik Deutschland, 1986, München 2016, Nr. 376, v. 22.12.1986, S. 1963–1974, Anm. 1. Auch zur deutschen Bestandsaufnahme im Auswärtigen Amt ein Jahrzehnt zuvor: Ridder, Konkurrenz, Kap. 3: Öffentliche Konkurrenz – Frieden vs. Menschenrechte.

68 AAPD, 1987, München 2017, Nr. 38. v. 12.2.1987, S. 167-173. Erläuterungen in diesem Text z. T. aus den Anmerkungen zum Dokument entnommen.

69 Ulrich Herbert, Geschichte Deutschlands im 20. Jahrhundert, München 2015, S. 989-996; Klaus J. Bade, Europa in Bewegung. Migration vom späten 18. Jahrhundert bis zur Gegenwart, München 2002, S. 360-377.

wurden zwei Institutionalisierungen genannt: Die bisher befürwortete Schaffung eines »Hochkommissars für Menschenrechte« wurde eher kritisch gesehen, da hierdurch die »mühsam entwickelten Durchsetzungsmechanismen des VN-Menschenrechtssystems« durch eine neue, schlecht ausgestattete Institution infrage gestellt werden könne. Dies wurde dann 1993 nach der Wiener Menschenrechtskonferenz geschaffen. Auch die von Genscher lange betriebene Idee eines Menschengerichtshofes lasse sich derzeit kaum durchsetzen, da die je nationalen Rechtsvorstellungen zu unterschiedlich seien.

Auf europäischer Ebene zeigte sich das Auswärtige Amt vor allem mit dem Ausgang der dritten KSZE-Folgekonferenz in Wien Anfang 1989 zufrieden. Der bundesdeutsche Delegierte Graf Rantzau sah fast alle bundesdeutschen Ziele im Rahmen gemeinsam erarbeiteter westlicher Positionen erreicht, ja mehr als man erwartet hatte. Insbesondere bei den menschlichen Erleichterungen – das betraf vor allem den bisherigen Ostblock – sah man jetzt »stringente Texte« ohne »*escape clauses.*« Das waren Entwicklungen, die ganz wesentlich auf sowjetische Glasnost zurückgingen.[70] Menschenrechtspolitik, hier verstanden vor allem als Durchsetzung menschlicher Erleichterungen, schien zum wichtigen Konstruktionsmerkmal des entstehenden europäischen Hauses (Gorbatschow) zu werden. Aber auch, dass es dann schnell anders kam und – um im Bild zu bleiben – das Haus in seinen Grundfesten neu konstruiert werden musste, hatte wesentlich mit dem Erfolg der menschenrechtlichen Diskurse der letzten Jahrzehnte zu tun.

5   Schluss

Der Menschenrechtsdiskurs in den Außenbeziehungen der Bundesrepublik hatte zwischen 1949 und 1989 einen fundamentalen Wandel durchgemacht. Er wurde selten explizit und herausfordernd geführt, sondern immer eingebettet in andere Interessenlagen. Von den Gründen für Nachkriegsnot und Teilung, die in Rassenkrieg und Vernichtung lagen und menschenrechtlichen Verbrechen singulärer Art, war dabei nicht die Rede. In der Ära Adenauer bemühten sich der Kanzler und sein Außenminister vielmehr appellierend und mit Interessen argumentierend für einen Zuwachs an Eigenständigkeit und Rechten. Humanitäre Argumente wurden zwar gebraucht; eine direkte Berufung auf Menschenrechte gab es im offiziellen internationalen Verkehr selten. Das ist zu verstehen durch einen massiven Druck von Vertretern der vermeintlichen Opfer des Krieges in der bundesdeutschen Gesellschaft, die von Flüchtlingen über Kriegsverbrecher bis hin zur Anklage kommunistischer Herrschaft in der DDR führte. Diese Stränge schwächten sich ab, blieben aber generationell erhalten. Insbesondere im

---

70 AAPD 1989, Nr. 22. 25.1.1989, S. 89-92. Vgl. die Ergebnisse von Wien, Nr. 7, 16.1., S. 28-36 und die Folgekonferenzen mit NGOs und Regierungen in Paris: Nr. 191 und 192 v. 22.6.1989, S. 842-852.

Verhältnis zur DDR trat als Nahziel seit den späten 1960er-Jahren die Verbesserung der Lebensbedingungen, humanitäre Ziele also, in den Vordergrund, deren Umsetzung mit dem Mauerfall 1989 scheinbar am Ziel zu sein.

Seit den 1960er-Jahren änderte sich aber der Fokus zunehmend, indem der Blick der wirtschaftlich erstarkten Mittelmacht auch auf Menschenrechte in Diktaturen und auch außerhalb Europas gelenkt wurde. Das betraf primär Rechtsdiktaturen, wurde aber zu einem wichtigen Faktor der entsprechenden bi- oder multilateralen Beziehungen. Diese wurden darüber hinaus mehr und mehr im Rahmen multinationaler Bindungen formuliert. Menschenrechte blieben aber – wie am Beispiel Egon Bahr gezeigt – für viele Situationen in einem Spannungsfeld zur Sicherheitspolitik, sprich: zu den Gefahren einer militärischen Konfrontation im Zuge eines drohenden Nuklearkrieges. Formulierungen einer Einheit von Friedens und Menschenrechtspolitik verdeckten mehr und mehr einen Gegensatz, aus dem heraus pragmatische und fallweise Kompromisse gefunden und Entscheidungen getroffen wurden. Das wurde exemplarisch an internen Erwägungen aus dem Auswärtigen Amt unter Außenminister Genscher 1986/87 gezeigt. Stille Diplomatie, öffentliches Vorgehen, völkerrechtliche Vereinbarungen, menschenrechtliche, sicherheitspolitische und nicht zuletzt wirtschaftliche Interessen bildeten bereits in der Zeit bis zum Mauerfall eine vielfältige Matrix von Aktionsmöglichkeiten, die je neu auszuhandeln waren. Aber der Bezug auf Menschenrechte war bis dahin zu einem konstituierenden Faktor der bundesdeutschen Außenpolitik geworden.

Habbo Knoch

VII Performanz in der Provinz

Partizipatorischer Aufbruch und demokratische Erinnerungskultur in der sozialliberalen Ära

» Erst haben die uns die Lager hingesetzt, und jetzt auch noch das!«[1] Als Anfang der 1980er-Jahre Vertreter einer Gedenkstätteninitiative im niedersächsischen Emsland bei einer lokalen Veranstaltung ihr Anliegen vorstellten, sahen sie sich – wie ihre Vorgänger Ende der 1960er-Jahre – einer recht einhelligen Ablehnungsfront gegenüber. Im Alltagsbewusstsein hatte die dazwischen liegende »geschichtspolitische Inkubationszeit« offenbar kaum signifikant Früchte getragen.[2] Der zitierte Ausruf verknüpfte zwei Immunisierungsmythen miteinander, die sich in dieser wie in vielen anderen Regionen nach 1945 verfestigt hatten: Der Nationalsozialismus und seine Gewalt wurden als oktroyierter Einfall von außen betrachtet und dementsprechend diejenigen, die über die vor Ort stattgefundenen Verbrechen aufklären wollten, als Fremde stigmatisiert, die ohne Grund das Heimatidyll zu zerstören drohten.[3] Nicht nur hinter vorgehaltener Hand wurden sie als »Chaoten«, wenn nicht als »Kommunisten« und damit gleichsam als Wiedergänger jener politischen Gefangenen betrachtet, die ab 1933 aus weiten Teilen des Reichsgebiets in die nationalsozialistischen Konzentrations- und Strafgefangenenlager verbracht worden waren.[4]

---

1   Zit. n. Werner Boldt, Die Emslandlager als Gegenstand historisch-politischer Bildung, in: Elke Suhr, ders. (Hg.), Lager im Emsland 1933–1945. Geschichte und Gedenken, Oldenburg 1985, S. 45-72; hier: S. 64.

2   Vgl. Ralph Jessen, Die siebziger Jahre als geschichtspolitische Inkubationszeit, in: Anne Klein (Hg.), Der Lischka-Prozess. Eine jüdisch-französisch-deutsche Erinnerungsgeschichte, Berlin 2013, S. 29-33; ders., Bewältigte Vergangenheit – blockierte Zukunft? Ein prospektiver Blick auf die bundesrepublikanische Gesellschaft am Ende der Nachkriegszeit, in: Konrad Jarausch (Hg.), Das Ende der Zuversicht? Die siebziger Jahre als Geschichte, Göttingen 2008, S. 177-195.

3   Vgl. Habbo Knoch (Hg.), Das Erbe der Provinz. Heimatkultur und Geschichtspolitik nach 1945, Göttingen 2001; Harald Schmid (Hg.), Erinnerungskultur und Regionalgeschichte, München 2009.

4   Dieser Prozess ist bislang nicht umfassend unter Berücksichtigung der archivalischen Quellen aufgearbeitet. Als Überblick und zur Haltung der emsländischen Bevölkerung vgl. Henning Harpel, Die Emslandlager des Dritten Reichs. Formen und Probleme der aktiven Geschichtserinnerung im nördlichen Emsland 1955–1993, in: Emsländische Geschichte, 12 (2004), S. 134-259. Für Zwischenergebnisse eines Dissertationsprojekts zu den frühen Gedenkstätteninitiativen um 1980 vgl. Fabian Schwanzar, Gedenkstätten im Wandel? Erinnerungsakteurinnen und -akteure und staatliche Geschichtspolitik in den 1980er Jahren, in: Beiträge zur Geschichte der nationalsozialistischen Verfolgung in Norddeutschland, 16 (2015), S. 42-52. Als Referenzstudien zu anderen früheren

»Und jetzt auch noch das!« ging über diese Stigmatisierung aber noch hinaus. Es schloss ein Unwohlsein angesichts der Vergemeinschaftungen, Arbeitsweisen und Kommunikationsformen ein, die von den frühen Akteuren der bundesrepublikanischen Gedenkstättenbewegung – und darin exemplarisch für die alternative Geschichtsbewegung dieser Jahre – praktiziert wurden. Die autonome Suche nach den Spuren der Lager und emotionale Begegnungen mit den ehemals Verfolgten an den Orten der Tat, teilnehmerstarke Gedenkkundgebungen und internationale Jugendcamps, das Streben nach einer detaillierten historischen Aufklärung und das Ziel einer aktiven und nicht-staatlichen, gegenwartskritischen und »antifaschistischen« Bildungsarbeit, vor allem aber das zumindest grenzlegale Aufstellen ungenehmigter Informationstafeln und wiederholte Konflikte mit den Regionalen und Landesbehörden – das waren vor allem als Ruhestörung empfundene »antiautoritäre« Praxen, die im Lichte der Entwicklungen seit den späten 1960er-Jahren und insbesondere während der sozialliberalen Ära zwischen 1969 und 1982 gerade in ländlichen Kontexten nicht *per se* als Demokratisierung in einem positiven Sinne wahrgenommen wurden.[5]

Die zahlreichen, sich in dieser Phase konstituierenden Erinnerungsinitiativen waren nicht nur ein Bestandteil der überaus heterogenen Landschaft der neuen sozialen Bewegungen und damit auch einer besonderen Konjunktur der deutschen Protestgeschichte,[6] sondern lokale Katalysatoren jener Konfrontationen, die den Umgang mit dem Nationalsozialismus vor allem seit den 1980er-Jahren prägen sollten – vom Historikerstreit über die Wehrmachtsausstellung bis zum Holocaust-Denkmal geschah dies im Modus der »Streitgeschichte«.[7] Auf der Mikroebene partizipatorischer Erinnerungspolitik im lokalen und regionalen Raum setzten die Konfrontationen bereits früher ein, teils schon in den 1960er-Jahren, vor allem aber gegen Ende der 1970er-Jahre. Sie waren eng mit dem partizipatorischen, basisdemokratischen Aufbruch dieser Jahrzehnte verbunden und führten um 1980 zu einem Nukleus institutionalisierter aktiver Erinnerungsorte, aus dem sich zu einem wesentlichen Teil die Gedenkstättenlandschaft der Bundesre-

Konzentrationslagern liegen u. a. vor: Harold Marcuse, The Legacies of Dachau. The uses and abuses of a concentration camp, 1933–2001, Cambridge/MA/New York 2001; Jonathan Huener, Auschwitz, Poland and the Politics of Commemoration, 1945–1979, Athens/GA 2003; Jörg Skriebeleit, Erinnerungsort Flossenbürg. Akteure, Zäsuren, Geschichtsbilder, Göttingen 2009.

5 Vgl. Sven Reichardt, Detlef Siegfried (Hg.), Das Alternative Milieu. Antibürgerlicher Lebensstil und linke Politik in der Bundesrepublik Deutschland und Europa 1968–1983, Göttingen 2010; Sven Reichardt, Authentizität und Gemeinschaft, Berlin 2014.

6 Allerdings werden sie in der sozialen Protestforschung bislang nicht eigens behandelt oder explizit als ihr zugehörig betrachtet, vgl. Roland Roth, Dieter Rucht (Hg.), Die sozialen Bewegungen in Deutschland seit 1945. Ein Handbuch, Frankfurt a. M./New York 2008; Philipp Gassert, Bewegte Gesellschaft. Deutsche Protestgeschichte seit 1945, Stuttgart 2018.

7 Vgl. Martin Sabrow, Ralph Jessen, Klaus Grosse Kracht (Hg.), Zeitgeschichte als Streitgeschichte. Große Kontroversen seit 1945, München 2003.

publik mit ihrem heutigen dezentralen, stark zivilgesellschaftlich ausgerichteten Profil in einem letztlich historisch offenen Prozess entwickeln sollte.[8]

In diesem doppelten Kampf um Anerkennung – der Erinnerungsaktivisten als zu respektierende politische Akteure und für die im Zuge der nationalsozialistischen Verbrechen Verfolgten und Ermordeten – spielten Maßnahmen und Strategien eine wichtige Rolle, die über die Herstellung von Öffentlichkeit sachliche Forderungen mediatisierten, damit Handlungszwänge erzeugen wollten und so konform zu Entwicklungsmustern vieler sozialer Bewegungen in diesen Jahrzehnten zu deren Institutionalisierung wesentlich beitrugen.[9] Diese Prozesse changierten zwischen ideologischer Radikalisierung und partizipatorischer Demokratisierung, deren langfristige Integrationseffekte durch den Blick auf die 1970er-Jahre als Ära terroristischer Gewalt und einer polarisierenden Verhärtung aber zu leicht verdeckt werden.

Es ist letztlich dieser mehrdimensionalen Entwicklung zu verdanken, dass seit den 1980er-Jahren überhaupt »Demokratie« und »Erinnerung« als untrennbar miteinander verbundene Seiten betrachtet wurden. So formulierte Joschka Fischer 1985 zum Tag des Kriegsendes, die Bundesrepublik könne nur zu einer »demokratischen Identität« gelangen, »wenn sie sich in bewußter Erinnerung von der verdrängten und fortdauernden Kontinuität der Hitlerschen Barbarei nach innen und außen« freimache.[10] Eine durchaus vergleichbare Intention – Erinnerung als innere Befreiung und erfolgreiche Bewältigung – lag auch der Rede von Bundespräsident Richard von Weizsäcker aus demselben Anlass zugrunde. In diesem Sinne von einem Prozess der konfrontativen Auseinandersetzung in einen Zustand kollektiver Identitätsbildung gelangen zu können, war ein gutes Jahrzehnt später mit der neuen Formel einer »demokratischen Erinnerungskultur« verbunden – einer Begriffsschöpfung im Kontext der geschichtspolitischen Grundsatzdebatten Mitte der 1990er-Jahre über den Umgang mit der zweifachen Diktaturerfahrung. Sie betonte zwar einerseits die pluralistischen Formen und dezentralen Strukturen der Erinnerungsarbeit in der Bundesrepublik, hegte sie aber andererseits als affirmative Identifikationspraxis zugunsten der bestehenden liberaldemokratischen Ordnung ein.

Impliziert dies, wie manche Kritiker angesichts der gegenwärtigen Erinnerungskultur argumentieren, mit den Kategorien von Benjamin Barber die Regression der

---

8   Vgl. die grundlegende Studie von Jenny Wüstenberg, Civil Society and Memory in Postwar Germany, Cambridge/MA u. a. 2017 zu den frühen Gedenkstätten mit einem Schwerpunkt auf West-Berlin. Zum umstrittenen Konzept der Zivilgesellschaft vgl. Ralph Jessen, Sven Reichardt, Ansgar Klein (Hg.), Zivilgesellschaft als Geschichte. Studien zum 19. und 20. Jahrhundert, Wiesbaden 2004.

9   Vgl. Dieter Rucht, Öffentlichkeit als Mobilisierungsfaktor für soziale Bewegungen, in: Friedhelm Neidhardt (Hg.), Öffentlichkeit, öffentliche Meinung, soziale Bewegungen, Opladen 1994, S. 337-358; Kathrin Fahlenbrach, Protest-Inszenierungen. Visuelle Kommunikation und kollektive Identitäten in Protestbewegungen, Wiesbaden 2002; dies., Erling Sivertsen, Rolf Werenskjold (Hg.), Media and Revolt. Strategies and Performances from the 1960s to the Present, Oxford 2014.

10 Joschka Fischer, Wir Kinder der Kapitulation, in: Die Zeit, 3.5.1985.

frühen Erinnerungsarbeit als Ausdruck eines Anspruchs auf eine »starke Demokratie« zur Realität einer »schwachen Demokratie« – von einem Erinnern als bürgerschaftliches Projekt der Demokratisierung »gegen den Staat« hin zu einer Erinnerungskultur »durch den Staat«, von einer antihegemonialen Bewegung hin zu einer hegemonialen Institution?[11] Denn während das Moment des Demokratischen immer schwächer geworden zu sein scheint, hat sich Erinnerung zu einer universalen Klammervokabel entwickelt, dem das Demokratische nachgeordnet ist.[12] Es entspricht zudem zwar dem Selbstbild der neuen Geschichtsbewegung, einen Zusammenhang zwischen der »Verankerung demokratischer Einstellungen« und den aktiven »Formen des Umgangs mit der NS-Geschichte« herzustellen,[13] aber mangels genauerer Studien ist ein solcher kausaler Zusammenhang bislang nicht hinreichend belegt.

Im Folgenden soll deshalb die demokratische Erinnerungskultur der mittleren Bundesrepublik genauer betrachtet werden, um sie als Akt partizipatorischer Ermächtigung zu reprozessualisieren. Was als Gedenkstätten neuen Typs Anfang der 1980er-Jahre entstand,[14] war nicht das Ergebnis eines Plans: Da das Ergebnis des Engagements »ungewiss« war, ist es aus einem »zweckrationalen Handeln« und damit verbundenen

---

11 Cornelia Siebeck, From Counter-Hegemonic Projects to State-Sponsored Institutions. Memorial Sites to the Nazi Crimes and the Politics of Memory in the Federal Republic of Germany, in: Journal of Social Policy Studies, 14 (2016), S. 261-274; dies., »The universal is an empty place«. Nachdenken über die (Un-)Möglichkeit demokratischer KZ-Gedenkstätten, in: Imke Hansen, Enrico Heitzer, Katarzyna Nowak (Hg.), Ereignis & Gedächtnis. Neue Perspektiven auf die Geschichte der nationalsozialistischen Konzentrationslager, Berlin 2014, S. 217-253; Thomas Lindenberger, Governing Conflicted Memories. Some Remarks about the Regulation of History Politics in Unified Germany, in: Muriel Blaive, Christian Gerbel, ders. (Hg.), Clashes in European Memory. The Case of Communist Repression and the Holocaust, Innsbruck/New Brunswick/NJ 2011, S. 73-87; Aleida Assmann, Weltmeister im Erinnern? Über das Unbehagen an der deutschen Erinnerungskultur, in: Sven Fritz, Jens Geiger (Hg.), Viele Schichten Wahrheit. Beiträge zur Erinnerungskultur, Berlin 2014, S. 18-29.

12 Vgl. Erinnern für die Zukunft. Empfehlungen zur Erinnerungskultur als Gegenstand historisch-politischer Bildung in der Schule, Beschluss der Kultusministerkonferenz vom 11.12.2014: Erinnern wird dort als »Erwerb von historischem Bewusstsein, von Wissen, von Empathie, um die Entwicklung einer demokratischen Grundhaltung und die Förderung von Urteilsvermögen und Handlungskompetenz« definiert.

13 Herbert Obenaus, Gedenkstätten in Niedersachsen, in: Menora, 8 (1997), S. 342-368; hier: S. 368.

14 Zur frühen Gedenkstättenbewegung vgl. Wüstenberg, Civil Society and Memory, 2017; Cornelia Siebeck, 50 Jahre »arbeitende« NS-Gedenkstätten in der Bundesrepublik. Vom gegenkulturellen Projekt zur staatlichen Gedenkstättenkonzeption – und wie weiter?, in: Elke Gryglewski u. a. (Hg.), Gedenkstättenpädagogik. Kontext, Theorie und Praxis der Bildungsarbeit zu NS-Verbrechen, Berlin 2015, S. 19-43; Habbo Knoch, Die Rückkehr der Zeugen. Gedenkstätten als Gedächtnisorte der Bundesrepublik, in: Gerhard Paul, Bernhard Schossig (Hg.), Öffentliche Erinnerung und Medialisierung des Nationalsozialismus. Eine Bilanz der letzten dreißig Jahre, Göttingen 2010, S. 116-137. Als Überblick zur Geschichte der Gedenkstätten vgl. ders., Geschichte in Gedenkstätten. Theorie – Praxis – Berufsfelder, Tübingen 2020, S. 55-112, mit weiterführender Literatur.

»Erfolgserwartungen« nicht hinreichend erklärbar.[15] Eine wesentliche Rolle spielte das Milieu der Erinnerungsaktivisten mit einem eigenen »Handlungssinn« aufgrund einer im weiteren Sinne »geteilten Lebensführung«, neuen Subjektivitätsideen und transformativen Erfahrungen durch die Begegnung mit Überlebenden.[16] Drittens erweist es sich wie für andere soziale Bewegungen als sinnvoll, von einer Dissoziation zwischen Person und Ordnung auszugehen, die dem Handeln einen »erfolgsunabhängigen Sinn« gab. »*The image of civic autonomy is critical to the identity of grassroot activists*«,[17] weil es den Akteuren über bestimmte »Gelegenheitsstrukturen« hinweg »als Beweis dafür gilt, dass sie sind, wer sie sein wollen«.[18] Es lässt sich dabei gut beobachten, wie die frühen Erinnerungsaktivisten nicht nur *avant la lettre* zum Begriff der demokratischen Erinnerungskultur, sondern auch zu der erst 1984 von Barber so benannten »starken Demokratie« deren entscheidende Begriffe in die Praxis umsetzten: »Tätigkeit, Prozeß, Selbstgesetzgebung, Schaffung einer Gemeinschaft und Transformation.«[19]

1   Der partizipatorische Aufbruch in den 1960er- und 1970er-Jahren

Bereits in den Jahren vor dem Regierungsantritt von Willy Brandt im Oktober 1969 war das Missverhältnis zwischen der bestehenden, staatskonservativ und bildungsbürgerlich geprägten demokratischen Ordnung der Bundesrepublik und den dynamischen Zeiten der säkularen Modernisierung immer deutlicher zutage getreten.[20] Die größer werdenden Fissuren in der Legitimation der westdeutschen Nachkriegsordnung als konservativ-christliches Abendland waren durch verschiedene kritische Deutungen verstärkt worden, die unter Stichworten wie »Bildungskatastrophe«, »Spätkapitalismus« oder »Unregierbarkeit« eine breite Resonanz gefunden hatten.[21] Zum transnationalen Gründungsdokument der neuen Demokratiebewegung avancierte das *Port Huron*

---

15 Andreas Pettenkofer, Die Entstehung der grünen Politik. Kultursoziologie der westdeutschen Umweltbewegung, Frankfurt a. M./New York 2014, S. 13, 29.

16 Ebd., S. 20 f.; Vgl. Detlef Siegfried, Die Entpolitisierung des Privaten. Subjektkonstruktionen im alternativen Milieu, in: Norbert Frei, Dietmar Süß (Hg.), Privatisierung. Idee und Praxis seit den 1970er Jahren, Göttingen 2012, S. 124-139; ders., »Einstürzende Neubauten«. Wohngemeinschaften, Jugendzentren und private Präferenzen kommunistischer »Kader« als Formen jugendlicher Subkultur, in: Archiv für Sozialgeschichte [AfS], 44 (2004), S. 39-66.

17 Wüstenberg, Civil Society and Memory, 2017, S. 6.

18 Pettenkofer, Entstehung der grünen Politik, 2014, S. 23.

19 Benjamin Barber, Starke Demokratie. Über die Teilhabe am Politischen [1. Aufl. 1984], Hamburg 1994, S. 147.

20 Vgl. Axel Schildt, Detlef Siegfried, Karl Christian Lammers (Hg.), Dynamische Zeiten. Die 60er Jahre in den beiden deutschen Gesellschaften, Hamburg 2000; Ulrich Herbert, Geschichte Deutschlands im 20. Jahrhundert, München 2014, S. 747-834.

21 Ralph Jessen, Zwischen Bildungsökonomie und zivilgesellschaftlicher Mobilisierung. Die doppelte deutsche Bildungsdebatte der sechziger Jahre, in: Heinz-Gerhard Haupt, Jörg Requate (Hg.),

Statement von 1962 der *Students for a Democratic Society* mit der zentralen Forderung einer »*democracy of individual participation*«.[22]

Zur kritischen Debatte über den Zustand von »Gesellschaft und Demokratie«[23] trugen eine seit den späten 1950er-Jahren wachsende Sensibilität für Kontinuitäten zwischen der Bundesrepublik auf staatlicher und gesellschaftlicher Ebene mit dem NS-Regime sowie damit verbundene Analogiebildungen bei.[24] Viele linke Denker gingen noch weiter. So konstatierte der Politikwissenschaftler Johannes Agnoli – Anfang der 1960er-Jahre zeitweilig Assistent des Kölner Politologen Ferdinand Hermens – 1967 eine »Involutionstendenz zu einem autoritären Staat rechtsstaatlichen Typs«.[25] Doch ging es den meisten intellektuellen Protagonisten dabei – anders als zum Beispiel Ralf Dahrendorf – nicht primär um ein besseres Verständnis des Nationalsozialismus, dessen Aufarbeitung oder die Erinnerung an seine Opfer. Sie wollten vielmehr den »repressiven Frieden« der herrschenden Demokratie und die »dünne Schicht« ihrer »fiktiven Rechtfertigungen« infrage stellen, weil sie »unfähig« sei, den »tragenden gesamtgesellschaftlichen Konflikt politisch zu artikulieren«.[26]

In diesem Klima wurden Forderungen nach dem Recht auf Formen einer aktiven politischen Teilhabe der Bevölkerung als einem legitimen Mittel der Demokratie immer lauter und nahmen zusehends praktische Gestalt an. Seit den späten 1960er-Jahren etablierte und verdichtete sich ein breites Spektrum zuvor unbekannter Partizipationspraktiken, die als »psychopolitische Laboratorien«[27] zu einer grundlegenden sozialen Transformation der bundesrepublikanischen Gesellschaft insgesamt und ihrer Angehörigen zu Subjekten eines neuen Typs beitragen sollten. Sie bildeten als Netzwerk, Kraftfeld und Katalysator auch den maßgeblichen Kontext, aus dem sich die alternative Geschichtsbewegung der Alltagsgeschichte, Geschichtswerkstätten oder Gedenkstätteninitiativen heraus entwickeln sollten. Das Spektrum partizipatorischer Ansprüche reichte von den neuen sozialen Bewegungen, die sich Themen allgemeiner

---

Aufbruch in die Zukunft. Die 1960er Jahre zwischen Planungseuphorie und kulturellem Wandel. DDR, CSSR und Bundesrepublik im Vergleich, Weilerswist 2004, S. 209-231.

22   The Port Huron Statement (1962), in: Students for a Democratic Society, New York 1964.

23   Ralf Dahrendorf, Gesellschaft und Demokratie in Deutschland, München 1965.

24   Vgl. Michael Schneider, Demokratie in Gefahr? Der Konflikt um die Notstandsgesetze: Sozialdemokratie, Gewerkschaften und intellektueller Protest (1958–1968), Bonn 1986; Boris Spernol, Notstand der Demokratie. Der Protest gegen die Notstandsgesetze und die Frage der NS-Vergangenheit, Essen 2008.

25   Johannes Agnoli, Peter Brückner, Die Transformation der Demokratie, Berlin 1967, S. 10.

26   Claus Offe, Die pazifizierte Demokratie. Rezension des Bandes »Die Transformation der Demokratie«, in: Diskus. Frankfurter Studentenzeitung, 18 (1968), S. 60.

27   Maik Tändler, Das therapeutische Jahrzehnt. Der Psychoboom in den siebziger Jahren, Göttingen 2016, S. 249; Pascal Eitler u. a. (Hg.), Das beratene Selbst. Zur Genealogie der Therapeutisierung in den »langen« Siebzigern, Bielefeld 2011. Die Formel »68 ist nicht Weltveränderung, sondern Selbstveränderung« konstruiert einen unnötigen Gegensatz, selbst wenn die »Doors« tatsächlich wichtiger gewesen sein mögen als »Adorno«. Vgl. Heinz Bude, Adorno für Ruinenkinder. Eine Geschichte von 1968, München 2018, S. 29.

öffentlicher Aufmerksamkeit wie den Anti-AKW-Protesten, der Frauenemanzipation oder der Friedensbewegung widmeten, über anlassbezogene Demonstrationen bis zu einer neuartigen Kultur der kommunalen, lebensweltlichen Mitbestimmungspraxis. Im Kampf um Kindergärten und Jugendzentren oder durch die Beteiligung an Planungsverfahren für Infrastrukturprojekte entstanden zudem lokale Gegenmilieus zu den traditionellen Honoratiorenstrukturen, die nicht selten mit den Protestbewegungen verbunden waren, aber nicht zwingend sein mussten.[28]

Keineswegs dienten in dieser Phase Bezugnahmen auf den Nationalsozialismus und seine Verbrechen bereits als gemeinsamer Nenner oder herausragendes Thema der partizipatorischen Selbstmobilisierung. Trotz der zum Teil heftigen Kritik an der Unfähigkeit zu trauern, wie Alexander und Margarete Mitscherlich ihre Diagnose zur Verdrängung der NS-Zeit in der bundesrepublikanischen Gesellschaft 1967 betitelt hatten, handelte es sich bei den eher wenigen Maßnahmen, mit denen in den späten 1960er- und den 1970er-Jahren an die NS-Opfer erinnert wurde, vorwiegend um lokale Ereignisse. Symptomatisch war dafür Willy Brandts Regierungserklärung am 28. Oktober 1969. Sein Ziel, mehr Demokratie (zu) wagen, stellte er nicht, obwohl dies durchaus nahegelegen hätte, in einen Zusammenhang mit dem Nationalsozialismus und seinen Folgen. Dies spiegelte Brandts unentschiedene Haltung dazu wider, seine Reformpolitik explizit auch als aktive Überwindung des nationalsozialistischen Erbes zu legitimieren. Auf die nationalsozialistische Diktatur ging er in seiner Antrittsrede als Bundeskanzler nur am Rande ein.[29]

Zehn Jahre zuvor hatte dies bei Theodor W. Adorno ganz anders ausgesehen: In seinem Vortrag *Was bedeutet: Aufarbeitung der Vergangenheit* verknüpfte er seinen Befund eines Defizits an Demokratisierung ausdrücklich mit dem Ausbleiben einer profunden Auseinandersetzung mit dem Nationalsozialismus und dessen Überwindung nach 1945. Die Demokratie habe »nicht derart sich eingebürgert, daß sie die Menschen wirklich als ihre eigene Sache erfahren, sich selbst als Subjekte der politischen Prozesse wissen«.[30] Damit wandte sich Adorno nicht nur gegen das Schweigen der NS-Verbrechen, sondern auch gegen die vorherrschenden Vorstellungen davon, was für ein demokratisches Verhalten in der Bundesrepublik als konstitutiv und ge-

---

28 Vgl. Sabine Mecking, Bürgerwille und Gebietsreform. Demokratieentwicklung und Neuordnung von Staat und Gesellschaft in Nordrhein-Westfalen 1965–2000, München 2012; Habbo Knoch, Demokratie machen. Bürgerschaftliches Engagement in den 1960er und 1970er Jahren, in: Sabine Mecking, Janbernd Oebbecke (Hg.), Zwischen Effizienz und Legitimität. Kommunale Gebiets- und Funktionalreformen in der Bundesrepublik Deutschland in historischer und aktueller Perspektive, Paderborn u. a. 2009, S. 49-62.

29 Vgl. Kristina Meyer, Mehr »Mut zur Wahrheit« wagen? Willy Brandt, die Deutschen und die NS-Vergangenheit, in: Axel Schildt, Wolfgang Schmidt (Hg.), »Wir wollen mehr Demokratie wagen«. Antriebskräfte, Realität und Mythos eines Versprechens, Bonn 2019, S. 41-58.

30 Theodor W. Adorno, Was bedeutet: Aufarbeitung der Vergangenheit, in: ders., Erziehung zur Mündigkeit. Vorträge und Gespräche mit Hellmut Becker 1959–1969, Frankfurt a. M. 1971, S. 10-28; hier: S. 14.

mäß betrachtet wurde. Denn im bürgerlichen Spektrum ging es dabei vor allem um Begriffe wie Treue und Ehre, Tugend und Ethos.[31] »Bürgersinn«, betonte 1957 der Jurist Hermann Jahrreis in seiner Antrittsrede als Rektor der Kölner Universität, »bejaht und lebt den Staat als ein Gemeineigenes, ob es nun um das Befehlen und Mitbefehlen oder um den Gehorsam geht.«[32] Für Adorno waren solche obrigkeitsstaatlichen Traditionen im demokratischen Gewand das Epiphänomen eines transnationalen Prozesses, denn es war in seinen Augen die industriell-kapitalistische Gesellschaft insgesamt, die den Menschen politisch unmündig gemacht habe:»Wenn sie leben wollen, bleibt ihnen nichts übrig, als dem Gegebenen sich anzupassen, sich zu fügen; sie müssen eben jene autonome Subjektivität durchstreichen, an welche die Idee von Demokratie appelliert, können sich selbst erhalten nur, wenn sie auf ihr Selbst verzichten.«[33]

Adornos Beobachtung, das Verhältnis der Bürger der Bundesrepublik zur Demokratie sei nur formal, pragmatisch und von Interessen geleitet, galt in den gängigen Konzepten der Demokratie in der westlichen Nachkriegswelt als eigentliche Basis ihres Erfolgs. Das realistische und prozedurale Modell der repräsentativen Demokratie, wie es Joseph A. Schumpeter entworfen hatte, verzichtete wie die frühe Bundesrepublik auf ein »emphatisches Freiheitsverständnis«.[34] Dieser anticharismatischen, auf funktionierende demokratische Verfahren ausgelegten Idee folgen einige gängige Deutungen der Nachkriegszeit, in denen das Streben nach Sicherheit oder eine ausgeprägte Sachlichkeit des Politischen betont worden ist.[35] In der frühen Bundesrepublik präferierte eine wirkmächtige Melange aus ordoliberalen, wertkonservativen und technokratischen Ansätzen einen normierenden und leistungsfähigen Staat. Sie drängte entsprechende Konzepte, die bereits in der frühen Nachkriegszeit einen Ausbau gesellschaftlicher Beteiligungsrechte oder noch weitergehende Veränderungen im Namen der Demokratie gefordert hatten, in den Hintergrund.

Das damit verbundene Überdauern illiberaler, elitärer und autoritärer Strukturen erklärte nicht zuletzt Dahrendorf Mitte der 1960er-Jahre zum strukturellen Hindernis

---

31 Vgl. Jens Hacke, Philosophie der Bürgerlichkeit. Die liberalkonservative Begründung der Bundesrepublik, Göttingen 2006; Hedwig Richter, Demokratie. Eine deutsche Affäre. Vom 18. Jahrhundert bis zur Gegenwart, München 2020, S. 251-314.

32 Hermann Jahrreiß, Freiheit und Sozialstaat. Vom Bürgersinn, Krefeld 1957, S. 26.

33 Adorno, Was bedeutet, in: ders., Erziehung zur Mündigkeit, 1971, S. 21.

34 Jens Hacke, Die Bundesrepublik als Idee. Zur Legitimationsbedürftigkeit politischer Ordnung, Hamburg 2009, S. 25.

35 Vgl. Eckart Conze, Die Suche nach Sicherheit. Eine Geschichte der Bundesrepublik Deutschland von 1949 bis in die Gegenwart, München 2009; Thomas Mergel, Der mediale Stil der Sachlichkeit. Die gebremste Amerikanisierung des Wahlkampfs in der politischen Selbstbeobachtung der alten Bundesrepublik, in: Bernd Weisbrod (Hg.), Die Politik der Öffentlichkeit – die Öffentlichkeit der Politik. Politische Medialisierung in der Bundesrepublik, Göttingen 2003, S. 29-53.

einer Liberalisierung der bundesrepublikanischen Gesellschaft.[36] Zusehends rückte in diesen Jahren die »Gesellschaft« der Engagierten gegenüber dem »Staat« der Herrschenden und der »Existenz« der Apathischen ins Blickfeld.[37] Wer einen Mangel an Demokratie und Liberalität erkannte, richtete seine Kritik gegen die Planungseuphorie und die technokratischen Utopien der spätkapitalistischen Ordnung, deren Herrschaftsstruktur und Lebensalltag eine aktive Partizipation und damit die Selbstverwirklichung als Mensch und als politisches Wesen verhinderten. Totale, in sich geschlossene bis dogmatische Deutungen der gesellschaftlichen als einer hochgradig fremdbestimmten, als faschistoid klassifizierten Situation erfreuten sich einer wachsenden Beliebtheit, vor allem in jungakademischen Kreisen. So sprach Agnoli von einer »Verstaatlichung des Bewußtseins« durch »manipulative Mittel«[38] wie den Wohlfahrtsstaat oder die Volksparteien – neben dem Verfassungsrecht die beiden wichtigsten Stabilitätsanker der frühen Bundesrepublik.

Während sich Protagonisten einer inneren Reformierbarkeit des demokratischen Systems der Bundesrepublik wie Dolf Sternberger oder Wilhelm Hennis zugleich als markante Gegner jener »Protest- und Affekthaltung« profilierten,[39] deren Voranschreiten Hennis schon 1959 mit Skepsis ausgemacht hatte und die sich ein gutes Jahrzehnt Bahn brechen sollte,[40] wandten sich nicht wenige nach ihrem Selbstverständnis liberale Intellektuelle wie der Kölner Soziologe Erwin K. Scheuch unter dem Eindruck der Achtundsechziger-Bewegung dem konservativen Milieu zu,[41] wo sie eine durchaus vielfarbige Allianz mit vehementen Kritikern der »Demokratie-Ideologen« bildeten.[42] Auf der anderen Seite formierte sich ein ebenfalls heterogenes Spektrum, das jene inneren Widersprüche des politischen Systems bekräftigte, die einem Mehr an Demokratie im Wege standen. Jürgen Habermas argumentierte in dieser Zeit, in das bundesdeutsche Institutionensystem sei eine »strukturelle Macht« und »latente Gewalt« eingebaut,

---

36 Vgl. Moritz Scheibe, Auf der Suche nach der demokratischen Gesellschaft, in: Ulrich Herbert (Hg.), Wandlungsprozesse in Westdeutschland. Belastung, Integration, Liberalisierung 1945–1980, Göttingen 2002, S. 245-277.

37 Vgl. Bude, Adorno für Ruinenkinder, 2018, S. 78 ff.

38 Agnoli, Transformation der Demokratie, 1967, S. 45 ff.; Vgl. Detlef Siegfried, Parlamentarismuskritik und Demokratie-Konzepte in der Außerparlamentarischen Opposition und den neuen sozialen Bewegungen, in: Schildt, Schmidt (Hg.), »Wir wollen mehr Demokratie wagen«, 2019, S. 88-102.

39 Dolf Sternberger, »Ich wünschte ein Bürger zu sein«. Neun Versuche über den Staat, Frankfurt a. M. 1967; Wilhelm Hennis, Die deutsche Unruhe, in: Merkur, 23 (1969) 250, S. 103-120; ders., Demokratisierung. Zur Problematik eines Begriffs, Köln/Opladen 1970.

40 Wilhelm Hennis, Motive des Bürgersinns (1959), in: ders., Politikwissenschaft und politisches Denken [1. Aufl. 1959], Tübingen 2000, S. 148-160; hier: S. 154.

41 Vgl. Riccardo Bavaj, Deutscher Staat und westliche Demokratie. Karl-Dietrich Bracher und Erwin K. Scheuch zur Zeit der Studentenrevolte von 1967/68, in: Geschichte im Westen, 23 (2008), S. 149-171.

42 Vgl. Anton Rauscher, Wider den Mißbrauch der Demokratie, in: Jahrbuch für christliche Sozialwissenschaften, 13 (1972), S. 183-204.

die »Versuchen der Erweiterung partizipatorischer Demokratie« entgegenstünden. Die »stille Wirksamkeit von Legitimationen« rechtfertige »eine systematische, aber unauffällige Einschränkung willensbildender Kommunikation«, sodass »bestimmte Themen öffentlicher Behandlung und bestimmte Materien überhaupt der Entscheidung entzogen« seien.[43] Vielen galt eine Stärkung der *civic culture* – jenseits ungleich radikalerer Forderungen nach einem totalen Systemwechsel – als wichtiges Korrektiv gegenüber autoritären Herrschaftsstrukturen. Formen der »Herrschaftskontrolle ›von unten‹«, so Fritz Vilmar 1973, müssten das Ziel einer »inneren Demokratisierung« sein.[44] Auch die neue politikwissenschaftliche Partizipationsforschung befragte bestehende Formen der repräsentativen Demokratie kritisch und rückte – ganz im Sinne des Ideals eines von der Politik postulierten »mündigen Bürgers« – ein grundsätzlich zur Teilhabe fähiges und zu befähigendes Subjekt ins Zentrum.[45]

Wie breit die Gräben zwischen den verschiedenen politischen Lagern und Strömungen hinsichtlich der Frage politischer Partizipation jedoch waren, wurde 1969 im Zusammenhang mit dem zwanzigjährigen Bestehen der Bundesrepublik und ihres Grundgesetzes – auch im Licht des 50. Jahrestags der Gründung der Weimarer Republik – überdeutlich. Bundeskanzler Kiesinger stellte aus diesem Anlass fest, es sei eine »lebendige demokratische, gesellschaftliche und politische Ordnung herangewachsen«,[46] und auch für den frisch promovierten Juristen Hans von Mangoldt konnte das »Gesamturteil […] nur positiv lauten«. Das Grundgesetz habe sich als »entwicklungsfähiges Instrument« erwiesen; auf die studentischen und anderen Proteste dieser Jahre oder etwaige Demokratiedesiderate ging er ebenso wenig ein wie Kiesinger.[47] Letzterer stand bekanntlich in diesen Monaten unter besonderer Beobachtung, denn seine NS-Vergangenheit, die bereits zu Beginn seiner Kanzlerschaft für Proteste gegen ihn gesorgt hatte, war wieder zum aktuellen Thema geworden, nachdem ihn Beate Klarsfeld am 7. November 1968 auf dem CDU-Parteitag unter dem Ausruf »Nazi, Nazi!« öffentlich geohrfeigt hatte.

---

43 Jürgen Habermas, Die Utopie des guten Herrschers, in: Merkur, 26 (1972) 296, S. 1266-1278; hier: S. 1272.

44 Fritz Vilmar, Theorie der Praxis [= Strategien der Demokratisierung, Bd. 1], Darmstadt u. a. 1973, S. 21.

45 Vgl. Ulrich von Alemann (Hg.), Partizipation – Demokratisierung – Mitbestimmung. Problemstellung und Literatur in Politik, Wirtschaft, Bildung und Wissenschaft, Opladen 1975. Zum mündigen Bürger vgl. Habbo Knoch, »Mündige Bürger«, oder: Der kurze Frühling einer partizipatorischen Vision. Einleitung, in: ders., Bürgersinn mit Weltgefühl. Solidarischer Protest und politische Kultur in den sechziger und siebziger Jahren, Göttingen 2007, S. 9-53. Das Ideal ist keine Erfindung des 20. Jahrhunderts. Vgl. Richter, Demokratie, 2020, S. 29-37.

46 Kurt G. Kiesinger, 20 Jahre Grundgesetz – 20 Jahre Bundesrepublik Deutschland, in: Bulletin des Presse- und Informationsamtes der Bundesregierung, Nr. 68, 28.5.1969, S. 581-582; hier: S. 581.

47 Hans von Mangoldt, Zwanzig Jahre Grundgesetz, in: Der Staat, 8 (1969): S. 409-427. Mit ähnlichem Tenor: Ernst Benda, 20 Jahre Grundgesetz, in: Zeitschrift für Sozialreform, 14 (1969), S. 411-429.

Im Gegensatz zu Kiesinger und von Mangoldt kritisierte der junge und 1975 auf eine Professur an der neu gegründeten Universität Oldenburg berufene Jurist Dieter Sterzel am 20. Mai 1969 die Entwicklung des Grundgesetzes in einer Rede vor dem Republikanischen Club in Köln als Regression ihres freiheitlichen Potenzials »reziprok zur zunehmenden ökonomischen und politischen Stabilisierung des westdeutschen Herrschaftssystems«.[48] Insbesondere die lediglich »formaljuristisch« betriebene »Aufarbeitung der nationalsozialistischen Vergangenheit« habe es nicht zugelassen, einen »inhaltlichen Begriff von Demokratie als Gegenposition zum Faschismus« zu entwickeln. Damit verband er die Forderung, die »autoritär deformierte Demokratie durch Selbstbestimmungsrechte in allen gesellschaftlichen Teilbereichen zu demokratisieren«. Da aber bisher eine entsprechende innere Reform der Bundesrepublik gescheitert sei, mache die »demokratische Opposition [...] durch Symbolangriffe die neuralgischen Punkte der Gesellschaft sichtbar« und ermögliche so überhaupt erst wieder Öffentlichkeit.[49]

Wer in diesen Jahren nach aktiver Partizipation strebte, aber nach moderateren Positionen suchte, konnte sich durch Gustav Heinemann inspiriert fühlen, der in seiner Antrittsrede als neu gewählter Bundespräsident bereits am 1. Juli 1969 »mehr Demokratie« als »großes Ziel« benannte. Als »freiheitliche Demokratie« müsse sie »endlich das Lebenselement unserer Gesellschaft« werden. Es war Heinemann, der dies in einen unmittelbaren Zusammenhang mit dem Gebot einer »Aufhellung unserer eigenen Geschichte um unserer Zukunft willen« rückte.[50] Dieses Gebot hatte in den Jahren zuvor durch eine dichte Folge an Ereignissen an Plausibilität gewonnen, in denen NS-Vergangenheit und Gegenwartspolitik so eng verknüpft waren wie seit der unmittelbaren Nachkriegszeit nicht mehr: den Auschwitz-Prozess (1963–1965) mit seiner breiten medialen und kulturellen Begleitung, die nicht zuletzt in Peter Weiss' *Ermittlung* (1965) oder Jean Amérys *Jenseits von Schuld und Sühne* (1966) einen prägenden Niederschlag fand, die Kontroversen um die NS-Vergangenheit führender Exponenten der Bundesrepublik wie Kiesinger und Bundespräsident Lübke, die Auseinandersetzungen um die Notstandsgesetze der Großen Koalition zwischen 1966 und 1968 oder die Verjährungsdebatte im Deutschen Bundestag im Frühjahr 1969.

Weniger beachtet wird dabei meist die seit dem Sommer 1968 sichtbar gewordene Biafra-Krise. Im internationalen öffentlichen Diskurs wurde sie von vielen Seiten als Genozid betrachtet und mit Holocaust-Assoziationen verknüpft. Erinnerungskulturell aktiv zu werden, war von Beginn an mit einem globalen Wahrnehmungsrahmen verbunden, der Zweierlei implizierte: eine Empathisierung des Blicks nicht nur auf

---

48 Dieter Sterzel, 20 Jahre Grundgesetz. Zur verfassungsrechtlichen Entwicklung der Bundesrepublik seit 1949, in: Kritische Justiz, 3 (1969), S. 244-251; hier: S. 244.

49 Ebd., S. 251.

50 Gustav Heinemann, Ansprache vor dem Deutschen Bundestag und dem Bundesrat in Bonn, 1. Juli 1969, in: ders., Präsidiale Reden, Frankfurt a. M. 1975, S. 25-32; hier: S. 31, 27 f.

die Gegenwart,[51] sondern auch auf die Vergangenheit, sodass Menschen als »Opfer« wahrgenommen wurden, und eine damit verbundene Transformation der politischen Moral, die nun eine kompromisslose Kritik an globalen Gewaltphänomenen ebenso als notwendige Schlussfolgerung aus dem Nationalsozialismus legitimierte wie den aktiven Protest gegen die bisherige »Vergangenheitsbewältigung« in der Bundesrepublik.[52] Dies ging mit einem »regelrechten Antiinstitutionalismus« einher, der aus der postulierten Gefahr eines Neofaschismus folgte und zu beträchtlichen Vorbehalten gegenüber dem staatlichen Gewaltmonopol bis hin zu dessen dezidierter Ablehnung führte.[53]

2 Erinnern als »Symbolangriff«: Die Gedenkstein-Aktion von 1969

Gut vier Wochen nach dem zwanzigsten Gründungstag der Bundesrepublik und wenige Tage vor Heinemanns Antrittsrede als neuer Bundespräsident übermalte Hermann Vinke – in den 1960er-Jahren ein junger Lokalredakteur der im nordwestdeutschen Papenburg erscheinenden *Ems-Zeitung* – in der Nacht vom 13. auf den 14. Juni 1969 die Inschrift eines Gedenksteins auf dem Lagerfriedhof Esterwegen/Bockhorst, wo Häftlinge und Gefangene der NS-Emslandlager bestattet waren.[54] Es handelte sich mit den Worten Vinkes um eine »gezielte Aktion gegen die Diskriminierung politischer Häftlinge«[55] oder mit denen Dieter Sterzels um einen »Symbolangriff«, der »neuralgische Punkte« der bundesrepublikanischen Gesellschaftsordnung zum öffentlichen Thema machen sollte. Vinke war sich seiner Rolle als Subjekt eines politischen Prozesses im Sinne Adornos gewiss bewusst. Die Aktion war zwar deutlich anders akzentuiert als die mit der Gründung von Aktion Sühnezeichen 1958 verbundene und 1967 erstmals in Auschwitz umgesetzte Aufforderung, durch praktisches Tun ein Zeichen der Vergebung zu leisten.[56] Aber sie verweist auf die immense Bedeutung, die symbolische

---

51 Vgl. Tilman Zülch, Biafra, Todesurteil für ein Volk? Eine Dokumentation, Berlin 1968; ders., Soll Biafra überleben? Dokumente, Berichte, Analysen, Kommentare, Berlin 1969. Dazu: Florian Hannig, Mitleid mit Biafranern in Westdeutschland. Eine Historisierung von Empathie, in: WerkstattGeschichte, 68 (2015), S. 65-77; Lasse Heerten, The Biafran War and Postcolonial Humanitarianism. Spectacles of Suffering, Cambridge/MA 2017.

52 Vgl. Dorothee Weitbrecht, Aufbruch in die Dritte Welt. Der Internationalismus der Studentenbewegung von 1968 in der Bundesrepublik Deutschland, Göttingen 2012; Wilfried Mausbach, Von der »zweiten Front« in die friedliche Etappe? Internationale Solidaritätsbewegungen in der Bundesrepublik 1968–1983, in: Reichardt, Siegfried (Hg.), Milieu, 2010, S. 423-444.

53 Vgl. Wolfgang Kraushaar, Agnoli, die APO und der konstitutive Illiberalismus seiner Parlamentarismuskritik, in: Zeitschrift für Parlamentsfragen, 38 (2007), S. 160-179.

54 Ems-Zeitung, 15.6.1969.

55 Ems-Zeitung, 16.6.1969.

56 Vgl. Gabriele Kammerer, Aktion Sühnezeichen Friedensdienste. Aber man kann es einfach tun, Göttingen 2008.

Akte des Sichtbarmachens und materiell gebundene Praktiken für die Etablierung einer Erinnerungskultur an die nationalsozialistischen Verbrechen in den »langen« 1970er-Jahren hatten. Sie waren oft – wie im Emsland – ebenso Ausdruck eines Ohnmachtsgefühls gegenüber der als gleichgültig wahrgenommenen und auf Abwehr bedachten Repräsentanten des Staates wie Akte einer Selbstermächtigung, um die staatlichen Institutionen herauszufordern.

Zwar bedeutete die Aktion des damals 29-Jährigen nicht das von vielen Einheimischen befürchtete Übergreifen des studentischen Protests dieser Jahre auf die katholische Provinz, auch wenn sie zu einer ganzen Reihe von Aktionen gehörte, die junge Angehörige der neuen Linken in dieser Zeit in und um Papenburg initiierten.[57] Aber sie vereinte signifikante Merkmale des partizipatorischen Aufbruchs dieser Zeit: Performativität, Spontaneität, Selbstmobilisierung, Provokation, Protest, Erlebnis, Vergemeinschaftung und vor allem ein diametrales Verhältnis zu jenen Behörden, die eigentlich für eine würdige Erinnerung an die ermordeten Häftlinge und Gefangenen der 15 nationalsozialistischen Konzentrations-, Strafgefangenen- und Kriegsgefangenenlager im Emsland zuständig waren, doch in den Augen der Erinnerungsaktivisten nichts oder nicht genug dafür taten.

Gleichwohl kam die Aktion alles andere als aus dem Nichts: Seit 1962 hatte Vinke zusammen mit seinem Kollegen Gerhard Kromschröder über mehrmals jährlich stattfindende Treffen ehemaliger Häftlinge der Emslandlager auf dem Lagerfriedhof berichtet und die Geschichte der Lager ins örtliche Bewusstsein gerufen. Um dies zu unterbinden, übten Verleger, Behörden und Kirche – also das lokale, christlich und konservativ geprägte Establishment – starken Druck auf die jungen Journalisten aus. Die lokale Geschichtspolitik des Verschweigens und Verdrängens wollte man nicht gefährdet sehen und fürchtete um den Ruf der Region.[58] Andererseits hatte zumindest 1967 und 1968 der Jugendkreuzweg der organisierten katholischen Jugend mit Esterwegen und Aschendorfermoor zwei der Emslandlager »mit Kreuz und Fackeln« zum Ziel.[59]

Den Anlass dazu, den Gedenkstein zu einem »Stein des Anstoßes« zu machen, wie Vinke seine Absicht später benannt hat, gab ein Treffen von Überlebenden dieser Lager am 14. Juni 1969 in Papenburg. Vor dessen Abschlusskundgebung hatten die Behörden den Stein wieder gereinigt, aber Vinke übermalte den Satz spontan ein weiteres

---

57 Vgl. Detlef Siegfried, »1968« in der ländlichen Gesellschaft. Revolte, Flucht, Neuaneignung, in: Lu Seegers (Hg.), 1968. Gesellschaftliche Nachwirkungen auf dem Lande, Göttingen 2020, S. 59-74.

58 Zur Nachkriegsgeschichte des Umgangs mit den Emslandlagern vgl. neben Harpel, Emslandlager, in: Emsländische Geschichte, 12 (2004), S. 134-259: Ann Katrin Düben, »So daß dann diese gesamte Grabstätte in Bockhorst verschwindet«. Die Friedhöfe für die Toten der Emslandlager im Spiegel der bundesrepublikanischen Erinnerungspolitik (1945 bis 1970), in: AfS 55 (2015), S. 235-250; Bianca Roitsch, Mehr als nur Zaungäste. Akteure im Umfeld der Lager Bergen-Belsen, Esterwegen und Moringen 1933–1960, Paderborn 2018, S. 279-386.

59 Ems-Zeitung, 30.3.1968.

Mal.[60] Organisiert hatte das Treffen das »Komitee der Moorsoldaten Emslandlager-gemeinschaft«.[61] Die »Lagergemeinschaft« der »Moorsoldaten« war bei der ersten größeren Zusammenkunft im Emsland 1955 gegründet worden und hatte das zweite Moorsoldatentreffen mit 3.000 Teilnehmern im September des Folgejahres organisiert. Vor allem kommunistische Häftlinge der frühen Lagerphase, die sich schon 1933 die Bezeichnung »Moorsoldat« zu eigen gemacht hatten, protestierten mit der Gründung der Lagergemeinschaft »gegen das systematisch geförderte Vergessen der ehemaligen Widerstandskämpfer«.[62] Viele von ihnen verknüpften dies im Kontext des Nachkriegs-antikommunismus ausdrücklich mit der Forderung nach einer anderen Demokratie im Sinne eines demokratischen Sozialismus in einem wiedervereinigten Deutschland. Ihre Erinnerungskritik war somit Systemkritik: Bereits kurz nach Gründung der Bundes-republik hatten Überlebende durch die von 1951 bis 1956 in Niedersachsen verbotene Vereinigung der Verfolgten des Naziregimes (VVN) bei den zuständigen Behörden gefordert, den verwilderten und verwüsteten Lagerfriedhof in einen »würdigen« Zu-stand zu versetzen.[63] Fünf Jahre später belegte und erneuerte die VVN ihre Kritik.

Inzwischen waren das niedersächsische Innenministerium und die Bezirksregierung zusammen mit dem Volksbund Deutsche Kriegsgräberfürsorge infolge des Gesetzes über die Sorge für die Kriegsgräber von 1952 bereits aktiv geworden. Dabei waren allerdings auf den sieben Lagerfriedhöfen im Emsland wie an vielen anderen Orten Grabhügel eingeebnet, Erinnerungszeichen entfernt und standardisierte, wenig auf-fällige Geländegestaltungen umgesetzt worden. Im August 1955 wurden die Leichen von Häftlingen aus der KZ-Phase des Lagers Esterwegen zwischen 1933 und 1936 auf den Lagerfriedhof Versen umgebettet. Der Bockhorster Friedhof sollte nach Ablauf der regulären Ruhefrist 1965 eingeebnet werden, obwohl dort weiterhin Tote der emsländischen NS-Strafgefangenenlager bestattet waren, aber ihnen wurde ein ewiges Ruherecht abgesprochen. Denn sie waren als Justiz-Strafgefangene inhaftiert gewesen, galten nicht als NS-Opfer und fielen deshalb nach Auffassung der zuständigen Be-hörden nicht unter das Kriegsgräbergesetz. Ohnehin schoben alle Verwaltungsebenen die Zuständigkeit für die Gräber von sich, sofern sie nicht dem Bund zugewiesen werden konnte.

Die historischen Lagerstandorte selbst zu erhalten oder zu Gedenkorten zu ma-chen, stand in dieser Zeit überhaupt nicht zur Debatte, obwohl durch Prozessaussagen ehemaliger Häftlinge seit Mitte der 1950er-Jahre wiederholt auch die Verbrechen in den Emslandlagern zur Sprache gebracht worden waren, nicht zuletzt 1961 durch den

---

60 Ems-Zeitung, 15.6.1969.
61 Zu dieser zumindest 1967 verwendeten Doppelbezeichnung vgl. Düben, Friedhöfe für die Toten, in: AfS 55 (2015), S. 235-250; hier: S. 249, Anm. 92. Spätestens 1970 setzte sich die Bezeichnung »Komitee der Moorsoldaten« durch. Vgl. das Vorwort in: Willy Perk, Die Hölle im Moor, Frankfurt a. M. 1970, S. 7-8; hier: S. 8.
62 Der Moorsoldat. Mitteilungsblatt der Emsland-Lagergemeinschaft Moorsoldaten, 15.11.1956.
63 Die Tat, 13.8.1949.

unter einem Pseudonym veröffentlichten Erinnerungsbericht *bis auf weiteres* eines früheren kommunistischen Abgeordneten des niedersächsischen Landtags.[64] Einige der früheren Lager waren nach 1945 zeitweise oder dauerhaft für Justizgefangene und andere staatliche Zwecke genutzt, in anderen temporär Flüchtlinge und Vertriebene untergebracht worden, viele verfielen schließlich und wurden in landwirtschaftliche Nutzflächen überführt. Dieser mehr emergente als systematische Prozess brachte es mit sich, dass an vielen der ehemaligen Lagerstandorte vereinzelte materielle Überreste erhalten blieben. Erholungsanlagen der ehemaligen Lager – ein Freibad, mehrere Parks – wurden bis weit über die 1960er-Jahre hinaus genutzt. Aber selbst die wiederholt geäußerte Kritik der Überlebenden richtete sich vor allem gegen den Zustand der »Grabstellen unserer ermordeten Kameraden«.[65]

Gedenkaktivitäten gingen nicht von staatlicher Seite, sondern neben den Überlebenden vereinzelt von gesellschaftspolitischen Akteuren aus und waren auf den Lagerfriedhof Bockhorst/Esterwegen beschränkt. Zum 25. Todestag von Carl von Ossietzky, der von 1934 bis 1936 Häftling des KZ Esterwegen war, begründete der Jugendsekretär der Essener Gewerkschaftsjugend der IG Bergbau und Energie, Manfred Albus, die beabsichtigte Aufstellung eines Gedenksteins auf dem Friedhof vor allem mit der Spiegel-Affäre von 1962.[66] Gut zwei Wochen vorher hatte ein Papenburger Arzt in der *Ems-Zeitung* den Bau einer Sühnekapelle gefordert, wie es sie bereits seit 1961 in Dachau gab, aber ein lokaler Ausschuss wies diesen Vorschlag ab.[67] Auch der geplante Gedenkstein stieß in der Region auf wenig Gegenliebe. Albus kündigte an, ihn zur Not in einem Fußmarsch zum Friedhof zu bringen.[68] Als am 5. Oktober 1963 der Gedenkstein auf dem Bockhorster Friedhof durch Gewerkschaftsvertreter, in Anwesenheit des niedersächsischen Landtagspräsidenten und mit überregionalem Echo, aber ohne den zuständigen Oberkreisdirektor eingeweiht wurde,[69] hatte die DDR an Carl von Ossietzky kurz zuvor mit dem gleichnamigen Spielfilm von Richard Groschopp erinnert, der Anfang September 1963 Premiere feierte und eine halbe Stunde

---

64 Valentin Schwan [Hans-Otto Körbs], bis auf weiteres. Roman der Moorsoldaten, Darmstadt 1961. Vgl. Sebastian Weitkamp, Wer ist »Valentin Schwan«? Der KZ-Roman »bis auf weiteres« und ein entschlüsseltes Autoren-Pseudonym, in: Bernd Faulenbach, Andrea Kaltofen (Hg.), Hölle im Moor. Die Emslandlager 1933–1945, Göttingen 2017, S. 66-73.

65 Der Moorsoldat, 15.1.1957; Der Teufelsberg im Börgermoor. Wann endlich bekommt der KZ-Friedhof ein würdiges Aussehen?, Die Tat, 7.7.1961.

66 Manfred Albus, Mahnmal für Carl v. Ossietzky, in: Einheit. Organ der Industriegewerkschaft Bergbau und Energie, 1.5.1963.

67 Heinrich Klasen, Denk Papenburg, in: Ems-Zeitung, 22.4.1963. In diesen Jahren wurde der Bau einer neuen Kirche am Papenburger Vosseberg geplant, die als Gedächtniskirche infrage gekommen wäre, vgl. Ems-Zeitung, 9.11.1978. 1973 ohne diesen Zweck eingeweiht, sollte der von 1978 an dort amtierende Gemeindepfarrer, Gerrit Weusthof, »Bürgermeister-Schreck« und ein »Pionier der sozial-ökologischen Bewegung«, vgl. Die Tageszeitung [taz], 3.4.2009, einer der Unterstützer der Erinnerungsarbeit an die Emslandlager werden.

68 Neue Ruhrzeitung [NRZ], 1.8.1963.

69 Neues Deutschland [ND], 6.10.1963; Westdeutsche Allgemeine Zeitung [WAZ], 7.10.1963.

nachgestellte Sequenzen aus dem KZ Esterwegen enthielt.[70] Im selben Jahr richtete die Bundeswehr auf dem ehemaligen Lagergelände ein Depot ein, ohne an die Nutzung als nationalsozialistisches Lager zu erinnern.

Der allgemeine Schub in der Auseinandersetzung mit den NS-Verbrechen in den 1960er-Jahren kam im Emsland bestenfalls stark verdünnt und sporadisch an. Die Proteste und die Präsenz der Überlebenden hatten seit 1955 zwar dazu beigetragen, dass der Lagerfriedhof nicht wie vorgesehen eingeebnet wurde. Aber frühe Forderungen der Moorsoldaten nach einer Gedenkstätte blieben erfolglos, anders als etwa in Dachau oder Neuengamme, wo Mitte der 1960er-Jahre vor allem aufgrund des Engagements von Überlebenden die vorhandenen Gedenkorte erweitert und neugestaltet wurden. Auch die 1952 errichtete Gedenkstätte Bergen-Belsen wurde in diesen Jahren umgestaltet und um ein Dokumentenhaus mit einer kleinen Ausstellung ergänzt, nachdem die Landesbehörden durch einen von jüdischen Organisationen angeregten Besuch von Bundeskanzler Adenauer 1960 auf den ungepflegten Zustand des Geländes und die mangelhaften Kenntnisse über die Lagergeschichte aufmerksam geworden waren.

Im Umfeld des 20. Jahrestags der Befreiung fanden erneut mehrere Moorsoldatentreffen – nun auch unter Beteiligung internationaler Lagergemeinschaften aus Frankreich und den Beneluxstaaten – statt, die das Komitee der Moorsoldaten zusammen mit der VVN Niedersachsen organisierte. Zwar fanden sich einige emsländische Pfarrer und ostfriesische Pastoren als Unterstützer, aber insgesamt trafen die Vorstellungen der Überlebenden in der Region auch deshalb auf wenig Gehör, weil die Verantwortlichen der Emsland-Lagergemeinschaft nicht nur der *Ems-Zeitung* 1955 als »kommunistisch verseucht« galten.[71] 1966 sprachen bei der Abschlusskundgebung auf dem Marktplatz der emsländischen Kleinstadt Lingen gleich drei Redner aus der DDR. Und zumindest die Vorsitzenden der Lagergemeinschaft wurden vom Verfassungsschutz überwacht.[72] Nicht wenige der Mitglieder waren als Kommunisten in der Bundesrepublik erneut verfolgt und zu Haftstrafen verurteilt worden.[73] Tatsächlich hatten sich viele Insassen der frühen Konzentrationslager wieder für die oder im Umfeld der 1956 verbotenen KPD engagiert und es bestanden durch ehemalige Mithäftlinge, die teils aus der Bundesrepublik in die DDR emigriert waren, enge Kontakte bis in höhere Funktionärskreise des organisierten Antifaschismus im anderen deutschen Staat.

---

70 ND, 3.9.1963.

71 Zit. n. Harpel, Emslandlager, in: Emsländische Geschichte, 12 (2004), S. 134-259; hier: S. 178.

72 Vgl. Düben, Friedhöfe für die Toten, in: AfS 55 (2015), S. 235-250; hier: S. 247.

73 Boris Spernol, Die »Kommunistenklausel«. Wiedergutmachungspraxis als Instrument des Antikommunismus, in: Stefan Creuzberger, Dierk Hoffmann (Hg.), »Geistige Gefahr« und »Immunisierung der Gesellschaft«. Antikommunismus und politische Kultur in der frühen Bundesrepublik, München 2014, S. 251-273; Helmut Kramer, Die justizielle Verfolgung der westdeutschen Friedensbewegung in der frühen Bundesrepublik, in: Detlef Bald, Wolfram Wette (Hg.), Friedensinitiativen in der Frühzeit des Kalten Krieges 1945–1955, Essen 2010, S. 49-62.

Dies belegt auch die erste Monografie über die Emslandlager: Willy Perks *Die Hölle im Moor* von 1970.[74] Perk war 1934 wegen Vorbereitung zum Hochverrat verurteilt worden, verbrachte einen Teil seiner Strafe im Strafgefangenenlager Aschendorfermoor und war anschließend bis zum Kriegsende im KZ Sachsenhausen inhaftiert. Nach der Gründung der beiden deutschen Staaten siedelte er in die DDR über und stieg dort als einer von zahlreichen früheren Sachsenhausen-Häftlingen zu einem führenden Kulturfunktionär auf. Sein Augenmerk in der insgesamt eher kursorischen Darstellung lag auf den frühen Lagern, einschließlich der Strafgefangenenlager, und ihren politischen Häftlingen. Er griff auf einige Augenzeugenberichte zurück, die nach 1945 vor allem in der DDR und erneut Mitte der 1960er-Jahre gesammelt worden waren. Perk stand zudem im engen Austausch mit westdeutschen ehemals politischen Gefangenen, mit denen er zusammen im Lager Aschendorfermoor inhaftiert war und die unter anderem im Komitee der Moorsoldaten aktiv waren, allen voran August Baumgarte und Hermann Bogdal.

Die Kernthese von Perks Buch spiegelte die in der Aktion vom Juni 1969 sichtbar gemachte Konfliktlinie in der Deutung der Emslandlager wider: »In den Emslandlagern wurden zu allen Zeiten KZ-Methoden im Strafvollzug praktiziert.«[75] Im Jahr vor dem Erscheinen von Perks Buch hatte eine vom Internationalen Suchdienst in Bad Arolsen herausgegebene Liste erstmals alle Emslandlager als NS-Haftstätten aufgeführt und dies auf eine entsprechende Anfrage hin in einem Schreiben an das Bundesfinanzministerium vom 17. Januar 1969 begründet.[76] 1970 sollte dies auch ein Anhang zu einer Novelle des fünf Jahre zuvor neu gefassten Kriegsgräbergesetzes nachvollziehen.[77] Doch zuvor hatte sich das Innenministerium gerade infolge dieses neuen Gesetzes genötigt gesehen, die bisherige Deutung des Bockhorster Friedhofs seitens der zuständigen Behörden noch einmal festzuschreiben. Über Nacht – wohl um Protesten vorzubeugen – ließ das Ministerium einige Tage nach einem erneuten Moorsoldatentreffen[78] im Oktober 1966 in unmittelbarer Nähe zum Ossietzky-Gedenkstein einen schlichten Gedenkstein errichten, dessen Inschrift die Strafgefangenen aus dem Friedhofsgedächtnis ausblendete: »Zum Gedenken an die im Konzentrationslager Esterwegen umgekommenen Opfer des Nationalsozialismus. Ihre sterblichen Überreste ruhen auf den Gräberanlagen in Versen.«[79] Hermann Vinke forderte stattdessen vom Landkreis Emsland ein »ehrliches

---

74 Perk, Hölle im Moor, 1970.

75 Ebd., S. 105.

76 Abgedruckt in: Henning Borggräfe, Christian Höschler, Isabel Panek (Hg.), Ein Denkmal aus Papier. Die Geschichte der Arolsen Archives, Bad Arolsen 2019, S. 191.

77 Vgl. Düben, Friedhöfe für die Toten, AfS 55 (2015), S. 235-250; hier: S. 249.

78 Vgl. Die Tat, 3.9.1966; ND, 21.9.1966.

79 Ems-Zeitung, 1.11.1966. Vgl. Frankfurter Rundschau, 18.10.1966: »Wer das Denkmal aufgestellt hat, ist noch ungeklärt«.

Zeichen«, um eine »zweifelhafte Propaganda« von anderer Seite zu unterbinden – eine unmissverständliche Kritik an der Instrumentalisierung des Gedenkens durch die DDR.[80]

Aber noch ganz im Sinne einer Kriminalisierung der Strafgefangenen und ihrer Ausblendung aus dem öffentlichen Gedächtnis argumentierten in den 1960er-Jahren wiederholt Beiträge in den lokalen Medien und bekräftigten einen hegemonialen Deutungskonsens. So lobte die *Ems-Zeitung* 1964 die Kultivierungsmaßnahmen während der NS-Zeit, ohne das Leiden der Häftlinge und Gefangenen zu erwähnen. Sie sprach von lediglich 4.000 Gefangenen und beschönigend von deren »tatkräftiger Arbeit«.[81] Zum wichtigsten Protagonisten dieser Auffassung, die Mehrzahl der Häftlinge in den Emslandlagern seien zu Recht verurteilte Straftäter gewesen, die man angemessen zu produktiver Arbeit im Emsland eingesetzt habe, wurde Wilhelm Maria Badry, der ungeachtet seiner eigenen NS-Vergangenheit als beratender Experte eine maßgebliche Rolle im behördlichen Umgang mit den Lagerfriedhöfen spielte.[82] Seit 1945 fungierte er bis zu seinem Ruhestand 1965 als Leiter der Strafanstalten Emsland, die vor allem in den ehemaligen Lagern Börgermoor, Groß-Hesepe und Versen bestanden hatten, und der Haftanstalt Lingen. Vor 1945 war Badry im NS-Jugendstrafvollzug tätig gewesen, zuletzt im Jugendgefängnis Johannesburg, nur wenige Kilometer von den nördlichen Emslandlagern und dem Lagerfriedhof entfernt.[83]

Nicht unerwartet sorgte deshalb eine *Report*-Sendung vom 15. November 1966 in der Region für Empörung, die in zugespitzter Form und mit einem unverkennbaren Antiprovinzialismus eine abwehrende, relativierende und desinteressierte Haltung der emsländischen Bevölkerung zur Geschichte der Emslandlager dokumentierte.[84] Immerhin war Vinke zwar ein Einheimischer, aber auch er wandte sich mit seiner Aktion im Juni 1969 – zu diesem Zeitpunkt waren er wie auch Gerhard Kromschröder nicht mehr bei der Ems-Zeitung beschäftigt – nicht nur gegen ein für diese Phase typisches »Mahnmal ohne Erinnerung«,[85] sondern gegen einen auf Tabuisierung, Hierarchisierung und Marginalisierung angelegten und für die Bundesrepublik symptomatischen Umgang mit den Opfern nationalsozialistischer Verbrechen, die das Heimatgedächtnis von ihnen unberührt wissen lassen wollte. So positionierten sich auch die ehemaligen Moorsoldaten: Das Plakat des von der Emsland-Lagergemeinschaft ausgerichteten Moorsoldatentreffens vom Juni 1969 betonte mit den Aufrufen »Nie wieder KZ«, »Kampf dem Neonazismus« und »Nie wieder Vorbeugehaft und Konzentrationslager«

---

80 Ems-Zeitung, 1.11.1966.

81 Ems-Zeitung, 18.1.1964.

82 Wilhelm Maria Badry, Konzentrations- und Gefangenenlager im Emsland von 1933 bis 1945, in: Jahrbuch des Emsländischen Heimatbundes, Lingen 1968, S. 127 ff.

83 Vgl. Düben, Friedhöfe für die Toten, AfS 55 (2015), S. 235-250; hier: S. 241 ff.

84 Ems-Zeitung, 16.11.1966.

85 Vgl. Ulrike Haß, Mahnmaltexte 1945 bis 1988. Annäherung an eine schwierige Textsorte, in: Wolfgang Benz, Barbara Distel (Hg.), Erinnern oder Verweigern. Das schwierige Thema Nationalsozialismus, München 1994, S. 135-161.

eine durch den Aufstieg der NPD mit bedingte Dringlichkeit, sich autoritärer und nazistischer Gefahren erwehren zu müssen. Die Losung des Treffens war noch deutlicher: »Gegen die NPD und die Wiederbelebung des Faschismus in der Bundesrepublik.«[86]

Performativ wurde diese Botschaft durch das von einer Schalmeienkapelle gespielte Moorsoldatenlied unterstrichen: Rudi Goguel, der das Lied 1933 im KZ Börgermoor komponiert hatte, hielt zwar eine Rede, aber gespielt wurde es in der späteren Fassung von Hanns Eisler, der die ursprünglich getragene durch ein stärker rhythmisiertes, an eingängigen Marschmelodien angelehntes Arrangement ersetzt hatte.[87] Allerdings erreichte die Aufführung des Liedes in Esterwegen bei Weitem nicht jene Dimension, die sich in der DDR bereits seit den 1950er-Jahren in Form großer Chöre und dramatischer Inszenierungen entwickelt hatte. Aber nicht nur dort wirkte das Lied gemeinschaftsbildend: Es wurde über Pete Seeger und Don Paulin seit Mitte der 1960er-Jahre in die amerikanische Folk-Szene und auch international eingeführt; beide traten in diesen Jahren sowohl in der Bundesrepublik als auch in der DDR mit diesem Lied wiederholt auf. Ihr westdeutsches Pendant war das Duo Hein & Oss (Heinrich und Oswald Kröher), die das Moorsoldatenlied bereits 1966 auf ihrer ersten Schallplatte eingespielt hatten. Sie widmeten sich zwar besonders demokratisch-freiheitlichen Volksliedern, verbanden aber mit dem Moorsoldatenlied, das sie im Kontext der Nachkriegsjugendbewegung auf der Burg Waldeck – zwischen 1964 und 1969 mit den Burg-Waldeck-Festivals das Zentrum der Folkszene in der Bundesrepublik – kennengelernt hatten, keinen historischen Bezug und verstanden die Aufnahme auch nicht als Beitrag zur Aufarbeitung der Vergangenheit.[88] Dennoch war das Lied innerhalb weniger Jahre aus den politischen Protestliedern der neuen sozialen Bewegungen oder den Solidaritätskonzerten gegen die Militärregierungen in Chile oder Griechenland nicht mehr wegzudenken.

Die wenigen kritischen Aktivisten Papenburgs standen Ende der 1960er-Jahre mithin bereits in einem – wenn auch noch vergleichsweise schwach ausgeprägten – Kräftefeld, das zu einer vermehrten, zumindest mittelbaren Sichtbarkeit der Geschichte der Emslandlager beitrug, wenngleich ohne konkreten Orts- und nur mit vagem historischem Bezug. Das Treffen der ehemaligen Moorsoldaten hatte den Tatendrang der durchweg Jüngeren gewiss forciert, zumal die lokalen Behörden zunächst nichts anderes unternommen hatten, als den Stein von der Farbe zu säubern. Anfang Juli 1969 ging eine Handvoll von ihnen, darunter Vinke, einen Schritt weiter und meißelte den zweiten

---

86 Vgl. Dokumentations- und Informationszentrum Emslandlager [DIZ], Das Lied der Moorsoldaten. 1933 bis 2000. Bearbeitungen, Nutzungen, Nachwirkungen, Begleitband, Papenburg 2002, S. 42 f.

87 Rudi Goguel, Gedanken zum Lied der Moorsoldaten, in: Sieglinde Mierau (Hg.), Intersongs. Festival des Politischen Liedes, Berlin (Ost) 1973, S. 274–279; Hanns Eisler, Bericht über die Entstehung eines Arbeiterliedes, in: Günter Meyer (Hg.), Musik und Politik. Schriften 1921–1948, München 1973, S. 274–280; Gisela Probst-Effah, Das Moorsoldatenlied, in: Jahrbuch für Volksliedforschung, 40 (1995), S. 75–83.

88 Vgl. Interview-Auszug mit Hein Kröher, in: DIZ, Lied der Moorsoldaten, Begleitband, 2002, S. 39 f.

Satz der problematischen Inschrift auf dem Gedenkstein kurzer Hand aus.[89] Sie waren Mitglieder des kurz zuvor gegründeten Demokratischen Clubs Papenburg, der während des Bundestagswahlkampfs im Spätsommer 1969 die letztlich wenig erfolgreiche Aktion Demokratischer Fortschritt unterstützen sollte, ein Wahlbündnis kommunistischer und sozialistischer Gruppierungen, darunter die im Jahr zuvor gegründete DKP.[90] Die an der Aktion beteiligten Mitglieder des Demokratischen Clubs begründeten ihren Schritt in der *Ems-Zeitung* damit, eine »bewußte Diskriminierung politischer Häftlinge« beseitigt wissen zu wollen.[91] Die nächtliche Aktion wurde am folgenden Tag noch einmal nachgestellt, um im Bild festgehalten zu werden.

Weil auf das veröffentlichte Bekennerschreiben keine Reaktion erfolgte, zeigten sich die Beteiligten bei der örtlichen Polizei selbst an. Das anschließende Ermittlungsverfahren wurde aufgrund geringen Verschuldens und mangelnden öffentlichen Interesses im Juni 1970 eingestellt, auch weil sich unter anderem Vertreter der SPD und aus Gewerkschaftskreisen für die jungen Aktivisten verwendet hatten. Das Ministerium ließ den von ihm drei Jahre zuvor errichteten Stein heimlich abtransportieren, ohne jedoch weitere Maßnahmen für eine würdige Gestaltung des Friedhofs zu unternehmen. So erinnerte sich der spätere niedersächsische Wissenschaftsminister Joist Grolle an einen ersten Besuch der einsamen Gedenkstätte auf dem Friedhof 1969. Wenige Jahre später waren die verfallenen hölzernen Grabkreuze dann immerhin durch Kreuze aus Beton ersetzt worden. Weil er keine weitergehenden Informationen finden konnte, intervenierte Grolle, zu dieser Zeit Professur für Geschichte und ihre Didaktik an der Pädagogischen Hochschule in Oldenburg, nach eigenem Bekunden bei der Bezirks- und der Landesregierung. Anfang der 1970er-Jahre wurde eine schlichte Bodentafel verlegt: »Hier ruhen unbekannte Tote, die während der nationalsozialistischen Gewaltherrschaft im Lager Esterwegen und in den anderen Emslandlagern ums Leben gekommen sind.«[92] Damit war der Friedhof trotz der Umbettungen nach Versen zwar dauerhaft als Ort der Opfer markiert und anerkannt, aber von einem würdigen Mahnmal oder einer informativen Gedenkstätte noch weit entfernt. Die neue Formulierung entsprach mit fast jedem Wort der zu dieser Zeit weitverbreiteten Praxis, die NS-Verbrechen zu entkonkretisieren. Bezeichnenderweise konzentrierten sich die wenigen Erinnerungsaktivitäten dieser Jahre auf die politischen Häftlinge und Gefangenen der

---

89 Hermann Vinke, Der Stein des Anstoßes, in: ders., Carl von Ossietzky, Hamburg 1978, S. 170-174.
90 Vgl. Michael Roik, Die DKP und die demokratischen Parteien 1968–1984, Paderborn u. a. 2006. Zur besonderen Mobilisierung von Jugendlichen, Lehrlingen und jungen Erwachsenen auch über das studentische Milieu hinaus vgl. Knud Andresen, Radikalisierung oder Demokratisierung? Politisierte Jugendkulturen um 1970, in: Schildt, Schmidt (Hg.), »Mehr Demokratie wagen«, 2019, S. 142-154.
91 Ems-Zeitung, 7.7.1969.
92 Vgl. Rainer Rheude, Kalter Krieg um Ossietzky. Ein Namensstreit in Oldenburg, Bremen 2009, S. 30 f. Als niedersächsischer Minister für Wissenschaft und Kunst von 1974 bis 1976 versagte er der Selbstbenennung der Oldenburger Universität nach Carl von Ossietzky die Zustimmung.

frühen Lagerphase und das nördliche Emsland, während die Geschichte der Kriegsgefangenenlager und insbesondere das Massensterben der sowjetischen Kriegsgefangenen noch keine Rolle spielte.

Die Aktionen von Vinke, seine journalistische Arbeit zusammen mit Kromschröder und der Demokratische Club Papenburg ebenso wie die Treffen und Eingaben der vor allem im Ruhrgebiet stark vertretenen ehemaligen Moorsoldaten ließen neben der Frage der historischen Deutung der Emslandlager eine zweite Konfliktlinie hervortreten, die von langer Dauer sein sollte: Die Region, ihre Behörden und geschichtskulturellen Institutionen wie die Heimatvereine, aber auch das zuständige Landesministerium sahen sich – in ihren Augen: ungerechtfertigt – dazu genötigt, die Geschichte der Emslandlager nicht durch einen konventionellen Friedhof als bewältigt betrachten zu können oder sich zumindest dafür rechtfertigen zu müssen. Der Staat reproduzierte damit die unter den Protestierenden dieser Jahre manifeste Annahme seiner autoritären Struktur. Vielleicht war die Aktion deshalb auch eine »sinnliche Erfahrung der organisierten Einzelkämpfer in der Auseinandersetzung mit der staatlichen Exekutivgewalt« im Sinne des »Organisationsreferats« von Rudi Dutschke und Hans-Jürgen Krahl vom September 1967. Während diese allerdings für eine »schlechthinnige Irregularität« plädierten, hatte die Performanz in der Provinz eine klar eingeschriebene Eskalationsgrenze.[93]

Dennoch trug die von Splittergruppen des großstädtischen studentischen Protestmilieus praktisch betriebene »Enttabuisierung der Gewalt«[94] mit dazu bei, dass die Erinnerungsaktivisten auf lange Sicht als Linke und Kommunisten stigmatisiert wurden. Zudem war die Aktion von 1969 zumindest kurzfristig kein »mobilisierender Faktor in der Verbreiterung der radikalen Opposition«, wie Dutschke und Krahl es sich erhofft hatten.[95] Der »Symbolangriff« wurde nicht verstetigt, obwohl die Lagergemeinschaft – nun als Komitee der Moorsoldaten – weiterhin bestand und 1972 sogar ein kurzer Dokumentarfilm über die Moorsoldaten und ihr Lied produziert wurde.[96] Ohne eine organisatorische Struktur oder eine kontinuierliche Öffentlichkeitsarbeit zog sich das geschichtskritische Bewusstsein – in den Jahren um 1970 kein Einzelfall – zunächst wieder zurück.[97]

---

93 Vgl. Wolfgang Kraushaar, Rudi Dutschke und der bewaffnete Kampf, in: ders., Karin Wieland, Jan Philipp Reemtsma (Hg.), Rudi Dutschke, Andreas Baader und die RAF, Hamburg 2005, S. 13-50; Petra Terhoeven, Die Rote Armee Fraktion. Eine Geschichte terroristischer Gewalt, München 2017, S. 21-38; Ronen Steinke, Terror gegen Juden. Wie antisemitische Gewalt erstarkt und der Staat versagt, Berlin 2020, S. 65-80.

94 Terhoeven, Rote Armee Fraktion, 2017, S. 23.

95 Rudi Dutschke, Hans-Jürgen Krahl, Organisationsreferat, 5.9.1967, in: Wolfgang Kraushaar (Hg.), Dokumente [= Frankfurter Schule und Studentenbewegung. Von der Flaschenpost zum Molotowcocktail 1946 bis 1995, Bd. 2], Hamburg 1998, S. 287-290.

96 Vgl. Reinald Schnell, Das Moorsoldaten-Lied, Dokumentarfilm 1972.

97 In Köln erfuhr in anderem Kontext die Kampagne gegen die »Heimerziehung« eine Verstetigung unter anderem durch die mehrjährig erscheinende Zeitschrift »Ana&Bela«. Vgl. Michaela Keim, Eine eigene politische und pädagogische Kraft. Von den Sozialpädagogischen Sondermaßnahmen

3   Niemandsland des Erinnerns: Die 1970er-Jahre

Vermutlich dürfte auch im Emsland jene Aufregung der Opposition im Bundestag viel Zustimmung gefunden haben, die Willy Brandt am 28. Oktober 1969 mit seinem Satz auslöste: »Die Demokratie fängt jetzt erst richtig an.« Brandts Signal eines demokratischen Neuanfangs stand im Zeichen eines partizipatorischen Paradigmenwechsels nicht nur im außerparlamentarischen Bereich, sondern auch in der demokratischen Parteiarbeit. Im gerade vergangenen Bundestagswahlkampf hatte vor allem die SPD zum ersten Mal in großem Stil auf Wahlkampfversammlungen, Bürgergespräche und Hausbesuche gesetzt. Deren Mobilisierungskraft sollte aber bereits mit der Wahl von 1972 beträchtlich nachlassen.[98] Insgesamt erwiesen sich für Heinemanns oder Brandts Ideen einer Bürgerdemokratie die 1970er-Jahre bekanntlich als erhebliche Belastung – unerwartet wurde es ein Jahrzehnt, in dem sowohl die Zukunftskompetenz des Staates erheblich an Vertrauen und Zustimmung verlieren sollte wie auch die partizipatorische Vision.[99] 1977 sprach Bundespräsident Walter Scheel dann auch nicht mehr vom »mündigen Bürger«, sondern von der »kritischen Sympathie des Bürgers« mit der Bundesrepublik.[100]

Aber auch für die Erinnerungskultur lässt sich nicht wirklich behaupten, sie habe 1969 »richtig« angefangen, wenn man darunter eine aktive, reflektierte Aufarbeitung der NS-Verbrechen und eine kommemorative sowie empathische Hinwendung zu deren Opfern versteht. Selbst von einer *memory without memorials* zu sprechen, erzeugt eine unzutreffende teleologische Perspektive, denn sich der NS-Opfer zu erinnern, stand nicht auf der Agenda der 1970er-Jahre, auch wenn sich zum Beispiel die Zahl der Gruppenbesuche in der KZ-Gedenkstätte Dachau zwischen 1973 und 1979 auf 5.000 verzehnfachte und in vielen Gemeinden in diesen Jahren erste, meist bürgerschaftlich initiierte Gedenkzeichen an Orten ehemaligen jüdischen Lebens entstanden. Gleichwohl hatte noch 1969 Bundespräsident Heinemann in seiner Gedenkrede zum 25. Jahrestag

---

Köln zur Sozialistischen Selbsthilfe Köln, in: dies., Stefan Lewejohann (Hg.), Köln 68! Protest. Pop. Provokation, Mainz 2018, S. 424-429.

98 Vgl. Claudia Christiana Gatzka, Die Blüte der Parteiendemokratie. Politisierung als Alltagspraxis in der Bundesrepublik, 1969–1980, in: AfS 58 (2018), S. 201-223; Dietmar Süß, Die neue Lust am Streit – »Demokratie wagen« in der sozialdemokratischen Erfahrungswelt der Ära Brandt, in: Schildt, Schmidt (Hg.), »Wir wollen mehr Demokratie wagen«, 2019, S. 125-141.

99 Vgl. Axel Schildt, »Die Kräfte der Gegenreform sind auf breiter Front angetreten«. Zur konservativen Tendenzwende in den Siebzigerjahren, in: AfS 44 (2004), S. 449-478; Bernd Faulenbach, Die Siebzigerjahre – ein sozialdemokratisches Jahrzehnt, in: AfS 44 (2004), S. 1-38; Thomas Mergel, Zeit des Streits. Die siebziger Jahre in der Bundesrepublik als eine Periode des Konflikts, in: Michael Wildt (Hg.), Geschichte denken. Perspektiven auf die Geschichtsschreibung heute, Göttingen 2014, S. 224-243.

100 Walter Scheel, Kritische Sympathie des Bürgers mit dem demokratischen Staat. Ansprache zur 500-Jahr-Feier der Universität Tübingen am 8. Oktober 1977, in: Bulletin des Presse- und Informationsamtes der Bundesregierung, 11.10.1977.

des Attentats vom 20. Juli 1944 einen neuen Akzent und Rahmen gesetzt, indem er ausdrücklich alle Opfer des NS-Regimes in das Gedenken einschloss, die Behauptung entschieden abwies, der Nationalsozialismus sei ein »Betriebsunfall« gewesen, und sein Plädoyer für ein Wachhalten der Erinnerung mit dem Ziel verband, die freiheitliche zur sozialen Demokratie weiterzuentwickeln und »zu unserem Lebenselement« zu machen.[101]

Allerdings standen die 1970er-Jahre im Zeichen eines heterogenen, noch unverbundenen und nicht ausgerichteten Feldes geschichts- und vergangenheitspolitischer, massenmedialer und wissenschaftlicher wie zivilgesellschaftlicher Phänomene, die im Rückblick vor allem auf einen grundlegenden Klärungsbedarf über den Ort des Nationalsozialismus im bundesrepublikanischen Selbstverständnis verweisen. Dieser Bedarf war zum einen durch weitreichende Krisenphänomene und Orientierungsbedürfnisse im Übergang zur postindustriellen Gesellschaft bedingt, die mit einem beträchtlichen Aufschwung an Geschichte einhergingen – der Etablierung einer modernen Geschichtsdidaktik, einem Museums- und Ausstellungsboom sowie einer zwischen Fortschrittskritik und Neonationalismus mäandernden Identitätsdebatte.[102] Zum anderen trat die Bundesrepublik in die Phase einer generationsbedingten Historisierung des Nationalsozialismus ein, was Marion Gräfin Dönhoff 1977 zur skeptischen Äußerung veranlasste, die »ältere Generation mit ihrem moralischen Entsetzen« sterbe allmählich aus, während die »Jüngeren mit ihrem Unwissen« übrig blieben und nun einem Übermaß an populärkulturellen Medien zum Nationalsozialismus ausgesetzt seien.[103]

Geschichtspolitisch nahm 1970 erstmals der 8. Mai als Tag des Kriegsendes einen größeren Stellenwert ein. Die Reaktionen auf Willy Brandts Kniefall in Warschau am 7. Dezember desselben Jahres zeigten, wie umstritten nicht nur seine Ostpolitik, sondern auch die mit der Geste verbundene Akzentuierung der NS-Verbrechen war. Vor allem rückte mit dem 40. Jahrestag der Novemberpogrome 1978 über mehrere Wochen hinweg die antijüdische Verfolgung in einem bis dahin nicht erreichten Umfang und einer neuen Qualität, die die individuellen Schicksale betonte, ins Zentrum der öffentlichen Aufmerksamkeit. Vergangenheitspolitisch war mit dem Majdanek-Prozess (1975–1981) und der Filbinger-Affäre 1978, die in den Jahren zuvor bereits durch mehrere Ereignisse vorbereitet worden war, die Frage des Umgangs mit den NS-Tätern ebenso verbunden wie mit der dritten Verjährungsdebatte 1979. Mit Blick auf die populären Medien war schon 1973 von einer »Hitlerwelle« die Rede, bevor die Filme von Hans-Jürgen Syberberg und Joachim Fest vier Jahre später die Frage

---

101 Gustav Heinemann, Eine Flamme am Brennen halten. Ansprache zum 25. Gedenktag des 20. Juli 1944 in Berlin-Plötzensee, 19.7.1969, in: ders., Gustav Walter (Hg.), Präsidiale Reden, Frankfurt a. M. 1975, S. 93-99; hier: S. 93, 95.

102 Harald Schmid, Die »Stunde der Wahrheit« und ihre Voraussetzungen. Zum geschichtskulturellen Wirkungskontext von »Holocaust«, in: Zeitgeschichte-online, 1.3.2004, in: <https://zeitgeschichte-online.de/themen/die-stunde-der-wahrheit-und-ihre-voraussetzungen> (2.12.2020).

103 Marion Gräfin Dönhoff, Was bedeutet die Hitlerwelle, in: Die Zeit, 2.9.1977.

nach einer unabgelösten Faszination mit der NS-Propaganda und dem Hitler-Mythos in den Raum stellten.

Umso mehr regten Befunde eines verbreiteten Nichtwissens über den National-sozialismus oder die ersten Debatten über die »Auschwitz-Lüge« dazu an,[104] den Nationalsozialismus als didaktisches Problem ernst zu nehmen, wozu 1978 auch die Kultusminister ausdrücklich aufforderten.[105] In der seit Anfang der 1970er-Jahre als eigenständige Disziplin konstituierten Geschichtsdidaktik nahm die kritische Wende von der Vermittlung eines geschlossenen nationalen Geschichtsbilds zur gegenwarts-orientierenden Ausbildung eines reflektierten Geschichtsbewusstseins großen Raum ein. Insgesamt herrschte aber noch Ende der 1970er-Jahre eine »allgemeine Ratlosigkeit im Umgang mit der deutschen Geschichte« – zum einen hinsichtlich des vorwissenschaft-lichen, familiär vermittelten Geschichtsbilds, zum anderen mit Blick auf den deskrip-tiven und stark personalisierten Geschichtsunterricht.[106] Wissenschaftlich erschienen zwar am Ende des Jahrzehnts erste grundlegende Studien zur NS-Verfolgung, aber das Augenmerk lag immer noch vor allem auf der Politik- und Gesellschaftsgeschichte der ersten Hälfte des 20. Jahrhunderts.

Nur wenig verwob sich die etablierte Geschichtswissenschaft mit der breiten zivilgesellschaftlichen Hinwendung zur lokalen Geschichte im Rahmen der Alltags-geschichte und zum örtlichen, vor allem kommunistischen Widerstand. Für diese Demokratisierung der Geschichtsschreibung »von unten« setzte nicht nur der 1973 ins Leben gerufene Geschichtswettbewerb des Bundespräsidenten wichtige Impulse, sondern auch die sich seit Ende der 1970er-Jahre rasch ausbreitende Bewegung der Geschichtswerkstätten.[107] Sie dienten auch als Fluchtort vor den ermüdenden Theorie-debatten in studentischen und anderen Debattenzirkeln, weil sie es ermöglichten, den Zusammenhang von Aufarbeitung und Demokratisierung konkret selbst und sichtbar zu machen. Autonomie, Authentizität und Performanz kamen in der Spurensuche nach vergessenen Geschichten, der Dokumentation traditionell als randständig igno-rierte Quellen und aktiven Vermittlungsformen wie »alternativen Stadtrundgängen« milieubildend zusammen.

---

104 Vgl. Dieter Boßmann (Hg.), Was ich über Adolf Hitler gehört habe, Frankfurt a. M. 1977.

105 Vgl. Bundeszentrale für politische Bildung (Hg.), Der Nationalsozialismus als didaktisches Pro-blem. Beiträge zur Behandlung des NS-Systems und des deutschen Widerstands im Unterricht, Bonn 1978.

106 Dieter Riesenberger, Der Nationalsozialismus im Geschichtsunterricht – die didaktische Situation heute, in: ebd., S. 15-21; hier: S. 17.

107 Zeitgenössisch und begriffsbildend: »Ein kräftiger Schub für die Vergangenheit.« SPIEGEL-Report über die neue Geschichtsbewegung in der Bundesrepublik, in: Der Spiegel, 6.6.1983, S. 36-42; Thomas Lindenberger, Geschichtswerkstätten und die Erinnerung an »demokratische Traditionen« in Deutschland, in: Thomas Hertfelder, Ulrich Lappenküper, Jürgen Lillteicher (Hg.), Erinnern an Demokratie in Deutschland. Demokratiegeschichte in Museen und Erinnerungsstätten der Bundesrepublik, Göttingen 2016, S. 107-117; ders., Radikale Pluralität. Geschichtswerkstätten als praktische Wissenschaftskritik, in: AfS 29 (1989), S. 393-411.

Aber keineswegs liefen diese Verschiebungen geradlinig auf eine demokratische Erinnerungskultur zu. Vielmehr kam es an vielen Orten zu gegenläufigen Interventionen von Regionalen und Landesbehörden, wie sie vergleichbar auch aus dem Bereich der Strafverfolgung von NS-Verbrechern bekannt sind. Den Wunsch von Opferverbänden, auf dem Gelände der KZ-Gedenkstätte Neuengamme ein Dokumentenhaus zu errichten, lehnte die Hamburger Senatskanzlei 1974 unter Hinweis darauf ab, die Gründe für die Entscheidung von 1965, eine Gedenkstätte einzurichten, seien heute nicht mehr gegeben. Im selben Jahr verweigerte die CDU-Landesregierung in Baden-Württemberg der seit 1970 im Aufbau befindlichen Gedenkstätte Oberer Kuhberg in Ulm die notwendige Finanzierung, um das Projekt in bürgerschaftlicher Verantwortung realisieren zu können. Und auf der Burg Wewelsburg bei Paderborn ließ der Oberkreisdirektor 1976 eine 1965 angebrachte Gedenktafel zur Erinnerung an die Opfer des dortigen Konzentrationslagers entfernen.

In all diesen Fällen ging es um die Sichtbarmachung der örtlichen NS-Geschichte, die von den Behörden auf verschiedenen Ebenen als Beschmutzung des lokalen Ansehens interpretiert wurde. Zudem zogen die zivilgesellschaftlichen Initiativen und ihre Unterstützer den hegemonialen Anspruch der staatlichen Behörden infrage, letztlich allein über das öffentliche Geschichtsbild entscheiden zu können, indem sie Repräsentationen der NS-Verbrechen verhinderten oder in die Peripherie verlagerten. Gegenstand und Akteure des partizipatorischen Mitgestaltungsanspruchs an der lokalen Geschichte und ihrer offiziellen Repräsentation wurden als Fremdkörper betrachtet. So blieb die Erinnerungskultur bis in die 1980er-Jahre zunächst auf eine Handvoll, gleichwohl beharrlicher Aktivisten angewiesen, die sich vielfach bereits seit den 1950er-Jahren engagiert hatten. Über Phasen geringerer Aktivität und Aufmerksamkeit hinweg garantierten sie zwar eine gewisse Kontinuität in einem ansonsten aber schubweise verlaufenden, historisch offenen Prozess ohne institutionelle Verankerungen.

Die im Laufe der 1970er-Jahre eintretende Dynamik hin zu einer demokratischen Erinnerungskultur ging in der Regel nicht gleichförmig aus personellen, strukturellen oder inhaltlichen Kontinuitäten hervor. Vielmehr liefen in dem Projekt des gegenkulturellen, basisgetragenen Erinnerns frühere und neue Protagonisten, Reaktivierungen und Innovationen sowie Anstöße aufgrund neuer Kontexte und Themen zusammen. Auch die Ziele, Formen und Strukturen waren nicht vorgegeben, sondern entwickelten und veränderten sich erst mit dem Prozess selbst. So waren wesentliche Merkmale der Gedenkstättenarbeit, wie sie sich seit den 1980er-Jahren etwa mit der Zentrierung von Opferzeugnissen und authentischen Überresten etablieren sollte, ihren Vorläufern und Anfängen nicht schon eingeschrieben, sondern erst das Ergebnis einer Politisierung des Erinnerns, strategischer Notwendigkeiten und konzeptioneller Rationalisierungen von zugleich grundlegenden Motivationen und Überzeugungen der Erinnerungsaktivisten – sowie die Folge persönlicher Begegnungen.

Diese Entwicklungen waren in die 1970er-Jahre als Hochphase unterschiedlicher Transformationsmodelle der spätmodernen Gesellschaft eingebettet, die das Individuum immer stärker in den Mittelpunkt rückten und in der jüngeren Forschung unter Begriffspaaren wie »Authentizität und Gemeinschaft«, »konsumptorisches Kreativsubjekt« oder »therapeutisches Jahrzehnt« untersucht worden sind.[108] In diesem *age of authenticity* (Charles Taylor) versuchten viele, ihr »Selbst« durch unkonventionelle, grenzüberschreitende und expressive Praktiken und Einstellungen als Objekt der persönlichen Verwirklichung zu gestalten. Sven Reichardt hat drei Merkmale dieses Strebens nach und Erlebens von Authentizität betont: die »primäre Erfahrung in den unmittelbar und dezentral ausgerichteten Interaktionsnetzwerken«, »sich diametral gegen die als künstlich dargestellte Außenwelt in Stellung« zu bringen und ein breites Repertoire an performativen, spontanen und erlebnisbezogenen Praktiken, Lebensformen und Medien zur »Selbstdarstellung und Identitätsfindung« zu entwickeln.[109]

Auch das Politikverständnis im linksalternativen Milieu war mehrheitlich »durch die Ausbildung eines authentischen Selbst gesteuert, welches durch bestimmte Kommunikations- und Körperpraktiken aufgerichtet wurde«.[110] Die Fremdsteuerung »von oben« und durch das System zu überwinden, wurde zum habituell verankerten und performativ gelebten Protestprogramm. Es richtete sich auch – wie das Ziel von Geschichtswerkstätten und Gedenkstätteninitiativen zeigt, Geschichte demokratisieren zu wollen – gegen die traditionell staatsnahe akademische Geschichtsschreibung, an deren Methoden sich bis in die 1970er-Jahre selbst die neue Disziplin der Zeitgeschichte orientierte. Das von Lutz Niethammer nach einer Reise in die USA 1976 initiierte Oral-History-Projekt LUSIR zur Erfahrungsgeschichte des Ruhrgebiets war hierbei zunächst zwar eine große Ausnahme, wurde aber zum Katalysator und Symptom eines neuen, demokratischen Verständnisses von Geschichte selbst.[111] Selbst Hans Mommsen, der Zeitzeugen als Quellen genauso skeptisch gegenüberstand wie der »grauenhaften Banalität« der TV-Serie *Holocaust*, forderte 1979, die bildungsbürgerlich geprägte »bloße Aufklärung« im Geschichtsunterricht durch eine »partizipatorische Aktivierung« zu überwinden.[112]

---

108 Sven Reichardt, Authentizität als Selbstbeschreibungskategorie im linksalternativen Milieu, in: Heike Kempe (Hg.), Die »andere« Provinz. Kulturelle Auf- und Ausbrüche im Bodenseeraum seit den 1960er Jahren, Konstanz/München 2014, S. 11-20; Reichardt, Authentizität und Gemeinschaft, 2014, S. 57-71; Detlef Siegfried, Superkultur. Authentizität und politische Moral in linken Subkulturen der frühen siebziger Jahre, in: Knoch (Hg.), Bürgersinn, 2007, S. 251-270.

109 Reichardt, Authentizität als Selbstbeschreibungskategorie, in: Kempe (Hg.), Provinz, 2014, S. 15 f.

110 Ebd., S. 14.

111 Lutz Niethammer, Oral History in den USA. Zur Entwicklung und Problematik diachroner Befragungen, in: AfS 18 (1978), S. 457-501; Franka Maubach, »Mehr Geschichte wagen«! LUSIR und die ganze Geschichte der Arbeiter im Ruhrgebiet vor, während und nach dem Nationalsozialismus, in: Sprache und Literatur, 47 (2018), S. 29-57; Annette Leo, Franka Maubach (Hg.), Den Unterdrückten eine Stimme geben? Die International Oral History Association zwischen politischer Bewegung und wissenschaftlichem Netzwerk, Göttingen 2013.

112 Hans Mommsen, Die Last der Vergangenheit, in: Jürgen Habermas (Hg.), Nation und Republik [= Stichworte zur »Geistigen Situation der Zeit«, Bd. 1], Frankfurt a. M. 1979, S. 164-184; hier: S. 184.

4 Spurensuche: Die Emslandlager und die frühe Gedenkstättenbewegung um 1980

Als Akteure einer solchen »partizipatorischen Aktivierung« verstanden sich zweifelsohne die frühen Gedenkstätteninitiativen. Nach einem ihrer ersten Treffen erschien 1983 als Bestandsaufnahme der von Detlef Garbe herausgegebene Band *Die vergessenen KZs?*[113] Seit gut fünf Jahren, so der Herausgeber, sei zu beobachten, wie der Nationalsozialismus »aus der Nähe« betrachtet werde und Gruppen nach »Spuren der systematisch und kollektiv verdrängten Vergangenheit« suchten.[114] Garbes Datierung erklärt die späten 1970er- und frühen 1980er-Jahre zur konstitutiven Phase der demokratischen Erinnerungskultur in der Bundesrepublik.[115] Ihre Anfänge lagen damit vor der Ausstrahlung von *Holocaust*, deren Effekt nicht einfach als Katalysator zu verstehen ist: Zum einen waren die Konkretisierung der historischen Orte und die Suche nach authentischen Stimmen der Verfolgten auch kritische Reaktionen auf die popularisierende Darstellungsform der TV-Serie, zum anderen rief sie neben zweifelsohne bemerkbaren kathartischen Reaktionen bislang kaum untersuchte Gegenreaktionen hervor, die unter anderem in eine zunehmende Neubesinnung auf das Nationale mündeten.[116]

Die Spurensuche ins Zentrum zu rücken, war selbst das Ergebnis einer konkretisierenden Umbesetzung des in den 1970er-Jahren zunächst noch sehr pauschalen Befunds eines tabuisierenden Umgangs mit dem Nationalsozialismus. So wurden innerhalb weniger Jahre um 1980 die Überreste der ehemaligen Verfolgungsorte vom Symptom der Verdrängungsleistungen nach 1945 zum Medium, um die mit ihnen tiefenhistorisch und kollektivsymbolisch verknüpften Demokratisierungshemmnisse zu überwinden. Dabei entwickelten die persönlichen Begegnungen mit den Überlebenden der nationalsozialistischen Verfolgung für die Erinnerungsaktivisten eine transformative Wirkung, die zugleich eine grundlegende Differenz zwischen »uns« und »denen« markierte, die sich diesen Erfahrungen versperrten. Dies war untrennbar mit dem Anspruch verbunden, den Opfern und auch der eigenen Perspektive auf die tabuisierte Vergangenheit einen Ort in der bundesrepublikanischen Öffentlichkeit zu geben, der ihnen bis dahin verwehrt worden war und weil er ihnen weiterhin verwehrt wurde.

Spuren zu suchen und zu sichern, bezeichnete Garbe als »politisches Verfahren«.[117] Politisch war daran, hegemoniale Praktiken des Beseitigens und Verdecken sichtbar

---

113 Detlef Garbe (Hg.), Die vergessenen KZs? Gedenkstätten für die Opfer des NS-Terrors in der Bundesrepublik, Wuppertal 1983.

114 Detlef Garbe, Einleitung, in: ebd., S. 23-36; hier: S. 26.

115 Zum Selbstverständnis der Akteure vgl. Heidi Behrens, Paul Ciupke, Norbert Reichling, »… und im Nachhinein ist man überrascht, wie viele Leute sich das auf die Fahnen schreiben und sagen, ich habe es gemacht«. Akteursperspektiven auf die Etablierung und Arbeit von Gedenkstätten in Nordrhein-Westfalen, in: Gedenkstättenrundbrief, 171 (2013), S. 3-18.

116 Vgl. Frank Bösch, Zeitenwende 1979. Als die Welt von heute begann, München 2018, S. 363-395.

117 Garbe, Einleitung, in: ders., Die vergessenen KZs, 1983, S. 26.

zu machen, zu unterlaufen und durch das Sichern, Dokumentieren und Präsentieren eine Gegenöffentlichkeit zu schaffen. Nachdem im Kölner EL-DE-Haus Kurt Holl und Gernot Huber im März 1979 die hinter Aktenregalen verborgenen Inschriften der ehemaligen Gestapo-Zellen dokumentiert hatten, beschloss die Stadt im Dezember die Sicherung der Inschriften und die Einrichtung einer Informationsstätte, die allerdings erst 1988 auf Drängen einer bürgerschaftlichen Initiative hin eröffnet wurde. Auch in Essen mit der Alten Synagoge (1980) oder, mit einem längeren Vorlauf, in Ulm (1985) kam es zum Erhalt unerwünschter historischer Orte. An anderen Orten – wie in Hadamar (1983) oder Breitenau (1984) – waren es unerwartet aufgefundene Akten, die schließlich zur Gründung einer Gedenkstätte führten.

Mit diesen Lokalisierungen der NS-Verbrechen jenseits von Orten wie Auschwitz, Bergen-Belsen oder Dachau als alternative Lokal- oder Regionalgeschichte ging eine Dezentralisierung der Tatorte und eine Differenzierung von Verfolgungsdimensionen einher, die etwa mit Arbeitshäusern, Heil- und Pflegeanstalten oder Justizgefängnissen verbunden waren. Mithilfe der originalen Spuren konnten bestehende Erzählungen hinterfragt und andere Narrative etabliert werden. Sie dienten als Beleg, um den Wahrheitsgehalt antihegemonialer historischer Quellen und Aussagen zu bestätigen, und validierten die Legitimität und Autorität der Sprecherposition der Aktivisten im Sinne einer kritischen Aufarbeitung des Nationalsozialismus. Sie teilten ein aktives Bildungskonzept, das die historischen Orte als Lernorte für ein gegenwartsorientiertes, kritisch-reflexives Geschichtsbewusstsein und nicht nur als Orte eines ritualisierten Gedenkens betrachtete.

Prägender als theoretische Modelle oder konzeptionelle Vorgaben waren dabei performative, prä-institutionelle Praxisformen, mit denen sich auch das nonkonformistische Moment ihres Handelns als widerständigen Aufdecken in das kollektive Bewusstsein der frühen Erinnerungsaktivisten einschrieb. Wiederholt kam es in diesen Jahren zu symbolischen oder tatsächlichen Besetzungen, Informationstafeln wurden rechtswidrig aufgestellt oder man verschaffte sich unerlaubt Zutritt zu Orten oder Magazinen. So hatten sich Holl und Huber über Nacht im EL-DE-Haus einschließen lassen, in Neuengamme stellte 1984 die fünf Jahre zuvor gegründete Initiative für ein Dokumentationszentrum ein Schild auf, um das Gelände symbolisch unter Denkmalschutz zu stellen, und im Mai 1985 wurden in Berlin auf dem Gelände der heutigen *Topographie des Terrors* die städtischen Behörden durch einen symbolischen Spatenstich dazu gedrängt, zuvor verweigerte archäologische Grabungen aufzunehmen. Das performative Moment des sozialen Protests zeigte sich in dieser Zeit auch in bereits bestehenden Gedenkstätten. In Bergen-Belsen forderten Vertreter der Sinti und Roma bei einer Gedenkfeier und Kundgebung am 27. Oktober 1979 ihre Anerkennung als Opfergruppe und das Ende ihrer sozialen Diskriminierung; aus denselben Gründen traten am 4. April 1980 zwölf Sinti in der Gedenkstätte Dachau in einen einwöchigen, international viel beachteten Hungerstreik.

Die Spurensuche als expressiver, performativer Akt zivilgesellschaftlicher Ermächtigung war an vielen dieser Orte mit jüngeren Wissenschaftlern verbunden, die an (überwiegend neu gegründeten) Hochschulen tätig waren. Neben den Emslandlagern gilt dies vor allem für Breitenau, Hadamar und die bereits 1980 als Gedenkstätte eröffnete Alte Synagoge in Essen, wo Detlev Peukert, ab 1978 wissenschaftlicher Assistent von Lutz Niethammer an der Gesamthochschule Essen, die treibende Kraft der ersten Gesamtkonzeption und Ausstellung war. Peukert, der in dieser Zeit zur KPD an Rhein und Ruhr im Nationalsozialismus promovierte und bis 1978 Mitglied der DKP war, setzte sich erfolgreich dafür ein, die Synagoge als historischen Erinnerungsort für den Arbeiterwiderstand in alltagshistorischer Perspektive und im Sinne einer demokratischen Heimatgeschichte zugänglich zu machen, während die jüdische Geschichte bis zur Neukonzeption des Ortes 1982 nicht im Zentrum stand.[118] Häufig machte der Fokus auf lokale Zusammenhänge von »Widerstand und Verfolgung« die frühen Erinnerungsaktivisten zu »Gefangenen ihres Diskurses«, weil sie, wie einer der beteiligten Historiker später kritisierte, Antisemitismus und Rassismus zu wenig beachteten.[119]

Die gerade skizzierten Merkmale der frühen Gedenkstättenbewegung sind auch in der weiteren Entwicklung der Erinnerung an die Emslandlager in den 1970er- und frühen 1980er-Jahren gebündelt.[120] Sie setzte sich zunächst nicht in der Region selbst fort, fand aber über einen Umweg dorthin zurück: den Konflikt um die Namensgebung der 1973 aus der Pädagogischen Hochschule neu gegründeten Universität in Oldenburg. Bereits im Gründungsausschuss war vorgeschlagen worden, sie nach Carl von Ossietzky zu benennen, ohne dass jedoch tiefer gehende Kenntnisse über den Namenspatron zugrunde lagen. Während mehrere Landesregierungen dies unter Berufung auf ihr Benennungsrecht bis 1991 untersagen sollten, schufen studentische Aktivisten vor Ort Fakten, indem sie rechtswidrig aber mit großer Unterstützung und getragen von einer Welle der Solidarisierung im Herbst 1974 erstmals den Namen als Schriftzug am Turm des Hauptgebäudes der Universität und ihn nach dessen Entfernung im Juni 1975 erneut über Nacht anbrachten. Unter den Studenten, die daran

---

118 Vgl. Fabian Schwanzar, Erinnerung als Selbstermächtigung? Die Institutionalisierung der Alten Synagoge Essen zwischen Gedenkstättenbewegung und Holocaust-Rezeption, in: Medaon, 13 (2013), in: <http://www.medaon.de/pdf/MEDAON_13_Schwanzar.pdf> (2.12.2020); Detlev Peukert, Die Ausstellung »Antifaschistischer Widerstand im Ruhrgebiet 1933–1945«. Ein Betrag zur »demokratischen Heimatgeschichte«, in: Geschichtsdidaktik, 3 (1978), S. 24-38; Rüdiger Hachtmann, Sven Reichardt (Hg.), Detlev Peukert und die NS-Forschung, Göttingen 2015.

119 Vgl. Michael Zimmermann, Gedenkstätten für die Opfer des Nationalsozialismus in Westdeutschland. Geschichte, Probleme, aktuelle Aufgaben, in: Geschichtswerkstatt, 24 (1991), S. 31-44.

120 Vgl. Werner Boldt, Elke Suhr (Hg.), Das Schweigen wird lauter: Vom Kampf um den Moorsoldatenfriedhof bis zur Entstehung des Dokumentationszentrums Emslandlager. Pressespiegel und Dokumentation, Papenburg 1985 sowie weitere hektografierte Pressespiegel aus den Jahren 1978 bis 1985; Werner Boldt u. a., Emslandlager – Zur »Kriegsgräberstätte«, zum Bundeswehrdepot, zur Justizvollzugsanstalt, zum Kartoffelacker …, in: Garbe (Hg.), Die vergessenen KZs?, 1983, S. 69-92.

mitwirkten, war mit Wilfried Krallmann auch einer derjenigen, die 1969 an der Aktion auf dem Lagerfriedhof Bockhorst/Esterwegen beteiligt waren.[121]

Doch nicht diese Verbindung war für die zukünftige Erinnerungsarbeit wesentlich, sondern die mobilisierende Erfahrung der Schriftzugentfernung als staatliches Zwangshandeln gegen den Wunsch einer sich als autonom verstehenden Universität und vieler ihrer Studierenden. Der Selbstdarstellung ihrer Verfasserin entsprechend lässt sich die erste, 1983 fertiggestellte und zwei Jahre später erschienene Dissertation zur Geschichte der Emslandlager von Elke Suhr auf jenen Moment zurückführen, als sie der Entfernung als 21-jährige Studentin beiwohnte und sich zugleich der Tatsache bewusst wurde, nichts über Carl von Ossietzky zu wissen.[122] Ihr Weg führte dann aber zunächst nicht in das nur sechzig Kilometer entfernte Esterwegen, sondern zum langjährigen Engagement der Lehramtsstudentin als Kulturreferentin im Oldenburger AStA. In dieser Funktion war sie für erste Informationsveranstaltungen zu Carl von Ossietzky an der Universität Oldenburg mitverantwortlich.

In den nächsten Jahren entstand ein breites, internationales und von vielen prominenten Intellektuellen getragenes Unterstützungsnetzwerk zugunsten des Benennungswunsches der Universität und zugleich ein zivilgesellschaftliches Milieu, das den »Staat« als unerbittliches »System« wahrnahm und daran sowohl systemalternative sowie systemreformierende Vorstellungen von Demokratie und Freiheit radikalisierte oder entwickelte. Aus diesem Milieu der Oldenburger Universität, zu dem vor allem auch der Historiker und Geschichtsdidaktiker Werner Boldt gehörte, zugleich Doktorvater von Elke Suhr, entstand 1976 der Kontakt zum Komitee der Moorsoldaten und ersten weiteren ehemaligen Häftlingen der Emslandlager. Anfang 1977 kam es so zu einer ersten Veranstaltungsreihe zur Geschichte der Emslandlager überhaupt, die von einem Bündnis aus dem Moorsoldatenkomitee, dem Bürgerkomitee zur Benennung der Universität nach Carl von Ossietzky, dem Bund demokratischer Wissenschaftler, dem AStA der Universität, der DGB-Jugend und dem Stadtschülerrat getragen wurde.[123]

Im Zentrum der Reihe stand die Ausstellung *Hölle im Moor – Schule des antifaschistischen Widerstandes* mit Bildern mehrerer ehemaliger Häftlinge der Emslandlager in einer alternativen Buchhandlung. Erstmals stellte hier auch der Solinger Künstler Ernst Walsken einige seiner Werke aus. Er nahm mit dem Argument teil, man solle die Schuldigen nennen, »jetzt, wo wieder versucht wird, im Namen der Demokratie die Demokratie zu demontieren und man wieder dabei ist, die Pfähle für neue Lager

---

121 Vgl. Vinke, Stein des Anstoßes, in: ders., Carl von Ossietzky, 1978, S. 174.

122 Elke Suhr, Die Emslandlager. Die politische und wirtschaftliche Bedeutung der emsländischen Konzentrations- und Strafgefangenenlager 1933–1945, Bremen 1985, S. 14 f.

123 Vgl. Werner Boldt, Über einen Versuch, Erinnerung zu organisieren. Projekt: Emslandlager, in: Wilhelm van Kampen, Hans Georg Kirchhoff (Hg.), Geschichte in der Öffentlichkeit, Stuttgart 1979, S. 41-54.

zu verfertigen«.[124] Auch hier zeigt sich, wie eng nicht nur für die nachgeborenen Erinnerungsaktivisten, sondern auch für ehemalige Häftlinge und Gefangene die eigene politische Gegenwart, die NS-Verfolgung und das damalige Widerstandshandeln miteinander verknüpft waren. Neben der Ausstellung gab es eine Kundgebung in einer Oldenburger Schule, ein Seminar mit Jugendlichen und eine Fahrt zum Lagerfriedhof Esterwegen/Bockhorst.

Zwar war die Reihe vor allem durch den Oldenburger Namensstreit veranlasst, und zudem lag der Fokus auch noch nicht auf den Friedhöfen oder ehemaligen Lagerorten, aber doch zeichneten sich mit ihr bereits erste Konturen der nachfolgenden Erinnerungsarbeit ab. Die Geschichte der Emslandlager sollte aus der Zone des Verschweigens, der Verdrängung und der Tabus gelöst werden. Ins Zentrum wurde die »Tat der Verfolgten« gerückt – »wie sie sich bemühten, […] ihre Widerstandskraft zu erhalten«.[125] Dies wurde neben den Bildern vor allem durch Zeitzeugengespräche, die Aufführung von »Liedern aus den KZs« und die Gedenkkundgebung auf dem Friedhof in sinnlich verdichteter Form nahe gebracht. Die Begegnung mit den Überlebenden und die Auseinandersetzung mit ihren subjektiven Erfahrungen der Häftlinge war gewiss von einer grundsätzlichen Sensibilisierung für die in diesen Menschen konkret werdenden Folgen der Inhumanität getragen, wirkte aber selbst als kathartisches Moment für den weiteren erinnerungskulturellen Prozess.

Wie eine Parabel auf die eigene politische Situation an der Oldenburger Universität und in der Bundesrepublik liest sich die konzeptionelle Absicht, »wie die in ihm [dem Lageralltag] gemachten Erfahrungen zusammen mit dem politischen Bewußtsein, den organisatorischen Fähigkeiten und der Solidarität, die in republikanischen Zeiten erworben wurden, Formen politischen Verhaltens und Widerstandes begründen«. Die persönlichen Erfahrungen, mit Forderungen gegenüber dem Staat nicht erfolgreich sein zu können, erlebte man als repressiv. Das war mit dem Ziel verbunden, Öffentlichkeit in einem transformativen Sinne und weit verstanden zu nutzen, um durch die »Verarbeitung von Alltagserfahrungen zu politisch relevanten Verhaltensweisen und Einstellungen« zu gelangen.[126] Um dies nicht nur einmalig zu ermöglichen, war offenbar im Zuge der Veranstaltungsreihe der »Plan« entstanden, »eine Ausstellung auf Dauer etwa auf der Gräberstätte in Esterwegen/Bockhorst einzurichten«. Der Besucher solle dort die »Gegenstände der Ausstellung […] nach eigenen Interessen selbständig verarbeiten«. Eine solche Einrichtung verstanden ihre Initiatoren ausdrücklich als

---

124 Zit. n. Hölle im Moor. Schule des antifaschistischen Widerstandes. Informationen zur Kunstausstellung, 20.1.-8.2.1977, Bl. 6 (hektografiert, im Besitz d. Verf.). Vgl. Ernst Walsken, Warten auf die Freiheit. Zeichnungen und Aquarelle eines Moorsoldaten 1935–1939, Wuppertal 1984.
125 Ebd.
126 Boldt, Über einen Versuch, in: van Kampen, Kirchhoff (Hg.), Geschichte in der Öffentlichkeit, 1979, S. 54.

Beitrag, um die politischen Partizipationsstrukturen zu verändern: »Nur organisierte Öffentlichkeit erlaubt kontinuierlich aufbauende Politik.«[127]

In diesem Sinne schuf die Universität zusammen mit städtischen Partnern eine eigene Öffentlichkeit, um ihre Absicht der Namensnennung zu untermauern: Im Mai 1978 fanden aus Anlass seines 40. Todestags die ersten Ossietzky-Tage an der Universität statt, die sich zusammen mit dem im Jahr darauf begründeten und 1984 erstmals verliehenen Carl-von-Ossietzky-Preis zur festen Institution des kulturellen Gedächtnisses entwickeln sollten. Dazu gehörten auch wiederkehrende Gedenkfeiern auf dem Gelände des Lagerfriedhofs Esterwegen/Bockhorst, der somit nicht nur wegen der Unzugänglichkeit des ehemaligen Lagergeländes zunächst seine zentrale Symbolkraft behielt. Am 5. Mai 1978 kamen – nach Angaben der Veranstalter – etwa 5.000 Menschen an diesem Ort zusammen: Deutlich vor der Ausstrahlung der TV-Serie *Holocaust* im Januar 1979 dokumentiert dies die hohe Mobilisierungskraft der frühen Erinnerungskultur. Zugleich blieb das Oldenburger Milieu ein entscheidender Resonanzraum für die mit ihm personell und organisatorisch eng verflochtene Entwicklung der Erinnerungsarbeit zu den Emslandlagern.[128]

Was im Oldenburger Namensstreit und den frühen Aktivitäten zur Erinnerung an die Emslandlager mit zum Ausdruck kam, reichte als während der sozialliberalen Ära mitlaufende, aber Ende der 1970er-Jahre im Zeichen der Anti-AKW-Demonstrationen und der Maßnahmen im Rahmen der Anti-Terror-Politik der inneren Sicherheit aktualisierte Kritik an Staat und Demokratie bis weit in die akademische Wissenschaft hinein: der Eindruck, den »verkrusteten und verkarsteten« Strukturen der spätmodernen Industriegesellschaft und der Bundesrepublik sei nur mit »gezielten Regelverletzungen« als »Überschreiten von Gesetzen« die erforderliche »Emanzipation« abzuringen. Doch ebenso eindeutig zogen so entschiedene Exponenten dieses Ansatzes wie Wolf-Dieter Narr eine klare Grenze zu gewalttätigen Aktionen: Die neue »Massenbewegung [...], gespeist aus Hunderten lokaler und regionaler Quellen« müsse durch das »Nadelöhr der Gewaltfreiheit«.[129]

Zugleich bewegten sich die frühen Erinnerungsaktivisten wie schon zehn Jahre zuvor in einem Klima, das um 1980 durch eine »Explosion von Ängsten« gekennzeichnet war.[130] Sie überlagerten die Demokratisierungsfrage tendenziell: die mit dem Wettrüsten verbundene Möglichkeit eines atomaren Konflikts, die von Atomkraftwerken ausgehenden Gefahren, industriell bedingte Umweltkatastrophen wie Seveso oder

---

127 Ebd., S. 51 ff.

128 Zur selben Zeit wurde das »Moorsoldatenlied« auch schulischer Unterrichtsgegenstand. Vgl. Volker Mall, Lied im Unterricht. »Die Moorsoldaten«, in: Musik und Bildung, 11 (1979), S. 686-690.

129 Wolf-Dieter Narr, Gewaltfreier Widerstand um der Demokratie und des Friedens willen, in: Sebastian Cobler, Rainer Geulen, ders. (Hg.), Das Demonstrationsrecht, Reinbek 1983, S. 139-169; hier: S. 142, 169.

130 »Es gibt eine Explosion von Ängsten«, Der Spiegel, 13.4.1981, S. 17-22.; Frank Biess, Republik der Angst. Eine andere Geschichte der Bundesrepublik, Reinbek 2019, S. 295-412.

die im Bild des Waldsterbens gefasste Zerstörung der Natur.[131] Der Unsichtbarkeit dieser Verunsicherungen, die sich hier verdichtete, entsprach die Hinwendung zu einer neuen Kultur der Emotionalität, Subjektivität und Sensibilität: »Die heutigen Rebellen wollen neue Dinge auf neue Weise sehen, hören, fühlen.«[132] Sich zu seinen Gefühlen zu bekennen, eine kollektive Suchbewegung nach dem eigenen Selbst und das verbreitete Gefühl, ein Opfer unbeherrschbarer Verhältnisse zu sein, mündeten in einer ausdifferenzierten Mikropolitik des bürgerschaftlichen Engagements. Dazu gehört auch die »neue Geschichtsbewegung« dieser Jahre.[133] Sie stand im Zeichen einer doppelten Neuerfindung des politischen Subjekts: der historischen Individuen als Widerstandskämpfer und einer politischen Subjektivität, für die das Motto, selbst etwas tun zu müssen, weil man sich auf den Staat nicht verlassen konnte, den neuen moralischen Imperativ bildete.

5   »Wir sahen uns schon am Ziel«: Die Gründung des DIZ als ergebnisoffener Prozess[134]

Gut zehn Jahre nach der 69er-Aktion von Hermann Vinke und seinen Mitstreitern formierte sich Ende der 1970er-Jahre lokal eine neue Initiative, um auf die Geschichte der Emslandlager aufmerksam zu machen. Vinke war dem Thema verbunden geblieben: Inzwischen Redakteur beim Norddeutschen Rundfunk veröffentlichte er im Frühjahr 1978 seine Biografie über Carl von Ossietzky. Neun Tage nach der von der Oldenburger Seite ausgerichteten Gedenkfeier veranstaltete am 14. Mai 1978 eine Gruppe von Jungsozialisten aus Papenburg und Rhauderfehn zusammen mit dem Komitee der Moorsoldaten aus Anlass der Wiederkehr des Kriegsendes ebenfalls eine Gedenkfeier auf dem Friedhof Bockhorst/Esterwegen. Seit der Linkswende von 1969,

---

131 Susanne Schregel, Konjunktur der Angst. »Politik der Subjektivität« und »neue Friedensbewegung«, 1979–1983, in: Bernd Greiner, Christian Th. Müller, Dierk Walter (Hg.), Angst im Kalten Krieg, Hamburg 2009, S. 495-520; ders., Der Atomkrieg vor der Wohnungstür. Eine Politikgeschichte der neuen Friedensbewegung in der Bundesrepublik 1970–1985, Frankfurt a. M./New York 2011. Zeitgenössisch vgl. Wolfgang Barthel u. a., Der unsichtbare Tod. Die Angst des Bürgers vorm Atom, Hamburg 1979; Raimund Kurscheid, Kampf dem Atomtod. Schriftsteller im Kampf gegen eine deutsche Atombewaffnung, Köln 1981; Birgit Kraatz (Hg.), Seveso oder Wie Verantwortung zur Farce wird, Reinbek 1979; Hans Jonas, Das Prinzip Verantwortung, Frankfurt a. M. 1979; Egmont R. Koch, Fritz Vahrenholt, Seveso ist überall: Die tödlichen Risiken der Chemie, Frankfurt a. M. 1982.

132 In Anlehnung an Herbert Marcuse: Ferdinand W. Menne, Alte Kultur und neue Sensibilität. Versuch über gegenkulturelle Gruppenbildung, in: ders. (Hg.), Neue Sensibilität. Alternative Lebensmöglichkeiten, Darmstadt/Neuwied 1974, S. 7-74; hier: S. 8.

133 Detlef Siegfried, Die Rückkehr des Subjekts. Gesellschaftlicher Wandel und neue Geschichtsbewegung um 1980, in: Olaf Hartung, Katja Köhr (Hg.), Geschichte und Geschichtsvermittlung, Bielefeld 2008, S. 125-146.

134 Boldt u. a., Emslandlager, in: Garbe (Hg.), Die vergessenen KZs, 1983, S. 69.

mit der die Jungsozialisten auf eine größere Autonomie pochten und die im folgenden Jahrzehnt immer wieder mit heftigen Auseinandersetzungen mit der SPD einherging, war die Arbeit des vormaligen Jugendverbands von kontroversen Theoriedebatten und ideologischen Strömungskämpfen geprägt gewesen, die sich aber in ihrer Kritik an der bundesdeutschen »Scheindemokratie« und der als reformistisch betrachteten Regierungspolitik einig waren.[135]

Neben der grundsätzlichen Kapitalismuskritik bestand ein gemeinsamer Nenner darin, vor dem »autoritären Polizeistaat« und seiner »Gesinnungsschnüffelei« als »teilweise erlebter Realität« zu warnen, wie es die langjährige Vorsitzende der Jungsozialisten Heidemarie Wieczorek-Zeul 1977 formulierte. Der Radikalenerlass von 1972, Berufsverbote und Beobachtungen durch den Verfassungsschutz hatten nicht nur zu einer grundlegenden Vertrauenskrise gegenüber der SPD beigetragen, sondern wurden vermutlich bis in die tiefste Provinz im Sinne von Wieczorek-Zeul als »Einschränkung von Freiheitsrechten« wahrgenommen, die Vergleiche mit der NS-Herrschaft mobilisierte. Insofern brachte viele ihre erlebte Realität als wahrgenommener Widerspruch zwischen faktischer und idealer Demokratie dazu, sich eingehender mit dem Nationalsozialismus und insbesondere mit dessen Verfolgung politischer Gegner nach 1933 zu beschäftigen.

Zwei Seminare mit Hermann Vinke und dem Sozialpädagogen Burkhard Kinzner zu den Emslandlagern im Oktober 1978 und im Januar 1979 – die Ausstrahlung der TV-Serie *Holocaust* begann in der Bundesrepublik erst einen Tag nach Ende des Seminars am 22. Januar – führten zur Gründung des Arbeitskreises Carl von Ossietzky mit anfänglich gut 20 Mitgliedern überwiegend aus dem nordwestdeutschen Raum, darunter einige der lokalen Jungsozialisten. Bei ihren Besuchen des Friedhofs und des ehemaligen Lagergeländes hatte sie der Mangel an historischen Informationen empört, weshalb sie eine Informationstafel aufstellen und eine Gedenkschrift veröffentlichen wollten.[136] Allerdings wurde ihr entsprechender Antrag von der zuständigen Bezirksregierung Weser-Ems im Juli 1979 abgelehnt, zum 40. Jahrestag des Überfalls auf Polen eine Tafel am Eingang zur Gräberstätte zu platzieren.[137] Begründet wurde die Ablehnung unter anderem damit, es habe sich bei den dort noch Bestatteten lediglich um »gewöhnliche Kriminelle« gehandelt. Das rief genau jene Konfliktlinie wieder auf, die ein Jahrzehnt zuvor im Mittelpunkt gestanden hatte.[138]

Den in ihren Augen unwürdigen Zustand der historischen Orte der Emslandlager hielten im August 1979 Oriana Sieling und Elke Suhr von der Universität Oldenburg unter dem schlichten Titel *Emslandlager. Eine Dokumentation* in einer hektografierten

---

135 Vgl. Dietmar Süß, Die Enkel auf den Barrikaden. Jungsozialisten in der SPD in den Siebzigerjahren, in: AfS 44 (2004), S. 67-104.

136 Ems-Zeitung, 23.4.1979.

137 Ems-Zeitung, 9.8.1979.

138 Kritisch dazu: Heiko Tornow, Zuwenig Leichen auf dem Friedhof, Stern, 3.9.1979.

Broschüre fest. Zusammen mit dem ehemaligen Moorsoldaten Bertold Kruse aus dem ostfriesischen Leer, der schon an den Moorsoldatentreffen 1955/56 federführend beteiligt war, hatten sie bei ihrer Suche nach den ehemaligen Lagerstandorten und den Friedhöfen weder Hinweisschilder noch Informationen zu den Emslandlagern gefunden. Die wahrgenommene Vernachlässigung lasen sie als Versuch der zuständigen Behörden, ihre eigene Verantwortung während der NS-Zeit zu verschleiern. Symbolisiert fanden sie diese Haltung in den namenlosen Betonkreuzen auf dem Friedhof Bockhorst/Esterwegen: »Nur Nummern, über das Schicksal der Gefangenen erfährt der Besucher nichts.«[139] Zusätzlich durch den Überlebenden legitimiert, folgerten sie, es sei »notwendig, [...] daß eine Gedenkstätte errichtet wird«.[140]

Kurz darauf stellte der Arbeitskreis Carl von Ossietzky aus Protest gegen die Entscheidung der Bezirksregierung im Rahmen einer Gedenkveranstaltung des DGB auf dem Friedhof am 1. September 1979 einen Gedenkstein ohne Genehmigung auf – ein Akt im Sinne jener »Ästhetik des Widerstands«, wie sie Peter Weiss unter Bezug auf Antonio Gramsci genau in diesen Jahren propagierte.[141] Angesichts von erneut 5.000 Teilnehmern wurde der ablehnende Bescheid der Bezirksregierung und der widerständige, weit über den konkreten Ort hinaus wahrgenommene Akt, dennoch eine Tafel aufzustellen, zu einem entscheidenden symbolischen Wendepunkt für die Erinnerung an die Emslandlager. Hier kristallisierte sich einerseits erneut eine intransigente Deutungshoheit staatlicher Stellen über den Umgang mit der NS-Vergangenheit heraus, die als Ausdruck einer gesellschaftlichen Abwehr ihrer Aufarbeitung verstanden wurde. Andererseits konnte die eigene Praxis als konkrete, widersetzliche, authentische Praxis und Erfahrung im Zuge der eigenen Auseinandersetzung mit Widerstand und Verfolgung identifizierend mit einer empathischen Haltung gegenüber den Ermordeten und Verfolgten besetzt werden.

Praktisch begründete die Aktion erstens eine engere Zusammenarbeit zwischen den Aktivitäten an der Oldenburger Universität und dem Arbeitskreis sowie den Jungsozialisten aus Rhauderfehn und Papenburg, zweitens formierte sich eine breite Bewegung aus institutionellen und persönlichen Unterstützern, und drittens führten Parlamentsanfragen der Grünen und der SPD im niedersächsischen Landtag im Mai 1983 dazu, dass sich der CDU-Innenminister des Landes, Egbert Möcklinghoff, in den

---

139 Oriana Sieling, Elke Suhr, Emslandlager. Eine Dokumentation, Oldenburg 1979, S. 3 (hektografiert, im Besitz d. Verf.).
140 Ebd.
141 Peter Weiss, Die Ästhetik des Widerstands, Frankfurt a. M. 1975–1981. Vgl. Detlef Siegfried, Das Subversive retten. Eine Denkfigur der 1980er, in: Aus Politik und Zeitgeschichte, 65 (2015) 46, S. 13-19; ders., Verratene Hoffnungen und neue Subjektivität. Zur Rezeption der »Ästhetik des Widerstands« in den 1980er Jahren, in: Bernhard H. Bayerlein, Kasper Braskén, Uwe Sonnenberg (Hg.), Globale Räume für radikale transnationale Solidarität, Berlin 2018, S. 524-550.

Konflikt einschaltete.[142] Die Auseinandersetzung über den Umgang mit der Geschichte der Emslandlager verließ damit erstmals – und dies dauerhaft – die Verantwortlichkeit des Verwaltungsapparats: Sie wurde politisch im engeren Sinne, auch wenn das in den 1980er-Jahren zunächst keine unmittelbaren positiven Folgen zeitigte. Möcklinghoff billigte jedoch die Entscheidung der Bezirksregierung nicht und genehmigte eine temporäre Aufstellung der zwischenzeitlich mit Hakenkreuzen verschmierten Tafel bei einem Ortstermin am 5. Oktober 1979. In einem Gespräch mit dem Arbeitskreis Carl von Ossietzky und der DGB-Ortsgruppe Aschendorf-Hümmling sicherte er die Errichtung eines »Informationshauses« auf dem Gelände des Friedhofs zu.[143]

Zum ersten Mal wurde somit die von Erinnerungsaktivisten, Wissenschaftlern und Überlebenden erhobene Forderung von offizieller Seite anerkannt, an einem historischen Ort dauerhaft über die Emslandlager zu informieren. Angesichts der politischen Ausgangskonstellation ist es durchaus bemerkenswert, dass ein Vertreter der CDU-/FDP-Koalition die beiden am Gespräch beteiligten Gruppen zusammen mit der Universität Oldenburg, dem dortigen AStA und den Jungsozialisten damit beauftragte, ein Konzept für das Informationshaus zu entwickeln.[144] Bereits zwei Monate später konnte es unter dem Titel *Konzeption für ein Dokumentations- und Informationszentrum Emslandlager (DIZ-Emslandlager)* vorgelegt werden. Schon der Titel und der Name machten den über den Auftrag reichenden Anspruch deutlich, über eine reine Information, wie sie in Niedersachsen bis dahin auch in der Gedenkstätte Bergen-Belsen üblich war, hinausgehen zu wollen. Neben die Konfliktlinie der historischen Deutung trat nun immer deutlicher die Forderung, Gedenken und Erinnern auch als Prozess einer aktiven, gegenwartsorientierten Auseinandersetzung zu gestalten und entsprechende Formen des Dokumentierens, Vermittelns und Bildens zu entwickeln, die sich nicht in Schautafeln und Kranzniederlegungen erschöpften. Im Grundsatzkonflikt dieser Jahre zwischen Geschichts- und Politikdidaktik, ob eine historisch-politische Bildung überhaupt möglich sei oder es sich um zwei kategorisch verschiedene Zugänge handelt, positionierte sich das Konzept eindeutig zugunsten einer engen Verschränkung von Vergangenheit und Gegenwart.[145]

Erst durch den Konflikt um die Informationstafel verdichtete sich der erstmals 1977 im Oldenburger Kontext entstandene Plan zur konkreten Möglichkeit, eine Gedenkstätte, die damals absichtlich nicht so genannt wurde, als einen Ort aktiver

---

142 Vgl. Kleine Anfrage des Abgeordneten Meinsen (Die Grünen) vom 16.5.1983 (Drucksache 10/1189) und Antwort der Landesregierung vom 20.6.1983 (Drucksache 10/1327); Inge Lemmermann u. a., Verhinderung eines Dokumentationszentrums zur Geschichte der Emslandlager. Mündliche Anfrage vom 31.5.1983 (Drucksache 10/1214).

143 Ems-Zeitung, 8.10.1979.

144 Ebd.

145 Vgl. Hans-Jürgen Pandel, Integration durch Eigenständigkeit? Zum didaktischen Zusammenhang von Gegenwartsproblemen und fachspezifischen Erkenntnisweisen, in: Rolf Schörken (Hg.), Zur Zusammenarbeit von Geschichts- und Politikunterricht, Stuttgart 1978, S. 346-379.

Bildungsarbeit zu schaffen. Das zum Jahreswechsel 1979/80 vorliegende, zwei Seiten lange und sehr nüchtern gehaltene Konzept sah den Bau von zwei Gebäuden für eine Dauer- und für Sonderausstellungen, ein Archiv und eine Bibliothek sowie für Räumlichkeiten zur wissenschaftlichen und Bildungsarbeit vor. Vorgeschlagen wurde eine enge Anbindung an die Oldenburger Universität als Außenstelle ihres Bibliotheks- und Informationssystems. Wohl auch als Friedensgeste hob das Papier besonders hervor, dass die emsländische Bevölkerung für die Lager nicht verantwortlich zu machen sei.

Um in die Region hinein zu wirken, richtete der Arbeitskreis Carl von Ossietzky seit 1980 in Papenburg, Esterwegen und mehreren Außenstellen der Volkshochschule Leer als lokale Basisarbeit eine Ausstellung mit Bildern von Ernst Walsken und Adolf Bender aus. Noch während die Ausstellung in Papenburg lief, beschloss der Kreisausschuss des Landkreises Emsland am 12. Februar 1980 doch, eine eigene Dokumentation zur Geschichte der Emslandlager erarbeiten und anschließend Informationstafeln anbringen zu lassen. Dabei wurde betont, dass die »geistige Haltung, die Derartiges ermöglicht« habe, »von außen ins Emsland gebracht« worden sei.[146] Mit dem Vorhaben, dessen Ziel – als Spitze gegen die Erinnerungsaktivisten – einer objektiven Dokumentation betont wurde, sollte die Realisierung eines Dokumentations- und Informationszentrums verhindert werden.

Beauftragt wurde mit dem Vorhaben der Münsteraner Zeithistoriker und Geschichtsdidaktiker Erich Kosthorst, ein Schüler von Hans Rothfels, der sich in den Jahren zuvor gegen eine Vereinnahmung der Zeitgeschichte durch die Gesellschaftslehre ausgesprochen hatte und unverkennbare Sympathien für neokonservative Geschichtsphilosophen wie Hermann Lübbe oder Ernst Nolte hegte. Dem entsprachen seine wiederholten Plädoyers dafür, einer Identitätskrise der spätmodernen Industriegesellschaft durch eine nationalhistorisch begründete Identitätsbildung entgegenzuwirken und dazu sowohl eine »psychologische Fixierung der Jugendlichen auf eine negative Singularität der deutschen Geschichte« und damit auf den Nationalsozialismus zu überwinden,[147] als auch den »Blick auf die deutsche Vergangenheit in ihrer Ganzheit wieder frei« zu machen.[148]

Indem Kosthorst – wie auch in seinen fachwissenschaftlichen Arbeiten – den Fokus vom Nationalsozialismus als Problem der Geschichtsdidaktik zur deutschen Frage verlagert wissen wollte, plädierte er auch entgegen der Ostpolitik der 1970er-Jahre dafür, die Zweistaatlichkeit nicht als final zu betrachten. Als Verfechter einer national ausgerichteten Identitätsstiftung, wie sie in den 1980er-Jahren im Vorfeld des Historikerstreits dezidiert propagiert werden sollte, wurde Kosthorst aber nicht nur inhaltlich als Antipode der wissenschaftlichen Ausrichtung ausgewählt, die von den Erinnerungsaktivisten im Umfeld der Oldenburger Universität verfolgt wurde.

---

146 Ems-Zeitung, 13.2.1980.
147 Erich Kosthorst, Zeitgeschichte und Zeitperspektive, Paderborn 1981, S. 193.
148 Ebd., S. 17.

Auch didaktisch vertrat er eine betont konservative Position, die am Studium staatlich überlieferter Akten orientiert war. So verzichtete er für die schließlich 1983 in drei umfangreichen Bänden erschienene, äußerst verdienstvolle Quellendokumentation zur Geschichte der Emslandlager mit sehr wenigen Ausnahmen auf die Auswertung oder Erhebung von Selbstzeugnissen der Häftlinge und Gefangenen.[149] Zudem entsprach seine Gesamtdeutung dem Selbstbild des Landkreises: Das Lagersystem interpretierte er als Produkt des »Maßnahmenstaates«, demgegenüber der »Normenstaat«, also die regionalen Behörden und *mutatis mutandis* auch die lokale Gesellschaft, weitgehend intakt geblieben seien.

Kurz nach dem Beschluss des Kreisausschusses lehnte der Papenburger Landtagsabgeordnete Walter Remmers bei einer Diskussionsveranstaltung ein Dokumentationszentrum mit einer dauernden Ausstellung ab. Immerhin schlug er ein kleines Informationshaus auf dem Friedhof und wandernde Ausstellungen in der Republik vor.[150] In eine andere Richtung wies jedoch die Erlaubnis von Bundesverteidigungsminister Apel in diesen Tagen, der Anregung eines Osnabrücker Schülers zu folgen und vor dem ehemaligen Gelände des Konzentrations- und Strafgefangenenlagers Esterwegen eine Gedenktafel aufzustellen.[151] Im Rückblick ist erstaunlich, dass der historische Tatort auf diese Weise erstmals und nicht von den Erinnerungsaktivisten als Gedenkort akzentuiert wurde. Von Apels Signal unbeeindruckt teilte die Bezirksregierung im März 1980 mit, statt eines Dokumentations- und Informationszentrums werde nunmehr ein Rundbau mit Gedenktafeln auf dem Friedhof Bockhorst/Esterwegen errichtet. Eine allgemeine Gedenkstätte mitsamt einer Ausstellung unterhalte das Land bereits in Bergen-Belsen.[152] Am 4. Dezember 1981 wurde auf dem Lagerfriedhof ein konventionell gestalteter, halboffener Gedenkpavillon mit acht Stelen für die 15 Lagernamen und ohne weitere historische Informationen eingeweiht.

Ob das Vorhaben, ein Dokumentations- und Informationszentrums zu errichten, seitens des Ministeriums tatsächlich als zu kostspielig betrachtet wurde, der Druck aus der Region gegen ein solches Projekt zu groß geworden war, die Nähe zur »linken« Oldenburger Universität und den früheren verfolgten Kommunisten als zu eng betrachtet wurde oder man die konzeptionellen Überlegungen eines aktiven Lernortes nicht mitzutragen bereit war, lässt sich nicht abschließend sagen. Während einer ersten Hochphase der medialen Beschäftigung mit dem Nationalsozialismus – 1980/81 und 1982/83 behandelte der Geschichtswettbewerb des Bundespräsidenten das Thema »Alltag im Nationalsozialismus«, und 1983 stand der 50. Jahrestag der »Machtergreifung« bevor – strebten mit ihren Entscheidungen Regierungspolitik

---

149 Erich Kosthorst, Bernd Walter, Konzentrations- und Strafgefangenenlager im Dritten Reich. Beispiel Emsland. Dokumentation und Analyse zum Verhältnis von NS-Regime und Justiz, Düsseldorf 1983.

150 Ems-Zeitung, 19.2.1980.

151 Boldt u. a., Emslandlager, in: Garbe (Hg.), die vergessenen KZs, 1983, S. 78.

152 Ems-Zeitung, 20.3.1980.

und Verwaltungsebenen jedoch an, die Verantwortung für die Ausgestaltung des Erinnerns wieder vollständig an sich zu ziehen. Gleichzeitig nahm ein anderes Projekt erstaunlich schnell Gestalt an: Ein erst im Januar in Papenburg gegründeter Verein konnte bereits innerhalb von Jahresfrist mit städtischem Geld ein historisches Haus erwerben und von dort aus innerhalb von nur wenigen Jahren ein Museumsdorf als Historisch-Ökologische Bildungsstätte (HÖB) in Betrieb nehmen. Bereits seit Anfang der 1970er-Jahre war das 1968 in kommunales Eigentum übernommene barocke Jagdschloss Clemenswerth in Sögel mit beträchtlichem Aufwand restauriert und zum heimathistorischen Emslandmuseum ausgebaut worden.

Unter dem Eindruck der behördlichen und ministeriellen Abwehrbewegungen gründeten im April 1981 Mitglieder des Arbeitskreises Carl von Ossietzky, Wissenschaftler und Studenten der Universität Oldenburg sowie ehemalige Häftlinge das Aktionskomitee für ein Dokumentations- und Informationszentrum Emslandlager e. V. mit dem Ziel, den 1977 ins Auge gefassten Plan umzusetzen. Das Komitee der Moorsoldaten, dessen Leitung mit dem Tod von August Baumgarte im April 1980 nach Mülheim an der Ruhr zu Günter Daus gewechselt war, unterstützte diesen Prozess zwar, aber es kam nicht zu einer Verschmelzung von Aktionskomitee und Lagergemeinschaft. Unter den Gründern des Vereins war mit Burkhard Kinzner auch der Vorsitzende der Papenburger Jungsozialisten. Er war seit 1978 an mehreren Erinnerungsaktionen beteiligt, setzte sich daneben aber unter anderem für den Aufbau der parteilichen Jugendarbeit sowie die lokale Sparte der »Jugendzentrumsbewegung« ein – ein für die Zeit nicht untypischer lokaler Multifunktionär.[153] Allerdings sollte er nach der Gründung des Vereins keine nennenswerte Rolle mehr spielen.

Die folgenden Jahre waren zum einen von einer beträchtlichen Zahl eigener Veranstaltungen und umfangreicher Verhandlungen geprägt.[154] In der Selbstanalyse eines Beteiligten bedeutete diese Phase den Übergang vom »reflexhaften Reagieren zum planmäßigen politischen Kalkulieren und Ein-Wirken«, vom »Bild chaotisierender Eindringlinge« durch »solide Arbeit« zum »Bild eines ernsthaften Störfaktors«.[155] Zwei internationale »Jugendworkcamps« 1981 und 1982, ein Gedenkkonzert mit Bettina Wegner im Mai 1982 vor mehreren Tausend Zuhörern, die Aufstellung weiterer Informationstafeln sowie die Erarbeitung der Broschüre *Die Emslandlager gestern und heute* unterstrichen den Anspruch, als Akteur einer aktiven und öffentlichkeitswirksamen Erinnerungsarbeit die gesetzten Ziele weiterverfolgen zu wollen. Das eröffnete dem Verein einen nicht unkomplizierten, aber wirkungsmächtigen Resonanzraum in den lokalen Medien, vor allem mit der in Papenburg erscheinenden *Ems-Zeitung*. Er-

---

153 Ems-Zeitung, 13.7.1978, 14.10.1978.
154 Vgl. zum Folgenden u. a. die Presseberichte und Materialien in: Boldt, Suhr (Hg.), Schweigen wird lauter, 1985.
155 Bruno Brückner, Geschichte und Strategie des D.I.Z. Vortrag am 12.10.1985. Protokoll, in: Gedenkstättenrundbrief, 12 (1985), S. 4-10.

kennbar war, dass sich die Aktivitäten des Vereins nun auf alle Emslandlager und auf die historischen Orte selbst erstreckten, womit auch die starke personelle und örtliche Fokussierung auf den Friedhof Bockhorst/Esterwegen überwunden wurde, auch wenn dieser, insbesondere bei den mehrfach jährlich stattfindenden Gedenkfeiern, über viele Jahre hinweg ein symbolischer, performativ-ritueller Kristallisationspunkt der Erinnerungsaktivisten, des friedensbewegten linken Spektrums, der Gewerkschaften und vieler anderer alternativer Gruppen bleiben sollte.

Zum anderen stand die erste Phase des Vereins im Zeichen von intensiven Verhandlungen und der Suche nach Partnern, um ein DIZ zu realisieren. Nachdem der Pfarrer der Gemeinde Esterwegen angeboten hatte, das DIZ in den Räumlichkeiten seiner Kirche unterzubringen, wurde ihm dies im Februar 1982 von seinem Gemeinderat verweigert. Eine im Juli 1982 von Bundesverteidigungsminister Apel gemachte Zusage, dem Verein einen Teil des ehemaligen Lagergeländes in Esterwegen für ein DIZ zur Verfügung zu stellen, wurde nach dem Regierungswechsel im Mai 1983 von seinem Nachfolger Wörner zurückgezogen. Damit gab es keinen Standort mehr für die im Februar 1983 vom niedersächsischen Justizminister zur Überlassung zugesagte historische Lagerbaracke, die sich noch auf dem Gelände der Justizvollzugsanstalt in Groß-Hesepe befand. Auch die im Rahmen des zweiten internationalen Jugendworkcamps im Sommer 1982 realitätsnah geplante Dokumentationsbaracke – einschließlich eines Holzmodells mit »akustischem Führer« und nachgebildetem »KZ-Zaun« – war damit hinfällig.[156] Ein geplantes drittes Workcamp konnte 1983 mangels Finanzierung und der nun fehlenden Aussicht, die konzipierte Baracke konkret umsetzen zu können, nicht durchgeführt werden.

Auffällig ist, dass erst nach dem Scheitern der DIZ-Konzeption von 1980 der historische Lagerort Esterwegen als Standort in den Blick genommen und die Bewahrung materieller Spuren der ehemaligen Lager betont wurde. Bei der Einweihung der Gedenkhalle war dem niedersächsischen Innenminister im Dezember 1981 eine von 1.000 Personen unterzeichnete Forderung überreicht worden, die Reste der ehemaligen Lager Versen und Groß-Hesepe zu sichern, was Monate später abschlägig beschieden wurde. Auch damit reproduzierte sich die seit den 1960er-Jahren bestehende abweisende Haltung der verschiedenen behördlichen Instanzen vom Landkreis über die Bezirksregierung bis zur ministerialen Ebene. Das Aktionskomitee versuchte weiterhin, Unterstützung für den Erhalt der letzten Baracken der Emslandlager zu organisieren, und wandte sich im Herbst 1983 mit einer Unterschriftenliste an die Öffentlichkeit, so auch an den wachsenden Kreis anderer Gedenkstätteninitiativen.[157]

Rückendeckung erhielt das Projekt eines Dokumentations- und Informationszentrums aber – neben zahlreichen Unterstützern aus dem öffentlichen Leben, von kirchlicher und gewerkschaftlicher Seite sowie aus der Zivilgesellschaft – 1983 durch

---

156 General-Anzeiger, 9.7.1982.
157 Vgl. Aktion Sühnezeichen (Berlin), Rundbrief Nr. 2 der Gedenkstätteninitiativen, 2.9.1983.

mehrere Anfragen und Debatten nicht nur im niedersächsischen Landtag, sondern einige Monate später auch im Bundestag.[158] In der Aussprache über die Errichtung eines DIZ auf dem ehemaligen Lagergelände in Esterwegen stellte der ostfriesische SPD-Abgeordnete Günther Tietjen nicht nur einen begründenden Zusammenhang zu den neofaschistischen, rechtsextremen Gewalttaten der frühen 1980er-Jahre her, sondern trug auch die Forderung der Gedenkstättenbewegung in den Bundestag, durch Gedenkstätten als aktive Bildungsorte die »Einleitung demokratischer Lernprozesse« zu ermöglichen.[159] Der emsländische CDU-Abgeordnete Rudolf Seiters befand, neben der Ehrenhalle, der erstellten Dokumentation und einer Abteilung zur Geschichte der Emslandlager in einem geplanten Museum zur emsländischen Geschichte sei nicht zu erkennen, welche Aufgaben ein Dokumentationszentrum darüber hinaus wahrnehmen könne.[160]

Auch wenn die parlamentarischen Befassungen zunächst keine unmittelbaren Früchte trugen, wirkten sie an einem langfristigen Agendasetting mit: Das Anliegen des Aktionskomitees, zunächst festgemacht an dem Politikum der Rücknahme von Apels Zusage, führte erstmals überhaupt zu einer parlamentarischen Befassung mit Gedenkstätteninitiativen auf Bundesebene. Doch angesichts ihrer meist prekären Situation wurden der bundespolitische Machtwechsel von 1982 und die damit einhergehende Betonung einer unbefangeneren Nationalgeschichte für die frühe Gedenkstättenbewegung zu einer Existenzfrage. Weder die Weizsäcker-Rede zum 8. Mai 1985 oder die Singularitätsdebatte im Historikerstreit, noch die geschichtspolitischen Entwicklungen nach 1989/90, die zu einer gesamtstaatlichen Verantwortungsübernahme im Bereich der Gedenkstättenarbeit führte, waren Anfang der 1980er-Jahre abzusehen.

Vor Ort trugen niedrigschwellige Schritte zu einem sich verdichtenden Mikrogeflecht aus wachsender Akzeptanz und sich vergrößernden Handlungsspielräumen bei: Zur Stadt Papenburg konnten Kontakte aufgebaut werden, die eine konstruktive Zukunft verheißen ließen. 1984 schenkten die Grünen dem DIZ eine Videokamera. Das Arbeitsamt zeigte sich kulant in der Zuweisung von ABM-Stellen. Dank erster politischer Unbedenklichkeitsbescheinigungen lokaler Honoratioren und Politiker schwächten sich manche Vorurteile ab, ohne jedoch – insbesondere in späteren Konfliktphasen – zu verschwinden. Weil trotzdem die Option, an einem historischen Lagerort eine Gedenkstätte zu errichten, kurzfristig nicht mehr als realisierbar erschien, mietete der Verein 1984 ein altes Fehnhaus in Papenburg an. Ab Juli konnten durch zwei ABM-Kräfte erste Bildungsangebote gemacht werden. Im Mai 1985 wurde eine zusammen mit Wissenschaftlern der Carl von Ossietzky Universität in Oldenburg erarbeitete

---

158 Antrag der Abgeordneten Tietjen u. a., Errichtung eines Dokumentations- und Informationszentrums auf dem Gelände des ehemaligen Konzentrationslagers Esterwegen, 9.11.1983 (Drucksache 10/579).

159 Deutscher Bundestag, Stenographischer Bericht, 41. Sitzung, 2.12.1983, S. 2846.

160 Ebd., S. 2847.

Dauerausstellung zur Geschichte der Emslandlager eröffnet. Der Innenausschuss des Bundestages empfahl zwei Jahre nach der Anfrage von 1983 unter Bezug auf sie, nun Bundesmittel bereitzustellen, um das DIZ in Papenburg zu unterstützen.[161] Nicht aus Bundes-, wohl aber seit 1991 aus Landesmitteln sollte dies – neben Geldern des Landkreises Emsland und der Stadt Papenburg – geschehen. Seitdem hatte das DIZ bis zur Errichtung der Gedenkstätte Esterwegen 2011 seinen Sitz in Papenburg.

6   Die frühe Erinnerungskultur als Ausdruck »starker Demokratie«

Was war nun, legt man Barbers Begriffe Tätigkeit, Prozess, Selbstgesetzgebung, Schaffung einer Gemeinschaft und Transformation zugrunde, »stark demokratisch« an der frühen Erinnerungskultur der Bundesrepublik in der sozialliberalen Ära? Zunächst gilt dies im Sinne von Prozess und Transformation für das *gegenwartskritische politische Bewusstsein* der Erinnerungsaktivisten, das sich in der Regel an den Grundrechten und Grundwerten des Grundgesetzes sowie an der Konjunktur der Menschenrechte orientierte, auch wenn sich viele damit nicht zugleich affirmativ zur realen sozioökonomischen Ordnung und demokratischen Realität der Bundesrepublik positionierten oder sogar an radikalpolitischen Visionen einer neuen Gesellschaft festhielten. Nicht eine ihnen oftmals unterstellte ideologische Homogenität kennzeichnete diese Akteure, sondern die transformative Erfahrung, den Überlebenden der nationalsozialistischen Verfolgung zu begegnen. Dies hatte nicht zuletzt einen staatsbürgerlichen Integrationseffekt zur Folge, der unter dem recht weit aufgespannten Schirm der Demokratisierung Ende der 1970er-Jahre bei vielen Linksintellektuellen zu einer »Rückbesinnung auf die Verfassung« führte.[162] Sie hatte eine reformerische und eine warnende Dimension. In reformerischer Absicht ging es darum, die überkommenen Strukturen und Erbschaften des Nationalsozialismus und einer gesellschaftlichen Ordnung, die für ihn als ursächlich betrachtet wurde, zu überwinden. Mit warnendem Gestus wurden zudem Tendenzen der Gegenwart kritisiert, die demokratische und liberale Ideale oder Grundlagen der bundesrepublikanischen Gesellschaft infrage stellten, so Aufrüstung und Kriegsgefahr,

---

161 Beschlußempfehlung und Bericht des Innenausschußes zu dem Antrag der Abgeordneten Tietjen u. a., 3.10.1985 (Drucksache 10/3950).

162 Jörg Requate, Gefährliche Intellektuelle? Staat und Gewalt in der Debatte über die RAF, in: Dominik Geppert, Jens Hacke (Hg.), Streit um den Staat. Intellektuelle Debatten in der Bundesrepublik 1960–1980, S. 251-268; hier: S. 258; Nicolas Büchse, Von Staatsbürgern und Protestbürgern. Der Deutsche Herbst und die Veränderung der politischen Kultur in der Bundesrepublik, in: Knoch (Hg.), Bürgersinn, 2007, S. 311-332.

die Politik der »inneren Sicherheit« und die »Berufsverbote« oder die Einschränkung sozialer Rechte und persönlicher Freiheiten.[163]

Stark demokratisch im Sinne von Tätigkeit und Selbstgesetzgebung waren sodann *antihegemoniale Aktionsformen, Konzepte und Positionen*, die sich gegen das Primat einer behördlich oder ministerial bestimmten Gedenkkultur und damit gegen eine »symbolische Gewalt« (Pierre Bourdieu) richteten, aus der die Akteure selbst ausbrechen und der sie nicht länger unterliegen wollten. Dieser weit über die 1970er- und 1980er-Jahre hinaus wiederkehrende Grundkonflikt, in dem sich jene aktive Verdrängung wiederholte oder zu wiederholen schien, die man gerade überwinden wollte, verlieh dem ursprünglichen Protest eine zusätzliche Eigendynamik, die ihn zu einer langjährigen Konstante werden ließ – bis hin zu einer Art wechselseitiger »Sakralisierung des Konflikts«, die auch die »Selbstverhältnisse der Beteiligten« nicht unberührt ließ.[164] Oft mehrfach im Lauf der Jahrzehnte wurden dennoch Möglichkeiten der Kooperation ausgelotet, was zumindest zur prozessualen Schärfung von Zielsetzungen beitrug, aber auch angesichts der Konfliktlinien paradoxe Verflechtungen mit sich brachte. Als es 1987 um die Frage einer möglichen Eingliederung des DIZ Emslandlager in ein neu zu errichtendes Museum für emsländische Geschichte ging, konkretisierte sich eine grundlegende Unvereinbarkeit der jeweiligen Ansätze an ganz verschiedenen Perspektiven auf den Gegenstand. Die Formen des Terrors sollten in der Ausstellung durchaus, und zwar anhand eines Prügelbocks, illustriert werden. Das Aktionskomitee fand sich in der damit verbundenen Objektivierung aber nicht hinreichend wider: »Keine noch so präzise Kenntnis des Vorgangs ›Prügelstrafe‹, nur der Betroffene selbst« könne darüber Auskunft geben.[165]

Stark demokratisch im Sinne von Tätigkeit und Transformation war deshalb eine dezidiert antielitäre Geschichtsarbeit mit dem Ziel einer *Pluralisierung historischer Quellen durch subjektive Zeugnisse*. Ins Zentrum der Forschung und der Bildungsarbeit rückten die Stimmen von Überlebenden, für deren Einbeziehung als Teil der objektiven Realität der Vergangenheit sich die Erinnerungsaktivisten einsetzten. Im Sinne einer »Geschichtsschreibung, in der sich Historiker mit den beforschten Zeitgenossen in Beziehung« setzen,[166] wollten sie die »historische Situation der Vergangenheit über den direkten Zugang zum erlittenen Lebensschicksal einzelner Personen« vermitteln, weil sie »subjektiv nachvollziehbare Erfahrungs- und Verhaltensmuster« anbiete und

---

163 Bärbel Boldt u. a. (Hg.), … aber von dir wird gesprochen. Katalog zur gleichnamigen Ausstellung über Carl von Ossietzky, Oldenburg 1981, S. 10 f.

164 Pettenkofer, Entstehung der grünen Politik, 2014, S. 335.

165 Werner Boldt, Bemerkungen zur didaktischen Besonderheit von Gedenkstättenarbeit – aus der pädagogischen Arbeit des DIZ Emslandlager, in: Gedenkstättenrundbrief, 23 (1987), S. 3-7; hier: S. 6.

166 Oral History in der deutschen Zeitgeschichte. Lutz Niethammer im Gespräch mit Veronika Settele und Paul Nolte, in: Geschichte und Gesellschaft, 43 (2017), S. 110-145; hier S: 114.

das »Lernen aus der Geschichte« erleichtere.[167] Als Zeugnisse einer »schockartigen Erfahrung individueller Ohnmacht« waren sie über historische Praktiken der Selbstbehauptung und des Widerstands zugleich mit den Idealen einer subjektiven Autonomie und politischen Mündigkeit in der Gegenwart eng verknüpft.

Von hier aus war stark demokratisch im Sinne von Prozess und Selbstgesetzgebung auch das Modell einer *gegenwartsorientierten, historisch-politischen Bildungsarbeit.* Notwendiges Sachwissen, eine selbstbestimmte Aneignung von Quellen und Deutungen sowie die Ausbildung einer humanen Einstellung sollten zusammengeführt werden. Im Zentrum stand dabei die Notwendigkeit, sich »neuen Identifikationssubjekten« in Gestalt der Verfolgten, Ermordeten und Überlebenden zuzuwenden, um »Einstellungsänderungen« zu erreichen – unabhängig von den politischen Überzeugungen der historischen Subjekte galt dafür die vorgelagerte »Achtung vor der Würde des Anderen« als ausreichend.[168] Eine solch umfassend verstandene, transformative Bildungsarbeit verstand sich zwar als »vorpolitisch«, nicht aber als »unpolitisch«, indem sie »politischem Bewußtsein ein festes, prägendes, emotionales Fundament in der Begegnung mit Opfern politischen Terrors« ermöglichen sollte.[169]

Schließlich war stark demokratisch im Sinne von Selbstgesetzgebung und Schaffung einer Gemeinschaft die ausgeprägt *zivilgesellschaftliche, unabhängige und dezentrale Grundstruktur* der bundesrepublikanischen Erinnerungskultur in den 1970er- und 1980er-Jahren, die auf vergleichbaren, vernetzten, aber je für sich dichten sozialen Milieus gründete. Sie zeigte sich erstens in der Vereinsarbeit von Gedenkstätteninitiativen, den ihr vorhergehenden Strukturen und dem beträchtlichen finanziellen und zeitlichen ehrenamtlichen Engagement. Zweitens wurden neben den herkömmlichen Medien alternative Kommunikationsformen eingesetzt. Öffentliche Veranstaltungen wie Kundgebungen und Diskussionsforen, Mitteilungsblätter und autonome Publikationen oder performative Akte trugen zur Etablierung eines kritischen Erinnerungsdiskurses bei und erweiterten das Verständnis von politischer Öffentlichkeit. Drittens bildeten sich früh lokale, regionale und überregionale Kooperationsformen mit anderen Gruppierungen wie Überlebenden-Verbänden und Erinnerungsinitiativen (unter anderem in Form selbst organisierter »Gedenkstättentreffen«), mit Bildungseinrichtungen und Jugendverbänden sowie mit Gewerkschaften, kirchlichen Organisationen und einzelnen Parteien heraus. Eine zunehmend wichtigere Rolle sollten hier die Bundeszentrale und die Landeszentralen für politische Bildung spielen.

Der partizipatorische Anspruch der frühen Erinnerungskultur stellte das einander bedingende Verhältnis von mündiger Bürgerlichkeit in der Gegenwart und der Wahrnehmung einer in der Vergangenheit verletzten Menschlichkeit auf neue Weise ins

---

167 Suhr, Emslandlager, 1985, S. 18.
168 Boldt, Emslandlager als Gegenstand, in: Suhr, ders. (Hg.), Lager im Emsland, 1985, S. 58.
169 Ders., Bemerkungen zur didaktischen Besonderheit, in: Gedenkstättenrundbrief, 23 (1987), S. 3-7; hier: S. 7.

Zentrum. Die »selbst erstrittene Mündigkeit« lenkte den Blick auf die Verantwortung des Einzelnen für den Umgang mit der Geschichte in der Gegenwart.[170] Das stellte eine Idee von Demokratie auf den Kopf, die individuelle Verantwortung eher als eine von staatlichen Institutionen abgeleitete Ressource verstanden hatte. Nicht unwesentlich ist die heutige demokratische Erinnerungskultur erst möglich geworden, weil ihre frühen Akteure noch ohne konkreten Plan, aber aus einer tief überzeugten Humanität die Unmenschlichkeit von politischen und ökonomischen Systemen erst dann historisch im Vollsinne realisieren konnten, als eine gegenwartskritische Mobilisierung ihren Blick dafür öffnete. Womöglich konvergieren jedoch seit geraumer Zeit die Institutionalisierung einer »demokratischen Erinnerungskultur«, die nicht mehr als transformativer Prozess angelegt ist, mit einer »Emanzipation zweiter Ordnung«,[171] in deren Verlauf sich die Bürgerinnen und Bürger von einer politisch verstandenen Verantwortung wieder distanzieren und nicht mehr – wie in der »starken Demokratie« nach Benjamin Barber – von »abhängigen, privaten Individuen in freie Bürger« und ihre »partikularistischen wie privaten Interessen in öffentliche Güter« transformiert werden.[172]

---

170 Ingolfur Blühdorn, Simulative Demokratie. Neue Politik nach der postdemokratischen Wende, Berlin 2013, S. 144.
171 Ebd., S. 167.
172 Barber, Starke Demokratie, 1994, S. 147.

Delegitimierung

Susanne Schregel

VIII   Ein »gefährliches Instrument in den Händen der herrschenden Klasse der bürgerlich-kapitalistischen Gesellschaftsordnung« – Intelligenz(test)kritik und Begabungsdeutungen in der frühen DDR (1949–1963)[1]

1   Geteilte Intelligenzen

Dass Deutungen der Intelligenz politisch werden können, ist aus zahlreichen Schlüsselszenen des 19. und 20. Jahrhunderts bekannt. Dispute um die angemessene Bezahlung geistiger und körperlicher Arbeit sind nicht weniger Ausdruck dieser politisch-sozialen Geschichte wie Kontroversen um den Stellenwert des Denkvermögens für die Zuweisung von Bildungs- und Lebenschancen. Eine ganz eigene Zuspitzung erhielt diese Politisierung mit der deutsch-deutschen Teilung, in deren Folge Interpretationen von Intelligenz und Begabung in Ost und West auseinanderzutreten begannen.

In der Bundesrepublik galt Intelligenz meist als grundsätzlich messbare Eigenart von Individuen, die sowohl biologisch als auch stärker umweltorientiert auslegbar war.[2] In der DDR bezeichnete der Terminus »Intelligenz« dagegen eher eine soziale Gruppe im Sinne der Geistesschaffenden.[3] Pädagog*innen und Psycholog*innen

---

1   Dieser Aufsatz entstand im Rahmen des von der Deutschen Forschungsgemeinschaft (DFG) geförderten Projekts »Un/doing Differences. Eine Geschichte der Intelligenz (Deutschland, Großbritannien, ca. 1880–1990)« (GZ: SCHR 1311/2-1, Projektnummer 322686211). Ich danke auch den Verantwortlichen der Bibliothek für bildungsgeschichtliche Forschung des DIPF, deren Stipendienprogramm mir Zeit und Möglichkeit zum Studium vieler im Text genannter Quellen gegeben hat.
2   Till Kössler, Auf der Suche nach einem Ende der Dummheit. Begabung und Intelligenz in den deutschen Bildungsdebatten seit 1900, in: Constantin Goschler, Till Kössler (Hg.), Vererbung oder Umwelt? Ungleichheit zwischen Biologie und Gesellschaft seit 1945, Göttingen 2016, S. 103-133; hier: S. 118-122.
3   Diesen Sprachgebrauch illustriert: Kulturbund zur demokratischen Erneuerung Deutschlands (Hg.), Unsere Regierung fördert die Intelligenz. Eine Zusammenstellung der Gesetze und Verordnungen zur Förderung der Angehörigen der Intelligenz vom 4. Februar 1949 bis 24. August 1951, Berlin (Ost) 1951. Zur »Intelligenzpolitik« sowie zur Ausrichtung des Intelligenzbegriffes am russischen Begriff der intelligentsia vgl. zusammenfassend Gunilla Budde, Frauen der Intelligenz. Akademikerinnen in der DDR (1945–1975), Göttingen 2003; hier: S. 30-41.

propagierten zudem eine »marxistische Begabungstheorie«[4], welche in Abgrenzung zu einer als statisch diskreditierten »Begabungsmetaphysik«[5] die Gesellschaftlichkeit und Veränderlichkeit von Fähigkeiten und Fertigkeiten unter einem neuen terminologischen Dach akzentuieren sollte. Im veröffentlichten Sprachgebrauch wurden überlieferte Interpretationen von Intelligenz und Begabung von solchen überlagert, die direkt wie indirekt den Aufbau der DDR rechtfertigten, indem sie Leitlinien für die Organisation von Arbeit und Bildung ausgaben und eine teils ruppige Form von Kapitalismuskritik organisierten.[6]

Obgleich sie sogar dazu eingesetzt wurden, das deutsch-deutsche Verhältnis zu reflektieren und politisch-soziale Ordnungen zu bewerten, sind diese divergierenden Interpretationen menschlichen Denkens und Könnens bisher noch kaum explizit innerhalb der Geschichte der deutschen Teilung und des Ost-West-Konfliktes konturiert worden.[7] Daher soll hier eine Perspektive gestärkt werden, die Auslegungen von Intelligenz und Begabung in einen deutsch-deutschen Zusammenhang stellt und wechselseitige Bezüge im Feld des pädagogischen und psychologischen Wissens verzeichnet.[8] Besonders deutlich wird die politische Formung von Interpretationen

---

4   Kurt Zehner, Zu Fragen der Begabung. Ein Beitrag zur besonderen Förderung der Arbeiter- und Bauernkinder, in: Deutsche Lehrerzeitung [DLZ], 6 (1959) 10, S. 5. Vgl. auch Ernst Erlebach, Ulrich Ihlefeld, Kurt Zehner, Einführung in die Psychologie für Lehrer und Erzieher, Berlin (Ost) 1962, S. 111. Von einer »marxistisch-leninistische[n] Theorie von der Begabung« ist die Rede bei: DIPF | Leibniz-Institut für Bildungsforschung und Bildungsinformation, BBF | Bibliothek für Bildungsgeschichtliche Forschung – Archiv: Nachlass Hans Siebert, SIEB 1–919 (Zur Begabungstheorie), Rudi Fröhlich, Edgar Günther, Gerd Stöhr, Karl-Erich Brinckmann, Alle Schüler voll auslasten. Einige Schlußfolgerungen aus der »ND«-Diskussion über die frühzeitige Förderung aller Talente und Begabungen, 1963.

5   Lehrmaterial für die pädagogische Weiterbildung der auf dem Gebiet der Pionierarbeit tätigen Funktionäre. Heft 3: Die Bedeutung der Erziehung in der gesellschaftlichen Entwicklung und ihre führende Rolle bei der Formung der Persönlichkeit, Berlin (Ost) 1952, S. 12.

6   Vgl. dazu ausführlicher Kap. 4.

7   Vgl. zur frühen Bundesrepublik etwa Kössler, Suche, in: Goschler, Kössler (Hg.), Vererbung, 2016; hier: S. 118-122; Wilfried Rudloff, Ungleiche Bildungschancen, Begabung und Auslese. Die Entdeckung der sozialen Ungleichheit in der bundesdeutschen Bildungspolitik und die Konjunktur des »dynamischen Begabungsbegriffs« (1950–1980), in: Archiv für Sozialgeschichte [AfS], 54 (2014), S. 193-244; hier: S. 206-212; Peter Drewek, Die Begabungsuntersuchungen Albert Huths und Karl Valentin Müllers nach 1945. Zur wissenschaftsgeschichtlichen Bedeutung des konservativen Begabungsbegriffs in der Nachkriegszeit, in: Zeitschrift für Pädagogik [ZfP], 35 (1989) 2, S. 197-217. Zur DDR vgl. Gerhard Schreier, Förderung und Auslese im Einheitsschulsystem. Debatten und Weichenstellungen in der SBZ/DDR 1946 bis 1989, Köln 1996, S. 62-76, S. 89-102; ders., Begabungsförderung in der DDR, in: Oskar Anweiler (Hg.), Vergleich von Bildung und Erziehung in der Bundesrepublik Deutschland und in der Deutschen Demokratischen Republik, Köln 1990, S. 551-560; Dagmar Schulz, Zum Leistungsprinzip in der DDR. Politische und pädagogische Studien, Köln/Weimar/Wien 1998; hier: Kap. 3 (»Leistung im Bildungssystem der DDR«).

8   Zu Interpretationen des Denkens und der Psyche im Kontext des Ost-West-Konfliktes sowie zur Wissenschafts- und Wissensgeschichte des Kalten Krieges vgl. etwa: Jamie Cohen-Cole, The Open Mind. Cold War Politics and the Sciences of Human Nature, Chicago/IL 2014; Bernd Greiner, Tim

der Intelligenz und Begabung in der Aufbauphase der DDR, die deshalb hier in den Mittelpunkt der Untersuchung rückt.

Der Beitrag beschreibt zunächst, wie in pädagogischen und psychologischen Veröffentlichungen Konzeptionen der Begabung solche der Intelligenz verdrängten (2.) und Intelligenztests nach sowjetischem Vorbild kritisiert wurden (3.). Das folgende Kapitel betrachtet dann im Detail, wie Interpretationen der Kognition beziehungsweise der menschlichen Fähigkeiten zur (De-)Legitimation übergeordneter politisch-sozialer Ordnungsvorstellungen und konkreter politischer Entscheidungen in Bundesrepublik und DDR Einsatz fanden (4.). Als Quellen dienen psychologische und pädagogische Fachpublikationen und Ausbildungsmaterialien für Lehrende und Erziehende sowie Zeitungs- und Zeitschriftenartikel zu Erziehungs- und Bildungsfragen.

2 Reinterpretationen der Intelligenz und die Formulierung einer »marxistischen Begabungstheorie«

Während bei den Beratungen über das Gesetz zur Demokratisierung der deutschen Schule 1946 noch ein »breiter Konsens hinsichtlich der Annahmen einer anlagen- oder begabungsmäßigen Ungleichheit der Menschen« bestand,[9] verstärkte sich in öffentlichen Stellungnahmen in der DDR der frühen 1950er-Jahre die Tendenz, Intelligenz und Begabung unter den Vorzeichen des Aufbaus des Sozialismus zu re-interpretieren.

Im Versuch, einen Elitenwechsel bildungspolitisch zu fundieren und eine »neue«, vornehmlich aus proletarischen Familien rekrutierte »sozialistische« Intelligenz zu schaffen,[10] drangen Autor*innen psychologischer und pädagogischer Publikationen

---

B. Müller, Claudia Weber (Hg.), Macht und Geist im Kalten Krieg, Hamburg 2011; Aaron Lecklider, Inventing the Egghead. The Paradoxes of Brainpower in Cold War American Culture, in: Journal of American Studies, 45 (2011), S. 245-265. Speziell zur Geschichte erziehungswissenschaftlichen Wissens bzw. der Wissensgeschichte in der Historischen Bildungsforschung vgl. Britta Behm, Tilman Drope, Edith Glaser, Sabine Reh, Einleitung, in: dies. (Hg.), Wissen machen. Beiträge zu einer Geschichte erziehungswissenschaftlichen Wissens in Deutschland zwischen 1945 und 1990, in: ZfP 63 Beiheft (2017), S. 7-15.

9   Dietrich Benner, Horst Sladek, Das Gesetz zur Demokratisierung der deutschen Schule und die unterschiedliche Auslegung seiner harmonistischen Annahmen zum Verhältnis von Begabung und Bestimmung in den Jahren 1946/47, in: Heinz-Hermann Krüger, Winfried Marotzki (Hg.), Pädagogik und Erziehungsalltag in der DDR. Zwischen Systemvorgaben und Pluralität, Opladen 1994, S. 37-54; hier: S. 49, ähnlich S. 43 f.

10 Ingrid Miethe, »Keine herrschende Klasse ist je ohne ihre eigene Intelligenz ausgekommen«. Der Beitrag der Arbeiter-und-Bauern-Fakultäten (ABF) zum Elitenwechsel in der DDR, in: Jutta Ecarius, Lothar Wigger (Hg.), Elitebildung – Bildungselite. Erziehungswissenschaftliche Diskussionen und Befunde über Bildung und soziale Ungleichheit, Opladen 2006, S. 67-93; Wolfgang Lessing, Erfahrungsraum Spezialschule. Rekonstruktion eines musikpädagogischen Modells, Bielefeld 2017, S. 61 ff.

darauf, »klassenindifferente wissenschaftliche Auffassungen und Meinungen«[11] zu überwinden und das Fundament einer »marxistische[n] Begabungstheorie«[12] zu gießen. Inhaltlich orientierten sich ihre Vorschläge an der sowjetischen Psychologie und Pädagogik, allen voran Sergej J. Rubinsteins *Grundlagen der Allgemeinen Psychologie* und Alexej N. Leontjews *Tätigkeitstheorie*.[13]

Im Zuge dieser Umdeutungen verlor Intelligenz als Bezeichnung kognitiver Möglichkeiten von Individuen in pädagogischen und psychologischen Publikationen an Bedeutung; gestärkt fand sich im Gegenzug der inhaltlich weitere Begriff der Begabung. Die Verantwortlichen der *Kleinen pädagogischen Enzyklopädie*, die 1960 im *VEB Deutscher Verlag der Wissenschaften* erschien und sich vorwiegend an Lehrende und Erziehende richtete, verzichteten etwa ganz auf ein gesondertes Stichwort Intelligenz. »Begabung« hingegen erklärten sie in einem ausführlichen Eintrag als das

> »Insgesamt der sich im Verlauf der individuellen Lebensgeschichte entwickelnden subjektiven Leistungsvoraussetzungen (*Fähigkeiten*), die eine Bewältigung bestimmter *Umweltanforderungen* in Form entsprechender *Tätigkeiten* ermöglichen. Sie entwickelt sich im Vollzug der Tätigkeit auf der Grundlage eines normal angelegten und funktionsfähigen *Gehirns* und unter maßgeblicher Wirkung der *Umwelt*, hier besonders der *Erziehung* und *Bildung*.«[14]

Das Schreiben über Begabung deutete menschliche Fähigkeiten und Möglichkeiten auf eine Weise, die im Rahmen des Intelligenzbegriffes kaum in ähnlicher Weise möglich gewesen wäre.

Erstens erlaubte es der Begabungsbegriff, die Betrachtung menschlicher Fähigkeiten und Möglichkeiten in einer Art und Weise neu zu fokussieren, die als Entkognitivierung des Intelligenzbegriffs ebenso wie als dessen Öffnung zum Handeln beschrieben werden kann. Diese Tendenz manifestierte sich in der Verbindung von »Fähigkeit« und »Tätigkeit«, welche Begabung im Sinne einer allgemeinen Befähigung zum Handeln deutbar machte: »Die eigenartige Verknüpfung von Fähigkeiten, die einem Menschen die Möglichkeit der erfolgreichen Ausführung einer Tätigkeit gibt, nennt man Begabung

---

11 Rolf Jakuszek, Gisela Prillwitz, Bürgerliche Begabtentheorie und westdeutsche Schulpolitik, in: Beiträge zu Problemen der Begabung. Aus den Materialien der Ersten zentralen Konferenz der Arbeitsgruppe »Pädagogische Psychologie«. Pädagogik – 3. Beiheft, Berlin (Ost) 1961, S. 31-37; hier: S. 31.

12 Erlebach, Ihlefeld, Zehner, Einführung, 1962, S. 111.

13 Zur Orientierung von Pädagogik und Psychologie an sowjetischen Vorbildern generell vgl. Stefan Busse, Psychologie in der DDR. Die Verteidigung der Wissenschaft und die Formung der Subjekte, Basel 2004; hier: S. 39 f., 51 f., 109, 112; Adolf Kossakowski, Horst Kühn, Pädagogische Psychologie im Spannungsfeld von Politik und Wissenschaft, Frankfurt a. M. 2010, S. 23 ff.

14 Begabung, in: Heinz Frankiewicz (Hg.), Kleine pädagogische Enzyklopädie, Berlin (Ost) 1960, S. 37-45; hier: S. 37. Aufgenommen war das Stichwort Intelligenz dagegen bei: Hans Hiebsch, Intelligenz, in: Pädagogische Enzyklopädie [Bd. 1], Berlin (Ost) 1963, S. 450 ff.

für die betreffende Tätigkeit«.[15] Auf diese Weise nährte der in vielerlei Richtungen dehnbare Begabungsbegriff zugleich den Appell, konzeptuell eine »Trennung von ›praktischer‹ und ›theoretischer‹ Begabung bzw. Intelligenz«[16] zu überwinden.

Der Rekurs auf Begabung begünstigte es zweitens, menschliche Fähigkeiten und Möglichkeiten in ihrer Entstehung wie auch in ihrer möglichen Weiterentwicklung einem Primat des Gesellschaftlichen zu unterwerfen. Es sei davon auszugehen, »daß Begabungen nicht statisch und schon gar nicht klassen- und rassengebunden sind, sondern daß ihre Entwicklung in erster Linie von der jeweiligen Gesellschaftsordnung und ihren Bildungsmöglichkeiten abhängt«.[17] Eine solche Akzentuierung möglicher Ausbaupotenziale menschlicher Möglichkeiten durch gesellschaftlich-soziale Faktoren galt ähnlich auch für den Fähigkeitsbegriff, der in den frühen 1950er-Jahren »vom Individuum abgelöst und auf die Ebene der Gattungsentwicklung gehoben« werden konnte.[18]

Drittens war der Begabungsbegriff einfacher »flach« anzulegen als derjenige der Intelligenz, da letzterer seit der Verbreitung der Intelligenzdiagnostik und ihrem Versuch, Denkvermögen zu messen und in einem Intelligenzquotienten auszudrücken, mit quantifizierenden und potenziell hierarchisierenden Ansätzen assoziiert war. »Die interindividuelle Variabilität der Fähigkeiten« sei »eine vorwiegend qualitative Variabilität«, erklärten dagegen die Verfasser*innen eines Lehrbriefes der HU Berlin angehenden Pädagog*innen mögliche Unterschiede zwischen Menschen als solche der Art, nicht der Zahl.[19] Dies stimmte zusammen mit einer Deutungslinie, die Hans-Dietrich Mittag 1952 in der Zeitschrift *Pädagogik* verfolgte:

> »Die zunächst zu beantwortende Frage ist nicht die nach den graduellen Unter-
> schieden, nach dem Mehr oder Weniger, nach Unterschieden der ›Höhe‹, des Niveaus
> der Begabung, sondern die nach den qualitativen Besonderheiten, vor allem nach
> der Verschiedenartigkeit der Richtung der Fähigkeiten und Begabungen der einzel-

---

15 Hermann Schulz, Entwicklung der Fähigkeiten und Begabungen, Leipzig/Jena 1956, S. 36 f. Vgl. auch Erlebach, Ihlefeld, Zehner, Einführung, 1962, S. 112; Edgar Günther, Theorie und Praxis der Entwicklung der Begabungen und Talente des Sowjetvolkes, in: Pädagogik, 17 (1962), S. 171-180; hier: S. 172-175.

16 Begabung, in: Frankiewicz (Hg.), Enzyklopädie, 1960, S. 42 f.

17 DIPF | BBF | Archiv: SIEB 1–919. Zur Begabungstheorie: Fröhlich, Schüler, Begabung, in: Frankiewicz (Hg.), Enzyklopädie, 1960, S. 37-38 erklärte ähnlich, aus marxistischer Sicht sei Begabung »prinzipiell nicht statisch (starr, unveränderlich, begrenzt), sondern dialektisch« aufzufassen. Zur Distanzierung von genetischen Erklärungen in der Pädagogik der DDR und ihren Folgen vgl. auch Carol Poore, Disability in Twentieth-Century German Culture, Ann Arbor/MI 2007, S. 253 f.

18 Schreier, Förderung, 1996, S. 64 f.

19 DIPF | BBF | Bibliothek, Sig. 61.4655: Humboldt-Universität zu Berlin, Fernstudium Pädagogik. Lehrbrief zur allgemeinen Psychologie der Person. Fähigkeiten und Begabung, Berlin (Ost) 1960, S. 13. Vgl. auch Humboldt-Universität zu Berlin, Fernstudium Pädagogik. Lehrbrief zur Pädagogischen Psychologie. Fähigkeiten und Begabung. Psychologie III/7, Berlin (Ost) 1960, S. 26 ff.

nen Menschen; die wesentliche Frage ist nicht so sehr, wie groß die Fähigkeit, wie hoch die Begabung eines Schülers für eine bestimmte Tätigkeit ist, sondern wofür er vor allem begabt ist, welche Fähigkeiten bei ihm dominieren und welches die Eigenarten seiner Fähigkeiten sind. Das Aufzeigen von qualitativen Unterschieden in der Begabung muß die erste Aufgabe für die psychologische Analyse sein.«[20]

Menschliche Fähigkeiten und Möglichkeiten seien vielfältig und daher kaum in einer Relation des Mehr oder Weniger erfassbar.

3 Intelligenztestkritik nach sowjetischem Vorbild

Im Einklang mit dieser Deutung waren auch Intelligenztests starker Missbilligung ausgesetzt. Wenn Autor*innen psychologischer oder pädagogischer Publikationen Intelligenz oder Begabung ansprachen und in diesem Kontext auch das Stichwort Intelligenztests fiel, so in der Regel bis in die frühen 1960er-Jahre nur deshalb, um diese mit der These von einer »grundsätzliche[n] Fehlerhaftigkeit [...] der Testmethode [...], die den Anspruch auf ›Messung‹ der kindlichen Begabung stellt‹«, in Bausch und Bogen zu verdammen.[21]

Diese Wendung griff die Abwertung messender Verfahren in der Sowjetunion auf, die im Zuge eines Beschlusses des Zentralkomitees der KPdSU gegen Psychotechnik und Kinderforschung im Juli 1936 politisch durchgesetzt worden war.[22] Dass das Zentralkomitee der KPdSU im Zuge des »Pädologie-Beschlusses« den Einsatz intel-

---

20 Hans-Dietrich Mittag, Zur Frage der Fähigkeiten und Begabung, in: Pädagogik, 7 (1952), S. 23-47; hier: S. 40. Die Publikation basierte auf dem Referat »Die Behandlung des Begabungsproblems in der sowjetischen Psychologie«, das Mittag im Dezember 1951 am Institut für Psychologie der Humboldt Universität gehalten hatte.

21 Das Zitat stammt aus: Entwicklung der Persönlichkeit an erster Stelle. Prof. Gontscharow sprach vor Erziehern und Lehrern über die sowjetische Psychologie, in: Neues Deutschland [ND], 9.12.1950, S. 4. Zur Publikation und Rezeption testkritischer Positionen aus der Sowjetunion vgl. neben den folgenden Hinweisen: A. A. Smirnov, Die Entwicklung der sowjetischen Psychologie, in: Pädagogik, 3 (1948), S. 349-359; hier: S. 354; DIPF | BBF | Bibliothek, Sig. 49M 649: Konstantin N. Kornilow, Einführung in die Psychologie, Berlin/Leipzig 1949; hier: S. 132 ff.; Mittag, Frage, in: Pädagogik, 7 (1952), S. 23-47; Sergej L. Rubinstein, Grundlagen der Allgemeinen Psychologie. Übersetzung aus dem Russischen, Berlin (Ost) 1958; hier: S. 62 ff.

22 »Von der pädologischen Pervertierung im System des Kommissariats der Volksbildung«. Vgl. Nikolai S. Kurek, Geschichte und Ursachen des Verbots der Psychotechnik und der Pädologie in der ehemaligen UdSSR, in: Siegfried Jaeger u. a. (Hg.), Psychologie im soziokulturellen Wandel. Kontinuitäten und Diskontinuitäten, Frankfurt a. M. u. a. 1995, S. 194-199; Henryk Misiak, Virginia Staudt Sexton, History of Psychology. An Overview, London 1966, S. 272 f.; Manfred Thielen, Sowjetische Psychologie und Marxismus, Frankfurt a. M./New York 1984, S. 97-100. Eine englische Übersetzung des Pädologie-Beschlusses gibt: Ernest D. Simon, Shena Simon, William Alexander Robson, John Jewkes, Moscow in the Making, London/New York/Toronto 1937, S. 130-135: »On the Pedological Aberrations in the System of the People's Commissariats

ligenzdiagnostischer Verfahren in der Sowjetunion bis in die 1980er-Jahre erheblich erschwerte,[23] hatte verschiedene Gründe. Ein treibendes Motiv war es, der Überstellung von Schüler*innen in besondere Schulen entgegenzuwirken, die sich auf einer Diagnose intellektueller Schwächen gründete.[24] Darüber hinaus setzte sich der Pädologie-Beschluss demonstrativ von wissenschaftlichen Untersuchungen ab, die Kinder einiger Volksgruppen der UdSSR für auffallend wenig intelligent erklärt[25] oder die das intellektuelle Niveau der erwachsenen Bevölkerung und speziell das Denkvermögen sowjetischer Armeeangehöriger als außergewöhnlich niedrig bezeichnet hatten.[26]

Ein Beispiel dafür, wie die stalinistisch gefärbte Intelligenztestkritik in der Sowjetischen Besatzungszone (SBZ) aufgegriffen wurde, gibt ein Referat des Pädagogen Hans Siebert in einer Vortragsreihe des Verlages Volk und Wissen zur »Marxistischen Erziehungswissenschaft«.[27] Siebert hatte sich bereits in seiner Examensarbeit 1930 mit »Grundfragen der Sowjetpädagogik« befasst und arbeitete nach seiner Rückkehr aus

for Education. Decree of the Central Committee of the Communist Party«; Joseph Wortis, Soviet Psychiatry, Baltimore/MD 1950, S. 242-245.

23 Zum Nachwirken des Pädologie-Beschlusses vgl. Andy Byford, The Mental Test as a Boundary Object in Early-20th Century Russian Child Science, in: History of the Human Sciences, 27 (2014) 4, S. 22-58; hier: S. 45; Kossakowski, Kühn, Psychologie, 2010, S. 24. Im Zuge der Entstalinisierung konnten messende Verfahren vereinzelt und umschreibend wieder aufgegriffen werden; geläufiger wurden sie dennoch erst wieder seit den 1980er-Jahren. »(A)n intriguing revival of measurement and evaluation« bei fortwährend kritischer Bewertung allgemeiner Intelligenztests konstatiert etwa Beatrice Beach Szekely, Editor's Introduction. The Revival of Testing and Measurement in Soviet Schooling, in: Soviet Education, 22 (1980) 6, S. 3-5.

24 »On the Pedological Aberrations«, in: Simon u. a. (Hg.), Moscow 1937, S. 132 f.

25 Kurek, Psychotechnik, in: Jaeger u. a. (Hg.), Psychologie, 1995, S. 195 f., nennt eine Studie von A. Stillerman, nach der 16,8 % der usbekischen Kinder »einen normalen IQ« hatten, 63,4 % geistig leicht und 19,8 % geistig stark unterentwickelt seien. F. P. Petrow sei bei Studien an tschuwaschischen und turkmenischen Kindern zu dem Ergebnis gekommen, dass 14 % der Jungen und 17 % der Mädchen »einen sehr niedrigen IQ« zeigten, der in deutschen Studien für nur 3 % der Kinder festgestellt worden war. Die Untersuchungen erfolgten auf der Basis der Tests von Rossolimo und Binet-Simon.

26 Kurek, Psychotechnik, in: Jaeger u. a. (Hg.), Psychologie, 1995, S. 196 berichtet von Resultaten A. P. Netschajew und A. A. Tolmatschews, denen zufolge »die Moskauer Milizionäre einen sehr niedrigen IQ aufwiesen und unfähig waren, sich zu beherrschen«. Arbeiten von I. N. Schpilrejn und D. I. Rejtynberg seien zu dem Ergebnis gekommen, Rotarmisten »verfügten über ein konkret-situationsbedingtes Denken« und könnten »keine Syllogismen lösen«; sie besäßen einen geringen Wortschatz und wenig politische Kenntnisse. A. R. Luria habe nach Studien in den frühen 1930er-Jahren erwachsenen Kirgis*innen und Usbek*innen ein »konkret-situationsbezogenes Denken und Wahrnehmen« attestiert.

27 DIPF | BBF | Archiv: SIEB 1–787, Vortragsreihe des Verlages Volk und Wissen am 8. November 1948, 14 Uhr. In der Reihe: Marxistische Erziehungswissenschaft. Referent Hans Siebert. Thema: Marxismus und Psychologie (Stenographischer Bericht).

dem britischen Exil auf verschiedenen offiziellen Positionen am Wiederaufbau pädagogischer Institutionen mit.[28]

In seinem Vortrag beanstandete Siebert »alle Methoden der bürgerlichen Psychologie, die auf Schematismus, feststehende Struktur, Symbole, Testmethoden usw.« hinausliefen, auch weil sich das Bewusstsein nach Erkenntnissen der sowjetischen Psychologie aus der Tätigkeit heraus verändere. Die Verfahren der »bürgerlichen Psychologie« setzten einen »ewig unveränderlich festgelegten Menschen mit einer toten Psyche, mit einer einseitig festgelegten Psyche der einen oder anderen Art« voraus.[29]

Als Gegengewicht legte Siebert seinen Zuhörer*innen nahe, mit Lenin zu berücksichtigen,

> »dass der Mensch keine passive Grösse ist, dass er nicht isoliert von der Wirklichkeit existiert, dass er infolgedessen in seinem Bewusstsein intellektuell nicht unabänderlich und auf ewig festgelegt ist, dass er infolgedessen auch nicht schematisiert, klassifiziert werden kann, indem man von abstrakten Ideen ausgeht, sondern dass man immer diesen lebendigen Menschen in einer ganz konkreten Arbeitstätigkeit untersuchen muss.«[30]

In der anschließenden Debatte nahmen die teilnehmenden Fachleute Sieberts Ausführungen mit gemischten Gefühlen auf.[31] So akzeptierte ein Diskutant, dass »die Testpsychologie, wie sie betrieben« werde, aufgrund fehlgehender Verfahren und Schlüsse inakzeptabel sei. Allerdings habe »die Testmethode doch einen Kern [...], der sehr ernst zu nehmen« sei und der sich in beruflichen Eignungsprüfungen als nützlich erwiesen habe. Diesen »brauchbaren Kern« gelte es »zu trennen von dem ideologischen Überbau, den einige bürgerliche Psychologen daran angebaut haben«. Gerade wenn eine langwierige beobachtende Prüfung nicht möglich sei, gebe der »Testversuch ein vorläufiges und in erster Annäherung brauchbares Ergebnis«.[32]

In Veröffentlichungen der 1950er- und frühen 1960er-Jahre waren solche Einreden freilich verstummt. In ihnen dominierte nun eine schematische Lehre, der zufolge messende Verfahren »einem völlig einseitigen Intellektualismus und Formalismus huldigen und ein bewußt und selbstständig erarbeitetes Wissen, das zu Fähigkeiten und

---

28 Gert Geissler, Hans Siebert – Zur erziehungsgeschichtlichen Spur eines emigrierten politischen Pädagogen, in: ZfP 40 (1994), S. 781-799; hier: S. 782, S. 795 ff.
29 DIPF | BBF | Archiv: SIEB 1–787, Diskussionsbeiträge, in: Vortragsreihe des Verlages Volk und Wissen am 8. November 1948, 14 Uhr. In der Reihe: Marxistische Erziehungswissenschaft. Referent Hans Siebert. Thema: Marxismus und Psychologie (Stenographischer Bericht), Bl. 53 ff.
30 Ebd., Bl. 75.
31 Ebd., Diskussionsbeiträge.
32 Ebd., Beitrag Dr. Lüders.

Fertigkeiten führt und demokratisch handelnde Menschen erzieht, aus der Ideologie der formalen ›westlichen Demokratie‹ heraus ablehnen.«[33]

Derzeit fehlen noch aussagekräftige quellenbasierte Studien, die Auskunft darüber geben könnten, inwiefern Praktiker*innen aus Psychologie und Psychiatrie Intelligenztests und andere quantifizierende psychologische Verfahren dennoch unter der Hand einsetzten. Im veröffentlichten Diskurs jedenfalls galten »formale Testprüfungen« bis in die 1960er-Jahre als ungeeignet;[34] ihre Resultate seien »nicht sehr zuverlässig und wenig aussagekräftig für das Verhalten der untersuchten Person im praktischen Leben«.[35]

Unter Fortführung bekannter testkritischer Positionen sollten Menschen und ihre Fähigkeiten stattdessen »in der natürlichen Leistungs- und Anforderungssituation« bewertet werden.[36] In beruflichen Eignungsprüfungen sei es zielführend, »ein Gesamtbild des Prüflings zu entwerfen«.[37] Lediglich »im abnormen Fall, wenn es um das Problem der Einweisung in Sonderschulen geht«, konnte die »Feststellung des Intelligenzgrades eines Schülers« für »manchmal notwendig« befunden werden. Wesentlich sei aber auch in diesem Fall eine qualitative Beschreibung auf der Basis beobachtender Verfahren.[38] Für die Entscheidung über eine Aufnahme in Hilfs- und Sonderschulen war daher eine Dauerbeobachtung des betreffenden Kindes von mindestens einer Woche vorgesehen.[39]

Die Prononcierung des Qualitativen und der Vielfalt menschlicher Fähigkeiten und Möglichkeiten sprachen dagegen, auf der Basis von Intelligenz oder Begabung hierarchisierende Unterscheidungen zwischen Menschen zu treffen. Daher leiteten die beschriebenen Weichenstellungen in der Konzeptionierung von Begabung letztlich zum Postulat einer ursprünglichen Un-Unterschiedenheit der Menschen; erst gesellschaftliche Differenzierungsprozesse ließen Menschen gleich und ungleich werden.

Diese Implikation soll hier anhand einer Textpassage aus einer Schrift gezeigt werden, welche Lehrer*innen und Erzieher*innen mit den Grundlagen der Psychologie vertraut machen sollte. Zum Thema der »Entwicklung von Fähigkeiten und Begabungen« notierten die Autoren:

---

33 Hans Siebert, Bemerkungen zum Problem der Prüfung, in: Pädagogik, 6 (1951) 9, S. 3-12; hier: S. 11.

34 Gerhard Rosenfeld, Zu einigen Grundfragen der Begabungstheorie, in: Pädagogik, 15 (1960), S. 69-85; hier: S. 76.

35 Intelligenzprüfung, in: Meyers neues Lexikon [Bd. 4], Leipzig 1962, S. 386.

36 Rosenfeld, Grundfragen, in: Pädagogik, 15 (1960), S. 76 f.; Intelligenzprüfung, in: Meyers neues Lexikon, 1962, S. 386, sah als Aufgabe der »fortschrittliche[n] Psychologie« die Feststellung der »qualitativen Eigenarten in natürlichen Situationen durch lebenswirkliche Aufgabenstellung«.

37 Eignungsprüfungen und Gutachten. Die Eignungspsychologen urteilen nach dem Gesamteindruck, in: Berliner Zeitung [BZ], 18.11.1950, S. 6.

38 Hiebsch, Intelligenz, in: Pädagogische Enzyklopädie, 1963, S. 450 ff.

39 Sebastian Barsch, Geistig behinderte Menschen in der DDR. Erziehung – Bildung – Betreuung, Oberhausen 2013, S. 113-118.

»Allgemein sind die Unterschiede in den Anlagen der Menschen nicht so groß, wie die bürgerlichen Begabungstheoretiker behaupten, um die Begabungsunterschiede in ihrem Sinne erklären zu können. Karl Marx weist bereits darauf hin, indem er betont, daß ›der ursprüngliche Unterschied zwischen einem Gepäckträger und einem Philosophen weniger groß ist als zwischen einem Kettenhund und einem Windhund.‹«[40]

In der Art, wie in dieser Aussage soziale Relationen hergestellt und soziale Unterscheidungen getroffen wurden, zeigt sich eine recht vielgestaltige Konstellation. Zunächst wurden mit dem Gepäckträger und dem Philosophen zwei Menschen voneinander unterschieden und miteinander verglichen, dann mit dem Kettenhund und dem Windhund zwei Tiere, um schließlich den konstatierten Unterschied zwischen den beiden Tieren und zwischen den beiden Menschen untereinander noch einmal zu vergleichen. Diese Vergleichsoperationen dienten dazu, mögliche Unterschiede der Begabung zwischen Menschen zu relativieren, dadurch von der Herstellung sozialer Unterscheidungen auf der Basis von Begabungsunterschieden abzuraten, und diese durch das Marx-Zitat autoritativ abzusichern.

Ironischerweise stammte der Gepäckträger-Windhund-Vergleich in seiner ersten Formulierung allerdings gar nicht von Marx. Vielmehr führte der Theoretiker des freien Marktes, Adam Smith, ihn 1776 in seinem Werk *The Wealth of Nations* ein:

»The difference of natural talents in different men is, in reality, much less than we are aware of; and the very different genius which appears to distinguish men of different professions, when grown up to maturity, is not upon many occasions so much the cause as the effect of the division of labour. The difference between the most dissimilar characters, between a philosopher and a common street porter, for example, seems to arise not so much from nature as from habit, custom, and education. [...] By nature a philosopher is not in genius and disposition half so different from a street porter, as a mastiff is from a greyhound, or a greyhound from a spaniel, or this last from a shepherd's dog.«[41]

---

40 Erlebach, Ihlefeld, Zehner, Einführung, 1962, S. 111. Der Text rekurrierte auf Marx, Engels, Werke Bd. 2, Berlin (Ost) 1957, S. 380. Vgl. ähnlich: Unsere Kinder brauchen ein hohes Wissen, in: ND, 11.03.1958, S. 4. DIPF | BBF | Bibliothek, Sig. 62-1210; Erlebach, Ihlefeld, Zehner, Einführung, 1962, S. 13.

41 Adam Smith, An Inquiry into the Nature and the Causes of the Wealth of Nations [1. Aufl. 1776], in: Roy H. Campbell, A. S. Skinner (Hg.), An Inquiry into the Nature and Causes of the Wealth of Nations [= The Glasgow Edition of the Works and Correspondence of Adam Smith, Bd. 2], Oxford 1976, S. 29 f. Marx griff Smiths Formulierung auf in: Das Elend der Philosophie. Antwort auf Proudhons »Philosophie des Elends«. Auf diese Passage in MEW [Bd. 4], S. 145 f. referiert wiederum Sergej L. Rubinstein, Über die philosophischen Grundlagen der Philosophie. Die Marxschen Frühschriften und die Probleme der Psychologie, in: ders., Prinzipien und Wege der Entwicklung der Psychologie, Berlin (Ost) 1963, S. 158-176; hier: S. 163, Fn. 19.

Diese Verwechslung der Textgrundlage könnte schlicht als Irrtum begriffen werden. Sie ist aber mehr als das. Denn auch wenn zwischen Adam Smith und Karl Marx gewisse Unterschiede bestehen, ist eine Gemeinsamkeit wichtig, welche überhaupt erst die Möglichkeit einer solchen Verwirrung schuf. Diese liegt darin, dass sowohl Adam Smith als auch Karl Marx menschliche und tierische Fähigkeiten auf eine Art und Weise adressierten, die noch keine quantitative Bestimmbarkeit kognitiver (und anderer) Kapazitäten kannte, wie sie psychometrische Verfahren erst seit dem frühen zwanzigsten Jahrhundert ermöglichen sollten. Im Versuch, quantitative und für Hierarchisierungen anfällige Unterscheidungen zu vermeiden, konnte insofern ein Anachronismus entstehen, der das Gemeinsame von Adam Smith und Karl Marx hervorbrachte: nämlich ein Denken über menschliche Fähigkeiten und Möglichkeiten, das nicht zählen und gewichten sollte, sondern Fähigkeit neben Fähigkeit setzte und lediglich qualitativ unterschied. Ein solches Denken nahm sich eine ursprüngliche Un-Unterschiedenheit der Menschen zum Ausgangspunkt, welche sich erst durch den Einbezug weiterer – und kaum auf einzelne Menschen rückführbare – Faktoren wie der Organisation von Arbeit und Bildung wieder weiteren Differenzierungen öffnete.

Insgesamt fügten sich die öffentlich vertretenen Re-Interpretationen von Intelligenz und Begabung zu einem Thema zusammen, das vielleicht in leichten Variationen vorgetragen werden konnte, in seinem Grundmotiv jedoch unverkennbar blieb. Es umspielte die Bedeutung menschlicher Besonderheiten und insbesondere divergenter Fähigkeiten, band diese in einen sozial-ökonomischen Kontext und nivellierte sie in ihrer unterscheidenden Kraft. Dabei interpretierte es Intelligenz(messung) und Begabung auch nach sowjetischen Vorbildern, wobei das Ziel des Verstehens und konzeptuellen Erfassens stets durch die Ausdeutung sozialer und politischer Phänomene gestaltet war.

4 Legitimation und Delegitimation politischer Ordnungen

Parallel zu diesen konzeptuellen Re-Interpretationen avancierte Intelligenz(messung) und der praktische Umgang mit Begabung in Publikationen der frühen DDR zu einem Thema, über das sich in sehr weitgehenden Argumentationen politische Ordnungsvorstellungen behaupten oder angreifen ließen. Denn mit der Annahme, Intelligenz und Begabung seien »determiniert durch die ökonomische Struktur einer Gesellschaft, durch ihre politischen und gesellschaftlichen Grundauffassungen und Zielsetzungen«,[42] konnte der Umgang mit ihnen zugleich zu einem Indikator werden, mit dessen Hilfe die politisch-sozialen Konstellationen einer Gesellschaft beschrieben, gedeutet und bewertet werden konnten.

---

42 Konrad Lüning, Zur Diskussion, in: Beiträge zum Problem der Begabung. Aus den Materialien der Ersten zentralen Konferenz der Arbeitsgruppe »Pädagogische Psychologie«, Berlin (Ost) 1961, S. 38-42; hier: S. 42.

4.1 Thesen zur Begabung und ihrer Förderung als Instrument der Kapitalismuskritik: der Blick auf die Bundesrepublik

Texte zur Pädagogik und Psychologie deklarierten tatsächliche oder vermutete Positionen zur Intelligenz und Begabung aus den angelsächsischen Ländern und vor allem aus der Bundesrepublik als typisch für westliche Staaten und setzen diese ein, um politische Grundsatzkritik zu üben und kapitalismusskeptische Positionen zu transportieren.[43]

Die verbreitete Argumentation baute auf der Annahme auf, in der Bundesrepublik gälten Begabungsdifferenzen als biologisch determiniert. Getreu dem Leitsatz »›Du bist arm, weil du dumm bist‹«,[44] werde in den nicht-sozialistischen Staaten »gesellschaftliche Über- und Unterordnung« als »Folge einer ›natürlichen Auslese‹« erklärt, »wodurch die Herrschaft einer ›Elite‹ gerechtfertigt wäre.«[45]

Insofern bestehe in der Bundesrepublik nicht nur »das miserabelste und unzulänglichste System der Begabtenförderung«,[46] ihre Wissenschaftler*innen verträten zudem die Position, »daß die Arbeiter- und Bauernkinder nicht etwa sozial, sondern eben geistig benachteiligt seien und daher durchaus zu Recht auf der ›Schule der Geringbegabten‹, der Volksschule nämlich, verblieben«.[47] Auch der Einsatz von Intelligenztests und messenden Verfahren erfülle den Zweck, »›wissenschaftlich‹ die ›geistigen Privi-

---

43 Vgl. etwa Gerhard Lippold, Begabung und Klassen, in: Pädagogik, 12 (1957), S. 709-717; W. Reischock, Das Bildungsmonopol und die »Begabung«. Die Unterdrückung der Arbeiter- und Bauernkinder im kapitalistischen Staat und ihre »theoretische Rechtfertigung« durch Valentin Müller, in: DLZ 5 (1958) 23, S. 5; Zehner, Fragen, in: DLZ 6 (1959) 10, S. 5; Rosenfeld, Grundfragen, in: Pädagogik, 15 (1960), S. 70 f.; Jakuszek, Prillwitz, Begabtentheorie, in: 3. Pädagogik-Beiheft, 1961, S. 31-37; Konrad Lüning, Noch ein Wort zu den begabungssoziologischen Untersuchungen, in: Horst Kühn (Hg.), Beiträge zum Begabungsproblem, Berlin (Ost) 1961, S. 165 ff. [Nachdruck aus: Pädagogik, 15 (1960), S. 185 ff.]; Herbert F. Wolf, Karl Valentin Müller, ein Scharlatan der Rassentheorie auf dem Lehrstuhl einer westdeutschen Hochschule, in: Wissenschaftliche Zeitschrift der Karl-Marx-Universität Leipzig. Gesellschafts- und sprachwissenschaftliche Reihe, 11 (1962) 5, S. 1047-1056.
44 Lippold, Begabung, in: Pädagogik, 12 (1957), S. 709-717; hier: S. 709. Das Zitat wird Karl Valentin Müller in den Mund gelegt.
45 Humboldt-Universität zu Berlin, Fernstudium Pädagogik. Lehrbrief zur Pädagogischen Psychologie 1960, S. 10. Vgl. auch Jakuszek, Prillwitz, Begabtentheorie, in: 3. Pädagogik-Beiheft, 1961, S. 31-37. Reischock, Bildungsmonopol, in: DLZ 5 (1958) 23, S. 5; Jakuszek, Prillwitz, Begabtentheorie, in: 3. Pädagogik-Beiheft, 1961, S. 31-37; hier: S. 31. Vgl. auch Reischock, Bildungsmonopol, in: DLZ 5 (1958) 23, S. 5.
46 Das bundesrepublikanische Schulwunder. 40 000 Klassenräume fehlen. Und keiner will verantwortlich sein, in: BZ, 18.7.1956, S. 5. Diese Deutungslinie stimmte mit dem Tenor eines Zeitungsartikels überein, nach dem »die so groß gepriesene ›Begabtenförderung‹ in Bayern« zu wünschen übrig lasse, da sie »Begabtenförderung nach Grundbesitz« betreibe. Hubert Leimbach, Begegnungen in altmärkischen Dörfern, in: ND, 30.8.1963, S. 4.
47 Zehner, Fragen, in: DLZ 6 (1959) 10, S. 5.

legien‹ der Kinder der Millionäre und die ›Dummheit‹ der dadurch zur Ausbeutung verurteilten Kinder der Werktätigen zu rechtfertigen.«[48]

Diese beliebig zu ergänzenden Zitate veranschaulichen, wie Interpretationen von Begabung und Begabtenförderung in pädagogischen Veröffentlichungen ebenso wie in breitenwirksamen Publikationsorganen für die Bewertung dessen genutzt wurden, was eine gerechte Staats- und Gesellschaftsordnung ausmache. Dabei wirkten Begabungsdeutungen bis in Reflexionen über geschichtsphilosophische Grundannahmen hinein. Denn eine erborientierte Interpretation und die These einer Unterschiedlichkeit der Begabung nach sozialer Schicht erlaube es, »die Klassenspaltung der kapitalistischen Gesellschaft als das ›natürliche‹ Ergebnis eines Ausleseprozesses unterschiedlich veranlagter Begabungen zu erklären und plausibel zu machen, um damit die bestehenden Klassenunterschiede zu verwischen«.[49] Gerhard Rosenfeld sah eine ähnliche Folge für das Verständnis historischer Prozesse:

> »Das gesellschaftliche Verhältnis von ausbeutender und ausgebeuteter Klasse ergäbe sich nach einer derartigen Theorie nicht aus der historisch-ökonomischen Entwicklung der Gesellschaft, sondern aus einem sich im Verlauf der Jahrhunderte vollziehenden Prozeß der Begabungsauslese. Die herrschende Klasse wäre auf Grund dieser Auslese auch die begabtere Klasse, hingegen die beherrschte Klasse die unbegabtere, die deshalb keinen Anspruch auf politische und wirtschaftliche Führung erheben und auch keinen Beitrag zur wissenschaftlichen und kulturellen Entwicklung der Menschheit liefern könne. Eine Änderung bestehender Klassenverhältnisse wäre damit aus ›natürlichen‹ Gründen ausgeschlossen.«[50]

Argumentativ stützten sich solche Thesen häufig auf Publikationen von Wilhelm Hartnacke (1878–1952), Karl Valentin Müller (1896–1963) und Hubert Walter (1930–2008), deren Positionen den zitierten Interpretationen besonders gut zugänglich waren.

Wilhelm Hartnacke war 1933 bis 1935 sächsischer Volksbildungsminister gewesen und hatte in seinen Schriften Begabungsunterschiede nach sozialer Herkunft differenziert. In den 1930er-Jahren sah der Bildungspolitiker und Pädagoge die »Aufstiegsidee bis zum Massenwahn übersteigert« und riet auch wegen der postulierten Gefahr des »Volkstodes, des Verlustes an bestem geistigen Erbgut« von einer Ausweitung der höheren Bildung ab.[51] Hartnacke führte seine Publikationstätigkeit in der frühen

---

48 Siebert, Bemerkungen, in: Pädagogik 6 (1951), S. 11. Vgl. auch Lehrmaterial, Heft 3: Die Bedeutung der Erziehung, 1952, S. 12 f.

49 Jakuszek, Prillwitz, Begabtentheorie, in: 3. Pädagogik-Beiheft, 1961, S. 33 f.

50 Rosenfeld, Grundfragen, in: Pädagogik 15 (1960), S. 70.

51 Zitiert aus Wilhelm Hartnacke, Der Neubau des deutschen Schulwesens. Rundfunkrede des Beauftragten des Reichskommissars für das Sächsische Volksbildungsministerium, Leipzig 1933, S. 13, S. 15 f. Vgl. ebenso: ders., Naturgrenzen geistiger Bildung. Inflation der Bildung – Schwindendes Führertum – Herrschaft der Urteilslosen, Leipzig 1930; Wilhelm Hartnacke, Bildungswahn – Volks-

Bundesrepublik bis zu seinem Tod 1952 fort.[52] Auch Karl Valentin Müller war als Begabungssoziologie bereits während des Nationalsozialismus mit erbdeterministischen und rassenpolitischen Interpretationen der Begabung in Erscheinung getreten.[53] In der frühen Bundesrepublik konnte er eine große empirische Studie zur Begabung niedersächsischer Schüler*innen durchführen und publizierte breit zu Begabungsfragen.[54] Der Anthropologe Hubert Walter gehörte einer jüngeren Generation an als Hartnacke und Müller;[55] er befasste sich in den späten 1950er- und frühen 1960er-Jahren mit dem »soziale[n] Begabungsgefälle« und sozial ungleicher Bildungsbeteiligung.[56]

Wie Aussagen dieser Autoren dazu eingesetzt werden konnten, sich rhetorisch vom politischen System der Bundesrepublik zu distanzieren und Begabungskonzeptionen politische Bedeutung zuzuweisen, soll an dieser Stelle ein Tagungsbeitrag im Rahmen der »Ersten zentralen Konferenz der Arbeitsgruppe Pädagogische Psychologie« 1961 verdeutlichen.[57] Seine beiden Autor*innen zitierten Hartnacke, Müller und Walter mit der »Auffassung, daß die auf erblicher Basis beruhenden Begabungen in der Bevölkerung unterschiedlich verteilt sind, und zwar in der Abhängigkeit von der Zugehörigkeit zu bestimmten sozialen Schichten«.[58] Für sie bestehe ein »›soziales Begabungsgefälle‹«,[59] demzufolge »Angehörige der oberen sozialen Schichten […] immer eine bessere Begabungsausstattung als Angehörige der unteren Schichten«

---

tod! Vortrag gehalten am 17. Januar 1932 im Auditorium Maximum der Universität München für die Deutsche Gesellschaft für Rassenhygiene, München 1932; ders., 15 Millionen Begabtenausfall! Die Wirkung des Geburtenunterschusses der gehobenen Berufsgruppe, München/Berlin 1939; ders., Seelenkunde vom Erbgedanken aus [= 1. Aufl. 1940], München/Berlin 1941.

52 Siehe dazu ders., Geistige Begabung, Aufstieg und Sozialgefüge. Gegen eine Verstümmelung der höheren Schule, Soest 1950.

53 Karl Valentin Müller, Der Aufstieg des Arbeiters durch Rasse und Meisterschaft, München 1935. Zur Biografie Dirk Käsler, Art. Müller, Karl Valentin, in: Neue Deutsche Biographie [NDB], 18 (1997), S. 445 ff., in: <https://www.deutsche-biographie.de/pnd117608076.html#ndbcontent> (9.2.2020).

54 Karl Valentin Müller, Die Begabung in der sozialen Wirklichkeit. Ergebnisse der begabungs-soziologischen Erhebung in Niedersachsen auf Grund der Auszählung im Regierungsbezirk Hannover, bearbeitet im Institut für empirische Soziologie in Hannover, Göttingen 1951; ders., Begabung und soziale Schichtung in der hochindustrialisierten Gesellschaft, Wiesbaden 1956; ders., Sozialer Aufstieg und Begabung, in: Soziale Welt, 8 (1957), S. 217-222 [Auszug aus vorgenanntem Werk]; ders., Zur Frage der Unternutzung ostdeutscher Begabungen. Aus dem Institut für Empirische Soziologie, in: Recht im Dienst der Menschenwürde. Festschrift für Herbert Kraus, Würzburg 1964, S. 533-543.

55 Uwe Hossfeld, Nachruf – Prof. Dr. rer. nat. habil. Dr. med. h.c. Hubert Walter, in: Verhandlungen zur Geschichte und Theorie der Biologie 1 (2010), S. 281-307.

56 Hubert Walter, Soziale Unterschiede in der schulischen Förderung begabter Kinder, in: Soziale Welt, 10 (1959), S. 18-29; hier: S. 18.

57 Jakuszek, Prillwitz, Begabtentheorie, in: 3. Pädagogik-Beiheft, 1961, S. 31-37.

58 Ebd.

59 Das Zitat stammt aus Walter, Unterschiede, 1959, zit. n. Jakuszek, Prillwitz, Begabtentheorie, in: 3. Pädagogik-Beiheft, 1961, S. 33. Vgl. auch Begabung, in: Frankiewicz (Hg.), Enzyklopädie, 1960, S. 37-45.

vorwiesen. Karl Valentin Müller spreche sogar von der »Tatsache einer biologisch be-dingten Gliederung der Sozialpyramide«.[60] Daher bildeten Begabungskonzeptionen ein »gefährliches Instrument [...] in den Händen der herrschenden Klasse der bürger-lich-kapitalistischen Gesellschaftsordnung«.[61]

Allerdings sahen sich auch die erklärten Gegner*innen der »bürgerlichen Begabt-entheorie« auf verlorenem Posten, wenn sie Argumente dafür liefern sollten, dass die von ihnen zerpflückten Autoren das Meinungsbild der bundesdeutschen Wissenschaft repräsentierten. Insofern musste Rolf Jakuszek auf der anschließenden Diskussion des Fachkongresses selber zugeben, dass die genannten Autoren kaum »als Prototyp der westdeutschen bürgerlichen Fachwissenschaftler gelten können«.[62] In der Debatte zum Vortrag wandte der pädagogische Psychologe Friedrich Winnefeld ein, dass die inkriminierten Positionen »von einer größeren Zahl führender Psychologen und Forscher auf dem Gebiet der Begabungslehre keineswegs ernst genommen« würden; vielmehr zeige sich in der Bundesrepublik ein »Wandel in der Stellung zur Begabungs-theorie«, den für ihn die Positionen des Begabungspsychologen Karl Mierke und des Pädagogen Heinrich Roth markierten (»Die Begabungstheorie dieser Kollegen unterscheidet sich nicht mehr wesentlich [...] von dem, was wir unter Begabung zu verstehen beginnen«).[63] Den Verfasser*innen des Tagungsbeitrages blieb dem ledig-lich entgegenzusetzen, Hartnacke, Müller und Walter hätten »nicht unbedeutenden Einfluß auf die öffentliche Meinung und damit auf die westdeutsche Schulpolitik«.[64]

Dass die Namen Hartnacke und Müller trotz ihrer relativen Randständigkeit als Gegner aufgebaut wurden, lag auch daran, dass über sie eine Kontinuitätslinie zwischen Bundesrepublik und Nationalsozialismus gezeichnet werden konnte. In einem wissenschaftlichen Aufsatz geriet die Auseinandersetzung mit den Schriften Karl Valentin Müllers zur Parabel über »intellektuelle Wegbereiter Hitlers« und die »Garde jener faschistischen Ideologen, die heute mit nur gering variiertem Vokabular die alten Gedanken verfechten«; letztere repräsentierten »ein Stück der unbewältigten Vergangenheit in Westdeutschland«.[65] Ähnlich sah ein Artikel im *Neuen Deutschland* in der Lehre von »ewigen Knechten« und »ewigen Freien«, wie sie Karl Valentin

---

60 Müller, Begabung, 1951, S. 27, hier zit. n. Jakuszek, Prillwitz, Begabtentheorie, in: 3. Pädagogik-Beiheft, 1961, S. 32.

61 Ebd., S. 31 f. Die Tagung wurde veranstaltet von der »Zentralen Arbeitsgruppe Pädagogische Psychologie« beim Deutschen Pädagogischen Zentralinstitut.

62 Ebd., S. 32.

63 Konrad Lüning, Zur Diskussion, in: 3. Pädagogik-Beiheft, 1961, S. 38–42; hier: S. 42. Zur begrenzten Wahrnehmung der genannten Ansätze in der BRD vgl. auch Drewek, Begabungsuntersuchungen, in: ZfP (1989), S. 206 ff.; Kössler, Suche, in: Goschler, Kössler (Hg.), Vererbung, 2016, S. 118 f.

64 Jakuszek, Prillwitz, Begabtentheorie, in: 3. Pädagogik-Beiheft, 1961, S. 32.

65 Wolf, Müller, in: Wissenschaftliche Zeitschrift der Karl-Marx-Universität Leipzig. Gesellschafts- und sprachwissenschaftliche Reihe, 11 (1962) 5, S. 1048, 1054.

Müller vertrete, eine Rechtfertigung der Gaskammern.[66] Solche Bewertungen standen keineswegs allein. Der Pädagoge Heinrich Deiters sah in den späten 1940er-Jahren mit Blick auf die westdeutsche Schulpolitik im »Bemühen, eine auf Begabungstypen gegründete Volksordnung zu konstruieren, [...] nichts anderes als eine mittelständische Verbreiterung und Verallgemeinerung der Führertheorie«.[67] Und in den frühen 1960er-Jahren machte ein Diskutant auf einer Fachkonferenz »Veröffentlichungen zur Begabungsproblematik und Begabungstheorie aus der Forschungsstelle für Psychiatrie in München« aus, »die bereits wieder eindeutig faschistischen Charakter tragen«.[68]

Solche Einschätzungen lebten freilich von einer Ausblendung dessen, wie Intelligenz und Begabung im Nationalsozialismus interpretiert worden waren. Tatsächlich war »Intelligenz« in Deutschland gerade in den Jahren vor 1945 oftmals negativ konnotiert und zugunsten »gesunder Körperlichkeit« und einer als praktisch begriffenen Begabung abgewertet worden. Dies hatte in den späten 1930er-Jahren selbst einen dezidierten Erbtheoretiker wie Wilhelm Hartnacke dazu gebracht, die Bedeutung des Denkerischen gegenüber dem »Charakter« verteidigen zu wollen; man dürfe nicht den »gewiß anzuerkennenden Kraftbold vor den Menschen setzen, der sein Leistungsfeld mehr im Geistigen hat«.[69] Ebenso fiel dem Schweigen anheim, dass während des Nationalsozialismus eine stark intelligenztestkritische Strömung messende Verfahren aus antisemitischen Beweggründen sowie im Namen von »Ganzheitlichkeit« und »Charakter« verworfen hatte. Eine Reflexion darüber, dass wissenschaftliche wie politische Akteur*innen auch im Nationalsozialismus nicht selten die Bedeutung von Intelligenz als kognitives Vermögen des Einzelnen relativiert und Intelligenztests scharf angegriffen hatten, hätte dem historischen Urteil insofern eine Tiefenschärfe geben können, die der in der frühen DDR kursierenden Begabungsdeutung erhebliches Potenzial der politischen Instrumentalisierung genommen hätte.

---

66 Helmut Steiner, Ein Fränkel mit Lehrstuhl. Erster Diskussionsbeitrag zur Frage: »Welche Freiheit wollen wir?«, in: ND, 28.7.1962, S. 10.

67 Manuskript H. Deiters vom 11.11.1946 über »Die Schulpolitik im Westen und Osten Deutschlands. Ein kritischer Vergleich«, S. 5, in: Nachlass Heinrich Deiters, DIPF-BBF 0.0.4.05/46; (III/B/ Akte 62). Hier zit. n. Benner, Sladek, Gesetz, in: Krüger, Marotzki (Hg.), Erziehungsalltag, 1994, S. 51.

68 Lüning, Diskussion, in: 3. Pädagogik-Beiheft, 1961; hier: S. 42.

69 Wilhelm Hartnacke, Auslese nach Geist oder Auslese nach Charakter?, in: Die Erziehung, 11 (1936), S. 65-74; hier: S. 70.

4.2 Legitimatorische Funktionen von Begabungsdeutungen und Intelligenz(test)kritik für die Bildungs- und Gesellschaftspolitik in der DDR

Die Warnung vor den Gefahren einer »bürgerlichen Begabtentheorie« bildete mithin eine Folie, gegen die quantitativ oder hierarchisierend orientierte Konzeptionen der Intelligenz und Begabung verworfen und mit Blick auf die Bundesrepublik Staats- und Gesellschaftskritik geübt werden konnte. Umgekehrt erfüllten Interpretationen der Begabung direkte legitimatorische Funktionen für die Bildungs- und Gesellschaftspolitik der DDR. So diente das Postulat, dass Begabungen qualitativ verschieden seien und gesellschaftlich weiterentwickelt werden könnten, nicht zuletzt dazu, Restrukturierungen des Bildungssystems und der Arbeitswelt mit Sinn zu belegen.

Dies betraf besonders den Aufbau der Einheitsschule. Hier dienten Reflexionen über die soziale Ausbaufähigkeit und die Gleichwertigkeit von Begabungen mit dazu, die Auflösung des dreigliedrigen Schulsystems zu begründen. Auch im Kontext der Einführung der zehnjährigen Schulpflicht mehrten sich Wortmeldungen zur Begabung im Rahmen einer Kampagne, »welche die Förderung der Arbeiter- und Bauernkinder zum vorrangigen Ziel der Bildungspolitik erklärte«.[70] So warnten Wissenschaftler*innen auf einer Arbeitstagung zur »Bedeutung des Begabungsproblems im Zusammenhang mit dem Aufbau unserer sozialistischen Schule« im Juni 1959 in Berlin vor der Annahme, dass nicht alle Kinder die polytechnische Oberschule absolvieren könnten, da vielleicht »eine bestehende Begabungsverteilung diese Zielsetzung von vornherein begrenzt«.[71] Letztlich sei »allen normal veranlagten Kindern gemeinsam, daß sie die natürlichen Voraussetzungen besitzen, tüchtige Mitglieder der menschlichen Gesellschaft zu werden.«[72]

Eine ähnliche Stoßrichtung hatten Positionen zur Bedeutung der Begabung im Kontext der Hochschulpolitik. Auch in diesem Feld legitimierte die Annahme, dass alle Begabungen gleichwertig und im sozialen Kontext entwicklungsfähig seien, konkrete bildungspolitische Schritte, welche die Bildungsfähigkeit der Menschen über Schichten und Klassen hinweg hervorhoben und eine soziale Ausweitung der Bildungsmöglichkeiten einforderten. Etwa zeige die »Tatsache, daß über die Arbeiter-und-Bauern-Fakultät bei einer sehr großen Zahl junger Menschen qualitativ hohe Fähigkeiten entwickelt werden«, dass letztlich die »Leistungs- und Anforderungssituation« entscheidend sei.[73]

Wenn Gerhard Rosenfeld daher in der Zeitschrift der Erziehungswissenschaft feststellte, die »Praxis der sozialistischen Erziehung widerleg[e] bürgerliche Begabungs-

---

70 Schreier, Begabungsförderung, in: Anweiler (Hg.), Vergleich, 1990, S. 552.
71 Rosenfeld, Grundfragen, in: Pädagogik, 15 (1960), S. 69. Vgl. auch Zehner, Fragen, in: DLZ 6 (1959) 10, S. 5.
72 Ulrich Ihlefeld, Aktuelle Fragen der Begabungspsychologie, in: Pädagogik, 14 (1959), S. 891.
73 Rosenfeld, Grundfragen, in: Pädagogik, 15 (1960), S. 77.

theorien«,[74] ließe sich dies auch anders formulieren: Das demonstrative Abrücken von einer »bürgerlichen Begabtentheorie« half bei der Formung eines Narratives, das unter Bezug auf die Formbarkeit der Begabung und die ungenutzten Potenziale bisher bildungsferner Schichten die Vorzüge sozialistischer Erziehungs- und Bildungsgrundsätze hervortreten lassen sollte.

Nicht weniger erfüllten Begabungsdeutungen eine legitimierende Funktion im Hinblick auf Restrukturierungen der Arbeitswelt. Auch aus ihnen speiste sich die Hoffnung, dass im Sozialismus die »klassenbedingte Arbeitsteilung nach theoretischer und praktischer Arbeit aufgehoben« werden könne.[75] Zugleich konnten sie dazu eingesetzt werden, Leistungssteigerungen und Mehrarbeit einzufordern. Je weniger nämlich als Antrieb und Voraussetzungen für besondere Fähigkeiten oder Leistungen individuell zuschreibbare kognitive oder anderweitige Prädispositionen gesetzt wurden, desto mehr verlagerte sich die Betonung auf die Verwirklichungsbedingungen, diese eintreten zu lassen. Vermutlich auch daraus erklärt sich die Ermahnung, »daß hohe Meisterschaft und hervorragende Leistungen immer das Ergebnis einer intensiven Arbeit sind und einem ›Begnadeten‹ nicht zufallen«; es sei »kein Talent ohne die hohen sittlichen Eigenschaften denkbar, die die erfolgreiche, gesellschaftlich nützliche Arbeit vom Menschen fordert«.[76]

Auf diese Weise dienten Interpretationen von Begabung nicht zuletzt dazu, die Entwicklung eines »neuen Menschen« in Aussicht zu stellen:

> »Der praxisfremde ›Nur-Theoretiker‹ wird im Sozialismus auf die Dauer ebenso undenkbar sein wie der ›untheoretische‹ Produktionsarbeiter. Die in der bürgerlichen Schule angestrebte und forcierte Kluft zwischen theoretischer und praktischer Intelligenz wird in unserer sozialistischen Schule mehr und mehr überwunden.«[77]

Selbst Utopien über eine Neuformung des Menschen in Arbeitsprozessen und durch Bildungsinstitutionen konnten also in einer Reflexion über Aspekte der Begabung formuliert werden.

---

74 Ebd., S. 72.
75 Begabung, in: Frankiewicz (Hg.), Enzyklopädie, 1960, S. 42 f.
76 Schulz, Entwicklung, 1956, S. 43.
77 Begabung, in: Frankiewicz (Hg.), Enzyklopädie, 1960, S. 42 f.

5 Fazit: Intelligenz(test)kritik und Begabung im Lichte der deutschen Teilung

Die Art und Weise, wie Fragen der Intelligenz und Begabung in der DDR politisiert wurden, sollte sich in der Folgezeit in vielen Aspekten verändern. Mit der Einrichtung von Spezialschulen und Jugendwettbewerben wandte sich die politische Führung im Umfeld des 6. Parteitages der SED einer intensivierten Begabtenförderung zu und wertete die Unterstützung besonderer Begabungen in einem Prozess politisch auf, der in der Literatur auch als »zeitweise Enttabuisierung der Begabungsfrage« apostrophiert worden ist.[78] Spätestens seit den frühen 1960er-Jahren konnten Wissenschaftler*innen auch die Notwendigkeiten und Probleme quantifizierender Verfahren und möglicher Adaptionen für die DDR offener erörtern.[79] Dem Psychologen Jürgen Guthke galt in den späten 1960er-Jahren eine »pauschale Ablehnung des Tests […] für die Weiterentwicklung der Psychodiagnostik« etwa als genauso »abträglich wie eine unkritische Rehabilitierung des Intelligenztestverfahrens unter Nichtbeachtung der vor allem durch die sowjetische Psychologie aufgedeckten Mängel dieser Methode.«[80]

Persistenzen zeigen sich hingegen in der Bewertung von Begabungsdeutungen, die der bundesdeutschen Wissenschaft und Politik zugeschrieben wurden. Noch in den späten 1970er-Jahren sah der Leiter des Zentralinstituts für Jugendforschung Walter Friedrich westliche »Begabungstheorien« als Mittel zur »Rechtfertigung der bestehenden Klassengesellschaft« und »Bestandteil der Herrschaftsideologie in der kapitalistischen Klassengesellschaft.«[81] Autor*innen der Zeitschrift *Pädagogik* verwarfen unverändert

---

78 Schreier, Begabungsförderung, in: Anweiler (Hg.), Vergleich, 1990, S. 551; Oskar Anweiler, Schulpolitik und Schulsystem in der DDR, Opladen 1988, S. 90-93; Erwin Hilgendorf, Informationen zur schulischen Hochbegabtenförderung. Teil 1: Die Förderung besonders befähigter Schüler in der Deutschen Demokratischen Republik, Berlin 1984, S. 6-11; Schulz, Leistungsprinzip, 1998, S. 142-145. Zeitgenössisch: Förderung aller Begabungen und Talente zum Nutzen der ganzen Gesellschaft, in: Pädagogik 18 (1963), S. 282-292.

79 Als Ausdruck dieser Wandlung vgl. Friedhart Klix, Walter Gutjahr, Jürgen Mehl (Hg.), Intelligenzdiagnostik. Probleme und Ergebnisse intelligenzdiagnostischer Forschungen in der DDR, Berlin (Ost) 1967.

80 Jürgen Guthke, Die psychodiagnostische Relevanz von Tests mit Pädagogisierungsphase, in: Bericht über den 2. Kongreß der Gesellschaft für Psychologie in der DDR. Im Auftrage des Vorstandes der Gesellschaft für Psychologie in der DDR herausgegeben von Joachim Siebenbrodt, Berlin (Ost) 1969, S. 126-129; hier: S. 126. Dagegen forderte Guthke, der wenige Jahre später durch seine Habilitationsschrift zur Diagnostik intellektueller Lernfähigkeit hervortreten sollte, begabungsdiagnostische Verfahren zu entwickeln, die »nicht wie der ›reine Intelligenztest‹ nur den intellektuellen Status registrieren [sollten], sondern auch erfassen, inwieweit ein Proband durch Unterricht und Belehrung seine Leistungen steigern kann«, ebd., S. 126. Vgl. zum Hintergrund auch Hans-Georg Mehlhorn, Intelligenz- und Kreativitätsforschung, in: Walter Friedrich, Peter Förster, Kurt Starke (Hg.), Das Zentralinstitut für Jugendforschung Leipzig 1966–1990. Geschichte, Methoden, Erkenntnisse, Berlin 1999, S. 430-454; hier: S. 436 f.

81 Walter Friedrich, Zur Kritik bürgerlicher Begabungstheorien. Aus dem Zentralinstitut für Jugendforschung, Berlin (Ost) 1979; hier: S. 11. Vgl. auch: ders., Legende von der höheren Intelligenz der

»elitäre Konzepte bürgerlicher Prägung« und postulierten, »(r)eaktionäre bürgerliche Begabungstheorien« spielten »den biologischen gegen den sozialen Faktor aus«.[82]

Auf Feinheiten der tatsächlich geführten Debatten um Intelligenz und Begabung in der Bundesrepublik der 1970er- und 1980er-Jahre nahmen solche Deutungen wenig Rücksicht; gerade in ihrer öffentlichen Zuspitzung zeigen sie aber, wie Umgangsweisen mit Intelligenz und Begabung innerhalb eines deutsch-deutschen Kontextes geformt werden konnten.

Zwar wissen wir noch zu wenig darüber, wie genau Wissenschaftler*innen und politisch Verantwortliche in der Bundesrepublik Interpretationen von Intelligenz und Begabung aus der DDR wahrnahmen und aufgriffen. Dass der Blick auf eigene politische Entscheidungen durch den Blick auf den postulierten Umgang mit Intelligenz und Begabung im Nachbarstaat ging, war jedoch auch im Westteil Deutschlands nicht unüblich. Dies zeigt sich etwa, wenn ein Parlamentarischer Staatssekretär des Bundesministeriums für Bildung und Wissenschaft auf einer Tagung einer westdeutschen Hochbegabtengruppe in den frühen 1980er-Jahren in der DDR »eine Vielzahl von Angeboten für Hochbegabte« ausmachte und mit diesem Urteil zugleich Konsequenzen für die Bildungspolitik der Bundesrepublik nahelegte.[83] Noch gegen Ende der 1980er-Jahre sah der westdeutsche Erziehungswissenschaftler Oskar Anweiler das Paradox, »daß Begabungsförderung in Einheitsschulsystemen stärker und gezielter betrieben wird als in gegliederten Schulsystemen, obwohl niemand behaupten dürfte, daß letztere dank dieser Gliederung die Begabungen bereits optimal förderten«.[84] Es habe in der Förderung intellektuell Hochbegabter den

> »Anschein, als ob in der DDR weniger Legitimationsprobleme auftreten, seitdem der Grundsatz der Differenzierung in der sozialistischen Gesellschaft akzeptiert worden ist, als z. B. in der Bundesrepublik Deutschland, wo es die Verfechter einer staatlich unterstützten Förderung hochbegabter Schüler schwer haben, den Verdacht sozial-elitärer Privilegierung zu widerlegen und die Hochschulen durch ihre Orientierung an den ›Durchschnittsstudenten‹ individuelle Studienprogramme für besonders Begabte, im Unterschied zur DDR, so gut wie gar nicht kennen.«[85]

Reichen. Zynische Vererbungsformel zur Rechtfertigung sozialer Ungleichheit, in: ND, 11.7.1981, S. 10.

82 Günter Meyer, Bernhard Werner, Begabungen und Talente umfassender erkennen und fördern, in: Pädagogik, 36 (1981), S. 784-797; hier: S. 786.

83 Anton Pfeifer, Grußwort, in: Labyrinth. Deutsche Gesellschaft für das hochbegabte Kind e. V., 7 (1984) 14, S. 6-9; hier: S. 6.

84 Anweiler, Schulpolitik, 1988, S. 174.

85 Ebd. Zum politischen Kontext solcher Debatten um Hochbegabtenförderung in der Bundesrepublik vgl. Susanne Schregel, Das hochbegabte Kind zwischen Eliteförderung und Hilfsbedürftigkeit 1978 bis 1985, in: Vierteljahrshefte für Zeitgeschichte [VfZ], 68 (2020) 1, S. 95-125; hier: S. 99-111.

Grundfragen der deutschen Teilung ebenso wie Prioritätensetzungen in der Bildungs- und Gesellschaftspolitik wurden nicht nur in direkter politischer Kontroverse erörtert, sondern ebenso in der Auseinandersetzung um zerebrale Windungen und menschliche Vermögen des Denkens und Schaffens. In welchem Ausmaß der Ost-West-Konflikt auch Deutungen der Intelligenz und Begabung in Bundesrepublik und DDR betraf und welche Grenzen diese Politisierung kannte, wird dadurch zur zentralen Frage einer deutsch-deutschen Wissenschafts- und Wissensgeschichte der Intelligenz und Begabung.

Daniel Brewing · Stefanie Coché

IX   Verrat an Uncle Sam? *Brainwashing* als juristische, gesellschaftliche und wissenschaftliche Herausforderung in den 1950er-Jahren

Im September 1954 begann der Prozess gegen Claude Batchelor, einen jungen Mann Anfang 20, der 1950 als einfacher Soldat in den Koreakrieg gezogen, dort in chinesische Kriegsgefangenschaft gelangt und erst im Frühjahr 1954 in die Vereinigten Staaten zurückgekehrt war.[1] Dort wurde er vor einem Militärgericht, in einem sogenannten *Court-Martial*-Verfahren,[2] der Kollaboration mit den Kommunisten während seiner Kriegsgefangenschaft angeklagt. Vorgeworfen wurde ihm unter anderem die Zusammenarbeit mit kommunistischen Kräften im Kriegsgefangenenlager »*by discussing and planning formation of subversive organization, [...] by participation in discussion groups, circulating petitions, etc*« sowie der Versuch, die amerikanische Zivilbevölkerung über das Verschicken von ideologisch aufgeladenen Briefen in die Heimat zu indoktrinieren und während seiner Gefangenschaft an einem Prozess gegen einen seiner Mitgefangenen mitgewirkt zu haben.[3]

Die folgenden Überlegungen widmen sich diesem Strafverfahren, das seinerzeit für viel Aufsehen sorgte, da Batchelors Anwälte die Frage von Kollaboration mit der angstbesetzten Vorstellung von *Brainwashing*, also kommunistischer Bewusstseinskontrolle, verknüpften. Als Quellengrundlage dienen die Akten des militärischen Strafverfahrens gegen Claude Batchelor, die vollständig in den *National Archives* in St. Louis, MO einsehbar sind. Hier finden sich das Ermittlungsverfahren, die Anklageschriften und Urteile, aber auch die Korrespondenzen der Verteidigung, Vernehmungsprotokolle von Zeugenaussagen, schriftliche Eingaben von Bürgerinnen und Bürgern, eine Dokumentation der Presseberichterstattung sowie – für unseren Zusammenhang von besonderer Bedeutung – Aussagen und Gutachten von medizinischen Experten. Angesichts dieser reichhaltigen Überlieferung ist es doch verblüffend, dass der Quellenwert militärischer Strafverfahren weithin verkannt wurde, dass die seit dem Unabhängigkeitskrieg vorliegenden *Court-Martial-Files* – von einigen wenigen

---

1   Elizabeth L. Hillman, Defending America. Military Culture and the Cold War Court-Martial, Princeton 2005, S. 49.

2   Zu Funktion, Ablauf und geschichtlichen Hintergrund der Court-Martial-Gerichtsbarkeit in den USA siehe konzise: Eugene R. Fidell, Military Justice. A Very Short Introduction, Oxford 2016. Speziell zum Kalten Krieg siehe: Hillman, Defending America, 2005.

3   NARA, RG 153, CM Claude J. Batchelor, Summary of Offenses, Summary of Proceedings, S. 1.

Ausnahmen abgesehen – in der Geschichtswissenschaft keinen Widerhall fanden.[4] Dabei liefert eine Analyse dieser Quellen – wie hier exemplarisch angedeutet werden soll – die Möglichkeit, gesellschaftliche Entwicklungen der 1950er-Jahre neu und womöglich präziser in den Blick zu nehmen.

Im Schicksal des einfachen Soldaten Claude Batchelor bündelten sich Fragen der Legitimierung des *American Way of Life* sowohl für die militärische und medizinische Profession als auch für den amerikanischen Zeitungsleser zu Hause. Das im Verfahren zu Tage tretende Bündel an Stellungnahmen aus Psychiatrie, Militär und Öffentlichkeit weist auf eine große Unsicherheit in den 1950er-Jahren in zwei zentrale Fragen hin: Inwiefern war Wissenschaft in der Lage die Menschen in ihren Grundzügen zu verändern, und wie gerecht war die amerikanische Gesellschaft eigentlich? Die starke Thematisierung dieser Fragen im Kontext des Prozesses gegen Claude Batchelor widersetzt sich traditionellen Deutungen der 1950er-Jahre als ein Jahrzehnt, welches Selbstvergewisserung durch den Erhalt von tradierten Lebensformen zelebrierte, während eine aufstrebende Mittelschicht wissenschaftlichem und wirtschaftlichem Fortschritt enthusiastisch entgegensah.[5]

Eine Analyse des militärischen Strafverfahrens gegen Claude Batchelor ist in dreifacher Weise erkenntniserweiternd, um sich der Frage nach staatlicher Legitimierung in den USA in den 1950er-Jahren anzunähern: Erstens verweist der Prozess auf die Notwendigkeit, zu Beginn des Kalten Krieges juristisch zu klären, inwiefern staatsbürgerliche Loyalität in Ausnahmekontexten überhaupt von den amerikanischen Bürgern im Kampf gegen den Kommunismus verlangt werden konnte. Zweitens kann die herausragende Rolle beleuchtet werden, die bei der Entscheidung dieser Frage medizinischen Experten zugestanden wurde. Drittens ermöglicht insbesondere die öffentliche Rezeption des Gerichtsverfahrens, die Gratwanderung zwischen Abgrenzung und Nähe kommunistischer Legitimierungsstrategien in den USA zu analysieren –, denn Fragen von Schicht- oder Klassenzugehörigkeit und ihren Auswirkungen für US-amerikanische Militärangehörige rückten in den öffentlichen Diskussionen schnell ins Zentrum.

Auf diese Weise sollen im Folgenden Unterlagen der amerikanischen Militärjustiz für gesellschafts- und wissensgeschichtliche Fragestellungen genutzt werden.[6] So

---

4 Elizabeth Lutes Hillman schreibt, dass diese Quellengattung »has been completely overlooked by scholars of American history«. Siehe: Hillman, Defending America, 2005, S. 1. Eine bedeutende Ausnahme ist – neben Hillmans Buch – vor allem eine Studie zum amerikanischen Bürgerkrieg, die sich auf Unterlagen der Militärjustiz der Union Army stützt: Lorien Foote, The Gentlemen and the Roughs. Violence, Honor, and Manhood in the Union Army, New York/London 2010.

5 Damit fügt sich der Text in eine Reihe neuerer Forschungen ein, die ein komplexeres Bild der 1950er-Jahre in den USA zeichnen. Siehe als Überblick: Meg Jacobs, The Uncertain Future of American Politics, 1940–1973, in: Eric Foner, Lisa McGirr (Hg.), American History Now, Philadelphia/PA 2011, S. 151-174.

6 Siehe als neueren Überblick exemplarisch: Elena Aronova: Recent Trends in the Historiography of Science in the Cold War, in: Historical Studies in the Natural Sciences 47 (2017), S. 568-577.

bietet das Verfahren gegen Claude Batchelor die Möglichkeit, zu untersuchen, wie die Gefahr eines kommunistischen *Mind-Control* juristisch, medizinisch und gesellschaftlich verhandelt wurde. Dabei können nicht nur spezifische Vorstellungswelten und Schreckensszenarien des Kalten Krieges beleuchtet,[7] sondern auch Fragen nach der gesellschaftsprägenden Kraft psychiatrischer Experten[8] in den 1950er-Jahren beantwortet und mit Überlegungen zur Rolle der Kategorie *Klasse* im Kontext eines militärischen Strafverfahrens verknüpft werden.

1 Propaganda, *Brainwashing* oder mangelnde Loyalität?

Zahlreiche Experten traten im Laufe des Verfahrens auf. Die meisten von ihnen waren Psychiater. Dies hing mit der Verteidigungsstrategie von Batchelors Anwalt zusammen – einem Zivilisten, da Batchelor die ihm zustehenden Militäranwälte ausgeschlagen hatte, weil er, wie viele andere Angeklagte in *Court-Martial*-Verfahren, nicht von deren Objektivität überzeugt war:[9] Die Verteidigung entschloss sich, den jungen Soldaten aus Texas als Opfer kommunistischen *Brainwashings* darzustellen. Hier handelte es sich um eine Verteidigungslinie, die 1953 durchaus plausibel erschien: Schon seit den späten 1930er-Jahren kursierten Gerüchte über die Fähigkeit der Sowjetunion die Gehirne ihrer Feinde gleichsam neu zu polen. Zu Beginn der 1950er-Jahre nahmen westliche Gesellschaften, insbesondere die USA dies als ernsthafte Bedrohung wahr.[10] Timothy Melley hat gezeigt, dass an der Entstehung dieses Bedrohungsszenarios in den USA maßgeblich die CIA beteiligt war. Er stuft *Brainwashing* als »*strategic fiction*«

---

7   Siehe beispielsweise: J. A. M. Meerloo, The Rape of the Mind: Then Psychology of Thought Control, Menticide, and Brainwashing, Cleveland/OH 1956. Ferner: David Seed, Brainwashing. The Fictions of Mind Control: A Study of Novels and films since World War II, Kent 2004; Maarten Deerksen, Histories of Human Engineering. Tact and Technology, Cambridge/MA 2017, S. 139-176.

8   Ab 1990 wurde innerhalb der Medizin- und Wissenschaftsgeschichte der sogenannte internalistische Zugang vom externalistischen Zugang abgelöst. Wissenschaftsgeschichte wird seitdem nicht mehr als innerdisziplinäres Forschungsfeld verstanden sondern wird befragt auf ihre Ursprünge, ihre Auswirkungen und ihre Organisationsformen innerhalb der Gesellschaft. Jan Golinski, Making Natural Knowledge. Constructivism and the History of Science, Chicago/IL 2005. Zusammenfassend hierzu: Kaspar von Greyerz, Silvia Flubacher, Philipp Senn, Einführung. Schauplätze wissensgeschichtlicher Forschung, in: ders. (Hg.), Wissenschaftsgeschichte und Geschichte des Wissens im Dialog – Connecting Science and Knowledge, Göttingen 2013, S. 9-34; hier: S. 10. Zu zentralen Umbrüchen in der Geschichte der Psychiatrie in den 1950er-Jahren, wie der »kognitiven Wende«, siehe: Hierzu: Georg Eckart, Kernprobleme in der Geschichte der Psychologie, Wiesbaden 2010, S. 145; Helmut E. Lück, Susanne Guski-Leinwand, Geschichte der Psychologie. Strömungen, Schulen, Entwicklungen, Stuttgart 2014.

9   Hillman, Defending America, 2005, S. 50.

10   Siehe hierzu im Detail: Charles S. Young, Name, Rank, and serial Number: Exploiting Korean War POWs at home and Abroad, Oxford 2014; Susan L. Carruthers, Cold War Captives: Imprisonment, Escape, and Brainwashing, Berkeley/CA 2009.

ein.[11] Wie dieser Aufsatz unterstreicht – und worauf Maarten Derksen bereits zuvor hingewiesen hat[12] –, ist diese Zuschreibung jedoch nicht in der Lage, die tatsächliche Mehrdimensionalität des Phänomens zu erfassen, die in der ernsthaften medizinischen und juristischen Auseinandersetzung im Falle Batchelors deutlich wird.

Damit die Strategie der Verteidigung aufging, waren zwei Punkte zentral: Zum einen musste nachgewiesen werden, dass Claude Batchelors Taten durch *Brainwashing* motiviert waren; zum anderen musste einer Person, die erfolgreich *Brainwashing*-Maßnahmen unterzogen worden war, im psychiatrisch-klinischen Sinne als krank anerkannt werden. Nur in diesem Falle konnte ein Angeklagter als unzurechnungsfähig und damit auch als nicht schuldfähig eingestuft werden. Die Verteidigung berief daher den Psychiater Dr. Leon Freedom als Experten. Befragt danach, was die *Prisoners of War* im Koreakrieg in den Kriegsgefangenenlagern durchmachen mussten, führte Freedom verschiedene Schritte und Maßnahmen aus, die alle auf eine Indoktrination mit kommunistischem Gedankengut abzielten.[13] Zunächst seien die Gefangenen immer wieder neu gruppiert worden, um die Loyalität unter den Amerikanern zu schwächen. Dann mussten alle *POW* an einem »*formal study program*« teilnehmen, welches zum einen lehrte, »*that the United States Government is imperialistic, run by and for the wealthy few, and, second, that Communism reflects the aims and desires of all the people and is the only true democracy.*«[14] In einem dritten Schritt verteilten die Chinesen Propagandamaterial und führten Einzel- und Gruppeninterviews durch, um individuelle Schwachpunkte in den Biografien und der Stellung des einzelnen Amerikaners in der Gesellschaft zu finden, die ihn empfänglich für die frohe Botschaft der Kommunisten machen könnte.[15] Zu jeder Zeit der Gefangenschaft, so ergänzte Freedom das Bild, »*were many instances of individual brutality. Solitary confinement, beatings, withholding food and water, and exposure to cold, were common punishments.*«[16] Bezüglich der von Freedom hier geschilderten Indoktrinationsversuche und der Schilderung des Umgangs mit den amerikanischen Kriegsgefangenen herrschte weitgehende Einigkeit zwischen den Experten der Verteidigung und denjenigen der Anklage. Der Militärpsychiater und Gutachter für die Anklage, Major Henry Segal, berichtete von sehr ähnlichen Abläufen in den Gefangenenlagern und stimmte auch der Auffassung zu, dass diese zur kommunistischen Indoktrination amerikanischer Soldaten gedacht gewesen seien.[17]

---

11 Timothy Melley, Brain Warfare: The Covert Sphere, Terrorism, and the Legacy of the Cold War, in: Grey Room 45 (2011), S. 19-40; hier: S. 31.
12 Derksen, Histories of Human Engineering, 2017, S. 140 f.
13 NARA, RG 153, CM Claude J. Batchelor, Dr. Leon Freedom, Answer to sixth interrogatory.
14 Ebd.
15 Ebd.
16 Ebd.
17 NARA, RG 153, CM Claude J. Batchelor, Lecture of Major Henry Segal, MC, USA on COMMUNIST INDOCTRINATION TECHNIQUES, delivered to assembled JAGC officers on May 1955.

Grundsätzlich unterschiedliche und für den Angeklagten Claude Batchelor sehr folgenreiche Einschätzungen vertraten Freedom und Segal jedoch in der psychiatrischen Zuordnung dieser Geschehnisse und ihren möglichen Folgen für die indoktrinierten Soldaten. Der psychiatrische Experte der Verteidigung, nach der medizinischen Existenz und Klassifizierung von *Brainwashing* gefragt, nahm hierzu ausführlich Stellung. Die erste inhaltliche Frage an Dr. Freedom – nachdem sein Status als Experte abgeklopft worden war – zielte auf eine Erklärung des Terminus *Brainwashing* ab.[18] Freedom führte aus:

»Brain-washing is a planned concentration of every known device [...] to bring about submission in mind and body. [....] The aim may be merely to exact a confession of such faults as ›bourgeois thoughts‹. Or it may be the radical remaking of the human mind. There are two complementary processes in brain-washing. One is to soften the victim and make him confess to faults he may or may not have [....]. The other procedure is indoctrination, to change his convictions, and if necessary, even his memories. Together they are intended to produce a fundamental alteration in his point of view. [...] In a sense, the whole conditioning process is perverted psychiatry. The most modern techniques developed to cure unbalanced minds are used by the Red brain-washers to unbalance normal minds. It is as if mental institutions stopped treating the insane and used their skills on the sane, attempting to crack minds instead of making them whole.«[19]

Hier beschrieb Dr. Freedom also eine medizinische Prozedur, deren Ergebnis für ihn ohne Zweifel ein klinischer Zustand mit Krankheitswert sein konnte. Das Zielobjekt befand sich in diesem Sinne völlig in den geschulten Händen des Feindes, der vielleicht nur ein einzelnes Geständnis erwirken wollte oder eben die gesamte Persönlichkeit, Selbstwahrnehmung und Urteilsfähigkeit rekalibrieren konnte. Da es sich um einen Zustand mit Krankheitswert handelte, kategorisierte Freedom diesen innerhalb des psychiatrischen Diagnosefeldes als »*political psychosis*«.[20] Psychosen galten in den 1950er-Jahren in der westlichen Psychiatrie unumstritten als Diagnosen mit Krankheitswert. Im Gegensatz zu Neurosen nahm die zeitgenössische Medizin an, dass Psychosen mit Veränderungen im Gehirn einhergingen. Bei einer Psychose handelte es sich diesem Verständnis nach um ein somatisches Krankheitsbild, nicht lediglich um eine veränderte Sichtweise, die sich durch rationale Argumentation wieder beseitigen ließe.[21] Das beängstigende an dem Phänomen, welches Dr. Freedom hier mit

---

18 NARA, RG 153, CM Claude J. Batchelor, Dr. Leon Freedom, Answer to fifth interrogatory.
19 Ebd.
20 Ebd.
21 Stefanie Coché, Psychiatrie und Gesellschaft. Psychiatrische Einweisungspraxis im »Dritten Reich«, der DDR und der Bundesrepublik 1941–1963, Göttingen 2017, S. 163-190.

dem Terminus *Brainwashing* zu fassen versuchte, bestand daher in der Annahme, die Kommunisten könnten das Gehirn der amerikanischen Soldaten selbst neu ausrichten. Dr. Freedom nahm gleichsam an, die Chinesen hätten einen Weg gefunden, die menschliche *Hardware* neu zu modellieren.

Sein Antagonist auf der militärgerichtlichen Bühne hingegen ging im übertragenen Sinne lediglich davon aus, dass die Kommunisten zum Teil erfolgreich versuchten, dem menschlichen Gehirn eine neue *Software* aufzuspielen: Dr. Segal als psychiatrischer Experte der Anklage lehnte eine Einordnung der Indoktrinationsfolgen als Psychose sowohl im Allgemeinen als auch im speziellen Fall Claude Batchelors ab. Major Segal sah sich einem Kreuzverhör ausgesetzt, das vor allem darauf abzielte, er möge konstatieren, dass zumindest die Möglichkeit einer Psychose als Folge von kommunistischen Indoktrinationsmöglichkeiten bestünde.[22] Segal räumte im Verlauf der Vernehmung ein, »*that they have attempted through perversely utilizing psychiatric techniques to alter men's fundamental beliefs, attitudes and indeed, behaviour.*«[23] Er betonte zugleich jedoch nachdrücklich: »*This is not to say, that they have induced a psychosis.*«[24]

Damit nahm Segal eine Position ein, die durchaus abwich von der Meinung anderer bekannter amerikanischer Psychiater seiner Zeit. Die Verteidigung konfrontierte ihn dementsprechend mit wissenschaftlichen Artikeln aus renommierten Zeitschriften der American Psychiatric Association, die eine andere Einschätzung vertraten. Zentral waren hierbei vor allem Texte von Dr. Joost Meerloo, einem niederländisch-amerikanischen Psychiater, der die Auffassung vertrat, dass es durch psychologische Techniken möglich sei, einem Menschen konkrete Gedanken und Worte einzupflanzen.[25] Nach Meerloo war es daher möglich, das Gehirn des Menschen durch äußere Einwirkung massiv und langfristig zu verändern. Diese Vorstellung stand dem sowjetischen psychiatrischen Selbstverständnis erstaunlich nahe. In der kommunistischen Medizin war Langzeitindoktrination im weiteren Sinne als ein Spezialfall der pawlowschen Konditionierung problemlos denkbar. In der pawlowschen Konstruktion des bedingten Reflexes werden spezifische Reaktionen durch äußere Reize ausgelöst.[26] Nach Pawlow galt die Großhirnrinde, der Cortex, als zentral für das Verhalten des Menschen in seiner Umwelt. Pawlow schrieb die in der sowjetischen Medizin zentralen bedingten Reflexe, welche die Grundlage für seine Konditionierungstheorie bildeten, der Großhirnrinde zu. Diese bedingten Reflexe ermöglichten in seinem lamarckschen Weltbild eine unbedingte Anpassung der Organe an die Umwelt; somit verknüpfte er physiologische Vorgänge und äußere Lebensbedingungen unmittelbar miteinander. Diese Lehre wurde auf der

---

22 NARA, RG 153, CM Claude J. Batchelor, Dr. Henry A. Segal, Direct Examination, S. 2019-2042.

23 Ebd., S. 2023.

24 Ebd.

25 Er nannte dies »menticide«. Siehe hierzu: Derksen, Histories of Human Engineering, 2017, S. 143 f. Ausführlich legte Meerloo seine Theorie dar in: Meerloo, The Rape of the Mind, 1956.

26 Siehe hierzu: Torsten Rüting, Pavlov und der Neue Mensch. Diskurse und Disziplinierung in Sowjetrussland, München 2002, S. 114.

Pawlow-Tagung 1952 zur allein gültigen erklärt, in der sowjetischen Medizin begann damit die sogenannte »Diktatur des Cortex«.[27] Durchaus bemerkenswert erscheint es, dass Meerloos Auffassungen, die die pawlowschen Theorien sehr ernst nahmen, – nämlich, dass äußere Einflüsse, wie zum Beispiel Indoktrinationsversuche, zur Veränderung des menschlichen Gehirns in der Lage seien und ständige Wiederholung hierfür ein Schlüsselmoment bilde[28] – zur Erklärung des Phänomens *Brainwashing* in den Organen der *American Psychiatric Association* ausgeführt wurden. Eine Verbindung zwischen *Brainwashing* und pawlowscher Konditionierung wurde auch in einer großflächigen Propagandaoffensive der CIA gezogen,[29] welche die Operation *Big Switch* begleitete, eben jene Rückführung amerikanischer Kriegsgefangener, in deren Rahmen auch Claude Batchelor repatriiert wurde. Der Psychiater Leon Freedom, der Experte der Verteidigung, war einer der ersten westlichen Mediziner, die *Brainwashing* unmittelbar mit Pawlow zusammengebracht hatten.[30] Die Grundlage für die Bedeutung, die der sowjetischen Psychiatrie in diesem Kontext öffentlich zugeschrieben wurde, bildete die Nähe zwischen pawlowschen Positionen und westlich-behavioristischer Tradition: Nach Pawlow ist es möglich, dem Menschen völlig neue Verhaltensweisen beizubringen beziehungsweise ihn zu konditionieren. In Teilen wurde dieser Ansatz auch in der westlichen Welt sehr erfolgreich: »Pavlov wurde von den Gründern des Behaviorismus, der Verhaltenstherapie und Werbepsychologie, John B. Watson (1878–1958) und Burrhus F. Skinner (1904–1990), als Stammvater anerkannt.«[31] Vor diesem Hintergrund machte es Sinn, dass Segal von der Verteidigung explizit gefragt wurde: »*Do you agree or not that this kind of Pavlovian strategy produces in everybody a confusion, neurosis, a general feeling of irreality and leads gradually to complete mental submission and willingness to play any role?*«[32] Segal lehnte diese Auffassung jedoch entschieden ab.[33] Zu bemerken ist hier, dass er sogar das Entstehen einer Neurose als zwingende Folge der Behandlung in den kommunistischen Gefangenenlagern ablehnte, also selbst einen erzwungenen Wandel in der eigenen Sichtweise, die, wenn sie auch als zwanghaft galt, anders als eine Psychose keine Folge veränderter Gehirnvorgänge darstellte. Segal betrachtete die kommunistischen Indoktrinationsversuche als »*ordinary techniques of coercion and persuasion such as laymen have adopted at various*

---

27 Ebd., S. 279. Es ist zu bedenken, dass diese nicht eins zu eins Pawlows Position entsprach, sondern das Pawlowerbe ab 1949 durch Konstantin Bykov verwaltet und im stalinistischen Sinne interpretiert wurde: Ebd., S. 273.

28 Zum »hypnotic effect of repetition« nach Meerloo sie zusammenfassend: Derksen, Histories of Human Engineering, 2017, S. 144 f., 149, 161.

29 Ziel der CIA-Kampagne war es v. a. die Vorwürfe zu entkräften, die USA setzten in Korea »Bacteriological Warfare« ein. Diese Behauptungen wurden als Ergebnis erfolgreichen Brainwashings beschrieben. Ebd., S. 148.

30 Ebd., S. 150.

31 Rüting, Pavlov und der Neue Mensch, 2002, S. 123.

32 NARA, RG 153, CM Claude J. Batchelor, Dr. Henry A. Segal, Direct Examination, S. 2055.

33 Ebd.

times in many lands.«[34] Hier wird deutlich, wie breit gefächert die Auffassungen in der amerikanischen Psychiatrie darüber waren, was zu psychiatrischen Krankheiten führen könne und welchen Zuständen Krankheitswert zugemessen werden solle.[35] Die Verteidigungsstrategie war also durchaus klug gewählt, wenn auch letztlich nicht erfolgreich. Denn das Gericht folgte der Argumentation des Militärpsychiaters Segal: Claude Batchelor wurde zu 20 Jahren Gefängnis verurteilt.[36]

2 Deutungsmuster: Ein Mangel an Leadership und Patriotismus

Was aber glaubte Segal, seien die Gründe für das temporäre Überlaufen von Claude Batchelor und anderer Infanteristen auf die Feindesseite? Einen detaillierten Einblick gewährt ein Vortrag, den Segal 1955 vor dem *Judge Advocate General's Corps* – der Obersten Justizinstanz der Streitkräfte der USA[37] – hielt. Zunächst verdeutlichte er, dass er die Begrifflichkeit *Brainwashing*, die ursprünglich 1950 von dem Journalisten und CIA-Agenten Edward Hunter[38] eingeführt worden war,[39] letztlich auf fast jeden *Prisoner of War* anwendbar und damit aber auch »*a completely meaningless term*« sei.[40] Segal konstatierte: »*The word, of course, was used to describe any and all behavior on the part of American prisoners released in operations ›Little Switch‹ and ›Big Switch‹.*«[41] Für Segal war klar, dass es sich bei den zahlreichen Effekten, die kommunistische Indoktrinationsversuche in unterschiedlicher Art und Weise auf die Kriegsgefangenen hatten, nicht um massenhaft auftretende psychiatrische Auffälligkeiten handelte. Als Erklärung für die Anfälligkeit der amerikanischen *POW* bot er seinen Zuhörern stattdessen eine Führungskrise unter den amerikanischen Gefangenen an.[42] Diese

---

34 Derksen, Histories of Human Engineering, 2017, S. 155.

35 In der Bundesrepublik war etwa eine konstruktive Einbeziehung pawlowscher Theorien in die eigene Argumentation in Psychiaterkreisen nicht denkbar. Siehe hierzu: Coché, Psychiatrie und Gesellschaft, 2017, S. 168-190.

36 Er saß allerdings lediglich viereinhalb Jahre tatsächlich ab. Hillman, Defending America, 2005, S. 51.

37 Siehe hierzu: Fidell, Military Justice, 2016, S. 74.

38 Es erscheint wahrscheinlich, dass die CIA Hunter nutze, um das Konzept Brainwashing in den USA zu popularisieren. In jedem Fall machte sich die CIA die Angst vor Brainwashing für ihre Zwecke zu Nutzen. Siehe: Derksen, Histories of Human Engineering, 2017, S. 140.

39 Als Buch erschienen 1951: Edward Hunter, Brainwashing in Red China. The calculated destruction of men's minds, New York 1951.

40 NARA, RG 153, CM Claude J. Batchelor, Lecture of Major Henry Segal, MC, USA on COMMUNIST INDOCTRINATION TECHNIQUES, delivered to assembled JAGC officers on May 1955, S. 4.

41 Ebd.

42 Ebd., S. 7 ff.

Führungskrise beschrieb Segal zum einen als Teil der gegnerischen Taktik, denn die Chinesen führten sie in den Camps ganz gezielt herbei:

> »[…] [T]he next technique employed by the Chinese to see to it that our prisoners would be docile and not troublesome was to separate the officers away from the prisoner group – the main group, that is. This left a heterogeneous mob without any leadership – they were without discipline. As soon as a natural leader emerged, as natural leaders are bound to do, the Chinese removed them.«[43]

Zwei Punkte erscheinen hier weiterführend. Zum einen präsentierte Segal die amerikanischen Kriegsgefangenen als eine Gruppe, die ohne Führerschaft ihre nationale Identität verlor. Er machte dies noch deutlich, wenn er ausführte, dass die *POW* eben nicht »*as a unified group of Americans*« agierten.[44] Zum anderen wurde der Zusammenhalt der Gruppe dieser Auffassung nach erst durch ein disziplinarisches Top-Down-Modell erzeugt. *Leadership* wird hier nicht als eine komplexe Dynamik zwischen Führern und Gefolgschaft gedacht.[45] Sie wird zunächst als eine persönliche Eigenschaft vorgestellt. Diese Vorstellung manifestiert sich in dem Gebrauch des Begriffs *natural leaders*. Die persönliche Eignung zur Führung spiegelt sich im Militär dann wiederum in der richtigen Auswahl der Leader und der entsprechender Rangzuordnungen. Segal erkannte in diesem Kontext auch die Strategie der Chinesen als klug an, die Gefangenen grundsätzlich nicht mit ihrem militärischen Titel anzusprechen und so auch semantisch die Führungskette zu unterbrechen.[46] Demzufolge hatten die Kommunisten nach der Isolierung der amerikanischen Führungskräfte leichtes Spiel: Sie ersetzten die fehlende Führung durch ihre eigenen Leute und bauten neue Befehlsketten auf, in die sie auch Amerikaner integrierten, »*who also took part in the disciplining and interrogation or the indoctrination.*«[47]

Zum anderen konstatierte Segal aber auch massive Defizite auf Seiten der amerikanischen Offiziere: »*Men of high rank who should have exercised command responsibility functions consistently throughout imprisonment refused to do so.*«[48] Segal glaubte, dass dies mit einem Mangel an natürlichen Führungsqualitäten einiger der Offiziere zu tun habe. Dies verweise zugleich auf Fehler im Auswahlprozess hin, da diese Leute

---

43 Ebd., S. 7.
44 Ebd.
45 Siehe zu komplexeren Auffassungen von Leadership in der Forschung u. a. Veronika Zink, Das Spiel der Hingabe. Zur Produktion des Idolatrischen, in: Ronald G. Ash, Michael Butter (Hg.), Bewunderer, Verehrer, Zuschauer: Die Helden und ihr Publikum, Würzburg 2016, S. 23-44.
46 NARA, RG 153, CM Claude J. Batchelor, Lecture of Major Henry Segal, MC, USA on COMMUNIST INDOCTRINATION TECHNIQUES, delivered to assembled JAGC officers on May 1955, S. 12.
47 Ebd., S. 8.
48 Ebd., S. 30.

trotzdem in Führungspositionen gelangten. Schließlich zeige es darüber hinaus die Gefahren nicht hinterfragbarer Rangzuschreibungen im Militär auf, da Untergebene quasi nie mangelnde Führungsqualitäten meldeten, auch wenn diese offensichtlich seien.[49] Segal unterlegte seine Argumentation, dass die mangelnde Führungsqualität der amerikanischen Offiziere zum Auseinanderfallen der Gruppe in der Gefangenschaft führe, mit Vergleichen zum britischen Fall. Er beschrieb ihre Leadership als »more forceful«. Es gebe daher auch viel weniger erfolgreich indoktrinierte britische als amerikanische Soldaten.[50]

Zugleich erkannte Segal jedoch die Attraktivität der kommunistischen Botschaft für die amerikanischen Soldaten an. Er ging davon aus, dass manche von ihnen sich wirklich überzeugen ließen, und zwar nicht, weil die Chinesen bei ihnen erfolgreich eine politische Psychose induziert hätten, sondern, weil ihnen die präsentierten Inhalte tatsächlich schmackhaft gemacht werden konnten. Dies wiederum erklärte Segal durch Mängel im amerikanischen Bildungssystem. Es handele sich hier um junge Männer, die in den Schulen kein oder nur ein mangelhaftes Demokratieverständnis erlernten. Er nahm daher an, »*that [...] in many cases the first knowledge some of our soldiers had of democracy came from the hands of Chinese communists.*«[51] Die Kommunisten unterschlügen selbstverständlich alle partizipatorischen und freiheitlichen Elemente und strichen die schreiende Ungerechtigkeit »*of the maldistribution of wealth*« heraus.[52] Dies ist bemerkenswert, weil die Forschung bisher betont, dass die Zeitgenossen es nicht in Betracht gezogen hätten, dass kommunistische Botschaften für amerikanische Soldaten attraktiv sein könnten.[53] Major Segal hielt genau jene Attraktivität des Kommunismus bei jungen amerikanischen Soldaten für einen zentralen Erklärungsstrang ihrer Anfälligkeit für kommunistische Indoktrination.[54] Segal folgend, der etwa 1.600 *POW* im Rahmen ihrer Repatriierung in die USA untersuchte und nach Indoktrination befragt hatte, verhielt es sich so, dass insbesondere die Argumentation mit Klassenzugehörigkeit bei den jungen Amerikanern verfing. Kaum Erfolg zeitigte hingegen die Instrumentalisierung der rassistisch bedingten Ungleichheit in den USA durch die Chinesen. Bei den erfolgreich indoktrinierten Soldaten handelte es sich fast ausschließlich um weiße Amerikaner. Afroamerikaner und Latinos erwiesen sich als

---

49 Ebd.
50 Ebd.
51 Ebd., S. 8.
52 Ebd., S. 8 f.
53 Siehe hierzu Hillman, Defending America, 2005, S. 49 ff.
54 Hillmann ist dies in ihrer Untersuchung entgangen, weil sie sich lediglich die öffentlich zugänglichen Zusammenfassungen der Court-Martial-Files angeschaut hat, nicht die sehr viel detaillierteren und nur im Archiv zugänglichen kompletten Prozessakten.

immun gegen die speziell auf sie ausgerichtete Strategie, ihnen ihre mangelnden Rechte in den USA als Beweis einer fehlgeschlagenen westlichen Demokratie zu verkaufen.[55]

Eine der Fragen, die Segal von seinen Zuhörern gestellt bekam, zielte zudem darauf ab, ob Religiosität gegen kommunistische Indoktrination immunisiere. Segal verneinte dies.[56] Diese Auffassung teilten allerdings nicht alle psychiatrischen Experten, die die Anklage gegen Batchelor aufrief. Der ebenfalls auf Seiten der Anklage involvierte Psychiater William Mayer vertrat auch in der Öffentlichkeit eine andere Einschätzung, die in aller Kürze als Bildunterschrift in einem Interview auf folgende Formel gebracht wurde: »*Christian Faith Best Brainwash Weapon*«[57]. In dem Interview spezifizierte Mayer dann allerdings doch noch genauer, welche der vielen amerikanischen religiösen Gruppierungen denn nun besonders resistent gegen kommunistische Indoktrination seien nämlich »*Catholics and honest-to-goodness Southern Baptists*« – oder, in anderen Worten, tendenziell konservative Christen, und dies erscheint innerhalb Mayers eigener Gedankenführung auch nur folgerichtig: Im Kern, so führte Mayer nämlich aus, verhalte es sich so: »*The Reds tell a man what they're going to teach him, and it's up to him whether he accepts it. Contrary to what some people say, Brainwashing does not rob a man of his free will or choice or the ability to choose between right and wrong.*« Das grundlegende Problem, so argumentierte Mayer weiter, sei eben, dass amerikanische Soldaten diese Unterscheidung kaum noch treffen könnten. Und das hänge damit zusammen, so formulierte Mayer gegenüber der Journalistin Marjorie Clapp, dass »*many American soldiers had slight discipline, resented military life, hardship and sacrifice*«. Es sei das moderne Leben, das die amerikanische Jugend verweichliche: »*Such weaknesses [...] are results of an anything goes as long as you can get away with it attitude of Americans for the past three decades*«. Verantwortlich für diese Entwicklung machte Mayer »*profound social changes, the depression, two world wars and social unrest*«. In diesen Verwerfungen der Moderne habe man die Kinder vergessen: »*They weren't taught absolute values.*« Vor diesem Hintergrund sei es auch nicht weiter verwunderlich, dass sich gerade katholische und evangelikale Soldaten als resistent gegenüber *Brainwashing* gezeigt hätten. Es sei deshalb dringend erforderlich, christliche Werte und Praktiken so früh wie möglich bereits im Kindesalter zu vermitteln, um die amerikanische Jugend gegenüber den Versuchungen des Kommunismus zu immunisieren: »*Faith Fights Brainwashing.*«[58] Diese Expertenzuschreibung korrelierte insbesondere im Fall der Evangelikalen mit deren eigener zeitgenössischen Agenda. Die Angst, dass ihre Kinder Opfer von »*Brainwashing*« werden könnten, trieb

---

55 NARA, RG 153, CM Claude J. Batchelor, Lecture of Major Henry Segal, MC, USA on COMMUNIST INDOCTRINATION TECHNIQUES, delivered to assembled JAGC officers on May 1955, S. 9.

56 Ebd., S. 33.

57 NARA, RG 153, CM Claude J. Batchelor, »Faith Fights Brainwashing«, San Antonio Express [o. D.].

58 Ebd.

evangelikale Eltern in den Fünfziger und Sechziger so um, dass sie mit viel religiösem und finanziellen Engagement daran arbeiteten, eigene Bildungsinstitutionen für ihren Nachwuchs zu gründen. Sie begannen vermehrt eigene Schulen und Hochschulen einzurichten, die die jungen Christen auch gegen diese spezielle und als besonders gefährlich wahrgenommene teuflische Bedrohung der kommunistischen Gehirnwäsche würden schützen können.[59]

3 Resonanzen: Eine Frage der Gerechtigkeit

Das Verfahren gegen Claude Batchelor war Gegenstand intensiver medialer Beobachtungen: Zeitungen und Zeitschriften aus dem ganzen Land berichteten über den Verlauf des Prozesses, die Strategie der Verteidigung, die Anhörung von Experten und kommentierten die Entscheidungen des Gerichts. Dass hier ein einfacher Soldat wegen Kollaboration mit den chinesischen Kommunisten angeklagt wurde, dass womöglich kommunistisches *Brainwashing* im Spiel war, galt als eine Sensation: Allein die *New York Times* veröffentlichte mehrere Dutzend größere und kleinere Artikel, die sich keineswegs nur auf den Zeitraum des Gerichtsverfahrens beschränkten, sondern bereits im Vorfeld des Prozesses ansetzten und beispielsweise Batchelors Repatriierungsentschluss oder auch seine Heimkehr nach Kermit thematisierten.[60] Aber auch kleinere Regional- und Lokalzeitungen bemühten sich darum, ihre Leserschaft in Iowa, Texas oder Ohio über die Entwicklungen vor Gericht zu informieren. Das landesweit zirkulierende Wissen über den Fall Batchelor führte wiederum dazu, dass Bürgerinnen und Bürger sich nicht nur ihre eigene Meinung zum Verfahren bildeten, sondern zunehmend auch den Drang verspürten, sich an der öffentlichen Meinungsbildung zu beteiligen, indem sie Leserbriefe an Zeitung verschickten, Petitionen organisierten oder die politischen Repräsentanten mit schriftlichen Eingaben überschütteten.[61]

So griff etwa George McCullough aus New York nach der Zeitungslektüre am 3. Dezember 1954 zu Stift und Papier, um einen Brief an den amtierenden Secretary of the Army, Robert T. Stevens, zu verfassen. Ein flüchtiger Blick auf die sprachliche Gestaltung des Textes lässt erahnen, dass hier jemand seine Empörung nur notdürftig

---

59 Darren Dochuk, From Bible Belt to Sun Belt. Plain-Folk Religion, Grassroots politics, and the Rise of Evangelical Conservatism, New York 2011, S. 202-209.

60 Die Zeitungsartikel finden sich gesammelt in der Verfahrensakte NARA, RG 153, CM Claude J. Batchelor.

61 Diese Reaktionen der amerikanischen Bevölkerung liegen gesammelt in der Verfahrensakte vor, wobei jedoch keine Aussagen über die Vollständigkeit getroffen werden: Ob hier nur eine Auswahl der Briefe aus der Bevölkerung aufgenommen wurde, ob also nach einem bestimmten Muster vorab selektiert worden ist oder eben nicht, das lässt sich nicht mehr rekonstruieren. Allerdings deuten die zahlreichen Briefe an den amerikanischen Präsidenten Eisenhower sowie an unterschiedliche Senatoren und Minister darauf hin, dass die jeweiligen Sekretariate diese Eingaben zumindest in Kopie an den Judge Advocate General weitergeleitet haben.

im Zaum halten konnte: Er habe gelesen, so schrieb er, dass Claude Batchelor und sein Anwalt nach dem Urteilsspruch nun Gnadengesuche an das Ministerium verschicken würden, »*to over Rule is 20 yr. Correction*«. Das sei, so machte er unmissverständlich klar, für ihn eine Ungeheuerlichkeit, denn »*this TRAITER is damn lucky he was not hung*«. Für »*dogs like him*«, führte er weiter aus, sei »*even a prison too good*«: Batchelors Handlungen in Korea hätten doch eindeutig gezeigt, dass er nichts anderes sei, als »*a TRAITER to our Nation the U.S.*«. Und als Verräter verdiene Batchelor keine Nachsicht, kein Mitleid: »*I have no pity for that Dog [...] And I hope + pray that he does the 20 yrs. not 10.*«[62]

Eine Durchsicht der überlieferten Briefe in der Verfahrensakte zeigt allerdings zweierlei: dass nämlich – zum einen – die ungezügelte Empörung George McCulloughs über den »*Dog*« und »*Traiter*« Claude Batchelor in den schriftlichen Eingaben eher eine Einzelmeinung war, die zumindest von denjenigen nicht geteilt wurde, die sich dazu entschlossen hatten, Briefe an den Präsidenten, Minister oder Senatoren zu schreiben. Vielmehr drückte die übergroße Mehrheit der Texte eine immense Verbitterung über das Strafverfahren aus, das als zutiefst ungerecht gegenüber einem, wie es hieß, »*insignificant American boy*« empfunden wurde. Und das übersetzte sich – zum anderen – in ein ungläubiges Staunen darüber, dass so ein Urteil in den Vereinigten Staaten möglich sei: Viele Briefeschreiber nahmen den Prozess so zum Anlass, um über die Frage zu reflektieren, was es eigentlich bedeutete, ein Amerikaner zu sein, welche Rechte und Freiheiten also einem Bürger der Vereinigten Staaten zustanden – gerade auch in Abgrenzung zu *Red China* oder dem sowjetischen Imperium. Auf diese Weise wurde das Strafverfahren gegen Claude Batchelor auch zu einem Medium der Selbstthematisierung der amerikanischen Gesellschaft in der Mitte des 20. Jahrhunderts.

Es ist offenkundig, dass das Verfahren gegen Claude Batchelor einen Nerv in der amerikanischen Öffentlichkeit traf und große Irritationen auslöste: »*In my opinion, there has never been such a black blot in the history of American Justice than the case of Claude Batchelor*«[63], formulierte Willis Richardson aus San Diego in einem Brief an Senator Lyndon B. Johnson. Auch der Rechtsanwalt John C. Sato aus Ravenna konnte seine Empörung in einem Schreiben an John Edgar Hoover nur notdürftig verbergen: »*Cpl. Batchelor's court martial represents one of the most stupid and foolish blunders in the annals of American military history.*«[64] Für Mel Kingcaid aus Houston stand fest, dass es sich bei dem Verfahren um die »*greatest misjustice ever meted out in our Country by any court*«[65] handele, wie er gegenüber Präsident Eisenhower

---

62 NARA, RG 153, CM Claude J. Batchelor, Brief v. George McCullough an Secretary Stevens, 3.12.1954.
63 NARA, RG 153, CM Claude J. Batchelor, Brief v. Willis Richardson an Sen. Lyndon B. Johnson, 10.3.1955.
64 NARA, RG 153, CM Claude J. Batchelor, Brief v. John C. Sato an John E. Hoover, 27.12.1954.
65 NARA, RG 153, CM Claude J. Batchelor, Brief v. Mel Kingcaid an Präsident Dwight D. Eisenhower, 8.6.1955.

argumentierte. Dabei war vielfach die Lektüre der lokalen oder regionalen Presse der Anlass, um die politischen Repräsentanten in der *Causa* Batchelor zu kontaktieren, wie die, den Briefen beigelegten und mit allerlei Unterstreichungen bearbeiteten, Zeitungsausschnitte andeuten. So verschickte beispielsweise Floy J. Moeckly aus Des Moines eine Kolumne von Gordon Gammack aus der *Des Moines Tribune* an Präsident Eisenhower, in der Gammack – »*[j]udging from the mail, telephone calls, and personal comments I've received*« – betonte, dass es eine »*wholesale indignation in Iowa over the life sentence given Cpl. Claude Batchelor, the 22-year-old Texan, for collaborating with the Chinese communists while a prisoner of war in Korea*« gebe. Zwar befürchtete Moeckly, dass Eisenhower diesen Brief niemals zu Gesicht bekommen werde, hoffte jedoch als »*life-long Republican*«, dass seine Berater ihn auf diese Stimmungslage im Land aufmerksam machen würden und er sich als »*Commander-in-Chief*« dazu durchringen könnte, »*to reduce Batchelor's sentence*«.[66] Auch für eine Mrs. Barrett aus San Antonio setzte ein Artikel in der *New York Times* den entscheidenden Impuls, um sich schriftlich an den Judge Advocate General zu wenden. Es war wohl vor allem ein Bild, das die Fotoreporter kurz vor der Urteilsverkündung aufgenommen hatten: Zu sehen war der Gerichtssaal, in dem vor vollen Zuschauerrängen Batchelor allein auf der Anklagebank saß. In der von Mrs. Barrett mit Unterstreichungen bearbeiteten Bildunterschrift hieß es: »*ALONE – Cpl. Claude Batchelor is a lonely figure as he sits alone in vast courtroom awaiting verdict of army court-martial.*« Neben das Bild kritzelte Mrs. Barrett mit erkennbarer Erregung: »*Does this break your heart? It does mine and the public's 100 %. One of our Texas Boys and a fine one.*«[67]

Das Strafverfahren gegen Claude Batchelor wurde also überwiegend als ein Ereignis wahrgenommen, »*that looks like tyrants justice not democracy*«[68], als ein Vorgang also, der nicht nur unanständig, sondern genuin unamerikanisch sei.

Dass die Frage, ob und inwiefern Batchelor im Kriegsgefangenenlager noch Herr seiner Sinne war, das zentrale Schwungrad für die Empörungsdynamik in der amerikanischen Öffentlichkeit war, vermag kaum zu überraschen. *Brainwashing* war seit 1945 ein zentraler Bestandteil der amerikanischen Populärkultur: In zahllosen Büchern und Filmen wurde mit der albtraumhaften Möglichkeit externer Kontrolle über das menschliche Bewusstsein durch Hypnose oder Konditionierung gespielt. Dabei ging es den entsprechenden Narrativen stets um den Verlust von Individualität und Autonomie, um die Angst vor Degradierung von Menschen zu roboterhaften

---

66 NARA, RG 153, CM Claude J. Batchelor, Brief v. Floy J. Moeckly an Präsident Dwight D. Eisenhower, 18.12.1954.

67 NARA, RG 153, CM Claude J. Batchelor, Brief v. Mrs. Barrett an Präsident Dwight D. Eisenhower, 20.12.1954.

68 NARA, RG 153, CM Claude J. Batchelor, Brief v. Ede Winston an Präsident Dwight D. Eisenhower, 14.10.1954.

Wesen, die nur noch einem fremden Willen gehorchen.[69] Als popkulturelles Phänomen, und darauf kommt es hier an, war *Brainwashing* also bereits etabliert, als Claude Batchelor auf der Anklagebank Platz nahm. Es verwundert daher nicht, dass hier die Verteidigungsstrategie von Batchelors Anwälten verfing, wie die überwältigende Mehrheit Briefe, aber auch der Meinungsartikel in der Presse zeigt. Wie könne man nur »*American kids*« verurteilen, die doch selbst Opfer von, wie es hieß, finsterem »*hitler-style brainwash*«[70] der Kommunisten waren? An diesem Punkt setzte beispielsweise Alfred Kohlberg, ein schillernder Textilhändler, Wegbegleiter von Joseph McCarthy und Mitglied der John Birch Society, an.[71] In einem Brief an das Pentagon beklagte er sich über das Schicksal von Batchelor, »*convicted and sentenced for being brainwashed*«. Dabei inszenierte er sich als nüchterner Experte, der an das Gewissen des Ministers appellierte: »*As a long time student of Communism, and of ›brainwashing‹, I have come to the conclusion that the Army was too severe in its condemnation of Cpl. Batchelor.*«[72] Auch für Mrs. Tom Carter aus Burnt Falls stand zwar fest, dass »*no doubt these men did wrong*«, aber das Entscheidende sei doch die Frage, inwiefern Batchelor und andere dies im vollen Bewusstsein getan hätten: »*We do not know what brain washing and torture they went through.*«[73] In einigen Briefen artikulierte sich dabei die Vorstellung einer kommunistischen Allmacht, die keine Grenzen kenne und ihre Opfer wehrlos mache: »*Don't we all know that the Reds could have made him do anything?*«[74] Und angesichts der »*ruthlessness of the orientals*«, so formulierte es Mary Roberts aus Central Falls in einem Brief an Präsident Eisenhower, müsse sich jeder auf ein individuelles Gedankenexperiment einlassen: »*No one knows, what anyone of us would have done under similar circumstances [...] when one considers hunger cold confinement brainwashing, the best of us could fall.*«[75] Und, dass Batchelor in den Augen der amerikanischen Öffentlichkeit eben keineswegs zu den Besten zählte,

---

69 Insbesondere die Texte von Aldous Huxley und George Orwell spielten mit dieser Vorstellung, Aldous Huxley, Brave New World, London 1932; George Orwell, Nineteen Eighty-Four, London 1949. Siehe aus der Forschungsliteratur: Timothy Melley, Brainwashed! Conspiracy Theory and Ideology in the Postwar United States, in: New German Critique, 103 (2008), S. 145-164; David Seed, Brainwashing. The Fictions of Mind Control, 2004.

70 NARA, RG 153, CM Claude J. Batchelor, Brief v. John C. Sato an John E. Hoover, 27.12.1954.

71 Jonathan Schoenwald: A Time for Choosing. The Rise of Modern American Conservatism, Oxford 2001; Torben Lütjen, Partei der Extreme: die Republikaner. Über die Implosion des amerikanischen Konservatismus, Bielefeld 2016, S. 25-36.

72 NARA, RG 153, CM Claude J. Batchelor, Brief v. Alfred Kohlberg an Secretary of Army, 6.1.1955.

73 NARA, RG 153, CM Claude J. Batchelor, Brief v. Mrs. Tom Carter an Präsident Dwight D. Eisenhower, 17.12.1954.

74 NARA, RG 153, CM Claude J. Batchelor, Brief v. Emma Nichols an JAG, 5.12.1954.

75 NARA, RG 153, CM Claude J. Batchelor, Brief v. Mary Robert an Präsident Dwight D. Eisenhower v. 16.12.1954. In eine ähnliche Richtung – ein selbstanklagendes »Wie hätte ich mich verhalten?« – argumentierte auch der Pastor der Millville Baptist Church aus Henderson: »I count myself as a loyal God-fearing American Citizen with my concept of justice based on the Holy Bible. I have absolutely no idea how I would react if I were placed in identical circumstances with

sondern – wie zahlreiche Briefe dokumentieren – als »*just a poor uneducated kid who doesn't know what life is all about*«[76] galt, verlieh der Empörung über das Urteil eine spezifische Wendung: Denn sowohl in der Presse als auch in den Briefen wurde das Verfahren gegen Claude Batchelor in Verbindung mit analogen Verfahren gesetzt, in denen Angehörige der militärischen und gesellschaftlichen Elite wegen der Zusammenarbeit mit den Kommunisten angeklagt waren.

Es waren vor allem die Namen von Whittaker Chambers und Louis Budenz, die in diesem Zusammenhang immer wieder fielen. Chambers war von 1925 bis 1938 Mitglied der kommunistischen Partei, hatte als Spion für die Sowjetunion gearbeitet, brach jedoch mit dem Kommunismus und entwickelte sich wie so viele Renegaten zu einem politischen Konservativen.[77] Einer größeren Öffentlichkeit wurde Chambers bekannt, als er 1948 in dem von Richard Nixon geleiteten *House Committee on Un-American Activities* aussagte und dabei nicht nur die Namen ehemaliger Parteigenossen nannte, sondern vor allem Alger Hiss, einen hohen Beamten im Außenministerium, beschuldigte, als Spion für die Sowjetunion spioniert zu haben.[78] Nach dem Prozess gegen Hiss, der schließlich verurteilt werden sollte, zog sich Chambers als antikommunistischer Hysteriker geächtet aus dem öffentlichen Leben zurück und verfasste seine Memoiren, die ein Schlüsseltext für Generationen von amerikanischen Konservativen werden sollte.[79] Louis Budenz wiederum war ebenfalls ein führendes Mitglied der Kommunistischen Partei, spionierte für die Sowjetunion, brach 1945 mit der Partei und engagierte sich fortan als Anti-Kommunist in zahlreichen Anhörungen und Verfahren zu »unamerikanischen Umtrieben«. Daneben erhielt er einen Ruf an die *University of Notre Dame*, wo er als Professor für Wirtschaftswissenschaft arbeitete.[80]

In zahlreichen Briefen, aber auch in Meinungsartikeln der Presse, wurde das Schicksal Claude Batchelors mit dem Leben dieser beiden Angehörigen der gesellschaftlichen Elite kontrastiert. Dabei wurde vielfach herausgestrichen, dass auf der einen Seite hochgebildete Männer, die über viel soziales und kulturelles Kapital verfügten, trotz massiver

---

the boys in Communist prison camps.« Siehe: NARA, RG 153, CM Claude J. Batchelor, Brief v. Jesse M. Johns an Präsident Dwight D. Eisenhower, 2.10.1954.

76 NARA, RG 153, CM Claude J. Batchelor, Brief v. Chas Thomas an Präsident Dwight D. Eisenhower, 22.12.1954.

77 Sam Tanenhaus, Whittaker Chambers. A Biography, New York 1997. Daniel Oppenheimer, Exit Right. The People Who Left the Left and Reshaped the American Century, New York 2016, S. 11-68.

78 Tony Judt, Das vergessene 20. Jahrhundert. Die Rückkehr des politischen Intellektuellen, Bonn 2012, S. 295-309.

79 Zur Bedeutung von Chambers für die Entwicklung des amerikanischen Konservativismus siehe: Lütjen, Partei, 2016, S. 26-28.

80 Zu Budenz siehe: Roger Chapman, Louis Francis Budenz' Journey from the Electric Auto-Lite Strike to the Communist Party and Beyond, in: Northwest Ohio Quarterly 73 (2001), S. 118-141; Robert M. Lichtman: Louis Budenz, the FBI, and the »list of 400 concealed Communists«: an extended tale of McCarthy-era informing, in: American Communist History, 3 (2004), S. 25-54.

Verfehlungen nicht sanktioniert worden waren, während ein einfacher junger Mann aus Texas, ungebildet und ohne Verbindungen, zu einer langen Haftstrafe verurteilt wurde. »*I doubt if this boy even finished grammar school*«, schrieb Chas L. Thomas in diesem Sinne an Präsident Eisenhower, Batchelor sei doch lediglich ein hilfloser Junge, der nun zwanzig Jahre seines Lebens im Gefängnis verbringen müsse: »*And yet we will let ›Intellectuals‹ like Mr. Budenz and Mr. Whittaker Chambers give up their Communism and come back and write a book or become a Professor at some College, and make heroes out of them.*«[81] Unverhohlen schwingt in dieser Argumentation auch eine Form von Anti-Intellektualismus mit, der hier seine Kraft aus dem Abgleich des Schicksals Claude Batchelors mit der Karriere jener politischen Konvertiten zog, die die politische Kultur des Landes im Kalten Krieg prägten.[82] In diesem Sinne argumentierte auch ein Leitartikel in der *Macon News*, einer Tageszeitung aus Georgia:

> »Louis Budenz, former Communist and ex-editor of the Daily Worker, has made himself a tidy living and achieved congressional approval and even heroic stature in the hearts of some Americans because he renounced communism and embraced democracy. Whittaker Chambers, ex-communist and important link in a Red spy network, confessed to the tune of a small fortune realized from book sales.«

Auch andere »*onetime Communists*«, so argumentierte der Artikel weiter, würden große Popularität genießen, nicht zuletzt als »*expert speakers and students of the Red ideology or keep democratic body and soul together as professional witness for the federal government*« – natürlich »*at per diem rates*«. Es handele sich bei Leuten wie Chambers, Budenz und anderen um Menschen, die an einem bestimmten Punkt ihres Lebens eine bewusste und freie Entscheidung getroffen hätten: nämlich »*puppets*« zu werden, »*jerking when men in the Kremlin pulled the strings*«. Das Entscheidende sei: »*They were not coerced or intimidated into making an intellectual choice between differing philosophies of life.*« Und hier liege der grundlegende Unterschied zu Claude Batchelor, jenem hilflosen Jungen aus Kermit der als einfacher amerikanischer Soldat in Kriegsgefangenschaft geraten sei und dort – »*frightened, fatigued, brainwashed, threatened with torture as prisoner of the Chinese Reds*« – keine Widerstandskraft gegenüber dem Kommunismus hatte. »*Only a short time later*«, so der Artikel weiter,

> »Batchelor deserted the Reds and staged a reunion with democracy. Relieved of constant pressure once he capitulated, was Batchelor's return any more of an expediency than Budenz' severing of Red ties? Cpl. Batchelor was sentenced to life

---

81   NARA, RG 153, CM Claude J. Batchelor, Brief v. Chas L. Thomas an Präsident Dwight D. Eisenhower, 22.12.1954.
82   Richard Hofstadter: Anti-Intellectualism in American Life, New York 1963.

imprisonment under the Articles of War. Budenz escaped punishment under the Smith Act, won popular acclaim and a university professorship.«[83]

Es war jedoch nicht nur der Kontrast zu Figuren des öffentlichen Lebens, die den Fall Batchelor für viele Amerikanerinnen und Amerikaner so anstößig machte. Auch der inkonsistente Umgang mit Kollaborationsvorwürfen innerhalb der Armee wurde als Ungerechtigkeit gegenüber einem einfachen Soldaten empfunden. So prangerte der einflussreiche Veteranenverband American Legion[84] an, dass »*mature officers of the United States of America*« in vergleichbaren Fällen straffrei geblieben seien, während gegen die »*enlisted men*« wie Batchelor mit aller Härte vorgegangen würde: »*Such inconsistencies of justice is appalling and should be alarming to the citizens of the United States.*«[85] Für größere Aufregung sorgte insbesondere der Fall Frank Schwable, einem Offizier, dem ähnliche Formen der Kollaboration in einem chinesischen Kriegsgefangenenlager vorgeworfen wurden, der aber – wie die *New York Times* betonte – »*was found blameless by a special court of inquiry*«. In diesem Zusammenhang wurde auch stets das Vorgehen der Luftstreitkräfte argumentativ in Stellung gebracht: »*Meanwhile, the Air Force in eighty-three cases of suspected misconduct by Korea prisoners war absolved sixty-nine but ordered fourteen separated form services – with honorable discharges. Requests by eight of the fourteen for reviews of their cases are pending.*«[86] Für Clifford Morgan, einem Chiropraktiker aus Madison war diese Ungleichbehandlung ein Skandal. Die einfachen Soldaten, so argumentierte er, – »*with practically no combat training, no training for conduct as a prisoner, and completely ignorant of communist beliefs*« – würden im Vergleich zu militärischem Führungspersonal zu hart bestraft:

> »The fact that it seems as if there were many individuals that more or less broke under the pressures exerted upon them by the communists and did various acts cooperation also. Some of them were officers. Yet it seems from what I read in the newspapers that the punishment for ›breaking‹ is much worse to an enlisted man than an officer. I have never seen where an officer has received anything more than a dishonorable discharge and loss of pay.«[87]

---

83 NARA, RG 153, CM Claude J. Batchelor, Matter of Time, in: Macon News, [o. D.].
84 Zur Bedeutung und zum Einfluss der American Legion siehe: Bernd Greiner, Die American Legion. Ein Veteranenverband als Angstunternehmer, in: Markus Pöhlmann, Flavio Eichmann, Dierk Walter (Hg.): Globale Machtkonflikte und Kriege. Festschrift für Stig Förster zum 65. Geburtstag, Paderborn 2016, S. 267-285.
85 Die Resolution der American Legion ist dem Brief Mel Kingcaid beigelegt, siehe: NARA, RG 153, CM Claude J. Batchelor, Brief v. Mel Kingcaid an Präsident Dwight D. Eisenhower, 8.6.1955.
86 NARA, RG 153, CM Claude J. Batchelor, New York Times [o. D.].
87 NARA, RG 153, CM Claude J. Batchelor, Brief v. Clifford Morgan an Präsident Dwight D. Eisenhower [o. D.].

Nur vor diesem Hintergrund wird verständlich, dass das Verfahren gegen Claude Batchelor als ein Ereignis wahrgenommen wurde, das so gar nicht zum amerikanischen Selbstverständnis passe. Mehr noch: »*The punishment meted out to Cpl. Batchelor*«, so argumentierte Gitty Crawford in einem Brief an Eisenhower, »*has put fear into the hearts of the people of these United States. It has made the very foundations of our constitution quiver. All nations that put fear in to the hearts of their people [...] are eventually fallen nations.*«[88] Einem einfachen jungen Mann, der als *enlisted soldier* in Kriegsgefangenschaft geraten war und dort einer finsteren Gehirnwäsche unterzogen wurde, die besten Jahre seines Lebens zu nehmen, sei eben vor allem eines: unamerikanisch.

In vielen Briefen artikulierte sich in diesem Zusammenhang freilich auch die Befürchtung, dass das Verfahren gegen Claude Batchelor eine Steilvorlage für die kommunistische Propaganda sei, die doch stets versuchte, die liberale Demokratie zu delegitimieren, indem sie versuchte nachzuweisen, dass es sich dabei um eine ungerechte Herrschaft der vermögenden Klassen handelte. »*Communists are using this case*«, so hieß es beispielsweise, »*to further their own claims about our ›unjust capitalistic‹ government.*«[89] Aber im Grunde ging es um mehr: Der Fall Batchelor munitionierte in den Augen vieler Amerikanerinnen und Amerikaner nicht nur die kommunistische Propagandamaschine, sondern könne in seiner ganzen Ungerechtigkeit zu einem fundamentalen Vertrauensverlust führen, einem »*evident loss of faith in our government*«[90]. Und damit ging es eben für viele nicht mehr nur um das unglückliche Schicksal eines einfachen Jungen aus der texanischen Provinz, sondern ums Ganze: nämlich um die Legitimität der sozialen und politischen Ordnung der Vereinigten Staaten.

Auch dieses Schreckensszenario, das hier an die Wand geworfen wurde, um die Verantwortlichen zu einer Reduzierung der Strafe zu bewegen, blieb erfolglos. All die Briefe, Artikel, Petitionen, in denen Amerikanerinnen und Amerikaner aus allen Ecken des Landes an die politischen Repräsentanten appellierten, doch endlich die spezifischen Umstände und Ungerechtigkeiten wahrzunehmen, die in ihren Augen das Verfahren kennzeichneten und eine Urteilsrevision zwingend erforderten: nämlich die vermeintliche kommunistische Allmacht, das menschliche Bewusstsein zu steuern, und die Rolle, die *class* bei der Beurteilung von Batchelors Verhalten im Vergleich zu anderen spielte – all diese wohlmeinenden Initiativen zugunsten Claude Batchelors verpufften. Erst 1957, also drei Jahre nach dem Urteil, wurde Batchelors Gefängnisstrafe auf zehn Jahre reduziert, die er jedoch auch nicht vollständig absitzen musste: Im März 1959 wurde er schließlich begnadigt, nachdem er über vier Jahre im Gefängnis

---

88 NARA, RG 153, CM Claude J. Batchelor, Brief v. Gitty Crawford an Präsident Dwight D. Eisenhower, 27.11.1954.
89 NARA, RG 153, CM Claude J. Batchelor, Brief v. Mr. and Mrs. Batchelor an Präsident Dwight D. Eisenhower, 8.12.1954.
90 Ebd.

gesessen hatte.[91] Er zog nach San Antonio und versuchte, sich ein Leben als Vertreter für Airconditioner aufzubauen. Im November 1960 stand Batchelor jedoch abermals vor Gericht, da ihm vorgeworfen wurde, einen Verkehrsunfall verursacht zu haben, bei dem eine Frau ums Leben gekommen war. In einer letzten Nachricht über den »*turncoat*« berichtete das *Longview News-Journal*, dass Batchelor einer Gefängnisstrafe entgangen, jedoch zu einer Geldbuße von 500 $ verurteilt worden sei.[92] Danach ist in der Öffentlichkeit nichts mehr über »*this Batchelor boy*«[93] zu hören, der die Schule abbrach, um in den Krieg zu ziehen, und zwischen die Mühlsteine der globalen Auseinandersetzung des Kalten Krieges geraten war.

---

91 Parole for Turncoat, in: New York Times, 14.1.1959, S. 2.
92 Claude Batchelor is Fined 500 $, in: Longview News-Journal, 1.6.1961, S. 20.
93 NARA, RG 153, CM Claude J. Batchelor, Brief v. Chas Thomas an Präsident Dwight D. Eisenhower, 22.12.1954.

Die Autorinnen und Autoren

Richard Bessel,
Dr. phil., geb. 1948, ist Professor emeritus für die Geschichte des Zwanzigsten Jahrhunderts an der University of York (England). Er hat früher an der University of Southampton und der Open University (britischer Fernuniversität) gelehrt, hielt Gastprofessuren an den Universitäten Freiburg und Hannover, und war Gastwissenschaftler am Max-Planck-Institut für Geschichte in Göttingen und im Institut für Zeitgeschichte in München.

Daniel Brewing,
Dr. phil., geb. 1980, Historiker, ist Wissenschaftlicher Mitarbeiter am Lehrstuhl für Geschichte der Neuzeit (19.–21. Jh.) mit ihren Wissens- und Technikkulturen an der RWTH Aachen. Er habilitiert dort zu einer Wissens- und Sozialgeschichte des menschlichen Potenzials in den USA. Davor hat er an der Universität Stuttgart eine Dissertation mit dem Titel »Im Schatten von Auschwitz. Deutsche Massaker an polnischen Zivilisten 1939–1945)« verfasst.

Stefanie Coché,
Dr. phil., geb. 1983, Historikerin, ist Akademische Rätin a. Z. am Lehrstuhl für Neuere und Neueste Geschichte an der Justus-Liebig-Universität Gießen (JLU). Sie leitet dort die Forschungsgruppe »Religion und Moderne in den USA«. Davor hat sie an der Universität zu Köln eine Dissertation mit dem Titel »Psychiatrie und Gesellschaft. Psychiatrische Einweisungspraxis im ›Dritten Reich‹, in der DDR und der Bundesrepublik (1941–1963)« verfasst

Jost Dülffer,
Prof. Dr., geb. 1943, Professor für Neuere Geschichte (Historische Friedens- und Konfliktforschung, Internationale Geschichte), 1987–2008, Historisches Institut, Universität zu Köln, zahlreiche einschlägige Veröffentlichungen, zuletzt: Geheimdienst in der Krise. Der BND in den 1960er Jahren, Berlin 2018; Mitglied im Arbeitskreis Menschenrechte im 20. Jahrhundert 2011–2019.

Habbo Knoch,
Prof. Dr., geb. 1969, ist Professor für Neuere und Neueste Geschichte an der Universität zu Köln. Zuvor war er von 2008 bis 2014 Geschäftsführer der Stiftung niedersächsische Gedenkstätten und Leiter der Gedenkstätte Bergen-Belsen. Er forscht und lehrt vornehmlich zur Geschichte von Gewalt und Gedächtnis im 20. Jahrhundert, insbesondere zu den nationalsozialistischen Verbrechen, ihrer Repräsentation und der deutschen Erinnerungskultur.

Sven Reichardt,
Prof. Dr. phil., geb. 1967, Historiker, Inhaber des Lehrstuhls für Zeitgeschichte der Universität Konstanz. Forschungsgebiete sind die Geschichte des Faschismus und moderner Diktaturen im 20. Jahrhundert, Geschichte der Gewalt im 19. und 20. Jahrhundert, Geschichte der (neuen) sozialen Bewegungen und linker Gegen- und Alternativkulturen sowie Theorien und Methoden in der Geschichtswissenschaft.

Hedwig Richter,
Professorin für Neuere und Neueste Geschichte an der Universität der Bundeswehr München. Zu ihren Forschungsschwerpunkten gehören Demokratie- und Diktaturgeschichte, deutsche, europäische und transatlantische Geschichte im 19. und 20. Jahrhundert und Geschlechterforschung.

Martin Sabrow,
geb. 1954 in Kiel, Professor für Neueste Geschichte und Zeitgeschichte an der Humboldt-Universität zu Berlin, Direktor des Leibniz-Zentrums für Zeithistorische Forschung Potsdam, Träger des Golo-Mann-Preises für Geschichtsschreibung.

Susanne Schregel,
Dr. phil., geb. 1981, Historikerin, 2020/21 Junior Fellow des Historischen Kollegs (Fellowship des Historischen Seminars der Ludwig-Maximilians-Universität München (LMU) und des Freundeskreises des Historischen Kollegs). Davor war sie wissenschaftliche Mitarbeiterin am Historischen Institut der Universität zu Köln (DFG-Projekt »Eine Geschichte der Intelligenz als politisch-sozialer Unterscheidung. Deutschland, Großbritannien, ca. 1880–1990", Projektnummer 322686211). Ihre Forschungsinteressen liegen vor allem im Bereich der Wissenschafts- und Wissensgeschichte, der Geschichte des Politischen und der raumorientierten Gesellschaftsanalyse.

Hans-Peter Ullmann,
geb. 1949, Professuren an den Universitäten in Gießen, Berlin, Tübingen und zuletzt (1999–2017) in Köln. Fellow am Wissenschaftskolleg zu Berlin. Preise der Universitäten Gießen und Köln. Veröffentlichungen u. a. zur Geschichte der Reformzeit im frühen 19. Jahrhundert und zum Deutschen Kaiserreich sowie zur Geschichte der Interessenverbände und der öffentlichen Finanzen. Mitherausgeber von »Geschichte und Gesellschaft« (1993–2017) und der »Kritischen Studien zur Geschichtswissenschaft« (seit 1994). Sprecher der Wissenschaftlichen Kommission zur Erforschung des Reichsministeriums der Finanzen im Nationalsozialismus.

Jakob Vogel,
geb. 1963, Professor für Geschichte Europas (19.–20. Jahrhundert) am Institut d'études politiques de Paris (Sciences Po) Paris und seit 2018 Direktor des Centre Marc Bloch in

Berlin. Von 2008 bis 2011 Professor an der Universität zu Köln. Forschungsschwerpunkte: Geschichte des staatlichen Wissens und der Experten (18. bis frühes 20. Jahrhundert), europäische Kolonialgeschichte und Geschichte von Nation und Nationalismus.